JN221641

進化する自転車まちづくり

〜自転車活用推進計画を成功させるコツ〜

著／古倉 宗治

大成出版社

本書は「一般財団法人住総研」の2018年度出版助成を得て出版されたものである。

序

自転車がもたらす豊かな生活質を目指す

　自転車は今や従来にも増して、生活質の向上に果たす役割が期待されてきています。「自転車利用はそれ自体が目的ではなく、より住みやすい都市を作るための高い優先権を与えられた政策手段である。」（コペンハーゲン自転車計画）と言われています。このような考えはコペンハーゲンのみではありません。欧州の自転車政策の標準的な姿となっています。これがまさに本書の表題である「自転車まちづくり」なのです。

　第一に、超高齢社会を迎え、高齢者の移動の確保、生活習慣病の予防、健康寿命の延伸、医療費介護費の削減、心身の健康や週末の豊かな観光・レクレーションの増進、日常生活での地球温暖化の防止、災害への対応等、自転車はこれらを同時に可能にする唯一の施策手段です。そして、国民の生活質にかかわりあるたくさんの事項に大きく寄与する可能性を無限に秘めています。交通政策のみならず、環境政策、医療健康政策、観光政策、災害対策、財政政策（医療費の大幅な削減等）、超高齢社会対策などさまざま喫緊の政策課題のほとんどにこれを活用すれば、大きな貢献が可能です。

　第二に、自転車は、その利用者に大きなメリットをもたらします。最も大きなものは、生活習慣病、認知、介護等のリスクの軽減です。誰もが、悪性腫瘍、心臓病、脳血管病などの生活習慣病、認知症などにはなりたくありません。一定以上の身体活動を継続して実施しない場合には確実にこれらのリスクが増大し、また、これを継続することでそのリスクを軽減できるとされています。

　これはすべての人に当てはまることであり、さらに、すべての企業にとっても従業員の健康と健康経営のために重要なことです。そして、このような運動の継続を安価に、日常的に、確実に可能にするのは自転車です。自転車の運動は、食事や趣味、読書、睡眠、入浴などの生活時間とフィットネスクラブなどの費用のために生活費の両方とも削る必要がないのです。通勤、通学、買物、通院等の日常の移動をこれに転換して行うことで、毎日の継続的運動が生活時間と生活費を削ることなく確実に実施されます。むしろ、ガソリン代や運賃を

節約でき、生活費に若干余裕をもたらす可能性すらもあります。他にも、経済面、時間面等のメリットが目白押しです。

このように、自転車利用は、利用者個人から企業、地方公共団体、国、地球に至るまで、多方面かつ多大のメリットを有しています。しかし、これを的確に評価し、個人や企業、行政が自転車の利活用の必要性を理解し、これに積極的に取り組むことは、容易ではありません。

このような中で、我が国では2018年6月に自転車活用推進法に基づく計画が策定され、ようやく国を挙げて自転車政策を推進することとなりました。法律の目的（第一条）では、「自転車の活用を総合的かつ計画的に推進することを目的とする。」とされ、自転車の活用により、サイクルツーリズム、二酸化炭素排出抑制など様々な側面で幅広く活用施策を実施し、結果的に国民の生活質の向上が期待されます。

しかし、我が国では、特に地方部での自動車に依存した生活により、自転車を利用できる距離でも、自動車での移動が盛んに行われています。多くの移動について「自動車でないとどこにも行けない」という思い込みが支配しています。

このような中で、自転車施策は、世界共通して、事故の削減を図って安全性の向上を目指すと同時に、自転車の利活用が推進されるような環境づくりを行うような仕組みや施策が工夫され、これが数々の経験を経て進化し、変貌を遂げています。

本書は、このような進化の流れに関し、可能な限り最新の状況を紹介するとともに、我が国での幅広く活用できる方策について考察を加えること、走行空間などの環境整備を利用者目線で推進すること、また、様々な重要政策に自転車を活用することを通じて、健康や環境によい豊かな生活を実現する方策を提案しようとするものです。この際には、自転車に関し、先進的な世界の国や都市の英知や知見を我が国に適した形で分析し紹介するとともに、我が国の中でも進んでいる都市の様々な形を評価し参考にできるように配慮しています。そして、最後に、これらを踏まえて、地方における自転車活用推進計画の策定のあり方について、有意義に検討できる方法を提案しています。

本書が、自転車活用推進計画の策定、自転車政策の検討等に資するとともに、自転車のあり方やこれらに基づく各種政策を推進する際に、既存の拙著

「成功する自転車まちづくり」、「実践する自転車まちづくり」と併せて、参考になり、自転車の利活用が大きく前進する一助になれば幸いです。

　なお、本書では、理解を助けるために、表やグラフ又は内容に類似した表現が繰り返し出てくることがあります。それぞれの内容のストーリーの中で必要なものであり、また、本書が大部のため、通読される方もおられれば、必要部分を中心に読まれる方もおられ、この場合、他の部分を参照する時間と手間を省くなどの効果もありますので、ご理解いただきますようお願い申し上げます。

平成31年3月

著　者

進化する自転車まちづくり

目　次

序

目 次

／(6) コペンハーゲンの自転車計画の全体の特徴〜目標は高めにして自転車への誘引を主眼に継続した施策のレベルアップ

3．自転車のレベルが高い都市を通じた質の高い居住環境の都市の構築（1 基本的な目標の部分）………………………………………………… 159

4．実現に必要な施策〜都市生活、快適性、速さ、安全性（2 実現方法の部分）………………………………………………………………… 160
(1) 優先順位の付与／(2) 革新性の確保／(3) 安全性、迅速性、快適性並びにこのための都市生活への負荷

5．自転車通勤通学の目標値を具体的な人数で計算…………………… 162

6．自転車政策は究極的に都市の生活質の向上を目指すバロメーターである〜まちづくりとの一体………………………………………… 164
(1) 都市の生活質の向上／(2) 継続性の重視／(3) 自転車に対する優先順位の付与／(4) 魅力的な自転車環境の提供（危険だから自転車に乗らない人）／(5) 自転車に対する意識の革新／(6) 先進性

7．クルマに対する自転車の優位性の設定の必要…………………… 166
(1) 優位性設定の必要性と効果／(2) 自転車利用の社会的な効果

8．自転車走行空間の先進性〜3台幅の自転車道とスーパーハイウェイの意味……………………………………………………………………… 168
(1) 自転車ネットワーク計画（PLUSnet）／(2) 会話しながらの自転車利用とその追越しを可能にする3台幅の自転車走行空間／(3) プラスネットの整備の進行／(4) 自転車通勤通学の範囲を拡大する狙いのスーパーハイウェイ（新規に追加）／(5) 自転車による都市生活のよさの体感／(6) 自転車環境の整備による都市生活への貢献／(7) 2025年の自転車都市の自転車空間の状況

9．自転車利用環境の快適性の向上…………………………………… 172
(1) 駐輪空間の快適性の確保の必要性／(2) 駐輪空間走行空間とそのメンテナンス／(3) 1年を通じた質の高い自転車車線の管理／(4) 新たなシェアサイクルシステム／(5) 駐輪空間／(6) きめ細かな自転車の優先的取扱い

10．移動時間の短縮化…………………………………………………… 175
(1) 移動時間の短縮化のための施策／(2) 2025年における移動の短縮状況／(3) 自転車で、より多くの人が、より遠くへ、より速く行けるようにする／(4) ルートの連続性の確保／(5) 一方通行の道路における逆行／(6) 効果的で、かつ影響力の大きいショートカット

11．自転車利用に際しての安心感…………………………………… 177
(1) 安全な移動の確保／(2) 自転車利用のための交通安全対策／(3) 多様な自転車走行を受け入れることができる空間の余裕／(4) より多くの自転車専用の車線／(5) 小さなステップによる大きな成果

12．目標値の設定とこれを達成するための施策〜コペンハーゲンの自転車戦略の目標値………………………………………………………… 180

v

第5部　自転車の活用ポテンシャルを広げる〜都市・住宅・健康・医療・環境・災害・高齢者・地域活性化・観光・子育て等あらゆる政策に自転車の活用ポテンシャルを広げる〜

第1部　進化と変貌をとげる欧米自転車先進国〜我が国の自転車活用推進計画に対する教訓〜

第1章　自転車の役割の進化

１．多様な施策目的に活用可能な自転車〜施策手段として他に類を見ない発展

(1)　自転車政策の役割の拡大と増大

　自転車の活用範囲は拡大している。今まで自転車は、単なる通勤通学買物等の日常生活やレクレーションという非日常生活で単純な移動手段として位置付けられていた。しかし、今や自転車は世界的に地球環境問題や超高齢社会、健康増進、コンパクトシティの形成、財政逼迫、生活質の向上など様々な要因が現出して、個人や社会にとって今まで以上に大きな役割を果たすことができ、かつ、これを期待されるツールとなっている。今まで気が付かなかった個人や社会、国、地球にある様々な課題にも的確に対応できる可能性を有している。

　しかし、このような役割の拡大や増大を、国や社会、行政が適宜適切にとらえ、活かし切れているとは限らない。拡大する自転車のポテンシャルを的確に把握して、その役割を果たすことができるような環境整備を行うかどうかが、自転車に対して先進的かどうかを決定する大きな要素であると考えられる。自転車政策はまさに自転車の持つポテンシャルを見出し、これを活かして、個人、社会、国に役立つように結びつける重要な役割をもっているといえる。

(2)　自転車の持つポテンシャルは多様である

　自転車は、個人にとって最も手軽で、利便性が高く、経済的な移動手段である。また、健康で生活習慣病にフリーな、かつ、充実感のある都市生活を享受することを可能にする。さらに、社会にとっても、医療費、介護費の削減による社会保障費の抑制、地球環境の負荷の削減による地球温暖化防止、災害時の移動、渋滞の緩和、インフラ整備の軽減、観光振興等による地方創生など様々なメリットをもたらす。次の表は、様々な主体ごとに自転車をどのような手段として活用できるかのポテンシャルが異なっていることを示す。個人・企業や地域社会、行政、地球が受ける様々なメリットは、移動手段として、健康手段して、環境手段として、さらに経済手段として活用できる幅広いポテンシャル

があることから生ずるものである。

	移動手段	健康手段	環境手段	経済手段	その他の手段
個人・企業	手軽、快適、五感ツール、高齢者の買物、通院等パーソナルツール、避難ツール、体力的弱者、ひざ疾患者の移動ツール	身体活動中で継続性のある最適な運動手段	騒音・振動・排ガスがなく、迷惑のない移動手段	経済的弱者も取得可能、ガソリン代、フィットネス代の節約の手段	通勤通学買物通院日常用務など多様な移動手段、レクレーション用の移動手段
地域社会	公共交通、福祉タクシーなどの公助の軽減、コミュニティのつながり確保の手段	引籠り、安否確認等の軽減手段	地域の自然環境の保護手段	地域の賑わい、中心市街地の活性化の手段、渋滞の緩和による経済損失の軽減	地域の見守り、巡廻などの手段
行政	公的負担の削減、日常時の公務移動手段	医療費、介護費、社会保障の軽減の手段	地球、大気、自然等の環境対策軽減の手段	観光振興、地域活性化に寄与する手段	災害対策の手段
地球	環境負荷のない移動手段	地球規模の健康維持増進の手段	温暖化防止の手段	貧困地域での移動手段	自転車の供与等を通じた国際交流の手段

出典 各種資料をもとにした古倉の整理による

(3) 国民の需要に応じて自転車政策の対応が必要である

　欧米の自転車政策はこのような自転車の役割の拡大をとらえて、これに応じた形での進化をしている。欧米の自転車政策を20年以上にわたり、調査研究し、分析してきたが、欧米諸国は、きわめて合理的な側面から自転車利用を推進しており、その政策は国民や住民の需要に応じて、どんどん高度化しており、一定の場にとどまることがないといえる。国民や住民の満足度や生活質の向上に対する要求は高まっている。また、地球環境に対する危機感や国民の健康増進、生活習慣病・介護の予防という社会保障も大きなインセンティブになっている。これらの問題は、その時点で解決策を講じたからそれで終わりというような性格のものではない。将来にわたり①強力な自転車施策を継続させるという強固な信念の保持と②国民を絶えず誘引し続ける施策の息の長い持続的な質的向上が求められている。自転車利用はまさにこの施策の継続性と誘引

性を求められる政策であり、また、その活用場面の多様性や効果の大きさの点において、他の追随を許すものではない。

　具体の活用場面としては、通勤通学等の日常目的、観光・レジャー等の非日常目的はもとより、災害・津波等の非常目的、高齢者の健康・移動手段、医療費の削減の手段等の社会保障目的、コンパクトシティ、地域活性化等のまちづくり目的、通園等の子育て支援目的等の多種多様な施策に活用できるものである。このような政策手段は自転車をおいて他にはない。

(4)　自転車活用推進法の重要な意義を再認識する

　政治や行政はこれらの自転車のポテンシャルを自ら理解し、十分に調査・立証し、これを国民に説明すること、他では見られない自転車施策の重要性や有用性を幅広く説得して、自動車から転換の受け皿として普及促進を図ることなど重要な役割を持っている。このために、自転車政策を最も重要な政策の一つとして位置付ける責務があり、これを体現したものが自転車活用推進法であると理解される。もちろん様々な観点から法律の課題はあるが、国レベルで法律を制定し、活用を推進することとした以上は、これを基にして、自転車に期待される様々な役割やポテンシャルを実現するため、自転車を行政上優遇して推進する方策を明確に打ち立てることが求められる。

(5)　欧米先進施策に学ぶ必要性が強い

① 　社会的自然的歴史的に異なる国の自転車政策からの教訓でも積極的に取り入れる

　自転車先進国や都市の自転車政策や自転車計画をサーベイする前提として、次のような点に留意しておく必要がある。すなわち、欧米先進国の政策をまねても、国の社会的、経済的、自然的、歴史的環境などが異なり、先進的な取組は、よって立つ基盤が一致しない。進みすぎている外国の事例を引用することは我が国には適さないなどである。しかし、この指摘は当を得ていない。**第一に**、まったく、同じ環境にある国など世界中を探してもない。また、同じ国の中でも、都市や地域で環境は大きく異なることも多い。全く同じ環境にない場合は、その先進事例はまったく参考にすらできないことになる。先進の国や都市が苦労して築いてきた貴重な経験や知見をまったく無駄にすることになる。**第二に**、最初から否定的するのではなく、まず、調査し、比較検討して、採用の可否を判断すれば良いのである。最初から門前払いをせず、良い点があれ

ば、環境の差を乗り越えて、又は、環境の差異を分析して、我が国に合ったように政策を改良して採用すべきである。鎖国的なスタンスは適切ではない。**第三に**、仮に、現在の環境では差があり過ぎて、採用できない又は参考にもできないという判断であっても、その前提となる環境のうちで重要な部分を改良して、その政策に適した環境を改善し、又は作り上げる可能性を検討するべきである。これにより、容易に採用できる素地や環境を作り上げることもできる場合もある。例えば、自転車ルールを守らない国民が多いので、安全性の観点からは自転車利用を促進するのは適当でないという意見がある。国民性を理由にし、自転車の持つメリットは無視して、自転車利用を抑制すべきという人も多い。しかし、先進国でも自転車ルールを守らない人が多いことは、例えば、オランダ政府の自転車政策に関する報告書※（「オランダにおける自転車利用」2009年）にも記載がある。むしろ、欧米のやり方は、自転車は車両であるとしてのルールや意識を前提にし、ルールを守らなければ自分の安全が保てないように、車道通行を行わせ（ただし、子供等は歩道通行が認められる）、自己責任としてルールを遵守せざるを得ないような環境を醸成している。**第四に**、環境が異なるというのは、果たしてその通りであろうかと疑いの目を向けるべきである。例えば、我が国では、地方へ行けば、自転車なんてとても使えない、又は、クルマによる生活しか考えられないという認識があり、特殊であることを唱える人が多い。しかし、これは何も日本に限ったことではない。後で紹介するドイツなども、農村地域やへき地ではクルマ依存の傾向が強く、自転車利用はなかなか進まないことを前提として施策を考えている。我が国の地方の社会的環境や風潮だけが異なるのではない。同じようにクルマ依存型の地域社会は、世界にいくらでも存在する。むしろ、我が国の地方では自転車に対する依存率が高いケースもあり、国全体では、自転車利用はより盛んである。一部のクルマ依存の人々の見方で、地方の自転車利用のポテンシャルを否定するのは早計である。**第五に**、これらの強固なクルマ依存の信念や誤解を様々な工夫で乗り越え、より的確な自転車政策を開拓していく手立てを考えるのが、本来の自転車政策である。**第六に**、先進国や先進都市の経験や知見は、我が国よりも先行しており、これらは十分な分析や先進事例に値するものが数多くある。独創的なものもあり、また、先進的なものが多いが、独創的過ぎて、又は先進的すぎて、今すぐには採用できないとしても、今後の自転車政策においては、こ

れを十分に踏まえて、環境を整えた際に活用することが十分に考えられる。長期的な視野に立って、このような政策の採用を今から早期に学習し、適切なものであれば、その方向に持っていけるようシナリオに入れておきたい。他国の先進事例を積極的に取り入れて、自転車政策や活用推進計画の質を高める、又は、将来にわたって適用できるように、環境を整えることも自転車政策の責務である。例えば、コペンハーゲンでは、自転車ネットワーク延長をさらに拡大しながらも、一方では、相当前から3台が並んで走行できる幅の自転車走行空間の質を幹線自転車道の8割に設置する計画がすでに進められている。1台幅の自転車走行空間の幅の確保もままならない、また、クルマ側からの理解が進んでいない我が国の現状と環境では、とても、参考にできないと考えがちである。しかし、会話を楽しみながら2台の自転車が並走して、これを追い越すことができるような3台幅の走行空間による快適性迅速性に対する要求は、自転車利用をより盛んにするという目標を達成するためには、どうしても必要な条件である。我が国では概ね1台がやっと通れるような自転車走行空間の整備が進められているが、これだけでは今後は十分でない。クルマ以上に安心、快適かつ迅速にという三拍子そろって走行できる空間の提供など絶えず自転車環境の質を自転車の利用者や非利用者を引きつけるように改善し続けなければ自転車利用は伸びないか、衰退していく。これが世界の自転車先進地域からの一番の教訓である。これは、別に彼我の環境の差異ではない。車道に自転車空間に転換できる空間を設ける場合に、車道の一車線をまるまる自転車空間に充てることがいずれは必要となってくる。実際に自転車を利用したい人、車から転換できそうな人がまだまだ数多く存在する（ポートランド市の市民アンケート（後述）では、55－60％）のに、これをみすみすそのままにして、自転車利用に誘引していないのはきわめて残念である。自転車利用の可能性のある人が最後の一人になるまで、また、現在の利用者がそのまま自転車利用者であり続けるために、自転車施策が絶えず質的な向上を実施し、より高いレベルを目指し続ける必要がある。そのような自転車利用のポテンシャル（個々人により体力その他で差があることは当然のことであるが）を最大限引き出し、かつ、その利用レベルを維持し続けるためには、自転車政策はよりわずかであっても少しずつ高度化し続ける必要があるのである。真の意味での環境、健康、経済にやさしい有効な移動手段として取り上げるのであれば、このような点を目指して

政策を展開することが真の意味でのチャレンジである。

② 欧米諸国も先進国を調査している

　なお、注目すべきであるのは、外国の先進事例を調査研究しているのは我が国だけではない。その事例は、米国では連邦レベルで調査団を欧州に派遣して調査している。また、ポートランドはコペンハーゲンを調査しているし、コペンハーゲンは、駐輪政策について、オランダのユトレヒトを調査研究している。デンマークでも同様である※１。ドイツでも欧州各国の自転車政策や計画を比較検討している。南半球のオーストラリアでも1992年に南オーストラリア州政府が欧米の諸都市の自転車政策を詳細に調査している※２。自らの国の自転車政策を検討するために、世界の自転車政策を調査分析していることは、基本的な作業として当然のことである。これらにより、施策の切磋琢磨や先進施策の取り込みが行われ、よりレベルの高い政策が実現することになる。

③ 自転車活用推進計画の策定に際し早急にその内容や策定のあり方を世界に学ぶ

　第一に、世界の自転車政策の先行性である。早くから自転車の有用性を認識し、これを重要な施策手段として位置付け、まちづくりを推進してきており、自転車とまちづくり、生活質との関係など幅広い展開を学ぶ。**第二に**、その過程で、自転車政策の主体は地方主体から国主導への転換、また、移動手段の自動車から自転車への転換、このための道路空間の自動車から自転車への転換など自転車利用を上位においた施策展開を行っていることを学ぶ。**第三に**、計画体系の充実である。走行空間などの各論先行ではなく、きちっとした自転車の政策上の位置づけ、目標の設定などの総論やこれを受けた各論の体系性、横並びではないオリジナルな特徴のある内容など様々な重要な論点や工夫を学ぶ。**第四に**、その内容は、自転車の役割の拡大に応じて、進化を遂げていることを学ぶ。いい計画や政策を講じたから、それで満足してとどまっていてはすぐに陳腐化する。**第五に**、先進国はすでにほぼ国としての自転車計画又はこれに類するものを有して、国の立場を明確にしている。我が国は、先進国の最後の国家自転車計画策定国として、上記のような先進国の経験や知見を活かすことできる立場にあり、これらを活かした自転車政策の展開が今後何よりも期待される。

　以下で、このような世界の国レベルでの自転車政策の動きで注目すべき動き

を紹介する。

※1　Collection of Cycle Concepts 2012 CYCLING EMBASSY OF DENMARK
※2　A Review of Bicycle Policy and Planning Developments in Western Europeand North America-A Literature Search Government of South Australia

2．欧米の自転車先進国の政策の全体の傾向

(1)　欧州と北米の先進国の自転車政策の目的や性格、施策の強弱は微妙に異なる

　一口に欧米先進国の自転車政策といっても、欧州は環境・健康の側面からのアプローチの傾向が強いのに対して、米国は医療費削減など経済財政的な実利的側面からのアプローチの傾向が強いなど欧州と米国では差異がある。米国は国レベルで自転車政策に巨額の予算を拠出している。その金額は、2016年度では連邦予算で約8億6千万ドル、約950億円の自転車と歩行者のハードソフト施策予算が用意されている（米連邦交通省資料）。また、欧州でも国により、自転車政策を取り巻く環境や政策の強弱は異なっていて、この結果、オランダ、デンマーク、ドイツは自転車の分担率が高いのに対して、英国やフランスなどは低い状況となっており、また、国の取り組みも大きく異なっている。さらに、南半球のオーストラリアやニュージーランドでも都市住民の移動は自転車に適した距離が相当割合あるため、早くから国民の幸福度向上の観点から自転車促進の政策に取り組んでいる。ここは主として欧米を中心に可能な限りその他も考慮し、取り上げる。

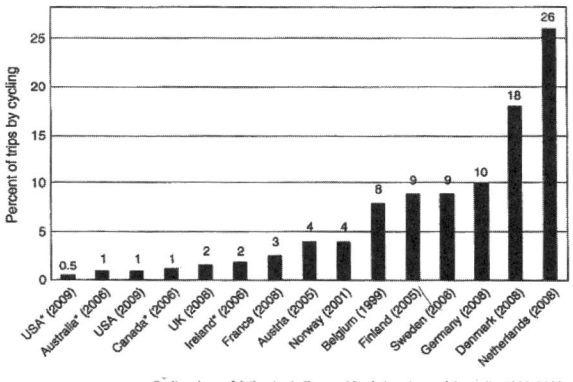

Cycling share of daily trips in Europe, North America, and Australia, 1999–2008. *Note:* The latest available travel surveys were used for each country, with the survey year noted in parentheses after each country name. The modal shares shown in the figure reflect travel for all trip purposes except for those countries marked with an asterisk (*), which report only journeys to work derived from their censuses. Differences in data collection methods, timing, and variable definitions across countries and over time limit the comparability of the modal shares shown in the figure. *Sources:* Australian Bureau of Statistics 2007; Bassett et al. 2008; German Ministry of Transport 2010; Danish Ministry of Transport 2010; Department for Transport 2010b; European Commission 2005–2007; Pucher and Buehler 2008; Statistics Canada 2010; USDOC 2010; USDOT 2010b.

Ralph Buehler and John Pucher

出典　John Pucher and Ralph Buehler "City Cycling" p.10

(2) 先進国の国家自転車計画は1990年代から策定されている

　国の自転車政策の内容を知るには、その自転車計画を見ることが一番であり、この策定状況は表の通りである。1990年のオランダを皮切りに、南半球のオーストラリアや米国及び英国が1990年代に国として計画（又はこれに相当するもの）を策定し、2000年代には、ドイツ、フランスなど、2010年代には多数のヨーロッパ諸国が続いている。日本は先進国中で最後の方である。

表　外国の国レベルの自転車計画の策定状況（策定年の順）

オランダ	1990年「自転車マスタープラン」制定。2000年自転車施策は国から、自治体でつくる自転車協議会に移行。
オーストラリア	1993年「国家自転車戦略」を制定、1999年（1999－2004）、2005年（2005－2010）、2010年（2011－2016）改定。
米国	1994年連邦政府「国家自転車・歩行者調査」と自転車政策推進のISTEA法（1992－97）、TEA21法（98－03）、SAFETEA法（04－09）、MAP21法案を連邦が制定。
英国	1996年「国家自転車戦略」策定。2005年体制改定。
ドイツ	2002年「国家自転車計画　2002－2012年」、2012年「国家自転車計画2020」策定。
ノルウェー	2003年「国家自転車戦略2006年－2015年」策定。2013年の国家交通計画（2014－2023年）中で自転車戦略策定。
ニュージーランド	2005年国の「歩行者自転車利用促進計画」策定。
オーストリア	2006年「自転車マスタープラン」策定。2011年改訂（2011－2015年）。
フランス	2007年「国家自転車計画」策定。2014年交通行動実施計画（ソフトな交通手段～歩行者自転車）策定。
フィンランド	2012年「国家歩行者自転車戦略2020」策定。
ポルトガル	2012年「国家自転車計画2013－2020」策定。
ハンガリー	2013年「国家自転車構想2014－2020」策定。
チェコ	2013年「国家自転車戦略2013－2020」策定。
スロバキア	2013年「国家自転車・マウンテンバイク戦略」策定。
デンマーク	2014年「国家自転車戦略～自転車でデンマークを～」策定。1990年代に開始。
スウェーデン	2014年「自転車安全利用戦略」策定。
日本	2018年「自転車活用推進計画」策定。

出典　ヨーロッパサイクリスト連盟資料及びドイツ連邦政府資料等に基づき、古倉作成。

(3)　自転車政策を国が取り上げるようになった経緯〜国の強力なテコ入れの必要性

　欧米先進国でも、もともと自転車政策は地域性が強いため自治体レベルで行われていたが、これら自治体レベルでの自転車政策では、広域のネットワークの形成や交通安全施策、さらに、地球環境、健康増進、観光政策など国全体の諸課題に対する対処に限界がみられた。そこで国レベルで自転車政策が本格的に開始され、展開されるようになったと理解される。本格的に国が自転車計画を策定するに至ったのは1990年代に入ってからであり、オランダ、オーストラリア及び米国が1990年代前半に、後半には英国も国家自転車戦略を策定して参入している。ドイツは、連邦レベルでは1990年代に地方の自転車政策をけん引するため、地方の自転車優良都市の表彰、自転車政策のあり方調査などの方策を講じていたが、地方での自転車政策が進展しなかったためか、2002年になって国レベルの計画を策定して国が本格的に取組みを開始した。これに、ノルウェー、オーストリア、フランスなどが続き、2010年代になって、フィンランド、ポルトガルなどが続々と国の計画を策定し、さらにデンマークなどの自転車先進国も本格的な国の計画を策定している。

　先進国に遅れて我が国では自転車活用推進法により国レベルでの活用推進計画策定の義務化がなされ、2018年策定されたが、世界の各国の国レベルの自転車計画が出そろったあとの最後の先進国の自転車計画である。各国での取り組みや経験、知見を活かせる一方で、その分余計に総論での自転車の明確な位置付け、目標値の設定などが期待される。結果として各論での英知を結集し、高いレベルのアイデア施策が盛り込まれているが、当面2年間の短期の計画であり、その後の長期的視点に立ったより高度で質の高い計画の改定が期待される。日本が自転車先進国の仲間入りができるかは、自転車の優位な位置付けと自動車からの転換の推進等の明確な方向を示すとともに、地球環境や健康、コンパクトシティなどにどこまで有効な自転車作用のための具体策を構築できるかにかかっており、この点が極めて重要である。

　これらは、自転車政策が国レベルでの重要な施策課題を解決する有効な施策であるためであるが、それ以上に、例えば、2012年のドイツの計画では2002年の計画に比べて国の分担率の目標値や予測値を大幅に下方修正し（27%から15%）、2014年のデンマークの計画では、自転車の分担率が低下傾向にあり、

国が自転車施策を推進する必要性を強調するなど、自転車政策に頭打ち又は成熟化の傾向がみられる中での国レベルでの強力なテコ入れの必要性もある。また、立派な計画を策定しても、継続性を有して実施することが大切であり、さらに、質の向上や進化を内容に反映するため、改訂や見直しの検討などを行って、自転車政策の方向として、自転車利用者を増やすような施策のレベルアップが図られているものが多く、この点も、重要である。

(4)　国レベルで自転車政策を行う必要性

これらを含めて、国レベルで自転車政策を行う必要性と国の果たすべき役割は次のとおりである。

① 自転車の利用促進策で国レベル、さらに地球レベルで解決すべき共通する課題がある

地球温暖化対策や健康対策、社会保障費、防災対策などは、国レベルで重要な課題であり、さらに、地球全体に共通する課題でもある。これを地方がばらばらに実施していては、的確な対処ができないばかりか、積極的に取り組んでいる地域のせっかくの努力が減殺される。例えば、米国では、国レベルでの健康・医療予算による財政赤字の削減のために、健康な国民が全国レベルで大量に出現する必要があり、これのためにも、連邦レベルで年間10億ドル前後にも上る自転車・歩行者関連の連邦予算を確保している。

② 自転車の施策を全地方で強力に推進できるのは国レベル

自転車利用促進に対して理解のある都市部の公共団体はそれなりの独自の施策を講ずることができるが、自動車依存型の地域社会を形成している地方都市や農村部などは、自動車しか移動手段がないというような誤解に陥っている。これらの地域でも自動車でないとできないような距離や勾配の移動ばかりではなく、自転車はおろか、徒歩でも行ける近くの距離や平坦な土地でも、自家用車が多用されている。地方部での自家用車の移動距離は、人口規模が小さい都市ほど4km以下の移動の割合が高くなる傾向にある。つまり、人口規模が小さいほど自家用車移動距離は短く、この結果自転車で行ける距離の移動割合が高いのである。これにより、二酸化炭素の排出が多くなるとともに、超高齢社会での移動が余計に困難になる。徒歩では移動可能距離が短く、また、重い荷物その他を持つことは難しい。また、自分の持っている能力以上のパワーをもつ自家用車での移動は、危険性を伴う。高齢者の人口100万人あたりの交通事

故死亡者数は、自動車乗用中が、自転車乗用中よりも相当高い1.8倍であり、また、歩行中も自転車乗用中の３倍となっている（平成27年交通安全白書）。さらに、クルマの税金や維持費は経済的にも大きな負担であり、年金世代にはきびしい。

③　自転車は今や健康環境のナショナルミニマムの移動手段である

　自転車は今や国民の足と健康を支える経済的、時間的、距離的な国民の移動手段となってきている。しかし、特に地方部ではこのことに関する理解が浸透していない。仮に一つの市町村がこれを理解しても、他の周りの市町村の理解や自転車環境の整備が進まなければ、自転車利用は極めて限定的となる。特に自転車は中距離を移動するので、この市町村のみの走行空間のネットワークや施策では極めて限定的な効果しかなく、また、広域的に移動するクルマのドライバー側からの自転車走行に対する配慮や走行環境の制約に対する理解を得るのは一つの市町村での施策では難しい。みすみす近中距離で健康的、経済的、時間的に有利で手軽な移動手段をもちながら、ハード・ソフト面の利用環境がこれについてくることができない状態となる。このため、国が自転車政策の位置づけや指針を設定する必要がある。自転車の必要性は国地方を通じて共通であり、国がその施策の必要性を明確に設定することが重要である。オランダ政府は「他のヨーロッパ諸国と比較してオランダの自転車施策は分権化している」ため、国が乗り出して施策の優先性について、「地方公共団体等は他の政策より優先して徒歩と自転車の活用を推進すること」を国の方針として設定している（オランダ政府「オランダにおける自転車利用」2009年）。このように国が超高齢社会に向けての移動手段としての自転車をしっかりと位置付けて安全かつ適正な利用を促進する役目がある。

④　自転車の効用やメリット、安全性に関するしっかりとした調査研究

　自転車利用は多方面の具体的なメリットがあるとともに、安全性に関しても自動車や徒歩に比べて安全な移動手段であるにもかかわらず、主観的に車道走行や交通事故の恐怖感が先行している。冷静に客観的なデータに基づく安全性や危険個所の具体的な把握等の調査研究を行い、自転車が多方面のメリットを有しており、安全な移動手段であること、また、そのための環境整備や利用者の行動などについての具体的なデータに基づく情報提供をすることが必要である。このような調査研究や情報公開は、相当の予算や人員が必要であり、国家

的な研究として、実施することが特に求められる。特に自転車利用を促進するためには、国レベルで予算をかけて最高水準の専門家を駆使して、権威のある調査研究を通して自転車のメリットの具体的な解明や交通安全の詳細な分析をすることが期待される。このような人的、財政的資源を必要とする有用な調査研究は地方レベルでは到底できるものではない。

⑤　全国的な走行空間と駐輪空間の水準設定が必要である

　全国をカバーするネットワークの形成は国レベルで行う必要があることは自明のことであり、改めて指摘する必要がないが、この走行空間や駐輪空間の規格の標準化による利用環境の確保は重要である。どこに行ってもわかりやすく統一的な標識の設置（ドイツ国家自転車計画）は特に必要である。これは、単なる自転車のためにあるのでなく、クルマが自転車と空間を共用するために必要なものである。すなわち、自転車はクルマに対してはどうしても弱者の立場にあり、両者が道路空間で共存するためには、クルマ側からの安全対策と配慮が不可欠である。このために特に必要なものが、クルマから自転車が走行していることを確認できる仕組みである。特に、自転車走行空間のネットワークを形成している路線では、全国どこに行っても自転車のネットワーク空間であることが十分に認識でき、かつ遠くから明確に理解できる共通の標識が必要である。これにより、自転車のクルマに対する安心感が広がり、国全体での利用の促進の効果が期待される。これは何も広域のサイクルツーリズムのためだけの標識ではなく、日常用途においても、同じく自転車ネットワーク空間であることを認識させるために必要である。

　また、駐輪空間の設定も重要である。駐輪空間は単なる量的な空間の提供では、進んで駐輪するための動機にはならない。駐輪空間の質的な向上が継続して行われることが、利用者を駐輪空間に引きつけ、利用してもらうために必要不可欠である。仮に撤去などの強制措置が行われなくとも、駅等のすぐ近くに質の高い駐輪空間が適切に提供されていれば、放置が生ずる可能性は少ない。撤去という強制行為のみを背景とした駐輪対策は、北風と太陽の例を引用するまでもなく、社会的に見ても適切とはいいがたい。利用者が望む質の高い駐輪空間を提供して、気持ちよく駐輪空間を利用してもらうことが、「太陽」の役目ではないか考えられる。駐輪空間の望ましい水準や利用者が利用したくなるような分かりやすい統一標示と案内表示（満空や残台数標示を含む）の誘導水

準を設定する利用推進が国レベルの役割である。このための調査研究も必要である。駐輪場所と駐輪後の目的地との理想の距離は短時間利用と長時間利用で異なるものであることは経験的に明らかになっており、駐輪空間の付置義務は単なる台数を示す量的な確保ではなく、その用途に応じた的確な質の確保が必要であり、かつ、その距離や1台当たりの幅などの設定も重要である。単なる放置対策としての量的な駐輪空間の設置ではなく、自転車利用促進策の観点からこれとリンクした自転車と目的施設へのアクセスを考慮した設定の仕方が重要である（外国の基準では目的施設との距離を、短時間利用は5～10メートル以内、長時間利用は30～50メートル以内と設定（デンマーク））。

⑥　国による模範となる自転車計画の内容・方法の提示

　自転車計画の策定は、地方のオリジナリティーが重要視されるべきである。しかしながら、自動車依存型の地域社会を持つ地方部では自転車の利用促進策をどのように設定するべきかについて、自転車とクルマとの関係や利活用方策において躊躇が見られる。国レベルでこれに対するきめ細かな指針を設定することが必要である。国が自ら自転車利用促進のための自転車の位置づけや目標値の設定などの基本的な部分、地域性を必要とする自転車政策の国と都道府県、市町村との役割の分担関係の割りふりの設定などの方針が特に重要である。また、各論の施策として、通勤、通学、買い物、観光レクレーションなど自転車の利用目的別の施策の設定の仕方などが求められる。国の計画は、このため国が自ら実施する施策のみを定めるのではなく、地方の施策の指針や内容を含めた国全体の政策を定めた総合的な計画とする必要がある。自転車活用推進法では、都道府県及び市町村での自転車活用推進計画の策定は、国の自転車活用推進計画を「勘案」することとなっている（自転車活用推進法第10条第1項及び第11条第1項）。内容を勘案する場合にも、地方の具体的な施策やこれとの役割分担を含めた国と地方の全体の体系的な自転車施策のあり方についての内容が必要である。つまり、地方が自転車活用推進計画を策定する場合は、国の計画内容が地方の模範となるばかりでなく、ドイツのように施策の割り付けや分担を含めた体系的な内容の設定により、勘案義務を通じて、地方の自転車活用推進計画の策定を推進できるのは国以外にはないのである。

(5)　国レベルでの自転車計画の役割～自転車の位置づけや目標値、共通施策の

設定

　このような点について最も参考となるのがドイツの国家自転車計画である。この計画においては、国レベルでの自転車計画の存在意義が明確かつ自然に理解できるようになっている。

　第一に、国が模範を示して、地方に自転車政策の検討、実施を促していることである。我が国の自転車活用推進法でも、国、地方公共団体等は相互に連携を図りながら協力するとある（法§7条）。このような条文は、見過ごされがち又は軽視されがちであるが、重要な意味がある。国は、地方公共団体と連携する場合には、その自転車政策の実施について、自ら手本を示すとともに、地方の役割を示して自転車政策を実施しやすいような情報の提供その他を行う必要がある。すなわち、自ら自転車活用推進計画を策定することはもちろん、これを地方公共団体が勘案して地方自らが自転車活用推進計画を策定するための考え方や施策の見本を提供する必要がある。国は国で、地方は地方でバラバラに自転車活用に必要な施策を講ずるのではなく、連携、協力、役割分担することが求められる。当然のことのようであるが、ドイツの国家自転車計画では地方に対する要請や呼びかけがその連携や協力、情報提供のためにも極めて重要である。

　第二に、特に基本的な方向として、国としての自転車の位置付けや目標値が明確でなければ、一貫した効果のある施策は実施できない。自転車は、近中距離の移動を基本とするが、これは何も一つの市町村や一つの都道府県内での完結する移動を意味するものではない。ドイツのように広域な観光等はもとより通勤通学等でも一定の広域的な移動は十分に行われ、さらにこの距離を拡大しようとしている。このような中で、地方公共団体によって、自転車の位置付けが異なれば、特に、クルマとの関係で、走行空間の設定、駐輪空間、シェアサイクルなどで雲泥の差が出てくる。車道の隅っこに追いやられて遠慮しながら走行するか、クルマと対等で堂々と走行できるかは、この位置付けの差に起因する。単なる走行空間のガイドラインでの物理的な空間の基準という各論の議論ではない。また、駐輪空間やシェアサイクルのポートなども、堂々と一等地や車道に設けられるかどうかにより、利用の利便性が大いに異なる。国が全国的に方針を出しているのであれば、地方公共団体は躊躇なく自転車が安心安全にかつ利便性が確保された状態で利用できるようにすることができる。これ

15

は、地方公共団体が個々に決めることではないし、走行空間や駐輪空間の設置を進めた基準のような各論の議論ではない。自転車をどのように位置づけるかの問題である。設置基準はあくまでその空間を設ける場合における基準であり、そもそもその空間を設けることを前向きに積極的に認めるか又は消極的になるかの差異とは別物である。

　第三に、自転車政策を進める行政としての予算の確保や政策の優先度合いに大きく影響する。ドイツの国家自転車計画のように、国はここまで実施するので、地方もここまではやってくださいというスタンスは、国と地方との上下関係ではなく、お互いの連携や協力・分担の関係であり、対等の関係であるともいえる。このような関係の中で、地方が割りつけられた役割に従って、自転車利用者又は自転車利用に誘引する者に、迅速性や安全性、快適性を提供することは、大きな根拠を持つことになる。主体が国であれ、地方であれ、役割分担により実施するものであり、実施主体の問題ではない。要するに、住民にとって自転車を活用する気が起こるかは、施策主体とは関係がないのである。国中でこのようなことを推進するかどうかが自転車政策の価値を決める。全国的に、又は広域的に自転車利用が盛んになってきている状況で明確にこのような方針が出ていないと地方公共団体はおろか、自転車利用者や自動車運転者も戸惑い、また、安全に支障が出る。

(6)　計画内容に行き届いた配慮を学ぶ

　単に計画が存在するのみでは、実施する主体である行政はもとより、利活用する国民や住民からも、本気でやりたいという気持ちは起こらない。計画に対する深い理解と信頼が醸成されて、初めてこれに従い施策を講じたり、計画に従った行動を取ろうという気持ちになる。このような仕組みを計画内容に込めて、わかりやすく策定することが、計画を実効性あらしめるとともに、国民の健康、地球環境、災害対策、観光振興、地域活性化等の重要課題を解決する有効な自転車活用推進策となるのである。思想性のない心のこもっていない計画、特に総論で哲学が示されない計画は、すぐにそのことが看破され、人々は自転車政策についてこなくなる。

3．ヨーロッパ先進国の自転車政策

　ヨーロッパ諸国の自転車政策の動向を見るために、ヨーロッパサイクリスト

連盟が編纂したヨーロッパの自転車政策やドイツの連邦政府等がまとめた資料により、各国別に分担率、自転車計画や戦略を整理し、まとめてみたものが次表である。なお、一部の国は、自らの自転車政策を推進する参考として、他の先進国の調査を行っており、これらをまとめた資料には、他の国や自転車都市に対する調査結果が掲載されているものがあり、これらも参考にしている。

　ヨーロッパ諸国の国レベルの全トリップに占める自転車の分担率とこれを記した自転車戦略（計画）の名称は、表の通りである。これによると、分担率ではオランダが群を抜いて高いが、次いでハンガリーが高く、その次に従来から言われているデンマーク及びドイツが続いている。これらのいくつかは拙著「実践する自転車まちづくり」pp234－249）でも紹介しているので、機会があれば、上のような内容を検討される際に参照されたい。

表　ヨーロッパにおける国の自転車分担率と自転車戦略の名称（2018.03.15作成）

国	自転車分担率（国）	国の自転車戦略の存否と分担目標	国家自転車戦略・計画の名称
オランダ	26%（2010）	なし	（Masterplan Bicycle 1990-1997）
ハンガリー	19%（2013）	あり　22% to 25% by 2020	国家自転車利用方針　2014－2020
デンマーク	16%（2010－2013）	あり	デンマーク～自転車利用促進計画
ドイツ	10%（2012）	あり 15% by 2020	国家自転車計画2012～自転車推進に総力を結集
フィンランド	8%（2010－2011）	あり　20% increase by 2020 (as compared to 2005)	国家自転車歩行者戦略2020
ベルギー	8%（2010）	あり（not officially adopted）	ベルギー国民自転車利用総合計画
スウェーデン	7%	あり	安全自転車利用共通戦略2014－2020
チェコ	7%（2013）	あり　10% by 2020 and 25% by 2025	チェコ国家自転車推進戦略C 2013　－　2020
オーストリア	7%（2010）	あり　10% by 2015	自転車マスタープラン～優先推進～2011－2015
スロベニア	6.7%（2005）	あり　Doubling cycling (mid-long term objective)	スロベニア国家自転車ネットワーク整備計画

スイス	5 ％（2010）	あり（他の手段も含んだ計画）	（持続可能な開発戦略の中非自動車交通戦略2016－2019）
イタリア	4.7％（2013）	なし	
ノルウェー	4 ％（2013－2014）	あり　8 ％（2023）、10－20％（2030）	国家自転車戦略〜自転車に乗ろう2012
フランス	2.7％（2010）	あり	ソフトモビリティ（自転車・歩行者）実行計画
アイルランド	2.4％（2011）	あり　10% by 2020	アイルランド第一次国家自転車政策構想
英国	＞ 2 ％（2008－2015）	なし	イングランド、ウェールズ、スコットランド、北アイルランドは自転車戦略あり
スペイン	1.6％※	なし	
スロバキア	1.5 ％ － 2 ％（2012）	あり　10% by 2020	スロバキア国家自転車交通・自転車観光推進戦略
リトアニア		なし	
ポーランド		なし	
ルーマニア		なし	
ルクセンブルク		あり　25% of soft mobility by 2020	国家ソフトモビリティ実行計画
（参考）EUの自転車の位置づけ	1 ）　Cycling should be an equal partner in the mobility system 自転車は交通体系の中で対等の位置づけを持つパートナーとすべし。 2 ）　Grow cycle use in the EU by 50% at an average in 2019/2020 - 2030 2030年までに2019／2020年の平均に比べて50％の利用増を目標とする 3 ）　Cut rates for cyclists killed and seriously injured by half (in km cycled) in 2019/2020 - 2030　自転車乗用中の死者及び重傷者数の50％削減を目標とする 4 ）　Raise EU investment in cycling to €3bn in 2021-27 period; and €6bn from 2028-34　2012－27年３億ユーロに、2028－34年６億ユーロに自転車投資を増加させる		

出典　ヨーロッパサイクリスト連盟資料「ヨーロッパにおける国家自転車戦略の概要」及び「各国の自転車政策」、"EU Cycling Strategy. Recommendations for Delivering Green Growth and an Effective Mobility in 2030" 等に基づき古倉作成　※スペインアンダルシア州自転車計画2014－2020 p12による。

第 2 章　進化と独創性に富むドイツ連邦の自転車政策〜その哲学とアイデアを学ぶ

1．国が地方の自転車政策に関与〜ドイツ「国家自転車計画」

　国レベルでの自転車計画の模範実例として、最も我が国にとって示唆に富むドイツの国家自転車計画をまず最初に紹介する。自転車計画のあるべき姿、特徴、アイデアなどが満載されている。

(1)　国の自転車計画の真の意味〜国家自転車計画2002－2012年

　ドイツでは、2002年に初めて国レベルの計画として、国家自転車計画が連邦の運輸・建設・住宅省により策定された。これにより、今まで、自転車施策は地方レベルのものであり、先進的な又は意欲のある自転車都市が率先して進めており、これらの先進的又はオリジナルの実施例等はあったにしても、国レベルで自転車政策を推進することがなかった。これを改め国レベルの政策体系とその独創的な施策内容が示された（古倉「成功する自転車まちづくり」p191）。すなわちドイツでは、20世紀末までは、国が自転車先進都市を表彰し、それにより他の都市の自転車政策を引き上げ、推進する程度の関与しかなかった。しかし、同じような地方分権の州制度を持つ隣国のオランダが1990年から国レベルで自転車施策を強力に進めてきた結果、一定の成果を上げていること、ドイツでの地方の都市にもっぱら任せてきた自転車政策ではバラつきがあり、かつ、全体として目立った進展がないと理解したと考えられるため、2002年に国レベルでの国家自転車計画を策定し、国が率先して自転車政策を推進することを始めた。また、同時期に国レベルでの自転車ネットワーク計画を策定して、全国で12本のルート、総延長にして10,218km（当時のアウトバーンの計画延長は11,980km）の自転車走行空間ネットワークの整備を計画している。国が率先する自転車ツーリズムの推進のための国中のネットワーク形成が図られ、これを通じて地域での多様な自転車利用の底上げにつながってきた。このようなドイツの国レベルの取り組みの開始は、他の自転車先進国に比べると遅い部類である。20世紀末までには、すでに、オランダ、米国、英国、デンマーク、オーストラリアなどが国レベルで自転車政策に着手するとともに、国レベルの

計画を策定している。これらの国では、さまざまな国レベルの取り組みを行う過程で、困難な経験や内容の高度化を経て、自転車のメリットや位置づけ、目標などで、最初は国と地方のどちらが自転車政策を主導したほうがよいか、国が主導した場合、いつこれを地方にバトンタッチするか、また、国と地方の自転車政策についての役割分担はどうすべきか、などについて知見を蓄積しながら、国の自転車計画を策定し、自転車政策を進展させてきた。地方分権を優先しすぎて、国レベルでの施策や計画が中途半端になったり、地方展開に戦略性のないような状態では、国レベルでのこのような知見の蓄積が得られず、地方任せで、国全体の強力な自転車政策の樹立は期待できなかったのである。

(2)　自転車施策の必要性は「区域の実情」で異なるものではない

　自転車は、普通の人が日常走行する範囲は、一般的にだいたい5km程度以内であり、この距離であれば、わざわざ広域的な利用を前提とする国レベルの施策は必要がないなどの短絡的な見方がある。しかし、我が国でも、自転車による観光ひとつとっても、しまなみ海道など二つ以上の県をまたいだ広域の自転車利用がすでに行われ、またさらにインバウンドを巻き込んだより国際的な広まりを見せている。まして、地球環境や国レベルでの健康増進、医療費・介護費等の削減が大きな課題となっている状況で、地球や国レベルが受ける多大かつ多様なメリットがあるにもかかわらず、地方の地域交通の一類型であり、広域交通ではないので、地方がその「区域の実情」に応じて実施すれば足りるなどという考え方は、あまりにも近視眼的な自転車の重要性に対する無理解に他ならない。これは、自転車活用推進法が出来上がった今でも、同様であり、「区域の実情」に基づき、まったく自転車政策を検討しない地方公共団体が多くあり（著者らの2018年調査では回答市区町村508のうち約23.2%）、まさに広域観光はもとより、地球環境、健康増進など世界や国全体を前提とした政策はしり抜けになってしまう。また、自転車利用施策のメリットである健康や経済、観光等の恩恵をあまねく住民に十分もたらすことができない。

　州制度を採用している国でも、なんでもかんでも地方分権ではなく、自転車政策についてはその重要性をしっかりと理解している。アメリカ合衆国や欧州のオランダ、ドイツ、オーストリア、南半球のオーストラリアなど連邦州制を持つ国でも、国が自転車計画を策定するのみならず、この中で自転車の位置づけや基本方針などを示して、地方の自転車政策を引っ張ってきている。

2．国家自転車計画は国の目標と地方のガイドラインの役割を持つ

⑴　国の国家自転車戦略は全ての地方に自転車施策を求める

　ドイツの国家自転車計画では、国の計画の役割が明確に出ている。すなわち、単なる国の所管する施策のみに関する計画ではなく、地方に自転車政策の統一の指針を示している。第一に、ドイツは国の2002年の計画でも、また2012年の計画でも、いずれも、国が計画の目標値を直接又は間接に設定している。2002年の目標値では全体の分担率（27％程度と推測される）、2012年の計画では、都市部と地方部及び全体を分けた分担率の目標値（各16％及び13％、全体は15％）の設定を行っている（但し、前者は少しぼやかした形で、後者は専門家の結論を引用したりして、少しあいまいな設定ではある。）。第二に、自治体の予算の確保について、それぞれの自転車施策の状況により、3つのクラスに分類し、各予算金額（一人当たり）のガイドラインを設けて、地方に財政面からの基本を示すことで、全国にわたる自転車政策の推進を促している。

　ドイツのこの計画では、「自転車は、環境、気候、まちと都市の生活の質、人々の健康においてプラスの影響を与える。こういった背景に対して、連邦政府は、都市部と農村地帯における最新の交通システムの一部として自転車の推進を極めて重視している。連邦政府の役割は、自転車の発展のための法的な枠組みを作ることである。」このため、「連邦政府は、立法者としてもてる権限の限り自転車を推進するとともに、自ら管理する連邦道路に自転車車線を先行して整備している。また、連邦運河沿いの引き船のための両側の道を改良することにより、自転車用として利用に供する。その持続可能な交通と都市開発の両政策の責任を結合させて、国家自転車計画（NCP）を採択し、推進者として、促進者として、ファシリテイターとして、そして、調整者としての役目を行使する。」としている。

　また、「より重要な点は、<u>国家自転車計画は、連邦政府のみに向けたものではなく、州と自治体にも向けたものである</u>。これは、ドイツの連邦制の制度の一部として、地域のコミュニティにおける自転車利用促進のための個々の方策の主な責任を持っているのは、州と自治体であるためである。」（下線は筆者）としている。これらのことから、国が地方に対して自転車政策での役割を積極的に要求するという計画の性格は明確であり、地方分権の進んだ州制度の国で

も自転車政策は特別の扱いで、国が地方の自転車施策に大幅に関与している。

(2)　自転車政策の内容についてもガイドラインを示す

　この特徴を表わすものとして、国が市町村に対して、自転車施策について果たす役割のガイドラインを示していることである。すなわち、**第一に**、各市町村の自転車利用と自転車施策の具体の状況に関してグラフを示し、これにより各市町村の全国の自治体の中での位置を明確に認識させる（A章）。これにより、各市町村は、いずれかの範疇に入り、自転車利用が低調かどうか、また、自転車施策が遅れているかどうかが明確に判断できる。そして、**第二に**、それぞれに分類された範疇ごとに確保すべき自転車施策に対する一人当たりの予算額の表が示される。**第三に**、州ごとではあるが、連邦道、州道及び市町村道における自転車走行空間の整備率をグラフにより示し、施策の実施状況の優劣を競わさせている。**第四に**、個別の施策ごとに州や市町村の役割を具体的に述べており、州や市町村の役割がガイドラインとして示しているのである。これらのいわば、国からお尻タタキ的な内容を、具体の数値やガイドラインにより示していることが特徴である。各地方公共団体が住民、マスコミその他に自らの立ち位置が明示されて、これが後れを取っていることを指摘されないように頑張る動機を与えたり、逆にガイドラインを大義名分として、自治体内部で自転車予算を確保する手段として使えるようにしたものと理解される。

3．構成全体の特徴

(1)　全体項目の配置〜計画の実効性確保や方法論までが含まれる

　計画の構成の特徴は次の通りである。**第一に**、タイトルが、「国家自転車計画2020〜自転車利用の促進のために総力を結集する〜」とされ、国が総合的に、かつ、持てる力を結集して自転車利用を盛んにすることを明示し、国の意欲と責任を明確にする。**第二に**、しっかりとした哲学を持った総論（A章）と各論として10個の重点的な具体策（B章）である。その項目は、我が国でもみられるよう

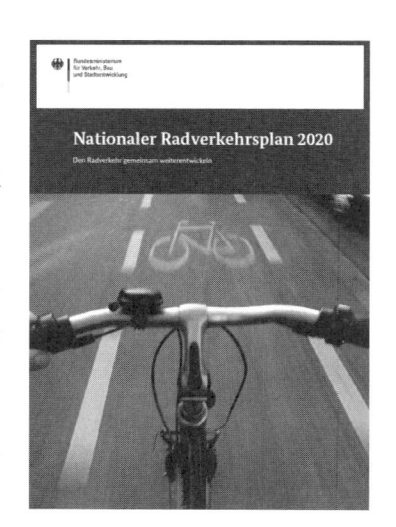

なものが並んでいるが、かなり絞り込まれており、それだけ重点的な内容となっている。**第三に**、通常の計画は総論と各論のみのものが多いが、この計画はこれで終わらずに、自転車政策を推進する方法論を相当のページを割いて提示している（全体82ページ中17ページ）。すなわち、自転

国家自転車計画2020〜自転車利用促進のために総力を結集する〜		
A章　施策の総論（序）	1	自転車が本来持っている可能性
	2	自転車利用促進の目標
	3	自治体間の施策状況に応じた推進
B章　各論の具体的な自転車施策	1	計画策定と自転車戦略の樹立
	2	インフラ整備（走行空間・駐輪空間・標識）
	3	道路の安全
	4	広報啓発
	5	自転車観光
	6	電動アシスト自転車
	7	他の交通手段との連携
	8	自転車利用と道路の安全教育
	9	施策の質の確保と向上
C章　自転車施策の手段		組織構造・予算の確保
		定期的な評価—モニタリング
		自転車利用の有効性などの効用の浸透
D章　自転車施策の位置づけ		自転車利用のドイツでの位置づけ
		自転車利用促進の利害関係者とその責任
		自転車の社会全体に対する貢献
E章　自転車施策の展望		2020年における実現可能性
		2050年の展望

車政策の手段として、①予算の確保、②住民による施策評価、③自転車の効用の浸透により、施策の実効性を担保するための方法（C章）を述べ、次に、このような内容や手段を講じて実施する自転車施策の位置づけの重要性並びに利害関係者とその責任を明示すること、自転車が社会で大きく貢献していることを説明している（D章）。このようにして、自転車施策の必要性と有効性が明らかになるような構成と内容を取っている。さらに、この結果として、2020年や2050年という将来において自転車が貢献する可能性がある具体のデータや姿の内容を示し、計画による自転車施策の推進の結果としての未来像を描いている（E章）。これは国として自転車計画の実効性や有効性を説明するためのも

のである。

(2)　各論は施策ごとに現状・課題・解決策の三段階構成をとっている

　各論の大きな特徴として、**第一に**、各論の項目ごとに、「現状」をまず分析し、次いで、その現状から「課題」を抽出し、これに対して、「解決策」を提示するという、①現状、②課題及び③解決策という 3 段階構成をとっている点である。この特徴は、各施策の項目ごとに、①から③まで記述して、なぜこの③の解決策が出てきたかの過程が明確に理解できる点である。このようなパターンは、計画を読む側、特に国民にとっては、わかりやすく、理解を得られやすいと同時に、実施する行政側にとっても、思考の流れが自然で、施策を把握しやすいものと考えられる。例えば、この第一節では、次のように述べている。①「現状」として、ドイツでは、「自転車総合計画による総合性の確保とともに、自転車走行空間について、ハード面で、利用目的を持つネットワークの連続性や一貫性及びソフト面で標識の不統一などが確保されていない。」と述べる。次に、②「課題」として、「地方のネットワークは相互に一貫した連続性とバリアーのない安全快適な空間となることが必要である。」と分析する。そして、最後に、③「解決戦略」として、「連邦政府は自治体に対して、安全性及び利便性の高いインフラ整備を継続して支援するとともに、州は、的確なネットワーク戦略を策定することや、さらに、地方自治体の整備に対する資金援助などの責務を課す。また、地方自治体に、最高水準による自転車道の整備、自転車優先信号の設置などを求める。」と方策を示す。このように、現状、課題及び解決戦略が一カ所でセットで提示されているので、これらの相互のリンクが明確である。我が国の自転車計画の多くは、現状や課題をそれぞれひとまとめにして総論で述べ、後から各論でこれらとのつながりを明示せずに施策（解決戦略）を並べている例がほとんどである。これでは、どの現状や課題に対してどの施策を講ずるのかがわかりにくく、論理もつながりにくい。このような記述の方法は見習うべきである。

(3)　施策ごとに国と州と自治体の役割分担を明示

　第二に、この③の「解決戦略」について、上で述べたように、連邦、州及び市町村、さらに必要に応じてその他の団体に仕事を振り分けて、それぞれの役割分担を具体に明示していることである。この計画の特徴の最も重要な点の一つである。すなわち、各論（B章）の項目について、国、州及び自治体の役割

の分担関係が明示されている。ここで連邦の計画において明確にしている点が重要である。このような役割を配分できるのは連邦の計画以外にはない。

　これらを各論の9つの施策ごとに整理すれば、次表のようになっている。これは、地方の自転車政策のガイドラインとしての役割でもあるが、これにより、この国家自転車計画が、単なる国が直接行う施策のみを定めた計画ではなく、国全体の自転車施策を総括することを重点として位置づけていることがわかる。

　例を挙げると、B−1．計画策定と自転車戦略の樹立では、国が継続した支援・国道での自転車空間の整備を行うので、州は州全域のネットワークの戦略と州道での自転車空間の整備を、自治体はこれらを受けて、密度の高いネットワークの整備を行うことを求める。また、B−5．自転車観光（サイクルツーリズム）では、国は全国ネットワーク形成の支援、ルートの標準化、自転車観光計画の策定を行うので、州は、自治体のネットワーク形成の支援、自らのネットワーク整備推進を、そして、自治体は、自転車観光を通じた地域での利用促進・各種団体での推進を行うよう求めている。

表　国家自転車計画での国、州及び市町村の役割の割り振り（B章の項目）

		国（連邦）	州	自治体
B−1．計画策定と自転車戦略の樹立		継続した支援・国道での整備	全域ネットワーク戦略・州道で整備	密度の高いネットワークの整備
B−2．インフラ整備				
	走行空間	連邦道での整備と管理・予算	地方道の整備・管理・補助	計画・整備・管理の実施
	駐輪空間	有料事例（駐輪場・放置対策）	自治体資金提供	適切な量の整備・条例制定
	行き先案内標識	技術的規定の整備	仕様を明示	グリーンウェーブ実施
B−3．道路の安全		ヘルメット着用推進・事故研究	事故多発分析と戦略・安全設計	同左
B−4．広報啓発		利用促進のロゴ制定・地方表彰・資金提供	キャンペーンとコンテスト実施	具体の活動実施チラシ・コンテスト・賞など
B−5．転車観光（サイクル		全国ネットワーク形成の支援、ルートの標準	自治体のネットワーク形成支援州のネット	自転車観光を通じた地域利用促進・各種団体

ツーリズム）	化、自転車観光計画の策定	ワーク整備・推進	での推進
B－6．電動アシスト自転車	利用促進各種交通政策での活用・安全法整備・標準設定	駐輪施設・バッテリー共通化・盗難対策・走行空間等の投資	道路安全キャンペーンの展開
B－7．他の交通手段との連携	議会への働きかけ・国鉄州協議推進・実践例の発行	公共交通に資金提供・駐輪場整備支援	地方交通計画策定・駐輪場整備
B－8．自転車利用と道路の安全教育	方策支援・テレビ広報・大人対象	学校カリキュラム・自転車試験	安全なインフラ学校支援・実施
B－9．施策の質の確保と向上	webサイト・調査研究実施公開・自転車アカデミー・資料	資金調達・調査研究プロジェクト・交通データ収集	情報提供・利用促進活動の継続

⑷　先進的独創的な項目及び内容を戦略に配置

　<u>第三に</u>、我が国を含めた他の一般の自転車計画にはない特徴的な内容として、「自転車観光」（B－5．）と「電動アシスト自転車」（B－6．）の項目が入っていることである。自転車観光は、我が国の自転車活用推進計画の目標3「サイクルツーリズムの推進による観光立国の実現」に入っているが、ここでは後に述べるように我が国でイメージしている単なる自転車観光ではない。そこには、走行空間ネットワークの全国展開と地域の自転車利用の促進という重要な戦略を含めている。また、電動アシスト自転車は、これを主軸にした自転車を普及することで、自転車の移動可能距離の大幅な拡大を通じて、クルマからの転換対象距離の範囲を大きく広げることにより、自転車の分担率の向上を図る戦略を有している（この内容は、のちの箇所において紹介する）。この例に見られるように、従来の計画にはない先進的かつ独創的な項目を多く配置している。

4．内容の特徴～総論

　以上のような構成全体の特徴に対して、総論の計画内容の特徴は次のとおりである。

⑴　自転車の移動可能距離の拡大～自転車のポテンシャルの拡大

　クルマから自転車利用への転換のターゲットとして、約5km弱までの距離

の移動では、自転車が時間的にも有利な移動手段である可能性があることを説明しているが、これは、我が国をはじめ多くの国で共通している。オーストラリアや EU でも、我が国と同じようなグラフを作成して、所要時間において、約 5 km 弱以内は、自転車がクルマよりも移動の総時間が短くでき、これをターゲットにして自転車に転換するという考え方を持っているが、これは我が国と共通点がある。しかし、ここでの特徴的な点は、電動アシスト自転車の活用や公共交通との連携により、自転車のカバーできる範囲を拡大して、自転車の基本的な性能を拡張するという次の段階に重点が移っていることが重要である。つまり、クルマからの転換を図るための移動距離のターゲットを大きく拡大することを新たな方針として打ち出している。これは、デンマークやオランダなどでも同様であり、すでにこれに軸足を置く政策を進めている。単なる公共交通との連携や協力などというようなものではなく、しっかりとした戦略を持って、クルマから自転車への転換のための公共交通とのジョイントその他の従来の発想を変えた施策を目指している。すなわち、デンマークやオランダでの中長距離での自転車の利活用距離の拡大を、電動アシスト自転車、公共交通との連結、10km 程度までのサイクルスーパーハイウェイの延伸などにより、総合的にクルマからの転換範囲の拡大を図ろうとしているのである。

　また、若い層には自動車や免許の保有率が低下し、自家用車離れの傾向が見られ、これらの世代が自然に自転車利用に流れることを自動車免許や自動車の利用動向から分析している。さらに自転車利用がライフスタイルとして定着することと併せて、今後の自転車の伸びる大きな可能性を示唆している。我が国でも、この様な視点をしっかりと持って、自転車利用の促進の一つの切り口として活用ができるような戦略の基本的な設定が必要ではないかと考える。

⑵　国が自治体の自転車施策の全国展開を推進（7 つの戦略）

　第 2 の特徴は、国の計画で、地方部の自転車施策の取り組みにはっぱをかける 7 つの方策を計画上で明示的又は暗示的に設けている点である。自転車利用や施策が遅れ気味な地方部での実情に考慮し、かつ、自転車施策を国や地球レベルで推進する必要性や緊急性が高いため、地方部での取り組みを国が間接的に要求しているのである。これには、上述の 3．の(3)の国、州および自治体の役割の割り付けも一つであるが、これを含めて整理したものが表である。すなわち、地方部の分担率目標を下げることで地方部での施策着手のバリアーを低

く設定し、自転車施策の着手等を容易にすること（表の①）や自治体の自転車利用レベルに応じた的確な施策レベルの設定や１人当たりの予算額のガイドラインを示すことで地方部の認識を高めるとともに、これに基づく予算確保や施策の推進を図ること（表の③と④）、へき地などでの自転車利用の必要性や効果を分かりやすく示すこと（表の⑦）等で、地方の自転車の自転車施策の着手や実施につき、現実に応じたきめ細かな配慮をしている。一方で、州や自治体への具体的な施策分担を要請していること（表の②）、州別の自転車走行空間の整備状況等の施策状況を明示して施策の競争心をあおるようにしていること（表の⑤）、サイクルツーリズムで必要な全国のネットワークを自転車分担率の低いような地方部を通過するようにして自転車ネットワークや自転車利用に巻

表　ドイツ国家自転車計画の中で地方での自転車施策を推進する戦略的な仕組み

方策の項目	地方に対する自転車施策の浸透方策の内容	計画の該当箇所
①都市部と地方部の分担率	都市部と地方部での目標値の二段階設定（都市部16％地方部13％）により、地方部の自転車利用の現実性を考慮	A章のコラム
②自治体への具体施策の設定・提示	10項目の各論施策（戦略、インフラ、安全、広報啓発、観光、電アシ、交通連携、教育、保全、組織）ごとに国、州及び自治体別に具体の施策内容明示	B章全体 pp17 – 59
③全自治体の分類	自治体の自転車の利用・施策のレベルの３段階に分類、具体の状態を提示、後れている自治体に心理的効果とレベルに応じた施策展開を間接的に要請	A章 pp14 – 15
④自治体住民一人当たりの予算額	自転車施策等のレベルごとに都市地方部ごとの施策別のきめ細かな予算額のガイドラインで、責任額を明示し、予算確保を推進（国等からの支援策）	B章 p63表
⑤州別の空間整備状況(％)の公表	地方の競争心を盛り上げ、自転車施策の推進図る。同時に国や州の整備状況も明らかになり、国道や州道の責任も明示され、地方の意欲の増進	B章2節 p23図
⑥国全体のネット図	観光における国レベルの全国ネットワークを自転車が盛んでないところにも通過させるよう設定し、通過市町村は対応せざるを得なくして、地方の自転車施策の進展に寄与	B章5節 p42
⑦へき地の利用促進策	へき地での自転車利用の必要性や効果を認識させ、促進施策の必要性や意識改革、施策実施を促進する	D章 p70

出典　第57回土木計画学研究発表会、古倉らのプレゼンパワーポイント（ドイツ国家自転車戦略に基づき古倉作成）

き込むようにしていること（表の⑥）など地方部に対する施策を間接的に要求していることである。戦略的に幾重にも地方での自転車施策の推進が図られるようにしている。これは、過去の計画では先進的な都市は自転車施策に積極的に取り組んだが、地方部ではそうでない地域があり、その結果国全体の分担率の目標の達成も困難になったことに対する反省からきているものと推測する。我が国でも、このような経験を経た国の方策を教訓にして、地方部や人口規模の比較的小さな都市での長期的な実施を推進する戦略が必要である。

(3) 自転車の利用状況と環境の整備状況に応じた施策

以上の7つの施策のうち、特に我が国で推進すべき施策として、③の「全自治体の利用・施策レベルによる分類」とこれに応じた施策のあり方が挙げられる。自転車利用状況や環境さらに、自転車施策について自治体間でばらつきがある点に着目し、これを勘案することで、従来自転車が小さい意味しか持たなかった農村地域においても、自転車により焦点を当てた施策の展開とこれに対する支援をすることを可能にするものである。このような地域特性に応じた異なる自転車施策の展開を容易にするため、自転車利用状況と自転車環境の整備の発展段階に合わせて、自治体の自転車施策を考える施策モデルに注目すべきである。

① 自治体の自転車施策の3つの段階

ここでは、自転車施策及び自転車分担率に応じて、自治体を3つの段階に分けている。すなわち、次の表のとおりである。

○自転車利用促進策を始めようとする段階の自治体（初期段階＝スターターと称する）
○自転車利用促進策を推進中の段階の自治体（発展段階＝クライマーと称する）
○自転車利用促進策が高いレベルの自治体（最高段階＝チャンピオンと称する）

あらゆる段階の自治体に対応して、これらの類型に応じた施策を実施してもらい、自転車利用を促進し、発展させるものであり、かつ、適切な施策を自ら選択できるように、自治体に助言する。同時に、この発展段階による分類は、全国のあらゆる場所で国家自転車計画を実行するため、多様な地域特性での施策展開ができるようにしたものである。そして、すべての自治体に対して、その段階に応じて、自転車施策の実施を誘引するものである。すなわち、次図のように、自治体をその自転車利用の発展段階によって、"スターター" "クライ

マー"及び"チャンピオ
ン"の３種類に分ける。
このモデルは、ヨーロッ
パ自転車連盟（ECF）
の施策展開のためのモデ
ルに基づいている。この
分類の基本は、全交通の
トリップ量に対する自転
車の分担率（自転車利用
の状況）と現在の自転車
利用促進策のレベル（自
転車環境）の二つの指標
を使って分類する。

ア．初期段階の自治体
　（スターター）

図　自治体の自転車施策の段階の図

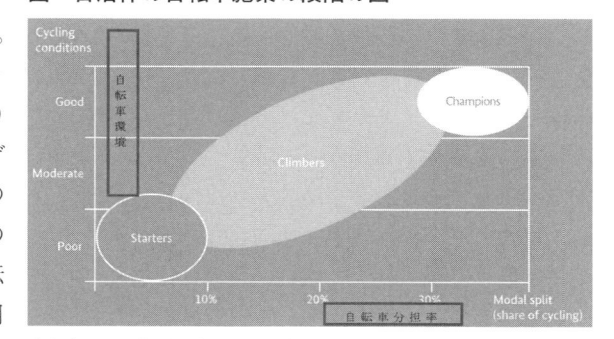

自転車利用（促進策）の状況（筆者注）本文に含まれている図によ
ると、縦軸に自転車利用環境を、横軸に自転車分担率を設定して、
両方が低いものを「スターター」、中間のものを「クライマー」、両
方が高いものを「チャンピオン」としている。なお、片方だけが高
い場合等のバランスが取れていない自治体については、コメントが
なされておらず、これらは正の相関があるものと理解され、自転車
分担率のみで評価されているようである。

　自転車利用促進策は、初期段階の自治体は、通常の自転車分担率は10％程度
以下という顕著に低い割合である。自転車利用促進のための組織的な施策は存
在しないか、または始めたばかりの段階である。特に、小規模な自治体では自
転車に関して自転車の専門性が抵いために人的な資源に限界がある。

イ．発展段階の自治体（クライマー）

　"クライマー"の段階での自治体は、自転車の交通分担率は、10〜25％の間
になっている。すでにかなり自転車利用がなされている。自転車施策に関する
計画や文書には、自治体により採用されている積極的な目標、利用促進のため
の戦略及び広範囲な施策が記載されていることが多い。このような市町村で
は、少なくとも基本的なインフラは備えているが、全市的なネットワーク形成
までには至っていない。多くの場合、恒久的組織（自転車利用ワーキンググ
ループ、自転車担当の公務員等）が設置されている。

ウ．最高段階の自治体（チャンピオン）

　"チャンピオン"は、自転車分担率の割合が高い自治体（約25％超）であり、
そこでは、自転車利用促進策は、広範な社会的かつ政治的な支持を多く得てお
り、自転車施策は当然実施されるべき施策と受け止められている。また、公的

部門だけでなく自転車施策の関係団体や個人も参加して実施されている（例：会社、教会）。この自治体の主たる次のステップは、専用のインフラをもっと供給することにより、自転車利用を一層促進すること及び自転車利用の利便性、情報、サービスをさらに提供することである。さらに、"チャンピオン"では、常に最優良事例を先進的に実施しており、その蓄積された経験と知識が、他の自治体でも活用されるようにすべきである。

② 自治体の自転車環境・施策の発展段階に応じた施策

　第一に、世界の先進国の自転車政策で、今まで自治体の自転車の分担率と環境整備のレベルにより施策を使い分けて、国が自転車利用を推進するとしている施策はほとんど見られない。我が国でも、このような自転車に関する環境や施策と分担率の両方のレベルをもとにした分類に応じた的確な施策展開を図るべきとする考えはなかった。**第二に**、自転車のレベルの低い都市について、スターターとして自転車利用促進策の推進を国として対象に特に重点に取り上げることとしている点である。従来このような都市は、いわば、自転車施策とは関係のない都市として、議論の対象から除外されてきた。自転車先進国のオランダですら、自転車のレベルの低い都市について一応の配慮はするものの、都市により自転車利用のレベルは異なるとして、あまり積極的になっていない。1990年の自転車計画では、「自転車政策は地方分権により実施すべきで、国は地方をサポートし、国として問題が起こった時に対処する」と述べていた（拙著「自転車先進国における自転車政策の新たな展開」サイカパーキング2010年刊 p223））。なお、我が国でも、従来から地域の自主性を尊重することが大前提となっており、自転車利用のレベルの高い又は自転車事故が多く、安全性に課題の多い都市や自転車利用のポテンシャルが高い市区町村を主たる対象とした策定の推進が示されている（「安全で快適な自転車利用環境創出ガイドライン」pⅠ－1）。すなわち、自転車利用があり、これに課題を持つ都市を対象に自転車ネットワーク計画の必要性が高い都市として位置付け、その必要性を議論してきた経緯がある。我が国の自転車活用推進計画も当面は同じようなスタンスになっているようである。利用率が高い又は事故が多いなど一定の自転車利用又は課題があるような都市を主として前提としているため、ドイツのような自転車施策が低調な都市を対象とした国全体の自転車利用の底上げを推進するものではなかった。まして、このようにきめ細かく分類して、直接利用状

況に応じて、自転車利用が低調な自治体を含めて自転車施策の展開を促すようなものではなかった。**第三に**、これに関連するものであるが、国として、自転車利用を全体として底上げするという政策の方針が存在することである。自転車のレベルが高い都市も低い都市も、対象として施策を講ずるものであり、国全体の自転車利用の促進を図るという総合的な自転車計画があることが、このような点に大きく影響し、また重要な意義がある。自転車利用が高い都市だけを施策の対象として取り上げるのではなく、全体を対象にして、それに応じたきめ細かい施策で全体を底上げしていくものである。地球温暖化や国民の健康増進、生活習慣病等の医療費の削減など国レベルでの重要な施策に寄与する自転車政策であればこそ、国全体で取り組むべきものであり、一部のみを対象とするような自転車政策は適切ではない。**第四に**、そのクライマーやスターターの都市のレベルの基準であるが、それぞれ25％以下〜10％超及び10％以下としている点が注目される。世界的に見れば、10％でも相当に高い水準である。2009年の「オランダにおける自転車利用」（オランダ政府作成、前出拙著「自転車先進国における自転車政策の新たな展開」pp202－268のうち p208及び209（表2、表3参照））によると、自転車分担率の高いヨーロッパの都市並みのレベルである。このことからも、相当高い水準が設定されているものと理解され、実際にこれが目標年次である2020年で地方にいかに普及し、国全体で相当の高いレベルが実現されているかが注目される。

　このように国が自治体を先導して、全体のレベルを引き上げるようにすることは、地方分権が進んでいるドイツですら自転車政策については許されており、それだけ国を挙げての喫緊の課題であると認識されている点及び国全体の分担率の目標を掲げる以上は、自転車利用が進んでいる都市のみを対象にしていては、その目標の実現が覚束ない点に注意する必要がある。

　なお、2017年施行の我が国の自転車活用推進法ではこのような低調な自治体も自転車活用推進計画の策定等の努力義務があると解釈できるものの、国の計画ではこれらに焦点を当てた施策は当面はほとんど見られない。

(4)　その他の特筆すべき点

①　エネルギー政策等の総合政策の一環としての自転車を位置づける

　自転車政策は、エネルギーと気候変動に関する戦略やエネルギーとモビリティ戦略の一つの柱として位置付けられるものである点である。単に、自転車

が環境や健康に良いというようなあいまいな位置づけではなく、しっかりとした国の総合戦略の中で、具体的に大きな役割を果たすという位置づけを与えられていることである。これが自転車の推進を極めて重要視している理由であるとも考えられる。このように自転車政策をより総体的な枠組みの中でとらえ、位置付けるからこそ、交通手段としてより重要な位置づけを与えることができるのである。自転車単独で、その位置づけや施策上の優先的取り扱いを主張しても、効果はあまり期待できない。

② 　自転車政策の目標値の設定を専門家の見解として表示

国家自転車計画の目標値の設定について、国が本文で直接設定しておらず、国も参加しているが専門家のワークショップの結論を提示しており、これが、計画のコラムで述べられている点である。「連邦交通・建築・開発省に代わる専門家のワークショップでは、（中略）全移動における自転車のシェアはおそらく15％となる可能性があるとしている。2020年には、地方部での自転車のシェアは現状が8％に対して13％、都市部でのそれは、11％から16％に伸びることを意味する。」と表現も極めて控えめである。前計画では、隣国オランダを意識して、本文で抽象的な設定ではあったが、高すぎる数値を目指すものであり、現実には達成できなかった。この反省のもと、現実性のある数値を、都市部と地方部で分けて具体の数値目標で設定しているとみられる。

今後我が国でも自転車活用推進計画の具体的な検討の際に、具体の数値目標の設定の設定が求められる。これに対して、専門家に内容と責任を任せて設定する方法もある。我が国の計画では具体の数値を出さない傾向があるが、これよりは、相対的にすぐれた方法である。

5．自転車計画・施策の内容と方法（B章）

次に各論の施策について述べているB章であるが、B章全体の特徴としては、次のようなものがあり、いずれも、我が国で教訓や参考にできるものである。

⑴　国の計画による地方の施策内容と役割の割り振り

各論の大きな特徴は、国が地方の施策内容と役割分担を求めていることである点は上述した。これにより、**第一に**、従来は、自転車利用について理解のある都市部のみが健康や環境で自転車を推進してきたが、多数を占める地方部も

ともに自転車を推進しなければ、地球環境や全国的な健康医療介護、中心市街地の活性化、全国的な観光などの問題や課題は解決できない。この点を十分に理解しているからこそ、ドイツの国レベルではうるさくなるほど地方の自転車が低調な地域に焦点を当てて、自

1	計画策定と自転車戦略の樹立
2	インフラ整備（走行空間・駐輪空間・標識）
3	道路の安全
4	広報啓発
5	自転車観光
6	電動アシスト自転車
7	他の交通手段との連携
8	自転車利用と道路の安全教育
9	施策の質の確保と向上（調査研究、データ収集）

転車政策を推進しようとしているのである。

　第二に、この場合に、どのような形で国が関与するかであるが、ドイツの国家自転車計画では、州や自治体に対して個々の自転車施策につき、「することが推奨されている」、「する必要がある」さらに、「すべきである」などと要求する程度を微妙に分けて、記述している。詳細は省略するが、施策ごとにこの差異をしっかりと区別して、国（連邦）として、地方に要求している強さのレベルを読み解く必要がある。もちろん、地方に要求するからには、まず、連邦が前面に出て実施する内容を示して、ここまでは国が行うので、次は州、その次は地方自治体にしてこれこれを実施してほしいという順番を踏んでいる点も見のがせない重要な手順である。

　第三に、自転車戦略を単独のものとして策定するのではなく、関連する都市開発計画や地域計画とのリンクを重要視し、かつ、他の計画でも自転車計画をより優先して位置付けるように要請している点である。我が国の地方公共団体の自転車計画を見ると、総論では自治体の総合計画、交通計画、都市計画等の他の計画との関係を概括的に述べているものの、各論の具体的な内容では、これらの「他の計画」を反映したような部分があまり見受けられないし、また、他の計画に自転車計画の内容が反映されるようにしているものもあまりない。ドイツのこの計画では、「自転車利用と都市開発」のコラムを設けたりして、地方の自転車戦略の策定等において、地方交通計画や都市開発計画など直接に関係する計画では、相互にリンクし、自転車に対する配慮を重要視すること、競合する計画では、これと一体的な内容とするように調整して、自転車計画が

他の計画により阻害されないよう担保することを求めている。

　<u>第四に</u>、我が国で特に参考にできそうな特徴的な内容として、自転車戦略策定マニュアル（ここでは「キット」と称している）を連邦が作成すること、自転車先進事例のコンペを行うことなどを提示している。自転車の戦略や先進事例の提示は、単なる策定の推進や紹介を行うのではなく、国としてこれをできるだけ具体的にきめ細かく指導するとともに先進事例も、良い点はもちろん、改善すべき点を併せて客観的に評価して詳細かつ具体的に提示することが必要であると考えられる。これは、我が国では、「自転車活用推進計画策定の手引き」に相当するものである。

　<u>第五に</u>、"コンパクトシティ"を創出する観点から自転車利用を重視した総合計画として設定・促進するため、自転車利用にやさしい仕組みとして、土地利用計画や住宅地、商業施設や学校などの開発計画や立地政策の積極的コントロールが重要であるとしている。自転車利用戦略の企画及び策定を検討する際には、都市開発に関する計画の中に自転車を組み込むとともに、各種まちづくりに関する計画においてこれとリンクし、自転車利用が重要視されなければならないことを特に強調している。このように、まちづくりと自転車の関係を重視している。我が国のコンパクトシティでの自転車の活用を本格的にするための重要な視点である。

6．各論の持つ特徴

　次に、各論ごとにそれぞれの持つ特徴で、我が国における自転車施策に教訓又は参考になる点を取り上げる。

⑴　インフラの整備（第2節）〜整備率の比較

　ドイツの自転車に係るインフラとは、走行空間と駐輪空間及び行き先案内標識の3つを取り上げている。きわめてシンプルでわかりやすいインフラ構成である。

① 　州ごとの整備率の比較のグラフを表示

　<u>第一に</u>、走行空間について、計画の中に表示されているグラフに州ごとの整備率の比較を具体に示し、ブレーメンやハンブルクでは、連邦道路（日本では直轄国道）の自転車走行空間の整備率は高いが、州や自治体の道路では遅れていることを指摘している。州ごとではあるが、自転車施設が整備されている割

合が表示されることは、各州としては、この整備に力を抜けなくなる。多くの州では、既成市街地の郊外部では、基本的に歩行者と自転車の共用空間で構成される自転車歩行者専用道の供用が進められてきた。現在では、連邦道路に沿って存在する自転車車線だけで約19,000km、また、地方道路にある走行空間が25,000km、地域道路にある走行空間は16,000kmとされており、これらにより、競争しながら壮大な自転車空間ネットワークが構成されていることに

図　州別の連邦道路、地方道路及び地域道路における自転車施設の設置割合（％）

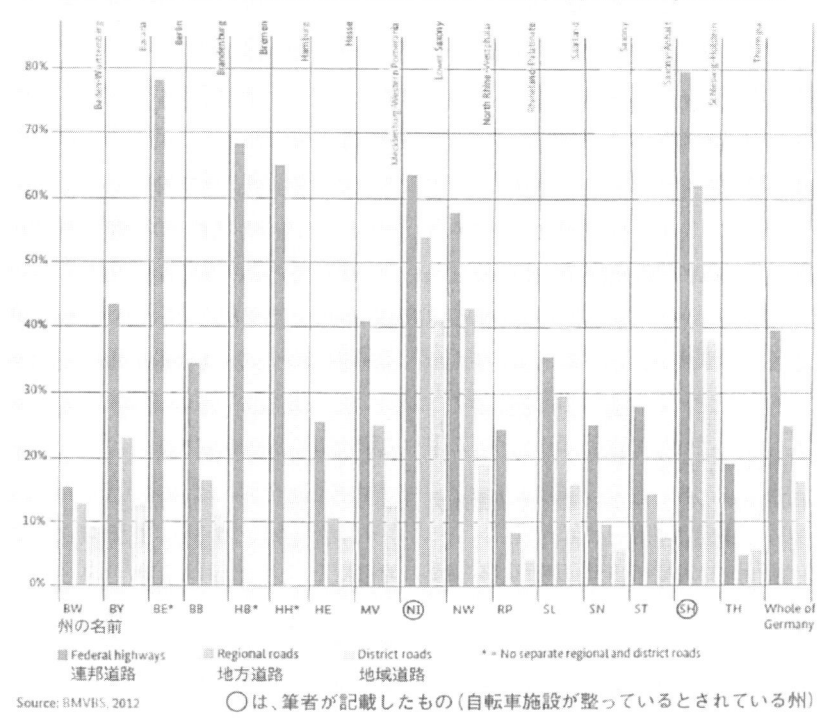

(注)　州ごとの整備状況がグラフで示されている。しかし、「供用内容は、州ごとに大きく違っていて、2－3の特別な州の場合においてのみ整備レベルが高いだけである。図では、ブレーメンやハンブルクなどでは、連邦道路は分離された走行空間が存在するが、州レベルや自治体レベルの道路には、自転車空間と言えるものが全くない」と注書きされている。また、連邦道路における自転車走行空間の設置割合は、80％近くになる州もあり、また50％を超えている州が6つある。いずれの州も連邦道路における自転車走行空間の設置割合が、州道路や市町村道路の割合を上回っていることが顕著な特徴である。

なる。

② 自転車走行空間の整備手法の統一

　第二に、「既成市街地内では、多くの地方自治体は、様々なタイプの自転車道と自転車レーンによって提供される多様な空間が利用されており、国中で統一された走行空間の設定がない」点を指摘している。また、このために、「時間のかからない低コストでの自転車ネットワークの改良」に留まっている。「自転車の車道上の混在空間（例：時速30km ゾーン）及び整備された自転車道に加えて、自転車指導帯や自転車専用通行帯などの路面標識による対応も行われている。特により小さな自治体では、いまだに多くの自転車歩行者道という自転車と歩行者が混在する空間があり、自転車と歩行者それぞれのニーズに合ったものになっていない。これに対して、低コストの路面標示は、実際上の経験を通じて、安全性の調査において肯定的な結果が得られている。その後、これらの方式の自転車車線と自転車専用通行帯は、規定（ドイツ道路交通規則と道路交通規則を統制する行政規則）と技術的規則の枠組みの中に広く取り入れられていった。」（筆者取りまとめ）と記載されている。この点は、自転車と歩行者の混在が多い日本の現状と同様であり、これを抜け出すべく、我が国でも「安全で快適な自転車利用環境創出ガイドライン」を策定して、走行空間ネットワークの整備を進めている。ヨーロッパの自転車先進国としてドイツでも我が国のガイドラインと同様に路面標示での自転車専用通行帯その他による現実的な対応をしていることがわかる。走行空間確保はどこの国でも同じような課題があり、同様の対応が行われたことが理解できる。

　第三に、自転車走行空間の設置率が、連邦道路の方が極めて高いことである。地方道路や地域道路と比較しても、すべての州で連邦道路の設置率が高いことが目立つ。自転車政策の基本となる自転車走行空間の整備は、まず連邦が自ら所管する道路においてこれを率先垂範して推進することで、大きく前進するものであることを示す最も模範的な例である。

　第四に、駐輪空間であるが、これも我が国と共通している需要があり、高価格の自転車の普及で一層防犯対策が重要になっていること、駐輪空間が遠いこと、屋根付きの自転車駐車場がより適当であることなどが記載されており、世界共通であることを惹起させる。

③　インフラに加えてソフト面を含めた総合的なサービスが必要

　インフラとしての走行空間の整備を実施すれば、自転車利用が自然に増加するという認識に対して、「自転車利用者の要望に合った安全で便利な自転車インフラなしでは、自転車の交通手段における分担割合を高くすることは不可能だと考えられる。（中略）（これだけではなく＝筆者注）あらゆるレベルで、より多くの、また、より公共性の高い活動やコミュニケーション、さらにサービスが提供されなくてはならない。」とし、このために、ソフトの各種施策を総合的にセットで講ずることが必要であるとしている。そのソフトのサービスの例としては、表のようなものを例示している。

表　利用促進のため有効な自転車利用者サービス（コラム）

自転車利用、特に実用的な自転車利用を促進する一連のサービス
①　出発時間とルートを選択する際の携帯ナビゲーションシステム及び天気予報
②　大企業や顧客サービス企業向けなどにレンタサイクルの一括貸しのシステム
③　自転車の車体サービスとして、自転車チューブの自動販売機や移動修理サービス、公共場所の空気ポンプ、自転車の洗車器具
④　買い物や移動の際のかさばるものを保管するための“荷物入れ”、これがない場合は、荷物預かり又は宅配サービスの利用
⑤　観光地区に限らず、自転車インフラ（注走行空間や駐輪空間）において、それぞれの案内標識や屋根、自転車ロッカーの設置
⑥　電動アシスト自転車の充電装置の設置によって、電動アシスト自転車が行ける範囲の拡大と魅力化

　さらに、「多くの自治体と州における自転車インフラは、体系的戦略的な計画に基づき行われたものでなくてはならない。現在の多くのケースでは、インフラは単に、利用可能な資金または空間が存在した結果にすぎない。さらに、自転車インフラはしばしば、単に、道路の建設がすでに計画された場所でたまたま提供されることになっていることが多い。」と手厳しい。インフラについても、総合性と体系性が必要であり、自転車利用に必要な様々な体系的なサービスの提供等の総合的な施策や戦略が必要であることを述べている。従来行ってきた我が国の走行空間の整備と同様の課題をかかえていることがわかる。

④　自転車走行空間のネットワークの確保は何よりも連続性が重要

　自転車走行空間のネットワークについては、「途切れることなく連続性があり、そして、特に利用目的を持った自転車ネットワークは、自転車利用に基本的に欠くことのできないものである。すべての主な出発地と目的地の間は自転

車ネットワークで連続していなければならない。」として、ネットワークの連続性と何に使うのかについての利用目的を重要視していることである。このために、通常の道路はもとより、地方の道路（未舗装道路、林道、農業用道路など）をこの目的で動員するとされる。特に、主要幹線道路は別として、自転車と自動車の混在も必要であり、また、特に道路の安全性のために、30km ゾーン、交通静穏地区を取り込むことは切れ目のない自転車ネットワークを形成するための重要な要素である。さらに、私道（例：林道、農道）の場合も、土地所有者や借地人の権利と調整し、自転車用にこの土地を使用して連続性を確保する。このように、農道や私道までも動員して、とにかく自転車ネットワークの連続性を確保しようとする考え方は重要である。そこまで、利用促進と安全性の確保のために連続性を重視すること、このためにあらゆる道路空間を活用することは、極めて重要で、我が国でも大いに参考にすべきである。

⑤　自転車利用者層とその目的に応じたルートの設定

　「自転車利用者層の種類を考慮しておくことは、（ハード施策の）主な要素の一つである。実用的サイクリストは、まったく異なるニーズや要求を持っている。これは、移動目的や、年齢や、経験度によって、たとえば、速度や安全性に対する認識や安全性確保に必要な事項などの認識などが大きく異なる。これにより、例えば、利用者層（例：通学路のためのルート利用者か、又は速い速度で走行する分離されたツーリングのためのルート利用者かなど）に応じて必要なルートが異なる。」としている。すなわち、走行空間ネットワークは、特に移動する者の種類と移動の目的が重要であり、どのような人がどのような移動目的にルートを利用するかを明確に把握して、これに応じた目的地とそこに至るネットワークがポイントである。また、利用目的に応じた「ネットワークやボトルネックの箇所は、しばしば、軋轢や段差のある場所があるとともに、標識がしばしば不十分であったり、未設置の状態である」として、ネットワークを何に使うのかという利用目的に応じて整備することが重要で、また、その目的に即して絶えず修繕管理改良が必要である。

⑥　国全体にわたる体系性連続性の確保と行先案内標識

　さらに、重要な点が、「ここ数年、多くの都市、地域、地方や州の全域では、自転車ネットワークが発達しているが、そのすべてが安全性や利便性が確保された利用ができておらず、またすべての利用者の要求を満たしているものでは

ない。」として、走行空間ネットワークの地域、自治体、州および国全体にわたる一貫した安全性や利便性、連続性を確保し、格差を解消すべきであるとしている点も重要である。全体が同じような水準で一貫した連続性を有したネットワークを構成することが必要である。欧州各国や韓国では、国レベルの広域的かつ体系的なネットワークが形成されつつある。我が国では、残念ながら、同じ水準での自治体レベルのその区域内全域のネットワーク形成も今後の課題であるうえに、さらに自治体の域を超えた広域ネットワークを意識して整備を行うとする方向性はわずかにナショナルサイクルルートの構想など非日常利用のサイクリングコースとしてしかみられず、日常利用も考慮に入れた国全体の連続したネットワーク形成は、考慮されていない。古くから存在する広域の大規模自転車道は、太平洋岸自転車道の構想を除き連続性のあるネットワークとはいいがたい。今後国レベルでの日常用途を含めた全国ネットワークが提案されることを期待したい。

　この全国ネットワークを支えるのが、行先案内標識である。これを重要なインフラの一つとして取り扱っている点も注目すべきである。自転車専用の統一案内標識の設置の重要性は、今や世界的に常識になっているが、日本ではクルマのための行先案内はいたるところに見かける一方で、自転車専用の行先案内標示はほとんど設置されていない。奈良県などの自転車専用の行先案内標識のシステムなどほんの一部を除けば存在せず、しかも日常用途のものは皆無といってよい。わずかに、行先の情報は自転車地図が主流である。しかし、日常用途での自転車のインフラとして、自転車専用の標識で安全で快適な走行を確保するという認識が低いと思われる。この専用標識が重要であるにもかかわらず認められていないのは、自転車の車道利用があまり尊重されていないことの表れである。地図などでルートを探したり、方向を気にしていれば、注意力が散漫になり、安全性の低下につながる。これに加えて、この標識により自動車のドライバーや一般の人にも、自転車が通行することが予定されている空間であることを堂々と示すことができ、かつ、一般人に対しても、自転車利用に誘引するなど自転車利用促進に果たす効果が高いと理解できる。国内で統一した自転車専用の案内標識の規格と設置を重要視し、推進する必要がある。

⑦　課題として自転車総合計画の策定と一貫した連続性のあるネットワーク

　「自転車政策の効果があるためには、多様な自転車利用者の様々な要望が、

自治体レベル及び州レベルの自転車戦略で、総合的に考慮される必要がある。」として、総合的な自転車計画が、様々な走行空間に対する要望を総合化し、また、他のソフト施策との調整や他の自治体との連携も図ることができ、自転車利用者にとってやさしい道路環境になる機能があることを強調している。これとセットで、地方の自転車ネットワークの形成は、本質的に一貫して連続性があり、また、規格や情報でバリアーのないように計画される必要がある。さらに、各主体でバラバラな一貫性のない対応が多く行われているので、これに対して、国や地域での明確な役割分担と連携による自転車施策の実施がネットワーク形成上は特に必要であることを示唆している。

(2)　道路の安全確保策（第3節）～「自転車の安全」ではなく「道路の安全」

　インフラに次いで重要視されているのが、「道路の安全確保」である。このように表記されると、我が国ではネットワークの形成や自転車利用者のルールマナーの問題と誤解される。ここでは、自転車利用を促進するためには、道路の安全性の確保がインフラと並んで極めて重要性が高いとの認識で、これに対する総合施策である。

　第一に、事故の原因のとらえ方である。自転車とクルマの事故の75%はクルマ側にほとんどの責任があるとしている一方で、自転車と歩行者の事故の大半が自転車側の過失であるとしている点である。後者の方は、我が国でも通常のことであるが、前者については、我が国では、自転車側のルール遵守が大きな課題となっているため、クルマ側への自転車に対する配慮・尊重やルール・マナーの遵守の啓発が極めてあいまいである。このことが、自転車の安全利用の広報啓発において、自転車側に片面的になり、もっぱら自転車側に対しての責任の訴求が中心となって、クルマに対してはあまりなされない原因となっている。これは、我が国の自転車事故において、自転車側のルール違反の状況が強調されてすぎており、自転車側にルール違反がある割合が極めて高い（2015年では自転車側の法令違反率は65.1%）という説明が多いためである。しかし、自転車側の違反なしも、34.9%あり、また、自転車がからむ事故で、ルール違反の自転車利用者が第一当事者であるのはわずか24.8%であり、4分の3は違反があったとしても、責任の重い方ではない。逆に、2014年における自転車とクルマとの事故92,192件中、クルマが第1当事者である割合は90.3%であり、

クルマ側の事故責任が大きい。自転車事故防止のためには、クルマの責任と法令遵守に対する広報啓発をもっと積極的に紙面や予算を多く割くなどして重点的に行う必要がある。

　第二に、安全対策の一番の目的は利用促進としている点である。すなわち、自転車の利用割合を増加させるために、道路の安全性を高めることであるとしている点である。この発想が我が国では乏しく、自転車の安全性向上のみが先行して最初に達成する目的であり、利用促進のための安全性向上というスタンスは極めて薄い。この観点からは、自転車の利用促進策と安全性向上策が一体ではなく、効果的かつ総合的な自転車利用促進計画にはなりにくい点に注意する必要がある。このことは、自転車の安全を向上させるためなら、場合によっては自転車利用を抑制するという発想につながりかねない。これに対して、利用促進を図るために安全性向上を図ることになれば、例えば、自転車利用者の安全性向上のハード面の走行空間の整備やクルマに対する自転車の安全向上のためのルール遵守や配慮のキャンペーンといったソフト施策などの総合的な展開が前向きに堂々と実施されることが期待されるのである。今後の自転車計画の策定の際に十分考慮すべき視点である。

　第三に、「自転車利用者の行動と事故回避に関して、自転車利用者に対して多くの責任を負わせることは回避しなければならない」とし、そのようなことは、自転車利用を推進することにマイナスとなること、「自転車の法令違反と交通事故はインフラの欠点を証明するものである」などを打ち出しているのである。我が国ではルール違反の原因を自転車利用者のマナーやモラルの欠如にのみ押しつける傾向があるが、このような視点が重要であり、また利用促進の立場でないと出てこないものと理解する。

(3)　自転車観光（サイクルツーリズム）〜日常利用等様々な目的につなげる大きな戦略（第5節）

　各論の5番目に自転車観光をあげており、これが従来の自転車計画とは大いに異なる特徴を有している。この計画の柱の一つとなっている自転車観光は、我が国で言う単なるサイクルツーリズムではない。その発想は独創的かつ積極的かつ拡大可能性を持つものであり、この発想を持った政策は我が国でも大いに参考にするべきである。

① 　日常利用の促進を同時に目指した自転車観光

　第一に、ドイツの自転車観光を貫く重要な視点が前書きで、「自転車観光は、人々が自転車を移動手段の一つとして認識する機会になる。自転車観光での積極的な自転車利用の経験は、実用的かつ頻繁な自転車利用につながる。同時に、行楽地の高品質の自転車インフラは、その土地の住民の日常の自転車移動でも使用される。したがって、自転車観光の推進は、常に、地域の経済発展と自転車利用の促進の両方を目指すものであり、また、同時に、地方部の開発と地域振興を刺激するものである。」すなわち自転車観光で積極的な自転車利用の体験は実用的利用の促進になり、また、自転車観光のためのインフラは地域の住民に自転車利用の良質なインフラを提供しているものである。単なる地域活性化やインバウンドの手段としての自転車観光という単純な位置づけではなく、来訪者及び地元住民の両方に対するもので、特に後者の日常の実用的な自転車利用の促進が大きな目的であることがわかる。受け入れる側の地域の人々が自転車を利用しないで、外からの来訪者（特にサイクリスト）のみに自転車利用を楽しんでもらうのでは、自転車観光は単なる人を呼びよせる利益造成の手段に過ぎないので、この観点は極めて重要である。

② 　自転車観光の国又は地域全体の経済効果の算出

　第二に、しかし、サイクルツーリズムの観光としての経済効果の認識も十分しており、自転車産業と並んでドイツの重要な経済部門であるという位置づけをして、自転車観光の付加価値額の計算をしている点も重要である。ドイツでは、自転車観光全体で、約5,200億円（40億€、1€＝130円をもとに計算）の付加価値と 1 兆1,700億円を超える総売上金額を生み出していると試算しているのである。

　我が国でも、観光全体の経済効果を示すことは行われている。また、まれに特定の自転車イベントのみの地域全体の経済効果を算出している例は

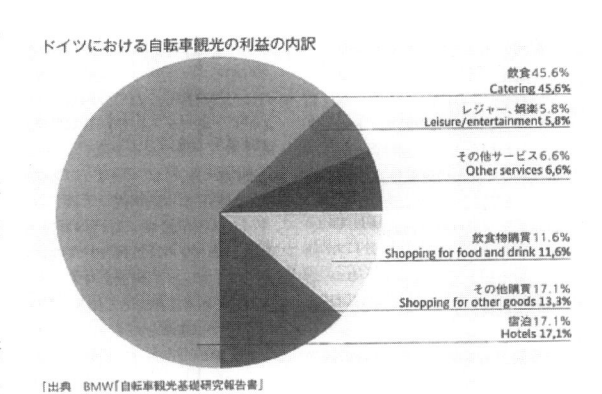

ドイツにおける自転車観光の利益の内訳

飲食45.6%
Catering 45,6%

レジャー、娯楽5.8%
Leisure/entertainment 5,8%

その他サービス6.6%
Other services 6,6%

飲食物購買11.6%
Shopping for food and drink 11,6%

その他購買17.1%
Shopping for other goods 13,3%

宿泊17.1%
Hotels 17,1%

「出典　BMW『自転車観光基礎研究報告書』

あるが、地域の自転車観光全体の効果を算出している例は少ないと思われる。また、サイクルツーリズムのみについて国全体の経済効果を公式に提示していることはない。地方部の自治体では、とくに、このように表示すれば、自転車観光に対する住民の支持や政治的支援が生まれる可能性が高い。

③　単なる自転車観光ではなく、ドイツの国全体の自転車施策として支えている

　　第三に、しかし、自転車観光は単なる一過性のイベントの設定や地域の自転車ルートの情報提供などのソフト面の施策で支えられているのではなく、ドイツ連邦の国全体としてのハードの自転車走行空間のネットワークを観光推進の手段として形成を進めるということが基本であるとしている点が重要である。国として、全国にわたる連続性を持ったネットワークを、主として自転車観光目的を大義名分として整備して、提供しているからこそ、できるものであることを明確にしている。単なる一地域の範囲のネットワークや両端で他につながっていないルートの設定などではとてもできないことである。さらにいうと、ヨーロッパ全体の自転車走行空間ネットワーク（ユーロベロ）という国際的な自転車ネットワークとの連続性と系統性を踏まえて整備し、超広域的な連続性のあるネットワークと連携していることである。このような自転車観光を単なる一地方の経済効果や地域振興の側面でとらえるのではなく、国民全体の利用促進等として自転車政策の大きな柱としてとらえている点を我が国でも重視すべきである。地域の日常目的の自転車利用に支えられた自転車観光は層が厚く、継続性が期待されるが、逆に、単なるお金を落としてもらう手段として又は地域振興のみの自転車観光は層が薄くすぐにはがれ、長期の継続性が一部を除き期待しにくい。

④　国と地方が連携できる自転車政策の大きなテーマ

　　第四に、しかし、これらの連続性を有するネットワークの形成は、まだ完成途上であり、ドイツのように国が前面に出て推進しても、様々な障害があること（筆者のドイツ　キールにおける現地調査でも指摘された）、このために資金、建設及び保守管理にも影響が出ていることを述べている。困難を乗り越えて各主体の責任分担と地域の連携と努力が必要であることを国の計画で明確に述べている。このことは、国レベルのネットワークの形成には多くの困難を伴うが、これに対して国と地域が連携して推進する必要性を明確にしたものと理

解される。我が国では、国レベルの連続性を有するネットワークの必要性やさらに自転車観光のための国レベルの広域ネットワークの設定も、太平洋岸自転車ルート構想などを除いて、話題にならない。ドイツが自転車観光の視点を有する国レベルの壮大なネットワークの形成に対して大きな連携の意義を強調している点は、国と地方が共同して、自転車政策を進める一つの大きなテーマとなり、きっかけとなる。

⑤　州を超えた広域連携のための全国サイクルネットワーク

　第五に、この国レベルの連続したネットワークは、より広域のヨーロッパ自転車ネットワーク（ユーロベロ）との連続性や各州のルートとの連続性、他国とのネットワークの連続性などを確保することや観光協会の協力を確保することなどにより、ネットワークや主体との連携を保った形で困難を乗り越えて進められている点である。我が国では、同じ地域の都道府県レベルの自転車ネットワークと市町村レベルのネットワークの相互の連続性や隣接の都道府県や市町村相互の連続性などが必要であるとともに、一つの市町村内のネットワークですらその連続性の確保が不完全なことも多い。観光での利用範囲は極めて広域にわたることも多く（しまなみ海道、京奈和自転車道などは県境や海を越えている）、県境や市町村境を越えた広域のネットワークの必要性が高いことがわかる。一つの市町村内や特定の地域内で行われるような、すなわち広域的なネットワークを意識しないクローズドなネットワークの形成は、結局はその効果を十分に発揮できないことになる。これに対して、大阪府の提唱による近畿の「広域サイクルルートネットワーク形成に向けた連携」についての協議会（2018年開始）での検討はこれからが期待される。この特徴は、アワイチ（淡路島一周自転車ルート）、ビワイチ（琵琶湖一周サイクルルート）や京奈和自転車道などを相互に連携するルートを開拓することなどでその効果を大きく拡大するものであり、自転車走行空間の全国ネットワークの形成の一つのモデルケースとなるものである。

　すなわち一つのクローズドな観光地の中で移動することも一つの自転車観光ではあるが、観光地間を移動することができるよう相互に連続性を持たせた、かつ、規格の統一された標識などにより、混乱せずに移動できるように配慮している点が重要である。これにより広域の地域間の連携が可能となる。また、これらがあることで、単なる有名地のコースのみを周回するのではなく、周辺

の幅広い立ち寄り型観光などによる誘致や全国的な観光とのつながりや広がりが期待される。もちろん、全国的な規格の統一された走行空間の提供があればこそ、その安全性はもちろん安心感のある安定した走行空間を確保でき、一地方のみでない全国的な相互の自転車観光が相乗効果的に推進されうるのである。

⑥　自転車観光のメリットは幅広い

　第六に、冒頭に、自転車観光は、多くの好機をもたらすとして、レジヤーの側面、交通手段としての側面、それから高齢化社会に伴う利用者の増加、日帰りの自転車旅行の増加、健康向上やエコの精神を受け止める自転車利用の側面などが、この自転車観光に集約されているとしている点である。我が国では、自転車観光は、サイクリストを主たる対象として、より多くのサイクリストを集めるためのコースの設定やイベントの実施などが主流である。これにより、多くの人が訪れたり、参加申し込みが殺到するので、これで自転車観光は満足すべき水準にある又は成功しているなどと理解している向きも多いと思われる。それはあくまでそのイベントやコースについての話である。自転車観光のメリットをしっかりと理解して、一般の観光についても自転車による観光を優先して推進するというスタンスを持つ総合的な「自転車観光」となるとあまり数は多くない。大多数を占める一般の観光客に対して、自転車観光を推進するのでもなく、したい人がいればレンタサイクル等を用意しますので自転車観光をしてください程度のニュートラルなスタンスの観光が多すぎる。わが町の優れたところを最も小回りが利き、広範囲に有効に回遊できる大きなメリットを持つ自転車を推奨して、本当に自転車しか味わえない観光をして来訪者に喜んでもらうという意識や意気込みを前提とした自転車観光を組み立てるべきである。一般観光客に対して、よろしければ自転車観光をどうぞ程度のスタンスの推進の仕方で、全国的な幅広い自転車観光が推奨できるかをよく考えてみる必要がある。ドイツの自転車観光は、観光の域を超えた層の厚い多様なメリットを追求しつつ、これを重要な産業として、関係者が一丸となって連携して、自転車による観光を中心に地域の活性化のみならず、地域の日常の自転車利用を含めて総合的に推進するのである。この違いをよく見極める必要がある。

⑦　多くの人に地域の発見をしてもらうことを可能とする

　第七に、一つのルートに乗っかって同じコースを皆が回るクローズドなお仕

着せのルートでなく、より地域の奥ま
で来て貰い、地元の人もわからなかっ
たような素晴らしい景観や地域資源の
情報など地元の人も知らない魅力など
を発掘してもらうことが自転車観光に
は期待される。ドイツでは、内外から
の多くの来訪者が混乱をしないような
統一された規格の標識等により、広域
的な選択の幅のあるルートの設定とそ
れに接続する地域内ルートの設定を推
進するとともにそのルートの質の向上
を図ることにより、多様な自転車観光
を推進している。地域には、海外や国
内の他の地域からやってくる人しかわ
からない意外な価値や景観、産物、資

源等も多く存在する。もちろん、商品発掘の専門家による商品開発や観光開発
もあるが、広く一般の多くの人に地域に深く入って、新しい価値を見出しても
らうことが自転車観光の大きな拡大につながり、そしてこれらは様々な情報
ツールで拡散されることが期待される。

⑧　自転車観光はルートのみではない

　第八に、自転車観光に対して提供すべきものは、すでにルートの距離延長と
いう量のみではなくなっており、自転車利用者に適した宿、もてなしなどの自
転車観光の質の向上や沿線の駐輪施設の供給などを利用者が求めていることで
ある。我が国で可能であると考えられる点は、特に初心者を含めたソフト・
ハードの総合的な自転車利用環境である。ルートの量的な整備に重点がある我
が国では、上級のサイクリスト用の自転車環境の提供はかなり意識して行われ
ている。例えば、すでに愛媛県や奈良県さらに北海道などでは他地域からの誘
致のための取り組みが進行している。しかし、今後は、自転車観光の層を拡大
して、国民的な自転車観光を推進する意味で重要な初心者を含めた自転車利用
者の総合的な質的な面での高いレベルの要求を意識して、それぞれの層に応じ
た高いレベルのソフトの課題に並行して取り組むことが期待される。

⑨　州や自治体をまたがるルートでは連邦や州が前面に出る

　第九に、州をまたがる広域のネットワークの形成について連邦政府が前面に出て、ルートの調整やデータの蓄積・標準化を推進し、さらに全国レベルでルート情報を提供していることである。州をまたがるルート設定による全国のネットワーク化を図るという連邦政府のスタンスや戦略が明確に表示されている。また、州レベルでも、これと連動して自転車観光の推進とルートの整備、さらに自治体を結びつけてのルート計画の推進や自転車観光サービスの質的向上を図る役割を持ってもらうよう、州に対して自転車観光やネットワークの形成や広域情報提供の調整に関して一定の役割を要求している。さらに、市民の日常の自転車利用に一番大きな役割を果たすべき自治体に対して、自転車観光に焦点を当てることにより、日常的実用的な利用の可能性を引き出すことを推奨し、自治体レベルでも自転車観光を契機に実用的な自転車推進が図られるようにしている。

⑩　サイクルツーリズム全体についての教訓

　以上から、今後自転車観光という幅広い範囲の自転車施策に取り組もうとしている我が国においてもこれらの点は大いに教訓とすべき内容を持っていることがわかる。**第一に**、自転車政策を進めるに当たり、自転車観光を一つの軸にして推進することにより、自転車政策全体の底上げ、自転車分担率の全国的向上を図る戦略を重要視している。**第二に**、この自転車観光を契機に、国が前面に立って国レベルの連続性のある自転車ネットワークを形成しようとしているのである。おそらく、我が国ではクローズドな単発の自転車道（大規模自転車道など）はあっても、相互に連続したネットワークで全国的につなげるという構想が必要である。これに対して、ヨーロッパでは国を超えた広域的な構想があるためこれが必要不可欠なものとなっている点が異なるが、そのような広域の観光を戦略とした構想を十分考慮すべきである。**第三に**、自転車観光は、直接には外から訪れる観光客、特に海外からインバウンド客をターゲットとして、その数を増やすという目標のみが先行し、このために、その地域に可能な限り多くの人を引き込もうとする誘致合戦が行われている。しかし、自転車観光での来訪者の多くはサイクリストであり、必ずしも名所旧跡や有名観光地、食べ歩きなどスポットを巡ることに重点がある回遊型の観光ではなく、自転車でなるべくなら景観の優れた、時には高低差のあるコースをできるだけ長距離

にわたり走って楽しむいわゆる移動型又は走行型の観光が多い。もちろん観光スポットも訪れるが、立ち寄る程度でこれがメインではない。自転車のイベントの実施や周回コースの設定、そして認定証の交付などがあれば、サイクリストなどが多く訪れる可能性がある。しかし、全国どこでもそのような発想を持って、テーマや季節などを変えながらも、自転車観光の競争が激化しており、ありきたりのイベントやコースでは淘汰される。自転車保有実態調査（自転車産業振興協会）では、全自転車利用者のうち、上級のサイクリスト等が利用するロードバイクを利用する人の割合は2.8%に過ぎない。これらの人たちのみを対象とするのではなく、広く自転車を利用する一般の観光客をターゲットにして、彼らに季節やシーン、テーマ等に合わせた自転車を移動手段とした回遊型の観光を提供し対象を拡大する戦略が重要である。**第四に**、これに関して、一般客が自転車を移動手段にした観光を楽しむ利点は、意外と多いのであり、次の表に集約される。

表　自転車観光の大きなメリット

1	利便性の拡大　自由度高い（時間・行程変更・気分等気まま観光）
2	健康増進の拡大　健康拡大、生活習慣病や介護予防などの効果
3	環境性の拡大　環境に負荷をかけない自然地域でエコ的観光
4	経済性の拡大　移動費用が最安値
5	時間の拡大　公共交通の本数少ない地域で待ち時間、クルマの集中地域での観光渋滞の影響ない
6	空間の拡大　道路又は公共交通沿いの線的観光から、奥まった地区や隠れた観光対象へ面的な　観光として拡大・地域活性化が面的拡大
7	体験の拡大　地域の景観、風、緑等を体の五感でスローに満喫可能・地元とのふれあい（スロー的観光）
8	テーマの拡大　特定テーマ又は目的地のみを回る観光（四国霊場、社寺めぐりなどの個性的創造的なもの）
9	多様性の拡大　交通手段公共交通・クルマとの連携や観光資源の組み合わせ（回遊・グルメ・買い物等）が可能

出典　古倉「実践する自転車まちづくり」pp141−150をもとに加筆整理

　第五に、しかし、一般の観光客に単に普通の自転車（レンタサイクルやコミュニティサイクル）を用意したからすぐに飛ぶように利用してくれることはまずありえない。自転車を地域のメインの移動手段として観光してもらう基本的な方針をしっかりと持つ必要がある。自転車での回遊型観光をしたい人には

自転車を提供する、したくない人には別に利用してもらわなくてもいいでは、推進は困難である。しっかりとした自転車観光を一般の観光客にどんどんと普及する推進のスタンスが求められる。このためには、一般客に適した自転車の利用環境の整備はもちろん、コースの情報提供、さらに、自転車を利用してできる素晴らしい観光の積極的な提案などの情報があらかじめ提供され、旅程に組み込んでもらうことも重要である。放っておいても自由に自転車走行を楽しむサイクリストと異なり、一般観光客は、自転車もありますよぐらいでは自転車の利用には至らない。自転車を活用した観光に優先的積極的に誘導する仕組み（システム）の仕掛けが必要である。この場合の必要な仕組みの重要な点は、具体的には、次の表の1から5までのようなものであり、このような取組の覚悟がない限り、自転車観光は、継続性がなく、途中で消滅する可能性が高い。**第六に**、ここで留意すべきは、我が国の国内観光客の多くは一般市民であり、これらの中で、自転車に乗らない人は少数派であることである（豊橋市市民アンケート調査では7割は実際に自転車を保有している）。彼らに、より質の高い、管理の良い整備された自転車に乗ってもらい、自転車は本当はこんなに利便性、経済性、健康性、環境性に優れて、かつ、駐車場の心配なく、自分

表　一般観光客を自転車観光に誘導するために必要な仕組みづくり

1	自転車観光専用の優遇の提供	自転車しか回れないような観光・回遊資源・スタンプラリー、自転車だけに対する特別の割引等のおもてなしで、自転車観光を優先・推進
2	良質の走行空間の提供	①安全性・快適性・迅速性の高い走行空間②質の高い走行空間のネットワークの形成（奈良など）③質の高い走行空間の管理（路面標示、行先看板等）
3	良質の駐輪空間の提供	観光スポットに整備。自転車利用者の対するおもてなしのシンボル（自転車ラックなど）
4	安全性の確保	ルールの学習・啓発のための標識路面標示による実践の場での安全確保、ヘルメット貸与
5	情報提供と啓発	自転車専用の地図やパンフレット（専用ルート＋ルール＋自転車のメリットの啓発）などで安全と利用促進を学習
6	良質の車体の提供	良質の自転車の提供（電動アシスト、ブランド自転車など）の提供と適切なメンテナンス（特に安全性にかかわる点検）やハンドルやサドルのゆがみの修理などたえず行う質の維持管理

出典　古倉「実践する自転車まちづくり」第六章「自転車観光は新しい切り札」を参考に加筆整理

の思う方向と時間に自由に移動できるものかということを認識してもらう。特に、ブランド又は電動アシスト自転車、質の高い自転車などに乗ってもらうことにより、自転車に対する快適な経験をしてもらい、普段自転車に乗らない人に、自転車利用への転換を図ることが最も重要な自転車観光の役割の一つである（同趣旨は古倉「実践する自転車まちづくり」160ページにもあり、ドイツでも図らずもこれと同じ説明をしている）。このためには、良質の自転車の提供（電動アシスト、ブランド自転車など）とその適切なメンテナンス（特に安全性にかかわる点検）、ハンドルやサドルのゆがみの修理補修などをたえず行うことが必要不可欠である（左の表の6）。利用者はレンタサイクルの傷んだ状況をみると利用したい気持ちが減退する。

⑪　サイクルツーリズムが全国の自転車利用促進で担う重要な役割

　サイクルツーリズムで重要な点は、全国に散在する自転車観光コースを広域的に連続性を持たせることである。ドイツの連邦の自転車ネットワークはまさにこのような点を特に重視している。両端がクローズドな単発のコースでは、同じコースの往復になってしまいリピーターなどの利用推進の効果が薄いが、これが全国的に結びつくと、どんどん広域的な自転車観光の効果が発揮されるとともに、全国観光を誘発する。この場合、イギリスの19,300kmの全国ネットワークでの調査で明らかになったが、その利用者の半分近くは、通勤通学用に利用している。つまり、全国ネットワークは、ドイツが目指す住民の日常利用に大きく貢献し、地方や農村の自転車の分担率を引き上げる効果が期待されるのである。自転車ネットワークは全国的につながることにより、地域交通としての自転車の利用が拡大する可能をもっている。

　このように前向きの積極的な自転車観光のためのハードのネットワークは多様な役割を担っている。ドイツ国家自転車計画の全国の走行空間整備の部分は、この自転車観光の部分に記載していることからも、自転車観光をその主たる目的にした全国の自転車走行空間ネットワークの形成が、その迅速かつ円滑な推進上有効であると考えていると理解される。利用目的や戦略が明確でない単なる全国ネットワーク形成では、その整備の大義名分があいまいになる。利用目的を明確にした目的別の空間整備は我が国では苦手のようである。利用目的なしに、自転車の走行空間を整備するのでは、自転車利用者以外はもちろんのこと、自転車利用者にも具体的な理解が得られない。ドイツの全国自転車

ネットワークは、観光目的により形成することで、壮大な距離と規格の統一された質の高い走行空間網の確保と、これをてこにして、他の通勤・通学・買物・日常用務などの目的にも活用される全国的な自転車利用のインフラ整備となることを目指しているのである。

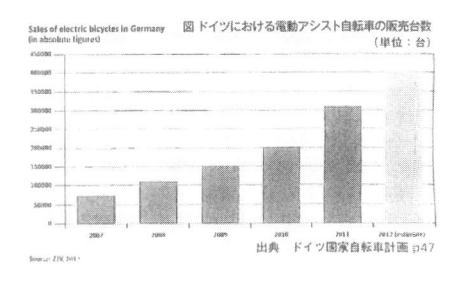

図 ドイツにおける電動アシスト自転車の販売台数
（単位：台）

出典　ドイツ国家自転車計画 p47

(4)　電動アシスト自転車を自転車政策の拡大の柱にする重要な意義（第 6 節）

　自転車観光と並んで、電動アシスト自転車を重要な柱とした自転車政策の戦略を有している。ドイツでは年々電動アシスト自転車の売り上げが、30％から50％の割合で増加している。2007年では、このような自転車の販売数は 7 万台だけであったが、2011年までに、この数字は31万台まで伸びた（図参照。2012年には年間40万台に達すると推測される）。新しく自転車の購入を計画している人の全体の24％が、電動アシスト自転車購入を検討している。60才以上の年齢層ではその割合は54％にまで高まる。さらにこの傾向は衰退することなく続いていくとされている。

　今までの多くの自転車施策は、普通自転車を自転車施策の主たる対象として考えてきたが、これの限界が見えだしていることも否定できない。多くの国では、自転車政策を国レベルで取り上げて、推進してきているが、様々な努力にもかかわらず、思うように伸びてきていない状況にあるものも見られる。各国や各都市は、目標値や位置づけを明確に出している場合でも、この達成が十分できているところは極めて少ない。この一つのブレークスルーがこの電動アシスト自転車であると考えられる。自転車利用に関して、その距離や地域的制約、対象層の拡大などを実現するとともに、公共交通である鉄道やバスの駅やバス停までの到達可能距離を伸ばし、利用可能範囲を拡大して、クルマから自転車への転換を図る重要な意義を見出して、これを活用した自転車政策を展開しようとしている点が重要である。

① 　電動アシスト自転車はもはや単なる勾配や坂道対策ではない

　ドイツでは、電動アシスト自転車の特色を今までのような断片的又は近視眼的な見方を離れて、その可能性の拡大に向けたより高い視点から見直しをする

ことを提案し、自転車政策の推進に大きく貢献する方向性を提示している点で極めて優れている。我が国において開発された電動アシスト自転車は、その必要性はもともと我が国の山や坂が多い地形や地方特有の風（空っ風、六甲おろしなど）という自然的条件下でもなんとか自転車で行けないかという発想のもとで、勾配がある地形や坂道、向い風等での自転車の弱点をカバーするという極めて素朴な発想から生まれたものである。しかし、この勾配や向い風などの対策が中心となる古典的な発想のみが我が国では支配的で継続してきた。そこで、ドイツでは、今まで普通自転車では可能でなかったケースを具体的に指摘して、これらにおける自転車利用の拡大を明示している。我々が気の付かなかった利用方法の提示である。より早く平均速度に達することができ、また、疲れることが少ないので、自転車で行ける距離を拡大し、例えば、郊外からの職場への中距離の通勤の拡大とこれによる通勤時間帯のバスの混雑の緩和、人口の少なく公共交通のない地区でのクルマに代わる魅力的な選択肢の提供等により自転車利用のケースが広がることである。さらに、地域的な拡大として、丘陵地や山間地での実用的な自転車利用と観光的な自転車利用の双方について、その利用可能性を拡大するなどを具体的に記述し、電動アシスト自転車による施策拡大を提案していることである。我が国でも、電動アシスト自転車の意義付けをここまで見通して、明確なターゲットを設定して自転車政策の拡大に活用すべきであると考えられる。

② 　公共交通との連携の拡大

　自転車利用を他の公共交通との連携の方策として電動アシスト自転車の活用を提案していることである。電動アシスト自転車を利用すれば自転車による駅勢圏が普通自転車よりも大幅に拡大して、公共交通に到達できる面積が距離の二乗に比例して、また、地形の制約を克服して拡大する。我が国でも自転車と公共交通との連携は自転車活用推進計画にも取り上げられたこれからの課題であり、放置自転車が飛躍的に少なくなってきている現状においては、自転車の駅までの誘致可能範囲を拡大し、交通混雑の緩和や、地球環境への貢献を目指して、公共交通との連携の手段として、今後の重要な自転車政策の方向を担うものである。

③ 　電動アシスト自転車を多様な自転車利用へ

　ここで、電動アシスト自転車の多様な利用可能性について、様々な実用的な

可能性の拡大を具体的に提示している。特に我が国でも活用されている宅配における電動アシスト自転車や幼稚園保育園への送迎のほかにも、商業業務や一般的な運送業務などにも拡大できること、さらに、カーゴバイクなどによる人や物の移動にもクルマに代わる重要な輸送手段として活用できる可能性を示している。

コラム　電動アシスト自転車による運送手段

○自転車は、私的目的・商業運搬両方の荷物の運搬にも利用される。新しいタイプの二輪あるいは三輪（例　貨物自転車やこどもをのせる自転車）そしてそれに適した装備品（例　トレーラー）が絶えず進化し、ますます一般的になっていく。

○様々な場所で、自転車宅配サービスは、長い間実施されてきた。様々な会社が手紙や小包の配達に自転車を使ってきた。将来、電動アシスト自転車の使用や、助成の開始、新しく発展した集配戦略によって、もっと物流機能を発揮させるために、商業部門も自転車を使うことが可能になるだろう。自転車を使うことによって、宅配業者は、特に適切な自転車インフラがある都市での"最後の1マイル"で、高いレベルの効率性に到達できる。しかも、地方自治体も利益を得る。なぜなら、従来の流通業務に伴う問題（例　二重駐車、騒音、汚染物資排出）が減少するためである。

○商業輸送について、この可能性を生かすために、様々な運送業者が合同で使用できる"最後の1マイル"のための配送基地を設置することが必要である。レンタルの貸貨物自転車は、短時間の輸送手段を必要とする人々にとって、実際的なレンタカーの代替になり得る。

○電動アシスト自転車は、また、こどもを保育所に連れて行ったり、買い物をしたりするのに、利用できる。地方の自転車店や教育機関と協力して、たとえば、子どものキャリー付き自転車などの実演日を体系化するべきである。

○二輪以上の（貨物）自転車かトレーラーをけん引するような自転車に乗る道路使用者の具体的な要望をかなえるために、走行空間を拡大させるなどインフラを連動させることによって、この傾向は、支援されるだろう。

出典　ドイツ国家自転車計画2020　p.48

④　電動アシスト自転車によるインフラの質やソフト面の改善

　しかし、一方では電動アシスト自転車の利用について、様々な課題が生ずることになる。これに対する駐輪場のハード的な対応、道路構造の対応、電動ア

シスト自転車の加速度等の運転特性に基づく利用者及び他の道路利用者の安全
対応などについて、道路の幅員、駐輪場の駐輪幅等の他の項目の施策と連携し
た検討や対応の必要性をきめ細かく示しており、これを契機にしてハード等の
側面で幅広い自転車施策の質の向上が一般的にも図れる。最近のレポート（平
木幹啓「自転車先進国における調査」）によれば、勾配のほとんどないオラン
ダでは、約1500ユーロの価格の電動アシスト自転車の場合、1000ユーロが
キャッシュバックされるという電動アシスト自転車に最大の力点を置く制度が
あり、これも手伝ってか、オランダでの全体の自転車の販売台数100万台のう
ち25％は電動アシスト自転車であるとされる。オランダでは、このような画期
的な施策が行われているが、これを勾配や坂道対策のみで電動アシスト自転車
の普及拡大を説明しきるのは難しい。

表（トピックス）　電動アシスト自転車による自転車政策のポテンシャルの拡大

従来	①勾配・向かい風	3倍の力で利用可能性を拡大（伝統的な効果）
範囲の拡大	②距離の拡大	従来5kmが8km以上に向上。交通手段としての可能性拡大
	③地域の拡大	今まで自転車利用が困難又は不可能と思われた地域を拡大し自転車を全国的な乗りものとする効果
	④時間の拡大	雨天時の雨具利用時の駆動力が出ないのを拡大。自転車の駆動力を確保し、弱雨及び日射対策としての屋根付きを可能にする
目的の拡大	⑤健康目的の利用範囲の拡大	運動の継続性、快適性、低疲労性等を通じた総運動量の確保（普通自転車の6／7の運動量）
	⑥営業・運搬目的の利用範囲の拡大	自動車に代わり、カーゴ等の牽引により、人数、荷物等の積載可能性を拡大し、自転車の種類を拡大する効果（例クロネコ）
安全の拡大	⑦ルール遵守の向上	一旦停止後の再発車や徐行を容易にし、信号遵守、交差点や歩道等での徐行等を励行させてルール遵守度の向上
	⑧安全性確保の向上	スタート、坂道、高齢者等のふらつきないため、安全性向上（事故割合が極めて低い）
移動の拡大	⑨体力的弱者の移動の拡大	一般自転車が不可能な高齢者・体力的弱者層の自転車利用拡大（三輪・四輪等、引きこもり解消、足の確保、移動範囲）
	⑩子供や重い荷物等での移動の拡大	買物利用、子育て利用のポテンシャル、配達利用のポテンシャル等の拡大
公共交通の利用客の拡大		駅までの距離や地形の制約を克服し利用客の拡大

出典　各種資料等より古倉整理

　表はドイツ国家自転車計画の記述や他の様々な考察から、電動アシスト自転
車にどのようなメリットがあるかを整理したものである。②の距離の拡大は、

電動アシスト自転車は、途中に坂道や向かい風等がなくとも、日常の長距離の移動では普通自転車は疲れがでるが、電動アシスト自転車ではこれがあまり生じないので、従来の自転車の 5 km 程度ぐらいの移動距離の範囲を大きく伸ばす。これにより、クルマから自転車への転換の受け皿での距離の範囲が拡大する。また、③地域の拡大は、特に地方部や山間部での利用の制約及びどうせ自転車は使えないという固定観念の除去による全国的な自転車利用の展開である。④の時間の拡大は、天候や季節による制約に対して、駆動力の拡大を通じて、ポンチョ等の重い又は空気抵抗の面積が増加する雨具の利用や、さらには、将来予想される屋根付きの自転車の利用可能性の拡大である。⑤及び⑥は、運動の継続性の確保による健康目的の利用やカーゴ等の牽引を可能とすることによる営業・運搬目的の利用の拡大であり、さらにカーゴバイクなどを容易に利用できることによる運ぶことができる子供の人数や荷物の拡大も視野に入っている（例　コペンハーゲンのカーゴバイクなど）。⑦は、一般の自転車利用者はいったん停止すると再発進の時に負荷がかかるので、なるべくなら赤信号や一旦停止義務の際にも、停止したくないという心理が働き、つい違反をしてしまうという自転車利用者も多い。これに対して、電動アシスト自転車なら再発進が容易となり、この心理が生ずる可能性を少なくし、信号、一旦停止や徐行等の基本的なルールの遵守の励行を促す。⑧は、徐行、坂道、高齢者等の発進時又は低速時の走行を容易にすることにより、ふらつきを解消して、後続や追越しのクルマとの接触の可能性等の危険性を極めて小さくする。これらにより、安全性の飛躍的向上が期待される。⑨は、体力的な弱者でも利用できるので、移動弱者や買物難民を生み出さず、また、引籠り等の解消につながる。特に足腰が弱っている人、高齢者で体力があまりない人にも有効であることは、後述の袋井市の電動アシスト自転車の高齢者に対する貸付の結果のヒアリングやアンケート調査でも明らかである。生活習慣病の予防や健康増進に確実に効果があり、これにより必要な運動量が確保されるとともに、他の運動に比べても大きな効果が期待される。⑩は運搬の可能性の拡大による子育てや買い物の容易性の確保である。このようにして、電動アシスト自転車は、従来の普通自転車の利用や安全確保の可能性の概念を格段に拡大することができ、自転車政策の根本的な再編成に直接つながるものとなるのである。

⑤　電動アシスト自転車を国として推進する

　第一に、電動アシスト自転車を国家自転車計画の実施計画の基礎にすることを明確に文章にしていることである。すなわち、「ドイツ自転車計画の各実施施策は、この電動アシスト自転車を基礎に構築し、そして、電動アシスト自転車を発展させるものである。」として、計画の実施施策を、電動アシスト自転車を利用することを前提に構築するとともに、この活用を前広に展開するという方針であると理解される。このような自転車の種類の国レベルでの優先的な採用は、その特長をよく理解し、自転車施策の核として活用するという強い思想とスタンスがないとここまではできない。**第二に**、これを連邦という国レベルで推進することが重要であり、一地方での取り扱いではない点である。これは、様々な基準や規則の制定などに述べられている。国全体として、例えば統一的な走行空間や駐輪空間の整備等のインフラの基準の設定、さらに、統一的な自転車の構造やバッテリーの規格などの設定、運転方法などの法律面の整備などはもちろんのこと、自転車の位置づけとして自転車で行ける距離のカバー範囲や利用目的別の自転車利用促進施策、自転車の推進対象地域（例えば日本でいえば、長崎市などの坂のまちでも自転車施策の対象に十分になりうるなど）などにも大きな可能性が広がってくるのである。**第三に**、しかし、その価格は従来の普通自転車に比較すると、高価であること、さらに、重量が重い（普通自転車で重いもので18kg前後のところ、電動アシスト自転車では車体がアルミ製になっていても、駆動装置やバッテリーを入れて、25kg前後になる）など、本格的に一般の家庭や高齢者に普及促進を図り、自転車の利用範囲を拡大するには、課題が多いと考えられる。これは、我が国のみならず、ドイツでも同じ事情にある。ここでドイツで推進されている理由は、自転車の位置づけや、その重要性や必要性に対する認識が明確であること、今までの2002年国家自転車計画では、自転車政策の推進があまり大きな成果を得られていない事情もあること（この計画での目標とされる20％後半の分担率は、10％そこそこで低迷していることなどがあげられる）、このために、自転車の利用可能性や対象地域の全国的な拡大などでブレークスルーを図るべく、自転車利用促進の障害の多くが電動アシスト自転車の活用により、大きく解消できるポテンシャルを持っていることなどによるものとみられる。このために課題として、安全性や利用促進の広報啓発、充電施設やバッテリーの統一化、電動アシスト自転車

に適したインフラ投資の推進等の特別の対策を国を挙げて推進しようとしているのである。

⑥　電動アシスト自転車を基本として自転車政策を進める

　第一に、使いたい人は電動アシスト自転車をどうぞお使いください、というようなニュートラルなスタンスではなく、電動アシスト自転車を普通自転車よりも優遇して推進するという明確なスタンスをできれば国レベルで掲げること、これをもとに、電動アシスト自転車の優先利用、自転車の移動可能距離や分担率等目標などを考えることある。**第二**に、その予算の調達である。上に述べたオランダの例のように、電動アシスト自転車を購入した場合のキャッシュバック制度、補助制度又は貸付制度（我が国でもいくつかの地方公共団体で行われている）を拡大することで、個人の費用負担を減らし、利用促進につなげることが重要である。また、大量に生産されることによる価格の低減も期待できるのではないかと思われる。この場合、自転車利用が日常生活で盛んになることがひいては、医療費や介護の財政負担に苦労している行政にとって、長期的に結果としてリターンが得られるという認識を市民や行政に共有してもらうことが必要である。**第三**に、利用者にとっての電動アシスト自転車は、静岡県袋井市における電動アシスト自転車の高齢利用者に対するアンケート調査で、外出回数が増えた人が53％と半数以上に達し、週1〜3回以上外出の人が9割弱になるという成果が得られている。ただし、改善すべき点としては、価格が7割であり、次いで、重量が4割であった（以下、盗難対策と充電各約3割）。実際に利用した高齢者は、電動アシスト自転車の利点や実際の効果を実感しているが、自分で調達するとなると、価格面が大きな障害であること、さらに、技術面で、重量の軽減が課題である（以上「電動アシスト自転車の利用についてのアンケート調査」袋井市．NPO自転車政策計画推進機構、回答数95）。前者は、電動アシスト自転車の補助金、貸付制度などの普及促進策とこれによる生産コスト低減が必要であり、後者はメーカーの改善の努力と駐輪施設の電動アシスト自転車への対応で、相当程度カバーできるものである。最も重要な点は、これを国是として推進することにより、電動アシスト自転車が一般化すること、これにより、価格低廉化と対応した駐輪施設等のインフラの改善などが促進されるとともに、従来の普通自転車を前提とした比較的限定された範囲の自転車政策から上述のような自転車利用のポテンシャルの拡大による自転車利

用の飛躍的な推進が期待されるのである。

(5) 公共交通との連携（第7節）

　交通施策の所管や利害の調整が複雑に絡んで、なかなか推進することが困難な施策の一つである。しかし、電動アシスト自転車と並んで、この公共交通との連携は、自転車利用等のポテンシャルを大幅に拡大することが期待されるとともに、公共交通側にも利用者増という大きなメリットをもたらすものである。特に、ドイツをはじめヨーロッパでは、過去から特に鉄道と自転車の連携を重視してきた。中長距離のクルマの移動から自転車と公共交通の連合体への転換を図り、交通政策に大きく寄与するものである。我が国ではそこまでの発想は現在のところあまり重要視されていない。このドイツ自転車計画は、従来にない独創的な計画内容として、計画上の重要なターゲットにしながら、先の自転車観光、電動アシスト自転車と並んで、この公共交通との連携を自転車政策の飛躍的な拡大をもたらす可能性を持つものとして位置づけている。

　従前から自転車と公共交通は、移動手段としてそれぞれ短所を抱えており、これの補完や補充が必要であった。この間隙をついて、自家用車が台頭し、自転車と公共交通はその地位を大幅に下げてきたのである。自転車はその移動距離の限界があり、また、公共交通は駅までのアクセス手段が必要不可欠であり、国際的にも従前から徒歩では800mが一つの誘致距離の目安とされてきた。それぞれの大きな欠点は、相互に連携することにより、補うことができるのである。

① 公共交通との連携は乗り継ぎとは限らない

　多くの人々は、インターモーダルな移動やマルチモーダルな移動を行っている。すなわち、前者は1回の移動において複数の交通手段を利用すること及び後者は1週間のうちの異なる日に種類の違う交通手段を使い分けて利用するということを意味する。通常は、前者を考えるが、後者は、日によって又は目的によって自転車を利用したり、公共交通又はクルマを利用したりして、全行程又は全期間を完全なクルマ依存にならないようにすることを意味する。このように移動手段について、行程又は時間によって組み合わせ又は使い分けて利用するという発想を提示し、この中で公共交通と自転車を組み合わせの選択肢に入れている。このような複合的な発想はクルマ一辺倒になりがちな地域の交通手段の選択に一石を投ずる重要な考え方である。

② 自転車と公共交通の連携の条件〜連結の質の向上

「交通のインターモーダル（連携）やマルチモーダル（使い分け）の利用の魅力を決定づける極めて重要な要素は、異なる交通手段間の連結の質やひとつの交通手段から他の交通手段への円滑な乗継である。（中略）このため、途切れることのないドアツードアへの交通連鎖を必要とし、また、積

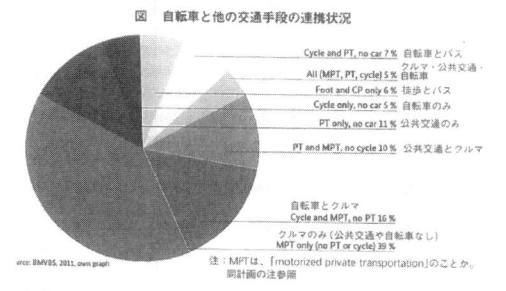

図　自転車と他の交通手段の連携状況

Cycle and PT, no car 7 %　自転車とバス
All (MPT, PT, cycle) 5 %　クルマ・公共交通・自転車
Foot and CP only 6 %　徒歩とバス
Cycle only, no car 5 %　自転車のみ
PT only, no car 11 %　公共交通のみ
PT and MPT, no cycle 10 %　公共交通とクルマ

自転車とクルマ
Cycle and MPT, no PT 16 %
クルマのみ（公共交通や自転車なし）
MPT only (no PT or cycle) 39 %

Source: BMVBS, 2011, own graph

注：MPTは、「motorized private transportation」のことか。同計画の注参照

出典　ドイツ国家自転車計画 p.51

極的に推奨されなければならない。」としており、連携は単なる駐輪場の整備ではなく、連結が距離的に又は駐輪行為が容易にできること、屋根付きの質の高い駐輪空間などの提供であるとしている。このために、①大量かつ良質の駐輪空間の提供、②自転車の列車持ち込みの可能化、③公共レンタサイクルの提供をあげている。自転車と鉄道の両方を利用してのエコ通勤を推進しようとすれば、駅から離れた使い勝手が悪い駐輪場ではこれを推進していることにはならないし、また、エコ通勤に誘導するためには、駐輪場の料金も低廉に抑える必要がある。また、列車への持ち込みも一定の制約はあるものの列車までの駅構内の経路などでの円滑な移動が要請される。公共レンタサイクルも駅の改札への行き来がすぐにできるように駅の改札に近い場所になる必要がある。このような条件を整備することにより、初めて利用者が公共交通との連携を選択し、自転車利用の促進につながるのである。

③ 駅前駐輪場の整備による連携はどこでも難しい課題

ドイツにおいても、鉄道の駅での自転車駐車の現状の改善が最初に出てきており、この問題が大きな課題となっていること、しかも、連邦政府が議会への働きかけを行うほどに深刻な課題であることがわかる。さらに、これによりドイツ国鉄と州政府の間でモデル事業の話し合いをして、模範例を作ることなど我が国と同様に鉄道側との協力関係の調整に課題があることが推定される。しかし、このような障害を乗り越えて、国レベルで自転車施策の側から公共交通との連携の推進に積極的な姿勢を貫いている点が評価できる。また、これに関連して、州政府としても、今まで鉄道会社への自転車の乗りつぎのための駅改

表　各国各都市での公共交通と自転車の連携の政策（例示）

「オランダにおける自転車」（政府資料、2009年作成）	○自転車の公共交通との連携利用 自転車は公共交通機関の長距離の移動の前又は後の利用において抜群の適性を発揮する。連携の善し悪しは、駅における自転車駐車場の場所によってきまる。この質が良くなればなるほど、クルマよりも自転車と公共交通機関を選択するようになる。このために鉄道インフラ運営会社が全ての駅における自転車保管施設の大幅な拡張と品質改善に取り組んでいる。
コペンハーゲンの自転車政策2002	○重点項目4自転車と公共交通との連携 多くの交通需要は、自転車又は公共交通のみでまかなえるものではない。連携を密にすることで、クルマの代替になりうるものである。ターミナル駅の駐輪場の改善は屋根があり、鍵がかけられる駐輪施設は，新しい環状線の全ての駅に備えられる予定であり、建設中の地下鉄の駅でも計画されている。
コペンハーゲンの自転車戦略略2025（2011年策定）	良質の駐輪場は歩行者と自転車の利益になる。また都市の景観を改善するものである。2025年には、コペンハーゲンには依然として、駐輪場より自転車の方が多いだろうが、商店、仕事場、公共交通機関と協力して、この状態と施設を改善する組織的な努力を通して、コペンハーゲンの住民にとって、より駐輪場の満足度を高めることができるだろう。
ロンドン自転車革命2010	○10の事業3番目自転車駐輪空間 鉄道又は地下鉄の駅等において駐輪場の改善に努めている。確実な一貫した自転車と鉄道との連携が鉄進網全体に確保されることを目指している。
ポートランド自転車計画2030	○第三部第三章第四節 自転車と他の交通手段との連携　自転車利用者は、公共交通を利用することにより、長距離の移動、勾配接続の悪さ等の障害を克服することができる。新しい駅には、自転車ラックやロッカーの設置が義務付けられる。
ベルリンの自転車交通戦略	○公共交通との連携 ベルリンの郊外鉄道は、2005年までに駐輪事業を前倒しにし、2,000台分の施設を追加してパークアンドライドのために利用可能にすることとしている。ベルリン交通は、主要な地下駅、市街電車及びバスの停留所に、2006年までに2,000台の駐輪施設を追加すること及び2010年までに5,000台の駐輪施設を追加すること及び区役所との連結部にもこれを設けるように予定するように要請されている。ドイツ国鉄の駅、取り分け、ベルリン駅や動物公園駅などにも、駐輪場環境の改善を働きかける努力を引き続き行う。
デンマーク国家自転車戦略（2014.7策定）	ドアツードア戦略（自転車と公共交通の結合戦略）として、最寄駅と目的駅の両方において自転車と公共交通のきわめて質の高い連携を促進させるべきである。（第2章第1節）
ノルウェー国家自転車計画2014−2023（2012.2策定）	自転車と公共交通はもしインフラと土地利用形態がこれらの利用を促進するなら自家用車の代替になりうる。（第2章第3節）

表　各国各都市での自転車駐車場の位置付け（例示）

オランダにおける自転車政策 　（政府資料、2009年作成）	自転車利用者は、質の良い自転車ルートを必要としているだけでなく、安全で簡単に確実に駐輪できる施設を必要としている。（第4章第3節）。
ドイツ国家自転車計画2020 　　（2012年策定）	安全な自転車駐車場は自転車をより便利なものにし、人々の自転車への抵抗感を減らすことに寄与する。（第B章第2節）
デンマーク国家自転車戦略 　　（2014.7策定）	質の高い安全な自転車駐章場は、人々の自転車利用を促進するための必要条件である。（第2章第1節第1款）
ノルウェー国家自転車計画2014－2023 　　（2012.2策定）	自転車利用の促進のため、自転車駐車場がネットワークを形成し、自転車が自然に集まる目的地に提供されることはより良い解決策となる。（第2章第3節）
ポートランド自転車計画2030（2020年）	自転車駐車場は魅力的で機能的なネットワークを作るための主要な要素である（第3部第3章第1節）。

出典　各国・各都市の資料に基づき古倉作成

修の資金的援助を行ってきたようであるが、これに絡めて又は新規に鉄道側に駐輪空間の整備提供を要求する役割を持つよう記述している。

④　公共交通の監督官庁との協力体制の構築と車両への持ち込み

　これのために公共交通の監督官庁と協力体制を組むことを自転車計画で明確にしているし、地方交通計画を活用してこのようなことを推し進めようとしている。このような行政の内部での協力体制の構築や一体的取組みは、特に横断的な政策の必要性が高い自転車政策においては見習うべきである。

　また、自転車の車両への持ち込みについても、積極的に地方公共交通法の改正を行い、公共交通と継ぎ目のないリンクを目指している点が特徴的である。もちろん我が国ほどの混雑率ではないにしても、持ち込みできる車両の調達や可能な限り無料又は低料金で自転車を駅のホームに簡単かつ安全に持ち込んで列車に積み込みができるよう求めている点が評価できる。このような公共交通との連携の強力な推進の発想は自転車を単なる交通手段の一つとして位置づけているだけでは、生まれてこない。このためには、自転車のポテンシャルを高めて、都市の交通手段としての有効性を増大し、環境と健康にやさしい総合的な交通体系を推進するという強い明確な位置づけや総合性が前提に必要である。ここでも自転車に対するしっかりとした哲学が求められる。

(6)　安全教育はルールマナーと利用促進の啓発がセット（第8節）

　道路交通安全教育についても、利用促進と安全性向上の両面からの総合教育の点で注目すべきである。**第一に**、自転車のもたらす利点をセットで総合的な観点からの自転車安全教育が必要であるとしている。安全教育と自転車の利点に対する理解の教育は、矛盾しない。

　第二に、自転車の安全教育は、自転車のルールのみではなく、自転車訓練を併せて行うべきであるとしている点である。これは、自転車を運転する訓練を通じて、自転車の安全な操作方法を身に付けるという訓練とともに、自転車に親しんでもらい、自転車利用促進を図ることが含まれていると解される。子供は特に自転車で自らの行動の範囲や距離を伸ばしたいという気持ちを持っており、子供の頃からの自転車利用の促進をこの自転車訓練を通じて伸ばすことが大きな目的となっている。

　第三に、自転車の安全教育は、安全性の向上のみならず、自転車を交通手段として選択する自転車利用の促進が重要なテーマになっていることである。この計画の中では、異なる移動距離に応じて移動手段を自由に選択することを子供のころから教育すべきであること、両親が短距離の移動でクルマを利用していることが子供の自転車教育にとってマイナスであること、安全教育と訓練（自転車に親しむ利用促進の含意も持つ）をセットで総合的に行うことが必要であるとしていること、また、大人になってからの交通手段の選択肢（レンタサイクルやカーシエアリングなど）に関する啓発が必要であることなどを指摘している。最後に、子供の登下校の安全性を確保するしっかりとしたネットワークを構築することを重視している。以上のように、単なるルール教育ではない、自転車をこれから末長く利用するために必要な総合的な知識を啓発しているものである。

(7)　各論の施策の全節を通じた我が国の計画策定にとっての教訓〜一貫した自転車の利活用ポテンシャルの拡大〜

　以上の諸点は、我が国の自転車政策、自転車計画の推進にとって極めて重要な教訓である。クルマから自転車への転換を図るための自転車利用のポテンシャルを高める直接間接の体系を持った戦略が底流に一貫して流れている。自転車の電動アシスト化による移動距離と範囲の大幅な拡大、高齢者等の利用者範囲の大規模の拡張などが図られ、また、公共交通の連携により距離的な問題

点のクリアが図られる。以上のほか、この計画で我が国での教訓や参考になる点を箇条書きにしてまとめる。

① 計画の質の確保の管理と向上の方策（第9節）

　まず、計画の質の向上を目指している点である。このために、最先端の技術、優良事例、成功事例等の発掘等の計画の質の向上のための調査研究、自転車政策の専門家の研修、実態調査の情報交換、自治体職員、民間コンサル業者等への自転車政策の情報提供等を行うとともに、ワークショップ、ポータルサイトの開設等を通じて、徹底して計画の質の向上を目指す方策を講じている。

② 壮大な全体の構成

　次に、全体の構成が壮大である点である。A章（序＝総論に当たる）、B章（実行計画＝各論に当たる）という通常の計画の構成要素のほか、C章＝手段（実行の方法）、D章＝枠組み（自転車施策の全体の体系の中での枠組み）及びE章＝将来予測（2020年と2050年）の章を設けており、単なる自転車政策の内容を体系化・整序化したものではない。A章及びB章で提示した計画内容の実現方法（C章）、自転車利用の意義（D章）及び将来の姿（E章）を描いて、計画内容の実現とその実現の必要性、そして、実現した姿を提示している。計画内容の実現を担保し、かつ、国民の理解を得るために必要な事項を詰め込んで総合的な計画内容としていることである。特に、自転車計画は、地方部を中心としたクルマ依存社会での自転車利用促進を継続して実施することが難しいことが懸念される。このため我が国においても同様に計画倒れにならないための必要な仕組みであると理解する。この点は、自転車計画に限らない行政計画においても我が国の大きな参考となると思われる。

③ 実行の方法（C章）を明示し、国の責任も明確化

　計画の実行方法としては、関係部署を集めた組織体制の構築方法、連邦からの財源提供の対象範囲、連邦の財源調達と支援の体制、自治体の予算の確保すべき額、定期的なモニタリング等が含まれている。特に特徴的な点は、自治体の類型ごとに住民一人当たりの確保すべき予算額のガイドラインが表により示されていることである。しかも、内容別にインフラ整備、インフラ管理、駐輪施設、情報提供等のソフト施策、その他（シェアサイクル等）別に細分化して設定されている点及び自転車利用の状況別の3段階と都市部地方部別に2種類に分けて具体の金額が提示されている点である。これにより、自治体での確保

表　自転車利用の状況別の都市部及び地方部の自転車施策担当部門の一人当たり年間自転車予算の確保すべき金額（各自治体自転車レベルにより区分）

単位ユーロ／人		インフラ整備	インフラ管理	小計	駐輪施設	ソフト施策（情報提供等）	その他（シェアサイクル等）	合計
都市部	スターター	5－12	1,10	6,10 － 13,10	1,10 － 2,50	0,50	0,50－2	8－18
	クライマー	8－12	1,70	9,70 － 13,70	1,20 － 1,50	0,50	1－2	13－18
	チャンピオン	12	3	15	0,10 － 0,80	1	2	18－19
地方部	スターター	0,20 － 4,60	0,10	0,30 － 4,70	0,50－1			1－6
	クライマー	0,30 － 4,10	0,10 － 0,40	0,40 － 4,50	0,50 － 1,50			1－6
	チャンピオン	2,40 － 300	0,50 － 0,70	2,90 － 3,70	1－1,50			4－5

出典　ドイツ国家自転車計画p63の表　スターター自転車利用レベルが低い、クライマー同中位程度、チャンピオン同高いレベルとなっている。

すべき予算額のガイドラインとなるとともに連邦からの支援を検討する資料ともなりうるものであると考えられる。連邦が国の計画で自治体に確保すべき金額を示すことは、これに対応して国でも予算を用意することにつながるものであり、この点も国の計画として策定した以上は国が取るべき責任の一端が明示されていると理解され、ここに大きな意義がある。

④　自転車が果たす役割（D章）～自転車施策の効果を具体的に示す

　この章では、①ドイツにおける自転車施策の現況として、ａ．自転車施策の経緯と新しい状況、ｂ．経済活動に果たす自転車の役割並びにｃ．スポーツとしての自転車の果たす役割を述べ、自転車利用の促進の意義を強調している。次に、②自転車利用促進の責任ある関係当事者の責務として、ａ．連邦政府、州政府、地方自治体、ｂ．すべての地域（特にへき地）及びｃ．すべての個人（自転車利用促進はすべての人に関係する）に幅広く自転車利用促進の責務があることを説明して、自転車利用促進策の担い手を広範に設定している。最後に、③社会全体の目標への自転車の寄与として、自転車は社会の重要な５つの

諸課題に多方面から貢献できる貴重な手段であることを説明している。ａ．気候変動・エネルギー政策、ｂ．環境保護、ｃ．健康、ｄ．人口構成（高齢化社会等）及びｅ．都市開発の５つの課題分野での自転車の果たす効用を説明して、社会全体に対する貢献できる施策であり、自転車政策をここまで重点化する根拠としている。

　ここで特徴的な点は、**第一に**、経済活動における自転車の役割を明示していることである。毎年約400万台の自転車が販売され、付属品も含め、総売上高は１年で50億ユーロ（約6500億円）と見積もられる。また、自転車観光部門の売り上げも含めた自転車関連産業の年間の総売上高は、約160億ユーロ（注約２兆円強）である。試算すると、これは、ドイツにおいて、約278,000人のフルタイムの労働者の雇用を確保していることになる。このようにして、経済効果を強調して、まず産業における地位が決して低くないことを説明している点が特徴的である。普通の計画では、環境や健康を切り口にするが、自転車が国の経済でどの程度の位置づけにあるのかは経済界としても重要であり、経済的効果を数量的に明らかにしている。**第二に**、スポーツの効果を述べている。2011年12月14日に刊行された「ドイツにおけるスポーツの経済効果」という報告書には、スポーツサイクリングは、ドイツでもっとも好まれているスポーツであり、合計で約９億2,700万回のトレーニング活動が周期的に行われ、ランニング（６億7,900万回の活動）やスイミング（５億7,500万回の活動）に比べて、全スポーツの中でもトップに立っているとされる。**第三に**、へき地などでの自転車利用の促進について、へき地における自転車利用は、時に観光客やあらゆる年代の人、特に自分の車を持たない人にとっては日々使う昔からの交通手段である。しかしながら、都市部での移動手段の内自転車が11％であるのに対して、へき地では、これが平均して８％に過ぎない。そのうえ、へき地における全移動の75％は、町や村の内々移動であり、ここでは車での移動の50％が５km以内であるので自転車利用の可能性のある機会はたくさんあるにも関わらず、へき地では、なぜ短距離でも自転車が使われないのか、はっきりしない。このため、持続可能性を担保するために、へき地での自転車利用促進は農道を構成に含めたネットワークの形成、道路や専用道を景観と組み合わせたネットワーク形成、自然環境的かつ文化的景観（例：さまざまな種類の沿道の並木など）の価値に重点を置き、都市間道路の交差点の安全設計、定期点検、

長距離自転車ルートとつながるように努めることなどへき地に特化した内容を提案していることは自転車の後進地域にも十分な目配りをしている点で重要である。へき地での自転車利用の促進も例外ではなく、全体の計画の有効性にとって欠くことができない要素であることを暗示している。**第四に**、特に社会的な貢献の分野を強調している。個人にメリットがあるというのは、自転車利用者や潜在的な自転車利用者に対する自転車利用への誘因として有効であるが、自転車政策を推進する立場にとって、利用者個人のメリットだけでは、政治的、経済的、社会的な幅広い賛同を得ることは難しい。このため、特に社会において課題となっている点（健康医療費問題、地域振興、地域活性化等）に対して、改めて自転車政策が有効に機能することを示すことにより、自転車政策を優先かつ継続して実施するための大義名分とするものである。**第五に**、高齢化社会と都市開発に果たす役割を重要視していることである。高齢化社会での対応について、「高齢者や自家用車を持たない人々に対して独立した移動手段が確保されるようにする必要がある。」として、高齢者等の移動手段として、不可欠な役割を果たすのが自転車であるとしている。まさに、今後の高齢者の移動の中核をなすものとして見ている点が重要である。また、これと連動して、都市開発について、我が国の立地適正化計画やコンパクトプラスネットワーク構想における移動の軸としては、徒歩と公共交通が中心に置かれているが、これに対して高齢者の自転車を主役にできるし、これを軸にした展開が都市開発として社会的に効果があるとしている点が従来の計画とは異なり、また、高齢者の健康増進を通じた超高齢社会での医療費削減の在り方をも提示しており、我が国のまちづくりに大きな参考になる。

第3章　経済合理性を背景にしたアメリカ合衆国の自転車政策

1．自家用車依存型の都市はマイナスが多すぎる～発想の転換

(1)　自転車政策の経緯

　米国の国レベルでの自転車政策についての本格的な取り組みは、1990年の連邦交通省の長官が「自転車は忘れられていた交通手段である」として、自転車を交通手段として再評価した時点から始まっている。これを発端として、有名な1991年総合陸上交通円滑化法（ISTEA法）が制定され、この一部で、国レベルでの自転車政策の位置づけとハードソフト施策に対する連邦の高率（原則8割）の補助制度を法律上設けるなどして、自転車利用の促進を明確にしている。さらに、これを受けて、1994年に「国家自転車歩行者調査報告書」("The National Bicycling and Walking Study")が作成され、議会に報告された。全体で24巻（各巻はケーススタディという名称になっている）にわたり、当時として考えられる限りの自転車に関する主要テーマを取り上げた詳細かつ膨大な報告書である。この第24巻の「最終報告書」（全132ページ）に米国の国としての自転車計画に相当する内容が提示されている。この中で、「①自転車と徒歩の利用の分担率を現在の7.9％から15.8％に倍加すること、②交通事故における自転車利用者と歩行者の死傷者を10％減らすこと」としている。なお、この第24巻は最終報告書として全体のまとめになっており、表のような内容を持つものである。報告書と称しているが事実上連邦政府の自転車計画に相当するものである。

第24巻　最終報告書（Final Report）
第1章　背景、重点・目標、構成（総論）
第2章　自転車と徒歩の利用の現状、自転車利用促進のメリット、自転車や徒歩の利用の決定要因、自転車と徒歩の利用促進のための施策の可能性、施策一覧（現状）
第3章　連邦の行動計画、過去の施策、今後の連邦交通省の施策体系（連邦の施策のあり方）
第4章　州の行動計画、取組の基本、州の成功事例（ミネソタ州、フロリダ州、ノースカ

(2)　自転車政策を国として重視する理由〜経済合理性

　世界の自動車大国であるアメリカでは、早くから自動車に頼り切った国民生活の風潮が顕著となり、離れた郊外の土地にどんどんと都市化が拡大し、人口密度の低い市街地が拡散していった。このために、自動車以外には移動手段のない状態となり、すべての日常の用務は自動車に依存する傾向が極めて強くなってしまった。このような点は、人口産業の都市集中に起因して、自家用車依存による住宅地の郊外化が進展した我が国と同様である。**第一に**、市街地がコンパクトにまとまらず、インフラ整備が既成市街地ですらままならない上に、拡大した市街地にまで整備する必要が出てきた。**第二に**、結果的には移動エネルギーの大量消費とこれに伴う大きな環境負荷をもたらした。**第三に**、さらに自らの体力で移動しないことによる運動不足や肥満を原因とする心臓病など生活習慣病の蔓延とこれに伴う医療費の増大をもたらし、国家や地方の財政の大幅な増加を余儀なくした。**第四に**、このことが、子育てや教育、まちづくりに必要な予算に手が回らない状況に追いやっている。米国でのこの状況に対処するために、連邦政府が自転車政策に力を入れたのは至極自然かつ当然のことである。医療費は、年間約9,000億ドルにも及び、最大は心臓病の39％（3,510億ドル）、がん23％、その他38％であるので、生活習慣病といわれる前2者で62％にもなっている（米国健康センター2003.4）。

(3)　自動車大国だからこそできる強力な自転車政策の重要な教訓

　1991年総合陸上交通円滑化法（ISTEA 法）の内容を引き継いだその後のTEA-21法（1999年）、そして、SAFETEA-LU 法（2005年）が制定され、重点を移しながら継続されてきた。これらの法律を軸とした自転車政策の実施状況を、5 年ごと、すなわち、1999年、2004年及び2009年に報告している。15年目に当たる2009年の状況を、2010年 5 月にレポートとしてまとめたもの（「国家自転車歩行者調査15年後の現状報告」2010年 5 月連邦交通局連邦ハイウェイ庁）がある。その後このレポートは作成されてないが、自転車政策は営々と続

けられている。この米国の15年間の強力な自転車政策を理解することは重要である。米国は、おそらく現在では、世界で最大の予算を使っている自転車政策大国である。その連邦の予算として、2010年で10億3,660万ドル（連邦交通省資料、1ドル＝当時78円換算で809億円）を独立した自転車歩行者施策に充てている（道路を整備する際付随して行う自転車空間の整備予算など他の施策に伴い使用される予算は含んでいない）。また、州や広域都市圏に、自転車歩行者統括官の設置を義務づけて推進するなど強力な連邦法による体制を設けている。さらに重要なことは、連邦法や州法で、自転車の交通政策上の位置づけや取り扱い、高率の補助率（80%～100%）を明確にしているのである。オランダのような自転車利用大国ではないが、自転車や徒歩での移動の重要性を十分理解して、優先して施策を実施しているのである。この15年間の施策の軌跡をまとまってレビューすることは、この自転車政策大国の国の自転車施策の変遷を垣間見ることができ、我が国の自転車政策にも参考になるのではないかと考えられる。このようなレビューは、イギリスで例があり（1996年の国家自転車戦略から9年目にレビューして自転車政策を変革した）、オランダでも国の報告書により過去の政策をレビュー（「オランダの自転車政策」2009）している例はあるが、一般的にはあまり多くない。しかも、米国は5年ごとに定期的に行っていることが特徴である。

2．米国自転車政策の特徴

　第一に、自転車行政の責任のありようについてである。自転車が交通手段としてあまり認知されていない時代に早くから国が率先垂範して、自ら詳細な自転車と歩行者に関する調査を行い（1994年）、膨大かつ詳細な報告書を作成し、議会に提出している。そして、この年を起点にして、5年目、10年目及び今回の15年目の自転車歩行者に関する施策をレビューして、評価する点は評価し、また、未達成の部分や反省すべき点は明確にして、今後の課題として、実施していくこととしている点である。いったん国の方針として、自転車の利用促進を取り上げた以上、行政は責任を持ってその施策の遂行、その実施状況、評価、より一層の自転車施策に必要な項目の提案につき責任を持ってとことん実行する。我が国でも、今回の自転車活用推進法や同計画について、健康、環境、観光などで待ったなしの課題がある中で、これに極めて有効な自転車政策

に対しては、同じような一貫した責任ある取り組みが求められる。また、定期的に報告書を作成することは自転車施策に継続して取り組んでいることを示すものであり、そのぶれない行政の態度を大いに評価したい。また、これにより重点的に取り組む正当性を明確にしているのである。

　第二に、この概要のトップに、いきなり自転車利用のメリットを取り上げて、項目を分けて、その項目ごとに具体の内容を詳細に調査研究して書いている。なぜ連邦が自転車施策に優先して取り組んでいるかに関する大義名分を最初に内外に明らかにしていることである。なお、この内外というのは、外部の自転車利用者や非利用者の住民、議会、マスコミなどと内部の行政とに対するもので、これらに対して自転車施策の優先的な取り扱いの理由を説明しているのである。我が国の自転車計画や自転車施策についても、冒頭になぜ自転車がよいのか、内外に自転車を取り上げる理由を明らかにして、自転車施策を中途半端な位置づけから解放すべきである。

　しかし、現実には我が国ではこのような大切な説明は抜きにしていきなり、自転車利用促進策の各論の記述から入っている例が多く見受けられるが、施策の重点的な取り組みの必要性や有効性からも改めるべきであると思われる。

　第三に、行政調査の重要性である。この国家自転車歩行者調査は、単なる調査ではない。施策の設定に当たって、約 3 年かけ徹底してさまざまな項目について多大の予算をかけて、調査を実施し、24 冊もの膨大な報告書を体系的にまとめて議会に報告している。また、この調査の結論として出された目標値を国家の自転車歩行者政策の目標値にしている。さらに、その調査結果に基づく施策の実施状況につき、このように定期的に評価を繰り返している。このようにして自転車歩行者のあり方について調査して、その結果に基づいて政策を実施するとともに実施状況を定期的に調査・評価している点にも、その施策の重要性を見てとれる。我が国での行政調査の予算のかけ方とその結果の使い方の参考にもなると思われる。

　第四に、連邦政府が作成した実質的に国の自転車計画に相当する「国家自転車歩行者調査」において、連邦の行動計画（第 3 章）、州の行動計画（第 4 章）及び自治体の行動計画（第 5 章）を設けて、国、州及び自治体レベルでの行動計画を記述している点である。これは、前章のドイツと同様である。ドイツは、各施策項目ごとに、国、州及び自治体の取るべき行動を記述していたが、

米国では、1章ずつ立てて、国、州及び自治体ごとに、行動計画という具体的な内容を国レベルで示している。すなわち、自転車政策は、国や州、自治体が別々に行うのではなく、それぞれが体系的な役割分担を持って実施すべきことを国の計画で述べている点が注目される。ドイツもアメリカも、同じように連邦制の国であり、州や自治体の地方分権が強い状態にあるにもかかわらず、自転車の活用施策が特に優先して実施されるべきものであるとの認識で、このように国が全体の整合性を図り、役割分担をして、自転車施策を整理する計画を策定して、無駄のない一貫した総合的な計画としているのである。この点は、十分に考慮に値する。我が国では、特に、地方部におけるクルマ依存社会の中で、自転車の利用という発想が少なく、このため施策が進まず、かつ、地方公共団体も自転車の活用施策や自転車活用推進計画の策定に消極的なところが数多く見受けられる。このために、将来的には、国として各レベルに応じた施策の役割分担等を設定すべきであり、これにより国全体の整合性のある自転車利用や自転車施策を強力に推進することに寄与するのである。

3．驚異的な自転車関係連邦予算とその交通分担率への効果

⑴　驚異的な連邦予算

　自転車政策予算の金額とその伸びが両面とも驚異的である。世界広しといえども、自転車・歩行者の国の予算がここまで多額で、かつ、その伸びが著しい国は皆無と思われる。これが世界で一番の自転車政策に力を入れている国であるとする理由である（自転車利用大国ではない）。この予算の対象には、ソフト面の施策は入っているが、道路整備に伴う自転車空間の整備は含まれていない。あくまで、連邦の純粋の自転車歩行者予算である。

　2009年度に最も多い約12億ドルを計上して以来少し低下傾向にあったが、2013年度を底にして、回復してきている。1990年の予算額6.6百万ドルに対して、2017年度は970.2百万ドルであり、連邦政府の自転車政策の開始時の実に147倍の大きな予算になっている。また、ここ数年の回復傾向も著しい。世界が自転車政策に重点を置く中で、この流れの中でV字回復となり、2017年度には史上第三位の約9.7億ドル（120円＝ドルとして、1,164億円。なお2009年度及び2010年度が過去の予算額の中では一位及び二位）となっている。連邦政府

米国連邦自転車歩行者予算推移
単位百万ドル

出典　米国連邦交通省資料

　の自転車歩行者政策に対する重点の置き方がわかる。連邦政府の財政赤字がど
んどん膨らむ中で、この自転車と歩行者の施策目標を達成するために、関係予
算は大幅に増額されてきている。

　これらの金額は連邦政府の拠出分である。その拠出の予算項目は次ページの
表の通りである。交通関係予算（拠出枠）が４割強の約４億ドルを占め、次い
で陸上交通事業補助金が２割、約２億ドルとなっているなど多様な予算項目か
らの支出構成である。

(2)　予算の効果

　しかし、ここまで予算を確保しているにもかかわらず、これに相応する自転
車歩行者の分担の状況の伸びがそれほど多くないことも明らかになっている。
予算だけでは、分担率の伸びは今一つである。自動車社会での自転車や徒歩の
利用を向上させることがいかに難しいかが示されている。しかし、第１回の５
年目のレビュー及び前回の10年目のレビューでも、同じことが指摘されてい
る。それにもかかわらず自転車関係予算を増加し続けさせた理由があるはずで
ある。健康や環境の側面のメリットの重要性を長期に渡って見据えている結果
であろうと思われる。各自治体の自転車計画を見ても10年以上の長期（25年や
30年などもある）の計画が存在している。健康や環境の問題を短い目で見るの

表　自転車歩行者関係の連邦予算2017年度

自転車歩行者予算合計	970.2	100.00%
交通選択特別枠 Transportation Alternatives Set-Aside	411.9	42.45%
陸上交通事業交通高度化事業枠 Surface Transportation Program set-aside for Transportation Enhancement Activities	39.9	4.12%
渋滞緩和大気質改善事業 Congestion Mitigation and Air Quality (CMAQ)	170.5	17.58%
陸上交通事業補助金（交通安全事業を除く）Surface Transportation Block Grant Program excludes STP Safety	197.7	20.37%
通学路安全パイロット事業 Safe Routes to School and Nonmotorized Transportation Pilot Programs	28.5	2.94%
陸上交通事業の交通安全事業枠及びハイウエイ安全改善事業 STP Safety set-aside and Highway Safety Improvement Program (HSIP).	28.9	2.97%
レクレーションルート事業 Recreational Trails Program	30.5	3.15%
その他 All Other includes	62.3	6.42%

出典　米国の連邦交通省の資料による。

ではなく、長期的な視点でみている点に注目したい。子供たちがクルマに頼らず安全に登校する習慣は長い目で見た場合に、大人になってからも肥満の解消とクルマに全面的に頼らない生活の継続という長期的なスパンの効果を期待しているのである。

コラム

米国の自転車のトリップ数の増加と分担率の目標値に対する達成状況

2009年全国世帯移動調査（NHTS）によると、自転車によるトリップは全トリップの1％だったが、歩行は全トリップの10.9％を占めた。両方合わせて、全トリップの11.9％であった。この結果は、当初の国家目標には達していないが、その目標にむけて、いくらかの前進が見られた。2001年の全国世帯移動調査（NHTS）に比較すると、自転車・歩行者のトリップは25％増加している。歩行によるトリップは、最初の調査からは、2倍以上になっており、1990年は180億であったが、2009年には425億に増加している。自転車によるトリップも同様の増加が見られる。同時期に報告されたトリップ数は、17億から40億になった。しかしながら、人口の増加等により、全体のトリップ数も増加しているので、歩行と自転車によるトリップの割合は当初の目標に達していない。

出典　米国連邦交通省「国家自転車歩行者調査15年後の状況報告」（2010年5月）より抜粋

4．目標値の設定と達成

⑴　目標値への一貫した長期的な努力

　このように具体的な数値目標を国レベルで出していることが非常に重要であり、しかも、この同じ数値目標達成に向けて1994年以来長年にわたって国として一貫して政策を推進している。欧米の国レベルの自転車政策は、自転車を他の交通手段以上に優位に扱い、その具体的な目標数値の設定をして、これの達成のための施策を長期にわたり展開してきているが、米国は一貫して取り組んでいる一つの重要な例である。

　国のレビューでは自転車利用を推進することを内容に含んだ8つの重点事業が取り上げられている。①脱クルマパイロット事業、②通学路安全事業、③住みやすさ向上事業、④完全な道路事業（コンプリートストリート）、⑤専門養成事業、⑥海外調査事業、⑦自転車通勤奨励事業、⑧地球温暖化対策事業である。これらの事業の概要は表の通りである。いずれも重要政策の中で施策手段としての自転車・歩行者を利活用して進める事業で、その一部に自転車が活用されるものである。我が国の重要政策にも参考となる。ここでは、我が国に教訓となる側面が強い②、③、④、⑥及び⑦の事業を取り上げて、説明する。

表　連邦政府の自転車歩行者施策を実施する事業又は施策

①脱クルマパイロット事業	Nonmotorized Transportation Pilot Program	自転車と歩行者が、人の移動のかなりの部分を分担することが可能で、かつ、これにより交通問題の大部分が解決されうる方策の実例を示す事業で、2005年から2013年まで実施。4つの地域を対象にインフラと広報活動にどの程度の資金を使用すれば自動車から徒歩・自転車に転換できるかを明らかにする事業（予算88.5百万ドルを使用）。自転車駐車場整備、道路インフラ整備、路外インフラ整備、歩道と自転車レーンの改良事業、徒歩と自転車を伸ばすための特別支援、教育、需要調査等の事業。コロンビア、マリン郡、ミネアポリス圏、シエボイガン郡の4地域で実施された。
②通学路安全事業	Safe Routes to School	SAFEA-LU法1404条に基づき、幼稚園児から8年生までの子供たちのより多くが徒歩または自転車で通学・通園することを可能にし、これを奨励するために、2005年から2012年まで実施。11.62億ドルが使用された。これらの資金の大半は州の交通省に対してなされ、州の通学路安全事業総括官がこれらの事業の配分調整に当たっている。州の計画、調査、計画への支援のための技術援助をつかさどる非営利団体である国家通学路安全情報セン

		ター設立のためにも、予算の一部が充てられた。歩道の整備、カーミング、自転車歩行者の交差点改良、自転車走行空間の整備、自転車歩行者専用道の整備、駐輪空間の確保、学校周辺の交通転換に関する事業、2009年12月までに、通学路安全事業予算は、米国全域の6,489の学校に配分された。
③住みやすさ向上事業	Livability Initiatives	地域社会に、交通手段の選択の幅を広げ、自転車や徒歩のような持続可能な交通手段に転換するために、米国連邦交通省は、米国環境保護庁（EPA）、米国住宅土地開発庁（HUD）と共に、持続可能な地域社会形成のための省庁間の連携を構築した。環境や居住に関する事項と交通手段を統合することは、環境影響を最小限にしながら、移動とアクセスのしやすさを最大限にすることにより、地域社会を確実に発達させることになる。この概念は米国連邦交通省の住みやすさ向上事業の核心の部分である。TIGER 助成金を受けている事業は51あり、そのうち24は、米国自転車機構による評価に基づき、自転車または徒歩をその内容に含めている。2000年米国再生・再投資法（ARRA = the American Recovery and Reinvestment Act）により出資された、景気回復再生交通投資（TIGER = Transportation Investment Generating Economic Recovery）助成金の計画で、国全域における交通事業の刷新のために、15億ドルを提供することとなっている。この事業は、圧倒的な人気があり、1,400件以上、全部で600億ドル近い申請の応募があった。
④完全な道路事業	Complete Streets	あらゆる交通手段——徒歩、自転車、交通機関、自動車——そして、あらゆる年齢層及びあらゆる能力の人に対して、安全で利用しやすい選択肢を提供する道路事業である。多くの現存する道路が、自動車交通に対して最適化するよう計画されているが、完全な道路事業は、歩道、自転車レーン、広い路肩を継続して提供することで、自動車でない交通手段や交通機関という選択肢の役割を増大するものであり、これが生活習慣病の予防、健康、交通安全、環境負荷削減、交通事故の削減等に効果がある。2009年には、全国43の連邦交通省の管轄区域で事業を採択している。1,325の機関の1,400以上の事業があり、33の州政府等が採用した。現在も継続して行われている。最近では、ラスベガスの2,700エイカー（約1,093ｈａ）の広大な地域で事業を行う予定（2018.11）。
⑤専門養成事業	Pedestrian and Bicycle Professionals	歩行者・自転車の専門家を養成する事業として、大学での歩行者と自転車の計画・設計を専門にする講座を設けること、歩行者・自転車の成功事例や研究についての最新の情報の提供、歩行者安全計画の講習会の実施などが行われた。
⑥海外調査事業	Lessons from Abroad	世界の多くの国々では、歩行と自転車利用が、さまざまな発展過程と強化する施策により、高い分担率を達成している。政策変更や画期的なインフラ整備、促進計画など、さまざまな方策を通して、高い分担率の割合が成し

		遂げられている。歩行者と自転車の安全性と移動しやすさの国際的分析や先進都市の調査を行い、最適事例を集めることとしている。
⑦自転車通勤奨励事業	Bicycle Commuter Incentives	企業における自転車利用促進のために、従業員・雇用者双方からの自転車通勤の要望にこたえるため、米国各地の企業は、車の代わりに自転車を利用する人に対して、奨励金を出し始めている。現在行われている事業は、従業員が自転車で行く距離が1マイル延びるごとに報奨金を出す方法から、従業員の中で、その週に誰が一番マイル数を重ねたかで、従業員を競わせる方法まで、範囲が広い。これ以外にも、一層注目されている施策には、広くなった安全な駐輪場、シャワーとロッカールームの提供、職場内の自転車整備場所の設置等が実施されている。また、連邦法の自転車通勤法の制定がある。これに基づき、自転車通勤する従業員に雇用者が非課税の毎月の奨励金を出すことを可能にしている。奨励金は月20ドルを限度としており、従業員に、通勤手段として自転車を選択させる誘因策の第一歩である。2009年、連邦会計検査院は、連邦政府関係機関にも、この奨励金を自転車通勤者の職員に出すよう勧告している。
⑧地球温暖化対策事業	Climate Action Plans	いくつかの州と地方機関では、歩行と自転車を、それぞれの気候変動行動計画に含めることにしている。州行動計画では、36の州が気候行動計画を策定したり、推進している。これらの計画のうち、バーモント州、ミネソタ州、ハワイ州のいくつかの計画は、この目標達成の方法として、自転車と歩行の増加を提唱している。インフラの改善と促進活動の連携を通して、これらの州は、自動車による移動の代わりに、自転車と歩行が代替することを推進し、結果として、温室効果ガス排出量の全体的な減少につなげる。また、地方自治体の地方行動計画でも、自転車・歩行者交通を増やすための特定の方策を含んでいる。

出典　米国の連邦交通省等の資料による。

(2)　通学路安全事業～子供の自転車通学の推進を最重要にする

　この事業は、SAFETEA-LU法において、全交通政策の中でトップクラスの重要性をもって位置付けられている。この法律の最重要なテーマの一つであり、連邦の補助率が100%であることもこれの表れである。

　米国では、子供の時からの肥満が問題視され、これが大人になってからの生活習慣病の予備軍として連邦の財政上の健康予算を大きくふくらませる結果になっている。さらに、小さい時からの親の送迎というクルマを安易に利用する習慣から、自分の足で通学することによる自主性、自立心の向上とともに、安易に自家用車に依存しないことを逆に親にも教育し実践させること、そしてこ

のことを親から子供に継受することが狙いである。このようにして、親から子供へと長いスパンで健康の向上と地球環境にやさしい合理的な生活の実現を目指す意味で重要であると考える。また、通学路安全事業は、薄れゆく地域コミュニティの再生としても、通学時に、地域の住民が協

図　2009年12月までに通学路安全事業予算が配分された学校の分布

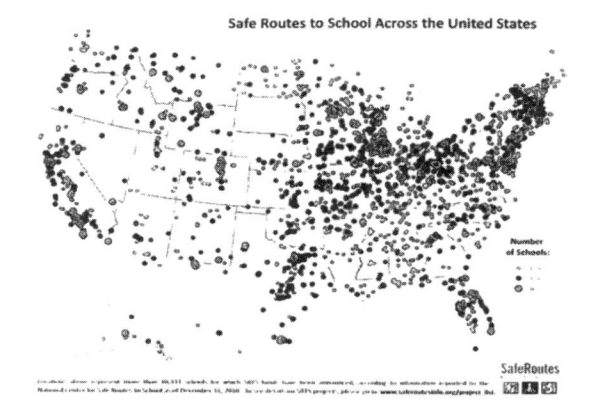

力して、誘拐や事故から子供たちを守るために、交代で街頭に立つようなボランティア活動を育成することに大きく貢献するのである。この施策は図のように6,489もの多数の学校に予算が配分されている実態がある。

　このように通学路安全事業は単に子供たちの通学について、親の負担を解消するという近視眼的な見方だけではなく、長期的な視点によるさまざまな重要な要素を持った施策であるといえる。

　なお、子供たちの自転車通学を推進する事業は、英国やデンマークでも行われており、同じような目的を持って重要視されている。

　我が国では、この自転車通学は、通学手段がないなどやむを得ず認めるというようなスタンスがほとんどであり、地方の中高生を中心に盛んに行われている。しかし、この現実とは裏腹に、これを推進するということは、交通安全の観点からはなるべくなら避けたいという気持ちが強い。あえて以上のようなメリットを考えると、自転車通勤の奨励による脱クルマ社会を目指すことに加えて、欧米諸国のように積極的に、この自転車通学を国としても重要な施策として取り上げ、積極的にそのハードの整備その他の完璧な安全対策を行うべきである。なお、中高生の自転車事故については、米国と同じように、自転車通学路対策（特に裏道の交差点における出会い頭事故対策に重点にする。これで自転車事故は8割は減少する）を確実に実施することと社会に出たときに自転車の利用を継続するような仕組み（自転車利用促進として企業による自転車通勤

の推進を奨励することや自転車の楽しさやメリットを自転車教育の中で行うことなど）を構築することで対応は十分可能である。

(3)　住みやすさ向上事業〜自転車政策はその施策手段

　住みやすさ向上事業は、連邦交通省、環境保護庁及び住宅都市開発庁の連携体制を組んで推し進めている環境、居住及び交通体系を統合した事業である。このような総合的な事業を自転車歩行者政策の中にその一環として取り上げている点が重要であると考える。

　第一に、そもそも自転車の利用促進を含めて交通政策を何のために行うかという点が見落とされがちである。すなわち、国民が快適で利便性の高い総合的な居住環境を享受し、生活の質を向上させるために行うべきものである。交通政策が交通の円滑化のために単独で存在することはできないし、特に国民の生活の質の向上を図ることが大きなテーマになっているなかで、総合的な居住環境の向上を図るための最も重要な施策として位置付けられるべきである。この体系で、交通の安全性や利便性、快適性を取り上げることが極めて重要であり、その中で今後の核となり、中心となるのが交通手段としての自転車や徒歩である。このように、すでに重要な位置付けを与えられている自転車歩行者施策を国の優先的な施策として取り上げるだけでなく、それを包含した総合的な施策の中において自転車歩行者施策を重要な柱として位置付けて、体系的に実施する点が大切である。先進国でも、また、我が国では、いまだに自転車政策単体ですら十分に根づいておらず、まして、これを一つの核として総合的な施策展開を図る段階にない。今後は、健康施策や環境施策、まちづくり施策の連携した総合政策の中で自転車を活用することを中心にした展開を図るべきであり、ぜひその際の参考にすべきである。

　第二に、米国の単体の自転車施策としての事業実施が今まで一定の効果が得られてきてはいるものの、この単独の取組みが分担率の頭打ちなどにみられる限界に達していることが推測される。このことは、必ずしも自転車施策そのものが限界にきていることを意味するものではない。住みやすさ向上事業という総合政策の中で自転車が重要な要素として確実に位置付けられ、より大きな重要な役割を果たしつつあることを意味する。我が国の自転車施策をみると、自転車利用促進自体が目的となっているものが多く見受けられる。とにかく環境にやさしく、健康に良いから、自転車施策を導入することが１人歩きして目的

となっているのである。自転車はあくまで交通の手段であって目的ではない。このような利便性や快適性のある生活の質的向上を目的として、その政策の手段として大きな役割を果たすことが自転車施策の目的である。住みやすさ向上事業のような生活の質を向上させる事業の一つとして自転車利用の促進策が位置づけられる事業も検討すべきである。

(4)　自転車通勤奨励事業

　自転車通勤は、自転車通学と並んで、はっきり利用目的が明確な事業であり、これを重要な施策の一つとして取り上げているものである。従来から、自動車通勤に際して、一人乗りの自家用車を禁止したり、また、複数人の乗車がある場合は優先レーンを設けるなどの優遇策を講じていたが、国レベルとして、自転車通勤に焦点を当てて、施策の展開をしようとしている点は、重要である。**第一に**、企業に焦点を当てて、奨励しようとしている点である。自転車通勤は、通勤者の側に自転車通勤を奨励することは当然として、これを受け入れる企業側でソフトハードの環境を整える必要がある。この場合、国が自転車に焦点を当てて、自転車通勤を奨励するスタンスを持つことが重要であり、通勤を奨励する姿勢や重要施策を講ずることは、企業のスタンスに大きな影響を与える。自転車を駐輪する場がなく、また、汗を流したり、自転車用のウェアから仕事のための服に着替えることができないようでは、職場でも他の人から受け入れられにくいものである。このため、企業側で自転車通勤をしやすい心理的・ハード的な環境作りを行うことがもっとも重要なポイントである。例えば、ハードの側面で、シャワー、ロッカールームなどを設けること、さらに自転車の整備や修繕を行う施設、または場を設けることなどである。また、ソフトの面で自転車通勤手当や報奨金を出すことなどを奨励している。心身ともに健康な従業員の作業の効率性、経済性等のメリットが期待できる自転車通勤を企業に奨励させることが重要であることを十分に認識しているのである。我が国では、エコ通勤などと称しているが、公共交通が中心で、自転車はサブの存在である。企業の健康経営の認定（経済産業省）の中味をみても、自転車通勤の奨励は一件もない。通勤者の側からは、自転車通勤の要望が多く、盛り上がっているにもかかわらず、国、地方公共団体は、自転車通勤に焦点を当ててこれを奨励するため、企業に自転車通勤を重点的に推進するよう呼びかける広報啓発すら本格的に行われていない。また、クルマ通勤と自転車通勤では、

100人当たりの交通事故はクルマ通勤の方が2倍近く多いにもかかわらず（豊橋市の自転車通勤とクルマ通勤の比較例）、自転車の事故ばかりを心配する企業が多い。生活習慣病の方がより確率が高く、もっと恐ろしいことを忘れている。自転車に焦点を当てて、事故の心配を払しょくするためのルートの設定・安全教育、自転車通勤による健康経営、通勤費削減可能性、生産性向上など経済面の有用性の理解を増進する方策を官民が合同で講ずるべきである。**第二に**、さらに重要なことが、自転車通勤法が連邦法として制定されていることである。これに基づき、自転車通勤する従業員に雇用者が非課税の奨励金を20ドルを上限として支給することができる。この非課税の自転車通勤手当は、個人に自転車通勤を奨励するための効果が極めて大きいことが、我が国の名古屋市役所及び豊橋市役所の職員に対する自転車通勤手当の増額の例でも明らかになっている。名古屋市や豊橋市のように雇用者としての行政が支給金額を自転車に有利にする例があるものの、国の税制では、非課税の範囲の金額はクルマと自転車が同額であり、国の税制としての自転車通勤の奨励の思想やスタンスが全く出ていない。

(5)　完全な道路事業（Complete Street）

15年目のレポートではじめて取り上げられている事業である。自転車と徒歩の利用促進を図る最速の方法の一つが、完全な道路事業政策の採用である。完全な道路事業の全体目標は、自動車だけに焦点を当てるのではなく、すべての交通手段にとって、安全で利用しやすい仕組みを提供することである。徒歩、自転車及び公共交通といった交通手段は、地域社会にとって多くの利益をもたらすことができ、完全な道路事業の政策は、市、郡、州に安全かつ多様な交通手段を供給するための一つの方法を提案するものである。

1971年から2009年にかけて、121の完全な道路事業が、さまざまな機関によって採用されてきており、その数は増加し続けている。

① 　完全な道路事業とは？

完全な道路事業とは、あらゆる交通手段－徒歩、自転車、交通機関、自動車、そして、あらゆる年齢層及びあらゆる能力の人に対して、安全で利用しやすい選択肢を提供する道路事業である。多くの現存する道路が、自動車交通に対して最適化するよう計画されているが、完全な道路事業を推進する活動は、歩道、自転車レーン、広い路肩を継続して提供することで、自動車でない交通

手段や交通機関の選択肢の役割を増大しようとしてきた。

　完全な道路事業の政策は、主要幹線道路や既成市街地の環状道路に焦点を当て整備する代わりに、全体の交通ネットワークを通して、安全で利用しやすい環境を作るものである。完全な道路事業の政策は、道路の計画と運営において、歩行者と自転車の役割を増やしながら、全利用者のための安全な移動の選択肢を保障することを意図している。以上から、「コンプリートストリート」は具体の事業の指針となるコンセプトとして位置づけられ、必ずしも自転車空間のみを道路に創出するものではない。あくまで自転車や歩行者の安全で利用しやすい環境を整える指針である。

② 　どのような手段で完全な道路事業を実施するのか？

　米国における多くの完全な道路事業政策は、早いペースで増加し続けている。全国完全道路事業連盟によると、2009年には、全国の43の連邦交通省の管轄区域でそれぞれの事業を

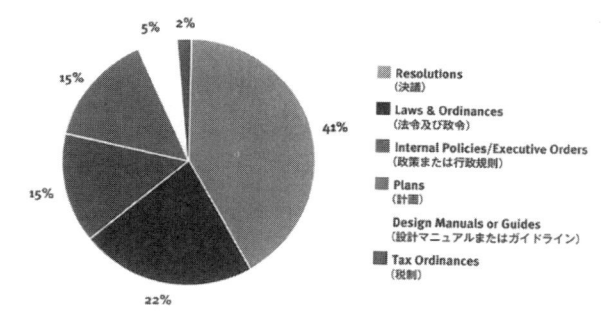

グラフ　講じられている手段別の完全道路事業（2009）

採択している。計画または採択された政策手段としては、決議、税制、計画マニュアル、計画、法律、政令が含まれている。グラフは、2009年に計画あるいは採択されたそれぞれの種類の政策手段の割合を示したものである。また、全国完全道路事業連盟は国全域のこれらの政策内容を記した地図を示している。現在全米25州とプエルトリコ、ワシントンDCの合計314地区で事業の採択又は制度化がなされている。これらから必ずしもハード面での空間確保ではなく、制度面かソフト面の自転車や歩行者に対するあらゆる配慮やこのための理念や手続に関する施策も含まれていることがわかる。

③ 　完全な道路事業政策の例

・カリフォルニア

　2008年カリフォルニア完全道路法を制定した。これは、カリフォルニア自転車連盟とAARPカリフォルニアとによって推進され、交通政策の計画や実行

時に、あらゆる年齢や能力の人及び交通手段について確実に配慮されることを目的としている。このため、基本概念の内容、地方計画策定の際のこれへの反映の義務付け等が定められている。

・シカゴ

シカゴ安全道路計画（2007年）は、安全性を高め、かつ、完全な道路事業の目標を達成するために、完全な道路事業の目標を、法、インフラ及び技術を統合したものにした。

(6)　地球温暖化対策事業等

地球温暖化対策で自転車施策をその一環として取り上げているが、これを取り上げる順番では、一番最後になっている。すなわち、さまざまな対策の中では、地球温暖化対策は、自転車を推進する理由の最後に来るものであり、あまり最初に押し出すものではないことが意識されている。これは、米国そのものが地球温暖化対策にあまり熱心でないことに加えて、この対策が直接生活に関わりが少ないためにアピール度が低いことが理由であると考えられる。しかし、この具体的な効果としては、アメリカ全土では徒歩と自転車に転換することにより、年間に3,300万トンから9,100万トンの二酸化炭素の削減という大きな効果があるとされている。

5．米国の自転車政策の特徴

⑴　他のより大きな施策体系（総合政策）の中で自転車を位置づける

以上述べた米国の自転車施策の特徴は以下の通りである。**第一に**、なんといっても、自転車施策を他のより大きな政策の中に位置づける総合性である。レポートにある8つの重要な施策をみても、単なる自転車施策としての走行環境の整備やこれに伴う安全対策の広報啓発などのハードソフトの自転車施策のような範疇のものはない。総合的な交通施策等の中での自転車をいかに活用するかという施策である。脱クルマパイロット事業、通学路安全事業、完全道路事業等は総合政策、総合交通施策又は総合道路空間施策の中での自転車の施策である。また、交通政策の枠組みを越えて、さらにそれを取り込んだ総合的な施策について、自転車の活用をその施策の手段として推進するものもある。住みやすさ向上事業や地球温暖化対策がその例である。このように、自転車施策を単独で取りあげて推進するという時代が終了しつつある。提示されている8

つの重点施策の中で、我が国でも従来の枠組みで自転車施策として分類できるのは、自転車の専門家養成事業、海外調査、自転車通勤奨励策等ぐらいである。我が国の自転車活用推進法の対象とする自転車施策にも、観光、災害、健康などの交通政策以外の課題に対応する政策の手段として活用するスタンスが明確に出ており、単独で交通手段としての自転車そのものを促進するという性格は減退している。

⑵　自転車施策の総論と体系性

　第二に、自転車施策自体の総合性体系性である。明確かつ具体的なデータに基づき、自転車にしっかりとしたメリットやこれに基づく位置づけを持たせること、自転車に配慮する正当性を持たせることなどを内容とした総論（しっかりとした自転車施策のコンセプトや哲学）、特に、自転車を道路上でクルマと対等という基本的な考え方を持ってハード、ソフトの各論の施策につなげていることである。このつながりがないと、各論の施策は生きてこない。

⑶　相互に連携し、バランスの取れた自転車施策の各論

　第三に、これに基づく具体的な各論として、ハードとソフトの環境の整備に多くの予算を使用している。連邦政府は自転車・歩行者の施策のための大量の予算を計上して、地方に配分している。また、金額の多寡のみの問題ではなく、ソフトな情報提供、教育、自転車の訓練、自転車政策に当たる人件費などに対しても地方に配分している。この各論での総合性も見逃せない。単に、ハードの施設整備及びこれに直接関係する予算のみ配分するのではなく、自転車施策に必要な施策をソフト施策を含めて幅広く対象としている点は称賛に値する。

⑷　施策の先進性

　第四に、これらのバランスの取れた施策体系のみではなく、個々の施策そのものが先進的なものである点である。確かに、欧州の自転車施策は相当進展している。その走行空間の整備または確保は目を見張るものがある。自転車政策が、既存の施策を生かしながら工夫をして進化しているのに対して、米国の施策は、このヨーロッパとは違った新しい発想で、総合政策の中での自転車施策の側面を提示しているのである。脱クルマパイロット事業、完全道路事業など、今までの自転車施策を含めた交通政策に対するアンチテーゼとして、これからの自転車施策のあり方またはその発想のあり方を進化させている。

　これら全体に共通する今後の課題としては、やはり自転車分担率の向上である。このような各種総合施策の一環として自転車利用を推進しても自転車の分担率がなかなか向上しない現状に対して、このためのより効果的具体策が望まれる。

第 4 章　進化し、高度化しつつあるデンマークの自転車政策

1．国の自転車分担率の減少に歯止めをかける戦略〜自転車利用が10％も減少

⑴　現状〜自転車分担率が減少

　デンマークでは、国全体として、近年自動車の保有率が上昇し、1970年代の1人当たりの保有率が0.2台であったものが、近年約0.4台と自動車の保有が増加している。また、自転車分担率は1990年代に比較して、10％も減少している。このような地形の平坦さや雨量の少なさ、気候の穏やかさなどに恵まれている国でも、自転車は自動車の利用に押されて、分担率を下げている。最近では、健康や地球環境など自転車の利用の必要性や動機は極めて高まっている。また、一方で自動車のEV化や自動運転化などの自動車の利便性や環境性能の向上も進行している。自転車の利用は、地形や気候の穏やかさ、少ない雨量というような自転車にとっての良好な自然的条件があっても、また、地球環境や健康志向などにより自転車が世界の潮流となりつつある現状でも、今まで利用されていた自転車が低迷し、必ずしもこれらの自転車にとってプラスになる事情が自転車利用を大きく左右するものでもないことをうかがわせる。

⑵　デンマークが象徴する自転車利用衰退の動向

　世界的に環境負荷、石油資源、エネルギー戦略等から自動車が化石燃料（ガソリン、ディーゼル）に完全に依存する体制から脱却して、電気自動車や燃料電池車等がにわかに戦略的に重要となってきている。もちろん、電気の発送電や水素エネルギー生産には依然として、化石燃料に依拠する割合が相当部分ある中で、徐々に自然系のエネルギーの割合が増加している。このため、地球環境の観点からも、必ずしも自動車が環境負荷のみで排斥されるものではなくなってきている。また、自動車そのものの進化は目を見張るものがある。衝突防止装置や自動運転などの進歩は枚挙にいとまがない。もともと持っていた自動車の快適性や利便性、長距離移動可能性、天候地形の克服性など自転車と異なるメリットも多くある。このため、自転車施策を適切に講じなければ、ま

た、自転車のメリットに胡坐をかいていては、自転車が再び自動車の流れに押されて衰退することも考えられる。また、自転車が単なるブームで利用されているのであれば、ブームが終了した場合には衰退する可能性が高い。デンマークの国家自転車計画は、このような問題意識を背景にして、自動車の復権と自転車の衰退の兆しに対して、国レベルで強力に自転車利用の方向性を示して、エネルギー問題や自動車の進化や利便性の向上の影響から脱却して、独自の側面からの自転車政策を提案している。せっかく自転車の利用割合を増加させて、自転車利用を盛んにするという先進国に共通している方向性が揺らぐ可能性がある。同じように、ドイツでも、2002年国家自転車計画では、自転車分担率の目標値を27％程度に置いていたが、実際にはこれが半分も達成されず、2012年国家自転車計画では、分担率の目標値を15％程度と下方修正した専門家の設定した数値としている。イギリスも1996年の国家自転車戦略では2002年までに分担率を2倍に、2012年までにさらに2倍にするという大きな目標値を掲げていたが、現在ではこれが消滅している。米国でも、1994年に設定した国の目標値の一つである自転車と歩行者の合計の分担率を倍増する（期限の設定はないが、当時の分担率7.5％から計算すると15％が目標値となる）という目標値も達成は現実には難しい。

(3)　デンマーク国家自転車計画による対応

　このような自転車の計画や利用の動向に対して、世界の自転車先進国や先進都市では、様々な自転車政策の質的な進化をとげつつあり、これにより、このような頭打ち又は衰退傾向という壁を乗り越えようとしていることが示されている（拙稿「欧州諸都市にみる自転車政策の先行性と我が国への教訓」第56回土木計画学研究発表会、2017年11月）。国としてこのような問題意識をもって国レベルの計画として最新のコンセプトを以て対応しようとしているのが、このデンマーク国家自転車計画である。必ずしも、このような潮流の中での唯一の対応策ではないが、一つの重要な方向性を示すものとして

図　デンマーク国家自転車戦略の表紙

十分参考になりうると考えられる。

　コラムの序文では、デンマークの交通大臣が、自転車先進国として見られており、世界から注目されてきた自らのデンマークのこの現状に対して自転車施策をより一層強力に進める強い意志を明確に表明している。また、このために現在必要な施策の重要点が網羅されている。すなわち、世界的な自転車文化を後世に引き継ぐ必要があるが、現状は再び自動車が増加し、自転車を利用しなくなってきている。このため、日常利用からレジャー利用まで走行空間、駐輪空間等の確保等を通じて自転車利用がより容易にできるようにする。政府としては自転車利用をより一層推進するため、かってなかったぐらいの予算を講じて、施策を実施することとしている。これにより、より多くの人が日常生活や非日常のサイクリングでの自転車利用に利益を見出してもらうことが国民全体の運動量の確保を可能とすること、同時に通学路と交差点に焦点を当てて日常的に利用し安全であると感じてもらうことを目指す。このため、諸団体や公共団体との連携のもとに既知の経験や成功事例の上に施策を構築し、すべての年齢層でより多くのデンマーク人が自転車に誘引することを切望するとするものであるとして、国を挙げて自転車利用を一層盛んにすることを宣言している。国の公共交通、自動車交通、自転車交通などのあらゆる交通政策を推進し、調整する交通大臣が自転車利用の重要性を力説し、ここまで自転車政策に重点を置くことを表明するのは、自転車政策を最優先の施策として位置づけていることを意味する。

コラム　デンマーク国家自転車戦略の序文　国の交通大臣

　「デンマークは、自転車に関して長い歴史があり、この点で少しは世界的に特長のある国とされている。私たちは、この強固な自転車文化を維持し、子供たちに引き継ぐことにより、自転車での移動を通じて彼らも同じような喜びを享受することができる。

　残念ながら、私たちは以前ほど自転車利用をしなくなってしまった。近距離の移動でも、自動車に依存することがデンマーク人にとって自然な姿になってきた。日常の多忙な生活の中で、快適で利便なものになるのである。もし、より多くの人々に自転車利用をしてもらうためには、このゆえに、自転車をより魅力的にして、通勤や通学、さらにレジャーでの自転車利用がより容易にできるようにしなければならない。これは実現できる。例えば、よりよい走行空間や駐輪空間の確保、一旦停止箇所の削減、そして新規の自転車施設の創出である。

　政府では、グリーンな交通体系を目指し、自転車利用を推進している。その理由は自転車利用が経済的、健康的、かつ、クリーンな交通手段であるからである。現下の施策

展開は、かってなかったぐらい多くを費やして施策を講じることとしている。

　最近の2014年6月現在政府は交通関係分野について他の政党との合意のもとに自転車に対する予算への再配分を実施している。デンマークとしては、180百万デンマーククローネ（筆者注　1 DKK ＝17.8円、32億円）を自転車スーパーハイウェイと駐輪空間整備に追加配分し、また、175百万デンマーククローネ（同31億円）を州道と地方道に配分するものである。すでに、50百万デンマーククローネ（同9億円）を自転車基金に拠出して設立し、これにより、新規の自転車施策を図るものである。さらに、21百万デンマーククローネ（同約3.7億円）を右折事故防止にために確保している。

　私の希望するところは、より多くの人たちが日常生活での自転車利用に多くの利益を見出していただくことである。自転車が、ラッシュアワー時の交通において交通混雑を解消し、美しい自然景観のもとに新しいサイクリングの楽しい経験を提供するとともに、日常生活でも運動を可能とする。

　同時に、自転車で地域を回る際に安全であると感じさせるべきである。そのため、通学路と交差点の設計に焦点を当てることを継続して実施し、より多くの人々が自転車を日常的に利用してもらうこととしている。また、自転車駐輪空間を確保して、安心して駐輪できる環境の整備に努める。

　自転車戦略は、数多くの諸団体や地方公共団体との連携のもとに生み出されてきている。これらの組織は、自転車利用環境の向上のために尽力している。重要なことは、既知の経験を活用すること及び国中の多くの熱心な人々が着手した成功事例の上に施策を構築し続けていることである。私は、この自転車戦略がすべての年齢階層にわたり、より多くのデンマーク人を自転車に誘引することに寄与することを切望するものである。」
2014年6月

2．重点的かつわかりやすい構成（計画本文目次p 6）

⑴　全体の構成

　この計画の構成は、目次を見ればわかるが、極めてシンプルであり、まず、最初に要約があり、次に戦略として柱となる3つの項目に沿って各戦略が提示されている。全体で4章構成となっている。しかも、第1章は要約となっており実質的には、第2章の日常利用、第3章のレクリエーション利用及び第4章の新規の安全な自転車利用者の創出（子供たちの通学とレジャーの目的）の3章構成となっている。すなわち、①通勤等の日常利用と②観光等の非日常利用さらに③子供たちの通学・レジャー利用という目的別に分かれているのである。

表　戦略の全体構成

大項目（章に該当、以下「章」と称する）		中項目（節に該当、以下「節」と称する）
第1章	要約	自転車戦略の3本柱

		第1節　日常利用
		第2節　休日・レクレーション利用
		第3節　新規の安全な自転車利用者の創出
第2章	日常利用目的の自転車利用	第1節　ドアツードア戦略（自転車と公共交通の結合）
		第2節　自転車利用の増大（利用者に感謝、近距離・長距離の利用）
第3章	活動的な休日・レクレーション利用	第1節　趣味としての自転車利用（活動的レジャー利用のための自転車ルート）
		第2節　観光としての自転車利用（自転車観光に対する投資の増加）
第4章	新規の安全な自転車利用者	第1節　子供たちの利用促進（安全な通学路、レジャー路）
		第2節　相手に対する相互の配慮（良好な自転車文化は良質な自転車体験）

(2)　3つの施策〜シンプルなわかりやすい構成

　全体の構成の特徴は、**第一に**、戦略の構成が極めてシンプルでわかりやすいことである。現下の自転車利用の減少の状況を素直に受け止め、これに対する3つの目的別（日常利用、レクレーション利用、新規の安全な利用の促進）の施策で構成している。これを図のようにビジュアルな図解で示している。このようなシンプルな目的別の構成は、目的別に政策を絞り込んで、これに行財政資源を重点化して投入することにつながるとともに、市民に対するわかりやすさ、政策の全体の体系的な説明などにも効果を発揮する。ややもすると総花的で多数の施策が並列的に並べられていて、体系や重点がわかりにくく、かつ、自転車の他の交通手段との優劣関係や施策どうしの優先順位が示されない自転車計画が多い中でこれに対する警鐘となる。**第二に**、交通大臣が前文で自転車重視と利用促進の方針を述べており、これがこの戦略全体の基本方針となっていることである。序文はこの意味で非常に重要であり、単なる前書きではない。これにより、交通大臣自ら交通手段の中での自転車の位置づけの優先性を国全体の交通政策、すなわち、移動手段の調整や序列をつかさどる交通大臣の立場として明確にしている。このことを示している部分が、「新しい国家自転車戦略は、より多くの人々が自転車を利用するように奨励し、かつ、次に出かける際に自転車を選択することを思考にインプットしてもらうため立ち上げたものである。また、人々が、しばしばクルマのキーやバスの定期券を家に置い

て、代わりに自転車利用を楽しんでもらうためにも、立ち上げたものである。」と表現されている。後に述べるように（4の(2)）、バスや列車と比較しても、自転車のメリットを大胆に指摘したうえで、公共交通よりも有利な点、特に経済性と利便性等を指摘し、自転車利用を推進するという明確な位置付けの記述につながっている。我が国でこれをストレートに反映できるかどうかは別にして、自転車重視の方向を示すなど自転車の推進には強力かつ明確な方針の明示が自転車政策の推進上必要であることを改め

図　3本柱を図解したもの（イメージ）

日常利用（通勤等）　　　非日常利用（サイクリング等）　　　新規参入者の利用（子供たちの通学・運動）

て実感する。**第三に**、長期的な視点が重視されている点である。具体的には、子供たちの自転車利用は、未来の大人になってからの自転車利用者であるとして、自転車通学に重点を置いているなどである。短期的な視点での戦略では、このような長期的な未来の自転車利用を見越した現在の利用促進策は念頭には浮かんでこない。単なる子供たちの体力養成など目先の目的ではなく、将来の自転車利用者である点に注目する必要がある。**第四に**、各種メリットを提示するにも、継続して新しい具体的なものを発掘し、工夫し、提示し続けることが必要であるとしている。この点も新しい切り口である。**第五に**、冒頭に要約が提示されていることである。これは欧米ではよくあることであるが、ただ文章のみのものが多く、また、抽象的なものが多いが、ここでは、国民の理解を意

識しながら、極めて具体的な内容まで踏み込んで、かつ、3本柱の施策の図を使用しながら全体の構成とつながりや内容を分かりやすく提示している点である。このような理解を推進する細かい配慮は国民自らもこの施策に参加し、実施してもらうために有効である。

3．目的別の合理的な施策体系～三つに絞り込んだ施策体系

(1)　落ち込んできた自転車利用の現状

デンマークは、主要な自転車国のひとつではあるが、デンマーク人の自転車利用者が以前より減っている。年を追って自転車交通の傾向を見てみると、良好な自転車の利用習慣が圧迫されているのが分かる。国レベルでは、デンマーク人の自転車利用は図のグラフのように、1990年代より少ない。1990年と2013年を

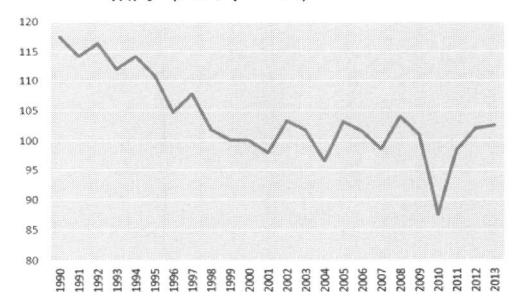

図表　1990年－2013年の国全体での自転車交通の傾向（2000年＝100）

Note: Including mopeds 30
Source: Danish Road Directorate

比較した場合、国全体での自転車交通は10％以上下落してきている。また、2000年代は自転車の交通量は横ばいである。このように分析して、国全体の自転車分担率の低下と伸び悩みに危機感をもっている。逆に、自動車交通が、年を追って増加してきており、デンマーク人は、自転車は家に置いておいて、自家用車により多く乗って出かける傾向にあるように見える。

これは、「近年のデンマークにおける自動車の所有レベルの増加の反映である。1970年、デンマークにおける一人当たりの自家用車の保有台数はおおよそ0.2台だったが、今日では、その数字は約0.4台である。いいかえれば、デンマーク人10人当たり4人は自家用車を持っている計算になる。自動車を使えるとなると、短距離の移動でさえ、車に乗りたくなる。具体的には、自動車の全トリップ数の3分の1は5km未満で、全自動車トリップ数の半分以上は10kmかそれ以下である。もし、このような自動車のトリップがいくらかでも自転車のトリップに変わったなら、交通状況はかなり変わるだろう。渋滞が減

り、環境が改善される。」としている。自動車のトリップ数の多くが自転車で移動が可能であり、これを自転車に転換できると大きなメリットがあることを指摘している。この点は、我が国と同様であり、同じような背景があることがわかる。

(2) 公共交通や自動車よりも自転車がメリットがある

さらに、自転車をバスや鉄道などの公共交通と比べて、より優位に置いているとみられる点である。「公共交通の拡張と改善は自転車利用に対する挑戦にもなる。バスや地下鉄、通勤列車のサービスが良くなると、住民は自らの主たる交通手段として、自転車を選びにくくなる。このように、都市とその周辺における公共交通の具体的な改善はこれに連動して、自転車の通勤交通における割合を持続するための挑戦にもなりうる。自転車は、他の交通機関と激しい競争をしているが、（これらに対して）自転車には有利な点がある。バスや列車と比べて、自転車は大変便利であり、自動車と同様自分でルートを決めることができる。一方自動車と比べて、渋滞の時に魅力が出る。また、自転車は道路の走行時でも、駐輪時でも、いずれの場合も、自動車よりずっと空間を必要としない。

自転車は、簡単で、費用がかからず、利用しやすい交通手段であり、個々の自転車利用者にとっても、社会全体にとっても、経済的に活用可能である。自転車には運転免許証も不要であるし、自転車を利用するのに、燃料や駐車の費用もかからない。一般的な自転車を使うのであれば、4年間通勤に使う費用はせいぜい4,000デンマーククローネ（筆者注　71,200円）までであり、通勤1日当たりでは約5デンマーククローネ（同89円）になると推測される。同時に、自転車は、運動の提供ができる交通手段であり、それゆえに、人々の健康を増進するので、個々の自転車利用者と社会の両方に利益がある。都市で、自動車の代わりに、自転車で1km進むごとに、健康増進と平均余命の伸長よる社会の健康利益にはおよそ7デンマーククローネ（125円）の価値がある。」

以上のように自転車は公共交通よりも利便性が高く、また、公共交通のサービスの向上は自転車需要を削減する方向に働くとしている。すなわち、バスや地下鉄のサービスの向上など公共交通の改善は、自転車利用に対する挑戦となること、自転車は、バスや列車と比較して大変便利であり、ルートを自分で自

由に決められることなど、自転車と公共交通の相互の利益が対立する存在であるような表現がみられるのである。このように、デンマーク交通省として、自転車を公共交通よりも重要視している立場を取っていることを明確にしているのである。国の自転車基本戦略の問題意識として、自転車利用の落ち込みを一番に重視していることから、このように公共交通まで切り込んできているのではないかと考えられる。なお、欧州の他の先進国では、ここまで公共交通と自転車を対立的な存在として提示していることはなく、自転車と公共交通はより双方が緊密に連携することを基本的な方針として有しているのが通常である。このスタンスから進化をとげつつある姿が特徴として浮かび上がってくるのである。この点は移動に関しての公助から自助への変換ともみられる。

(3)　自転車政策のあり方

　このような背景のもと、「デンマークにおける自転車の減少傾向を増加に転じなければならない。そうすれば、より多くの人が再び、毎日の通勤、通学、レジャーに自転車を選択することになる。また子どもたちは、注目すべき特別な対象である。現在では、前の世代と比べて、はるかに多くの子どもたちが、自動車で通学している。これは変えなければならない。今日の子どもの自転車利用者は、将来の大人の自転車利用者となるのであるから、より多くの子どもたちが自転車通学すべきである。

　デンマーク人は、他の国と比べても、いつも自転車を楽しんできた。デンマークは、この自転車の伝統を守り続けるべきである。なぜなら、自転車を優先することには、多くのしっかりとした理由がある。大人と子どもの両方が、自転車を交通手段として選択するためには、これが魅力的になるような新しい解決策を絶えず見つけ続けること及びより多くの自転車利用を継続させることに焦点を当てなければならない。このような枠組みが一旦確立され、自転車に乗ることが安全で安心なものになれば、人々は健康的な選択肢が与えられる機会を得ることになるのである。」（下線は筆者）としている。このように、自転車政策について、**第一に**、自転車の減少傾向を増加に転ずること、**第二に**、特に子供たちの通学において、多くが自動車を利用している現状を自転車に転換するようにすること、**第三に**、大人と子供に自転車を選択させるには、魅力的になる解決策を絶えず見つけ続けることが必要であるとして、持続的な、かつ、進化し続ける自転車政策の必要性を説いていることである。ここに自転車

政策の基本が示されている。すなわち、自転車政策は一旦講じたからこれでよいとする単なる静的なものではなく、子供の自転車利用の促進を含めて、世代間で継承し、自転車へ誘引し続ける動的な向上の政策が必要であることである。このような視点から、欧米の安全性を確保しながら、自転車通学を推進するスタンスが見えてくるのである。なお、安全性を確保することにより、同時に大人も安心してその通学路等の走行空間の通行が可能となり、間接的に全体の自転車の日常利用に貢献できることもメリットである。

4．自転車戦略の概要

　デンマークの自転車戦略の内容は、「要約」において凝縮されているので、要約の部分により、自転車戦略の概要を紹介する。

(1)　日常目的の自転車利用（1.1.1）（第1節第1款）

①　ドアツードア戦略

　第一番目の政策の柱として、日常利用の自転車利用を増やすこととなっているが、これは、人々の移動性を高め、より良い環境とより良い気候変動を享受することになる。ドアツードア戦略は、より多くの人が、通勤通学に車を選ぶ代わりに、自転車を選ぶと、道路の交通渋滞は緩和されることになる。しかし、家と職場や学校の間の距離が自転車の範囲を超えているような場所でのより環境にやさしい解決策は、自転車を列車やバスと連結することである。これが、ドアツードア戦略の基本である。このため、列車の駅や交通結節点での質の高い駐輪場を提供すること、そして職場での新しい自転車環境を確立することにより、通勤者が車から自転車、あるいは、自転車と公共交通との連動へと転換する誘因となるのである。

②　短距離・長距離での自転車利用促進戦略

　もう一つの戦略は、より連続性のある自転車ルートを作ることによって、より多くの人が平日に自転車に乗ることを促進することである。たとえば、国の数カ所で、長い距離の自転車通勤者を引き付けるサイクルスーパーハイウエイが整備された。また、多くの地方自治体は、自転車施策に大々的に投資をしており、そこでは、新しい自転車専用レーンを設置したり、自転車大使を活用したり、自転車イベントやキャンペーンを推進したりして、総合的にこれらを結びつけて、より多くの人々の日常目的の移動において基本として自転車を利用

することを奨励している。

　また、自転車都市の新しい取り組みとしては、自転車を交通手段としての機能に的を絞り、通勤者に日常目的の移動の基本にもっと自転車を取り入れることを通じて、新しい楽しみをみつけてもらう。このための職場までの高いアクセシビリティは、自転車の移動性を高めるための基礎的条件である。自転車利用者の生活の利便性を高めることに役立つ新しい取り組みとしては、連続性を有し、かつ、ルート途中での停止回数を減らすことができるような自転車道、自転車用青信号、自転車用ショートカットなどがある。また、特定の交差点での赤信号時の右折を自転車に許可する実験も実施されている。

　広範囲にわたる新しい自転車への取り組みは、移動距離の長短に関わらず、全ての年代の市民が、日常目的の移動の基礎にもっと自転車を取り入れることを目標としている。

(2)　活動的な休日とレクリエーション目的の自転車利用 (1.1.2)（第1節第2款）

①　趣味としての自転車利用戦略

　自転車は、平日だけの優れた交通手段ではない。余暇を楽しむのに、また外出して、レジャーとしてデンマークを満喫するのにも、便利で費用のかからない手段である。休暇やレジャーの両方で自転車利用が増加すれば、より健康的なライフスタイルと自転車による新しい経験を得ることができる。もし、美しい自然環境の中のレジャーや旅行の機会、たとえばマウンテンバイクに適した厳しいルートが提供されるなど良質のレクリエーションルートがあれば、自転車はより数多くの人々の趣味となり得る。そのようなルートでは、道路標識も整備されるべきであり、そうすれば、ルートに従って、魅力的な場所などを見出すことが容易になる。

②　自転車による新しい体験戦略

　もし、より多くの人々が自転車で未知の土地に行くのなら、レクリエーションとしての自転車利用者と観光での自転車利用者をターゲットとする新しい自転車の取り組みの両方の間に良好な相互関係を構築することが基本である。

　また、自転車の目的地（聖地）として成功するためには、質の高い自転車ルート、活動的な休日のパッケージツアー、そして感動する体験の3つの間で、良好な相互作用が必要である。また、自転車ルートを見つけ、そのルート

での体験や宿泊設備の予約が、簡単であるべきである。自転車の休日での目的地（聖地）として、デンマークを発展させるためには、専門家による新しい取り組みの発掘も必要である。同時に、年ごとのサイクルツーリズムの方策として地方自治体やその他の活動家に刺激を与えることができるような新しい取り組みが期待される。

(3)　安全な自転車利用者の新規参入（1.1.3）（第 1 節第 3 款）

① 　子供たちにサドルにまたがってもらう戦略

　３本柱の最後は、子供たちに安全な道路と自転車道を設定することであり、そうすることで、子供たちという新規の自転車利用者にとっても誘因となる。子どもたちは、通学や他のレクリエーション活動の目的地に安全に到着しなければならない。そうすることで、自転車は、交通手段の自然な選択肢となり、子どもたちが、良好な交通に係る文化の一翼を担うことを学ぶのである。

　自転車は健康的であり、それゆえ、子どもと親の両方が、子どもの自転車通学が安心だと感じることが重要である。デンマークの地方自治体は、道路をより安全にしつつ、さまざまな新しい取り組み、学校行事、自転車キャンペーンを通して、自転車通学を奨励するためのさまざまな活動をしている。自転車通学都市では、インフラと良い交通習慣の関係を明確にするために、学校周辺における交通安全対策の確立が必要である。

② 　お互いの配慮という良質の自転車文化の形成

　通学のための新しい自転車道の建設と自転車キャンペーンの実施は、学校に行く子どもたちだけのためではない。全世代の自転車利用者のための環境整備にもなる。そのためには、道路自体が安全でなければならないし、自転車利用が安全だと感じられなければならない。交通省は、それゆえ、右折での事故を防止し、列車の踏切での安全性を増すよう努力することなど、交通事故の危険な地域の改善に焦点を当て続けることとしている。

(4)　利用目的別の自転車戦略

　以上が概要である。その特徴として次の点が特徴的であり、我が国に対する教訓となる。

　第一に、自転車利用の目的を明確にし、利用目的別に施策を設定していることである。日常目的及び非日常目的での自転車利用（すなわち第 2 章及び第 3 章）は、すでに、現に自転車利用者となっている人やこれから利用を誘引する

人を対象にして、通勤通学その他の日常目的やレジャー観光などの非日常目的に応じて、そのためのハードソフトの施策を総合的に講じようとするものである。我が国で自転車施策は、自転車の利用目的は関係なく、まず、いきなりハードとソフトの施策に分けて、ハードの施策は、走る、止めるなど走行空間及び駐輪空間という物理的な区分にわけて整備するなどというものである。この場合の例えばハードの走行空間の整備の利用目的（通勤通学など）は明示されていないので、目的ごとのネットワークの形成ではない。又は交通事故の多い路線、通行量の多い路線など、何の利用目的もコンセプトもなく、ただ、物理的に自転車が多いから、又は事故が多いから、走行環境の整備を行うとしているのみである。これでは、交通量が多くない道路や事故の多くない道路の部分は、当面すぐに必要がないので、整備しないことになる。結果として、交通量が多い箇所や事故の多い箇所だけのこま切れの状態になってしまう。自転車の移動は、出発地と目的地があり、これが目的に応じて異なるし、出発地から目的地まで走行空間の連続性の確保が必要である。これが自転車の利用目的に合わせた自転車ルートとなり、その整備形態は別として、走行空間が一貫し、連続することになる。交通量の多い部分又は事故が多発している部分があれば、その部分はそれぞれ、幅員構成や複数のルートの設定を考え、又は、特に念入りな交通対策を施すなどを行えば足りるものである。また、通勤目的のルートであれば、対象が大人であり、通勤者であるので、利用時間もある程度限定できるし、安全講習や利用促進策の対象も明確にできる（ルートの存在する沿道の通勤企業を対象にして、講習やその内容も明確にできるし、何人の人がを自転車通勤に転換できる可能性があるか調査もできる）。ここでしきりに出てくるサイクルスーパーハイウェイは、明らかに通勤通学用であり、郊外の住宅地からの通勤通学時間を可能な限り短縮して、自転車通勤通学の距離の可能性の範囲を広げ、自転車通勤・通学者の人数を増やして、結果的にその分担率を上げることが目的とされている。単なる迅速な高規格なルートではなく、目的を持って整備される。利用目的が特定されれば、自転車等駐車場についても、また、安全対策や利用促進のためのキャンペーンの対象や促進策や方法などについても、総合的かつ体系的に打ち出せ、効果的な自転車施策が講じられる。

　第二に、子供たちなど非自転車利用者を、未来の自転車利用者であるとし

て、利用促進策を講ずることとしている点である。これは、主に通学での利用とレクリエーションの利用の促進を目指している。子供たちの通学目的の利用では、そのルート、駐輪場の数なども明確に出てくるし、安全対策も主として子供の立場や目線で重点的に施策を講ずることができる。これにより、親も安心して自転車通学を支持でき、肥満や運動不足の解消にも寄与できるし、クルマでの送迎からも解放される。さらに、クルマと歩行者、自転車など交通手段相互の配慮を自転車利用を通じて育成することとしている。これは自転車という移動手段の安全性にもつながる極めて実践的な配慮である。このような中でさらに進んで他の人に対する自転車の運転に際して形成された配慮が真の意味で体験的な理解に支えられて、醸成され、有効な他人に対する幅広い配慮になると考えられる。

　<u>第三に</u>、このような未来の利用者を想定して自転車の文化の醸成などの永続性のある自転車政策の柱を設定することは、我が国の今後の自転車政策にとっても重要である。短期的な又は当面の課題の解決策としての自転車施策でなく、何十年も継続して確保しなければならない地球環境や健康という大きな課題に対して、将来のグローバルな施策展開の大きな布石にもなるのである。近視眼的な計画策定の視点ではとても見えてこない重要な視点であることを忘れてはならない。

　<u>第四に</u>、これらの自転車の利用目的ごとのルートをレイヤーで重ねれば、都市全体の必要なネットワークが実用性の高いルートとして浮かび上がってくる。目的が異なってもこれを重ねて、さらに互いの連携が不足する部分のみを補えば、十分な都市全体のネットワークルートとなると理解する。

　以上のような視点が、自転車利用が低迷に対する解決策としてのデンマークの国家戦略に現れており、これまで何度も自転車利用を盛んにしようと努力してきても、利用促進効果が明確に出てきていない我が国での自転車政策や特にネットワーク形成にとって参考となろう。我が国は、ハード・ソフトの施策はあっても、それぞれごとの自転車の利用目的をはっきり出さないものが多く、これから全国で策定が推進される自転車活用推進計画についても大きな参考となる部分も相当ある。

5．日常利用の促進（第2章）

(1)　自動車に対抗できるドアツードア戦略

　この日常の自転車利用は、デンマーク人が自然に自転車を選択するように持っていくことを基本にしている。これは、「ドアツードア戦略」（公共交通との連結）及び「モアペダルサンキュウ」（短距離・長期距離の自転車利用促進）の2つから成っている。この2つの表現からもわかるように、国民に分かりやすい表現にしようという努力が見える。

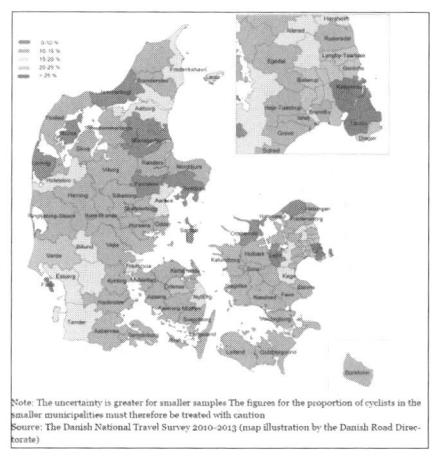

出典　デンマーク国家自転車戦略

① 　全国すべての市町村で自転車の利用を促進

　まず、計画の対象は、都市部又は都市近郊、地方部などを区別せず、また、その人口を問わず、すべての市町村で自転車利用の可能性があることを明示し、これを対象にしていることである。自転車の人気が最も低い街でも、最高の自転車都市と同じレベルになるように支援される必要があるとしている。これは、ドイツの国家自転車計画でも自転車をすべての市町村で推進することを明確にしている点で共通している。このために、国全体の市町村ごとの自転車分担率の地図を示して、各市町村ごとの分担率の高低がわかるようにしている。これにより、低いところも歴然と表示されている。このようにして、自転車分担率の多寡を問わず、全国にわたる自転車分担率の向上を図るようにしている。

② 　公共交通との結合（ドアツードア戦略）が利用促進策のトップ

　ドアツードア戦略の特徴的な点は次のとおりである。**第一に**、日常の自転車利用について、利用促進策のトップに公共交

ドアツードア戦略の解説図

出典　デンマーク国家自転車戦略

通との連結を打ち出している。しかもここでの公共交通との連結は、ドアツードア戦略として、公共交通の両端で自転車を利用するものである。これをトップの自転車施策として、自転車と公共交通が結合して利用されることを目指した目玉の施策としている。まず、この優先順位のつけ方に注目すべきである。通常の世界の先進都市での自転車政策では、まず短距離と中距離（5km程度以内）の範囲を対象にして、自転車を単独の移動手段として、クルマからの転換を目指すことが多く行われている。我が国でも、自転車単独で5km程度以内の距離を想定し、自転車利用を促進する施策が中心となっていて、公共交通との連携はあってもサブのある施策である。しかし、ここではこの公共交通との連結という施策は、長距離を移動する自動車の利用の受け皿として最も重視して推進するものとなっている。**第二に**、この戦略における利用目的を最もクルマが不得意とする通勤目的の移動に焦点を当てて、これに転換する方策を唱えていることである。クルマでの通勤では、ラッシュの時間帯での混雑は物理的になくならず、また、継続的な健康確保の身体活動はできない点で利用者の転換を促すインセンティブとして時宜を得ている。**第三に**、両端での公共交通との連携である。通常は、自宅から駅までの片面的な利用である。これでは最寄駅からの目的地へのアクセスが難しく、結局全行程をクルマで行うことになる。又はたまにはレンタルサイクルがあるかもしれないが、台数その他で必ずしも十分ではない。そこで職場が用意する自転車を駅から職場まで利用するユニークな発想である。

③　日本でも目玉になりうる「企業の送迎自転車」戦略

　この公共交通との連結は、公共交通を利用して目的の駅まで到達し、その後職場までイグレス利用として、企業が用意する自転車（企業の「送迎自転車」）を利用して目的地である職場まで移動するシステムとなっているのである。**第一に**、ここで企業が自転車を用意する点が重要なポイントになっている。「会社や職場は、その従業員に対して、もっと責任を持って、よりよい自転車通勤方策を提供するべきである。会社は、積極的な自転車利用促進方針を持ち、地球にやさしく、柔軟な交通手段と、より健康的な従業員を作り出すことに関して、従業員への責任を果たすことができるのである。」として、会社の通勤に対する責任を強調し、その用意する自転車には、付加価値税がかからないようにして、企業側に自転車を提供する誘因としている。これは、まさに従来の公

共交通との連携とは発想が異なり、両端の最寄り駅での行き届いた連結策であるといえる。これにより、自転車通勤がクルマのドアツードアに対抗できるものであり、このように円滑に自転車と公共交通がリンクすれば、健康や交通混雑緩和などで十分にメリットがあるものである。**第二に**、重要なポイントは、自宅側と職場側の両側の交通結節点で絶えず空いている十分な駐輪空間の量の確保と止めやすさや安心さのレベル向上、駅のホームと駐輪場所の直線状の配置、盗難対策としてラックの施錠可能性の確保、などの質の確保が掲げられている。**第三に**、このドアツードア戦略により、従来の欧米の自転車と公共交通との連携の概念を覆すことを提案している。すなわち、先進諸国では、今まで駅前に駐輪する方式に加え、折りたたまない状態での車内持ち込み、さらにこれのラッシュ時や通勤区間への拡大の方式が主流であった。これに対して、この戦略では、この車内持ち込み方式に対して、自宅・勤務先の両方の最寄り駅に自転車を置いて両端で自転車を活用する方式との差異を次のコラムにおいて具体的数値により比較している。ラッシュ時の自転車の持ち込みは、スペースの確保等に費用がかかりすぎることと他の乗客の利用を制約することにより、後者の方が経済的としている。このため、通勤での自宅側と職場側の両方に自転車を用意することの方が合理的ということになる。少なくとも通勤では車内持ち込みの方法よりは合理的であること、通勤以外で、または、大都市圏のラッシュ時以外での持ち込みを認めることは適当であるということになる。

　我が国では、すでに全国にわたり駐輪空間が420万台分以上整備されたことで、相当のストックを有し、また、列車の混雑率がこれらの国よりは激しいので、このストックをアクセスとイグレスに両方に活用してこのデンマークのようなドアツードア作戦を展開することは駐輪場の有効利用にも寄与して現実的である。このような発想が今後の自転車政策の進化のためにも必要であり、今後の我が国の公共交通と自転車の連携の在り方について大きな参考となる。

コラム　列車持ち込みと両端の駅での二台の自転車利用との比較

　ラッシュアワーに列車に自転車を持ち込む費用は、もし、列車に空きスペースがない場合、持ち込み自転車一台につき38デンマーククローネになると推定される。朝と午後両方のラッシュアワーに自転車を持ち込むと仮定すれば、その費用は一日で76デンマーククローネになる。したがって、ラッシュアワーに料金無料で自転車を持ち込むことに関する費用は大きくなる。同時に、より多くの自転車が列車に持ち込まれると、乗客の座席が少なくなるという結果になる。

> 　社会的な観点から、ラッシュアワー時に列車に自転車を持ち込む代わりに、両方の駅に自転車を持つことの方が、より経済的である。
> 　すなわち、2台目の自転車を買う費用は、4,000デンマーククローネかかると思われる。もし、4年にわたり減価償却されると仮定すれば、その費用は1年につき1,000デンマーククローネになる。1年の勤務日は200日を超えるから、2台目の自転車を持つには、維持費を含めず、1日に約5デンマーククローネかかる。さらに、通常の自転車維持もある。デンマーク自転車利用者連盟は、1台の自転車の年間維持費用は、約500デンマーククローネだと見積もっている。（これらを比較すると列車持込みは年間15,200デンマーククローネであるのに対して、両端での自転車の2台分の費用は計2,000デンマーククローネとなる。但し、駐輪場が有効の場合の料金は含まれていない。）

(2)　自転車の長距離移動を可能とする方策〜スーパーハイウェイ

　「自転車を仕事や学校の往復に利用することに対してより多くの人々の理解が得られ、短距離及び長距離の両方で自転車に乗ることが魅力的なものになれば、アクセスの良さとこのための直行可能なルートは、大きな重要な施策分野となる」として、自転車は、長距離及び短距離の両方の移動で活用できるとしている。

① 　ほとんどの市街地は自転車で移動な広さである（短距離移動）

　デンマークの四大市を除くと、デンマークのまちのエリアは、7×7kmつまり、49㎢より広いものはない。四大市は、これに加え、密度の高い中心市街地を有している。自転車は15分で3km移動することができる（筆者注　分速200m）。つまり、典型的な町では、その町のどこにいてもほとんどの場合、自転車で15分以内に町の中心に着くことができるということになるとしており、市街地内での移動は、自転車で移動でき、少なくともこの市街地内での移動は自転車が適していることを強調している。このデンマークの市街地のエリアは、我が国の地方都市の市街地のエリアと大きな差異はないと考えられる。郊外に薄く点在する住宅以外に住んでいる居住者の多くの割合は、このようなスケールの範囲に入る。このような実態にもかかわらず、我が国と同様、デンマークでも多くの人が自動車で移動している。また、「店舗は住民の家から、1－4km、小学校と中学校は、3km以内にあるべきであり、また広範な仕事とサービスは4km以内にあるべきである」と、まちの施設配置も自転車を基本にコンパクトシティーとして考えることを自転車戦略の中で提示している点も重要である。このようにすれば、少なくとも、市街地の範囲に居住するほ

とんどの人は、その区域内での生活必要施設に行くのに自転車での移動に置き換える可能性があるのである。この点は、我が国でも当てはまる。このような可能性のある人の人数や割合を根本的に調査し、これを自転車に誘導するよう検討するべきである。

② 自転車による移動は極めて短距離にとどまっている

せっかくの自転車の距離的なポテンシャルにもかかわらず、その移動

図　距離別の移動に占める自転車の割合

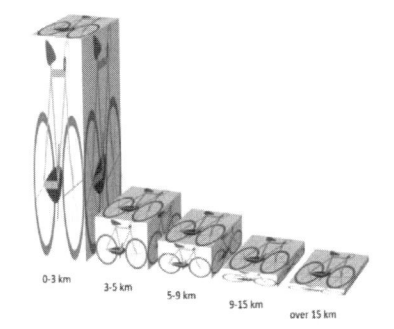

Source: Illustration by the Ministry of Transport based on The Danish National Travel Survey (2012)

出典　デンマーク全国移動調査に基づき交通省作成

は短距離にとどまり、ポテンシャルが活用されていない。図では大半の移動が３km以下となっている。これは我が国と何ら変わることはない。ここでは、国の計画でまちづくりとの関係においてこのような問題意識を強く明確に出して、その変更を迫っていることが重要である。まちづくり、特にまちのサイズや施設の現状の配置を絶えず意識して、クルマでのまちの中での移動は自転車で十分カバーできることを啓発し、まちづくりと自転車の関係からも、クルマからの転換を図ろうとするものである。

③ 市街地と郊外の長距離の移動を自転車がカバーする方法（長距離移動）

次のこの市街地内の移動を超える移動範囲の拡大について注目すべき具体的な提案をしている。従来自転車の移動距離の限界（多くは５km）を設定して、これを超える場合は一般的にクルマから自転車への転換は難しい又は時間的に有利でないとされてきたが、自転車スーパーハイウェイにより、この限界を拡大しようとする戦略を持っている。このスーパーハイウェイの特長は、交差点での停止がほとんどなく、また、専用空間を主体として走行速度を上げて、この自転車での限界距離又は時間的に有効な距離を大幅に拡大できるのである。従来の一般道経由の自転車通勤に比較して、大幅に時間の短縮が図られ、これによる自転車通勤の圏域が拡大する意味があるとしている。我が国も、概ね５km以内とされている自転車の限界距離又は有効な距離をこのような形で拡大し、自転車利用のポテンシャルの拡大を図ることがその促進に必要であると

考えられる。このためのスーパーハイウェイは、交通結節点とのリンクとともに、放射状で中心市街地から住宅地である郊外への自転車走行空間の連続性を確保するものである。このような放射状のスーパーハイウェイは、コペンハーゲンやロンドンが典型的なものであり、市街地内相互の移動空間とは少し異なる。従来我が国の道路も放射状のものが多く、整備も進んでおり、道路構造令等の規格に基づき比較的空間に余裕をもって改良が終了しているため、これらは、一定の自転車走行空間のための幅員の余裕のある道路空間が存在するので、この検討の可能性はある。また、デンマークでは、自転車スーパーハイウェイは、単に主要都市だけでなく、すでに自転車推進に取り組んでいる中規模の市でも取り組みが行われている。これに乗っかれば、安全で快適な空間を確保した自転車走行空間によるある程度の速度と自転車走行の距離の拡大が可能である。

⑶　電動アシスト自転車による長距離移動の可能性

スーパーハイウェイはインフラ整備による市街地と郊外の長距離移動を拡大するための方策であるのに対して、自転車の車体を電動アシスト自転車に切り替えて、距離を伸ばす方策も取られている。これらをダブルで活用すれば、相当の距離の拡大を図れることになる。買い物や通勤通学といった日常の移動距離がもっと長い地方では、電動アシスト自転車を通じて、より多くの人が自転車を自分たちの交通手段として利用し、若者も高齢者も同様に、より簡単に、距離や坂、さらに向かい風を乗り越えることができる。それゆえ、普通自転車に比べてより多くの人が、自転車を自分の交通手段として位置付け、日常的により長距離、かつ、より頻繁に、自転車を利用する可能性が生まれる。このようにして、電動アシスト自転車を自転車による長距離移動の切り札にしている。ハードのスーパーハイウェイよりは、金銭的にも安価で、時間的にもすぐに採用できる。ここでも、以上のようにして、ドイツと同じく、国の計画で電動アシスト自転車の活用を推進しているのである。

⑷　自転車の到達距離の拡大を図るその他の方法

以上の他に、自転車の到達距離の拡大のための自転車スーパーハイウェイをサポートする次の改善事例が提示されている。

・信号のグリーンウェーブ（通勤時間帯等で自転車の交通量が多い道路における連続した青信号が確保されるシステム）・迅速自転車車線と快適自転車車線

の分離・自転車スーパーハイウェイに沿った街灯・パークアンドバイク（駐輪施設）・フットレスト等の快適な付属施設・自転車パンク対応、飲料水等のあるサービスステーション・バスの乗降客と自転車利用者の分離等

　このようにして、自転車の迅速性と快適性を向上して、自転車の到達距離の拡大を図ることとしている。

　以上で述べてきたように、長い距離の移動では、最寄り駅の両端での公共交通との結合、スーパーハイウェイ、電動アシスト自転車、グリーンウェーブなどを総合化した手法が従来自動車のカバーしてきた距離での自転車の活用を可能にして、より多くの割合の自動車の移動を自転車に転換するための重要かつ大きな戦略である。また、現状の都市の広がりが自転車で十分カバーできるようなコンパクトなまちづくりとなっていることを市民に広報啓発することで、自動車から自転車への転換を図ることも必要であるとしている。

(5)　国全体での自転車都市の展開

① 　自転車都市は国の計画での戦略的拠点

　デンマーク国内の自転車都市をさらに多く創出し、より環境に優しい移動手段を推進するためには、自転車都市の考え方を拡大し続けることが重要である。自転車都市の考え方は、短距離及びの長距離の両面からの自転車利用をより奨励するアプローチが求められるとして、自転車都市を以上のような短距離長距離の移動での戦略的拠点として全国に拡大し展開することとしている。より多くの人に、家に車の鍵を置いて自転車に乗るよう説得することは、国全体の市において可能である。しかし、そのためには、行動を変える意欲が求められる。そしてそれは、挑戦であり、交通行動や交通方法の選択までも変える意欲を必要とする。したがって、広範囲の異なる施策を結合することが重要であるとして単に自転車に意欲のある都市のみならず、地方都市全体を自転車都市とするものである。これを可能とするのは、各都市において、広範囲の施策を総合化することが必要であり、これを通じて自転車都市を全国に展開することを推進するものである。このデンマークの国家戦略では、自転車都市は単なる自転車利用促進を行う都市ではなく、全国の都市を網羅した戦略的存在であることを強調しているのである。

② 　全自治体への自転車施策の拡大

　ドイツと同様に自転車利用は、コペンハーゲンなど一部の先進都市だけでは

なく、全国の都市にわたり開拓や拡大を進めていくことがこの自転車戦略の重要な内容になっている。単にできるところは自転車利用を推進して下さいというスタンスではない。デンマークでも、自転車利用に誘導するためには、人々の自転車利用に対する頭の切り替えが必要であり、これを推進するために全国をカバーした自転車都市の創出のために苦労していることが示されている。このため、国として、様々な手法や施策を提示して、地方での自転車都市の創出を基金からの支援等により推進する方向性を打ち出している。このようにみてくると、国がすべての公共団体の自転車施策に対してもっと積極的に強力に関与すべきことがヨーロッパの流れになってきていると理解される。地方自治の強い国でも自転車施策は、そこまできている。

③　自転車都市の施策の総合性

　自転車都市は、単なる走行環境の整備などではなく、インフラ整備等の観点と広報啓発などのソフト施策の観点から戦略的かつ総合的な自転車利用の推進施策を実施することが必要である。なお、筆者らが調査した結果（NPO 法人自転車政策計画推進機構の「自転車利用、自転車施策に関するアンケート調査結果」2018．4）によると、我が国の地方の自転車活用推進計画に関する意向では、その項目として、走行空間を中心とし、自転車観光、シェアサイクルなど一部の個別の各論の項目に人気が集中している傾向が読み取れる。逆に、自転車の位置づけや目標値の設定など総論的な面の項目は、ほとんど含まれていない。このような総論があまりしっかりと設定されず、また、各論が一部の項目に偏りのある計画では、自転車施策は薄っぺらな、バランスのない内容になりかねない。自転車都市は、自転車に対する総論的な考え方やこれに必要なハードソフトの施策の全体論が長期的な視座をもってしっかりと体系化される必要があることを痛感する。

④　自転車都市の拡大の方策

　一つの自転車都市がその周辺を取り込んで、自転車都市の範囲を拡大する方策も提唱している。一つの都市のみを自転車都市として創出するのではなく、周辺を取り込んだ広域的な自転車利用の底上げによる自転車都市は、一つの都市を核として周辺の都市を一緒に取り込んで広域的な自転車都市圏として別の意味で自転車利用促進策の拡大を図る方法があることを述べている。その例としては、コペンハーゲンでは、自転車スーパーハイウェイを周辺22団体と共同

で28ルートを整備して、その自転車都市の範囲を広域に拡大している。我が国でも、単なる一つの都市だけが頑張るのではなく、周辺を取り込んだ広域連合的な自転車都市の創出が期待される。このためには、自転車利用の距離的ポテンシャルの拡大やサイクルツーリズム、自転車通勤など多方面での拡大を通じて、広域的な自転車都市連合形成に向けた都道府県の出番でもある。

6．自転車の非日常目的の利用の施策（第3章、サイクリング等）

次に、自転車戦略の2本目の柱である非日常利用目的の施策についてである。ここでは、活動的な休日・レクリエーションでの非日常目的の自転車利用を対象としている。

(1)　趣味としての自転車利用戦略

すなわち、自転車は、平日だけの優れた交通手段ではない。余暇を楽しむために、外出してデンマークを満喫するのにも、便利で費用のかからない手段である。第2章の日常利用に対して、ここでは、余暇を楽しむ手段としての非日常利用の位置づけがなされている。**第一に**、余暇を楽しむ手段はたくさんあるが、便利で費用も掛からないものは少ない。この点からも自転車の活用は極めて合理的である。**第二に**、自転車の利用経験等に応じて、さまざまな楽しみ方ができる多様なレクリエーションが可能である。回遊や周遊、観光を楽しむ場合やハードなコースを制覇することを目的とする場合、魅力的な場所や景観と時間を楽しむ場合など様々な用途に活用できる汎用性のある手段でもある。**第三に**、スポーツとして体力の増強や健康の増進などを図る手段でもあることである。楽しみながら、経済的にこれらの目的を同時に達成できる運動手段は多くはない。

(2)　自転車の聖地〜自転車による新しい体験戦略

非日常利用で、より多くの人が自転車で冒険に行くようにするためには、新しい自転車の方策が重要である。これにより、レクリエーションとしての自転車利用者と観光での自転車利用者の両方をターゲットとすることができることに配慮する必要がある。

また、自転車の目的地（聖地）として成功する方法として、質の高い自転車ルート、活動的な休日のパッケージツアー、そして感動する体験の3つが相互に良好に作用することが必要であるとしている。また、自転車ルートを見つけ

ること、そのルートでの宿泊設備の予約が簡単であることも必要である。自転車の休日での目的地（聖地）としてのデンマークを発展させるためには、専門家によるルートや道の発掘、その年の（優良）サイクルツーリズム地としての選定など、地方自治体やその他の活動家に刺激を与えることができるような新しい取り組みが期待される。これらの結論として、サイクリストが集まるような「聖地」となるための次のような条件を示している。すなわち、**第一に**、質の高いルート、活動的なパッケージツアーと感動体験の３つを必要としているが、このような条件を満たしたからすぐに多くが訪れるわけではない。ここでは相互作用としているが、３つがバランスの取れた内容であり、かつ、継続したバージョンアップが不可欠である。**第二に**、自転車ルートの発掘が重要であることである。同じような平凡なルートではリピーターは確保できない。**第三に**、地域間競争は、専門家の導入及びサイクリストの目的地（聖地）として認められるなどを通じて、刺激され磨きがかかることが必要である。多数のサイクリストを恒常的かつ繰り返し集めるには、相当の継続した努力が必要であることを示唆している。

7．安全な自転車利用者の新規参入（第４章）

　安全な自転車利用者が増加することが自転車利用促進にとって重要であることはいうまでもない。このために、とくに、今後長期間自転車利用を行う可能性が高い子供を中心にして、自転車利用へ誘引することを大きな課題としている。

⑴　子供たちをサドルに乗せる戦略

　子供たちに自転車に乗ってもらうためには、安全な道路や自転車道を整備することが重要であることは言うまでもない。そうすることで、子供以外の新規の自転車利用者にとっても、誘因となる。子供たちは、通学や他のレクリエーション活動（遊び）の場所に安全に到着しなければならない。それが確保されれば、自転車は、交通手段として自然に選択されるようになる。これらを通じ、子供たちは、良好な交通に係る文化の一翼を担うことを学ぶものであり、このための、子供たちの移動を安全に支えることが自転車への誘因になるとされる。また、子供と親の両方が、子供の自転車通学が安心だと感じることが重要であるとしており、単なる子供だけがターゲットではない。**第一に**、新規の

自転車利用への参入者は、主として子供たちであることを明確に出している。未来の自転車利用者は、低下しつつある自転車利用を現実に支えることができる予定者であり、重要視すべきである。我が国では、子供の自転車利用については、多くが危険性などで消極的な意識が支配的である。しかし、将来的な正しい利用者を早くから教育し、大きくなってから自転車をルールを守って選択してもらうようにすること（すなわち、自転車の楽しさやメリットなどに対する理解を含めて）が重要である。**第二に**、子供たちだけでは、これは進められない。親と子供の両方が安心だと感じて行動することが大切であるとしている。逆に、子供に安全な自転車利用をさせようとすると親がまず手本を示して、信号遵守などルール遵守を励行する必要があり、親子で質のよい自転車利用者に変身してもらう必要がある。

⑵　子供の安全・安心の確保をてこにした質の高い自転車環境の確保と自転車文化の形成

　新しい自転車道の建設と自転車キャンペーンの実施は、学校に行く子どもたちだけのためではない。全世代の自転車利用者のためになる。その理由は、道路自体が安全でなければならないし、自転車利用が安全だと感じられなければならないからとしており、自転車の安全対策のハードソフト面の実施が単なる子供たちのためばかりでなく、そのようにして確保されたレベルの高い安全面でのハードソフト環境は他の利用者が安全を感じて利用してもらえる環境づくりともなるとしている。**第一に**、この観点は重要である。すなわち、子供の安全性という一ランク高いレベルの安全性能を最優先にして確保することにより、その通学路を利用する他の自転車利用者にとってはよりレベルの高い安全性が確保されることになり、大きなメリットである。**第二に**、自転車を利用する過程でお互いを思いやる精神を醸成することにつながる。自転車を自ら運転する場合に、他の道路利用者との関係で、これらをまったく無視して運転できない相対的な関係にある。特に、対自転車や対歩行者については、お互いの配慮の精神がないと、事故は防止できない。その意味で、自転車を通じてお互いを思いやる態度を養うことは、きわめて実践的であり、また、このようにしてなされる自転車文化は若い年齢層、子供の年代から育み、継承することが重要であることが改めて理解できるのである。

第 5 章　国レベルの自転車計画のあり方の教訓〜国が地方を積極的に牽引する

1．国と地方が一体として自転車施策を進める

　以上から、国レベルの自転車計画のあり方についての教訓を以下に整理する。

(1)　国の役割と地方の役割をセットで示す

　国レベルの自転車計画においては、国のみが行う施策を並べて記載しているのではなく、国の実施する事項と地方に実施してほしい事項を分けて明示している。第二章から第四章まで 3 つの国レベルの計画を紹介してきたが、いずれも、それらの中で、州や自治体で実施すべきものを明示したり（ドイツ、米国）、自治体の自転車利用の個別状況を明示したりする（デンマーク）など、地方の自転車施策を牽引する具体的な内容を有している。今回は紹介していないが、英国の国家自転車戦略（1996年）においても、地方の計画策定や施策の実施について、本文できめ細かく指導している。

　この模範的な例がドイツである。国は自らここまでやるので、これに協力して地方もこのような役割を担って、自転車政策を実施してほしいというストーリーが明確に示されているのである。すなわち、重要な点は、国が行う内容を具体的に示し、かつ、これだけ国が実施するので、これに対応して、地方への支援内容を明確にして、州や自治体がここまで実施してほしいという内容を具体的に記載していることである。このように国の計画で単なる国が自ら実施する内容を記載するだけにとどまらず、地方に実施をお願いする又は要望する内容を具体的に示して、役割分担を提唱している。このことは、都道府県の計画において、市町村との役割分担の明示についても、同様に当てはまると考えられる。

　これに加えて、計画の本文中で、施策（走行空間整備）の実施状況を各州ごとに比較するグラフを示して、どの州が進んでおり、どの州が遅れているなどが一目でわかるようにしている。かつ、各自治体の自転車のインフラ環境及び利用の状況に応じて各都市を 3 つに分類し、それぞれ確保すべき住民一人当た

りの予算額のガイドラインを示して、地方に対しての自転車施策の具体の予算額の確保を促すことも忘れてはいない。

(2)　地方の役割は具体的に示す

地方の役割については、抽象的にこのような施策を実施するというものではなく、総論や各論の施策の項目ごとに、分類して、その実施すべき施策の役割分担及び内容を示している。

これにより、地方公共団体がどの程度動くかは、必ずしも義務ではないので、精粗の差は出てくる。我が国でも、国が走行空間のネットワークのガイドラインにより、整備すべき走行空間のあり方を具体的に示した（2012年及び2016年）。それ以後、多くの自治体で、この規格に従った矢羽マークが表示された道路が続々と誕生しているが、まだ一部の都市であり（2018年3月末現在116）、また、その計画内容も精粗まちまちである。しかし、ガイドラインとしては、相当の効果が発揮されていると理解される。これはハードの走行空間を中心としたものであるが、ソフト施策でも例えば、地域の自転車環境や自転車事故の特性等に応じた安全運転の広報啓発の内容などにも踏み込んだガイドラインを示すこと、特に地方部で低迷している自転車利用のために、どのような方策で人々をクルマから自転車に転換するかなどの具体的なガイドラインを含めた施策の項目ごとの役割分担が国の計画で示されてもよい。

(3)　国が積極的に前に出て地方を引っ張る

このように国が前面に出て積極的に地方の施策を引っぱることは2002年のドイツの国家自転車計画に引き続き、このドイツの2012年の国家自転車計画でも、序文で書いている。欧米の自転車先進国では、地域の一交通手段である自転車利用に、国が自ら主体的に自転車政策に関与することが常識になっている。国が自転車政策に関与するべき、理由は次のとおりである。

①　自転車は国全体に係る重要課題を解決

地球温暖化対策、国民の健康の増進、生活習慣病、認知症、介護等の予防、高齢化社会への対応と社会保障費等の財政負担の削減などは待ったなしの国全体の重要課題である。これらの課題は、一地方でとても解決できるものではない。自転車利用は、健康環境に良く、他の様々な施策に比較しても、これらに大きく寄与できる最も有効な施策であり、かつ、同時に複数の重要課題に寄与できること及び予算も安上がりで、施策が前向きであることも重要である。こ

のような地球環境や国民全体の健康、さらに超高齢社会の課題解決は、国レベルで対応するべきものであり、この国の大問題に対して具体的な効能のある自転車施策を、国として積極的に推進する必要があることは明らかである。

② 　地方単独では解決が困難

　自転車は、大きなメリットを有している反面、安全やルール、放置などでデメリットも大きいとされる。このようなメリットやデメリットの交錯する施策については、地方では単独で手放しで推進するには、やはり荷が重い。国であればメリットやデメリットを含めて、十分に議論し、研究し、その当面の重要な課題に対処できるという大きなメリットがあり、マイナスを十分に上回ることを示して、これを根拠に推進する方向性を明らかにする大規模な研究が可能である。国として、国全体の自転車利用の促進のスタンスの方向性を明確に持ち、自転車の位置づけや目標を明示して、自転車利用をどんどん引き上げることにより、地球環境や健康医療福祉などにも対応することが可能である。

③ 　自転車走行空間の連続性やレベルが必要

　一つの自治体の中の狭い範囲で、いくらクローズドのネットワークを形成しても、クルマと自転車の適正な共存や分担関係は生まれない。現在、多くの人が徒歩や自転車で行ける距離でも自動車で行くという過度の自動車依存状態が問題になっていることは明らかであり、これを解消する意味でも、より広範囲の目的の自転車利用をサポートする空間のつながりが必要であるし、一定の統一された基準による質の確保も必要である。近距離のネットワークでは、端末交通又は補助的な交通を支えるに過ぎず、自立した一人前の交通手段として、自動車からの転換の受け皿としての利用を支えることは困難であり、より広範囲で長距離の連続した走行空間が必要である。ドイツの全国自転車道ネットワークは、2002年の国家自転車計画のひとつの目玉であったが、先述したように、2012年の計画でも、自転車ツーリズムを支えるために、10,218kmの延長を持つ12本の国中の全国ネットワークを形成し、これにより、国全体の広域移動を可能にするような内容を提示している。このようなことは、国が前に出て実施しないとできない。日本でも観光などでの広域の移動が常識化していること、東日本大震災に見られるように、燃料不足や道路空間の損壊の状態での災害などの危機管理にも広域的に活用できること、広域的なネットワークが地域の利用を押し上げること等により、広域の自転車の移動のためのネットワーク

空間はもはや世界の常識である。この場合、自転車走行空間のネットワーク相互の連携、表示の体系性（ルート番号等）と路面表示の統一性（色彩、ロゴなど）、さらに、走行空間の質の一定以上の確保による安全性の向上等を通じて、国中の質の高い自転車ネットワークが形成され、これと接続する地域の自転車ネットワークの形成に寄与できるのである。国が広域的に関与しない限りは、自転車は一地方のクローズドのガラパゴス的な補助的移動手段を脱することはできない。なお、これは単なるサイクルツーリズム目的の走行空間に限らず日常用途も今後どんどんと広域化するため、同じである。

④　国が先頭に立って支援

　自転車利用の促進を支援する場合も、国は地方よりも前に出て、積極的に推進する必要がある。自転車を推進したい又は現に自転車交通量や事故が多い特定の課題のある自治体のみを対象にして、その要望があれば後方から自転車施策を支援していても限度がある。一番問題なのは、自転車を利用するポテンシャルが客観的に備わっていて、自らはこのことに気づかない又は気づいていても一向に自転車施策を積極的に取上げない都市が多数あることである。自動車依存型社会にとっぷりと浸かって、自転車の効用やメリットを認めない、又は、重視しない自治体があまりにも多いのである（筆者が担当した2011年の地方公共団体アンケート調査では、利用促進策の代表である走行空間の整備を実施しているところは、全体の15.8%（回

表　欧州の国の自転車度の順位

Country ranking in ECF Cycling Barometer	2015	2013	
Denmark	1	1	デンマーク
Netherlands	2	1	オランダ
Sweden	3	3	スウェーデン
Finland	4	4	フィンランド
Germany	5	5	ドイツ
Belgium	6	6	ベルギー
Slovenia	7	12	スロベニア
Hungary	8	8	ハンガリー
Austria	9	7	オーストリア
Slovakia	10	9	スロバキア
United Kingdom	11	10	イギリス
France	12	11	フランス
Luxembourg	13	19	ルクセンブルク
Czech Republic	14	13	チェコ
Lithuania	15	20	リトアニア
Croatia	16	n/a	クロアチア
Italy	17	15	イタリア
Spain	18	23	スペイン
Estonia	19	15	エストニア
Poland	20	20	ポーランド
Bulgaria	21	25	ブルガリア
Ireland	21	14	アイルランド
Latvia	21	17	ラトビア
Greece	24	17	ギリシャ
Malta	24	27	マルタ
Cyprus	26	22	キプロス
Portugal	27	25	ポルトガル
Romania	28	25	ルーマニア

出典　欧州サイクリスト連盟「自転車バロメーター 2015」実線内の国が国家自転車戦略を有する又は有した国は、上位14位を独占している

答数561中89団体）であり、きわめて低い割合である。）これを国が前に出て、底上げするかどうかが、国全体の的確な自転車利用を推進することになるのである。一部の熱心な又は自転車利用等が多い自治体のみに、又は自転車を推進したい自治体にのみ推進を任せて、他はそのままであるとすれば、国全体の自転車利用促進を通じた各種の大きな政策課題の解決はできない。

　表はヨーロッパサイクリスト連盟の分析（2015年3月）による自転車度（サイクリングバロメーターと称している）を示している。これによれば、自転車利用、安全性、ツーリズム、自転車の購買及び国民のサイクリスト連盟加入者の各状況に関する5つの指標で構成される自転車度（サイクリングバロメーター）は、国が自転車戦略を策定している場合は、評価順位が高く、自転車戦略を策定している国が自転車利用度の上位14位までを独占している。このことは、国が関与することにより自転車度が高くなることを示すものである。

⑷　ストーリーやわかりやすさを最重要視する

　ドイツの計画をみると、本文のわかりやすさとして、序文を含めて、なぜ自転車なのか、なぜその施策を講ずるのかなどについて、その採用の理由や背景、考え方が明示されている。記述にわかりやすさがあり、国民が読んでも、理解できやすいようになっている。施策項目や内容を相互のストーリーや繋がりを示すことなく、並べただけのものは、わかりやすさがなく、このために、住民を誘引する説得性が低く、ひいてはせっかく苦労して策定する計画の効果があまりなくなってしまう。我が国の自転車計画は、施策の並べ方が並列的かつ平板的で、はしる、とめるなど物理的な施策のくくりはあるものの、自転車の利用目的などは示されず、施策のストーリーや流れ、さらに必要性などが分かりにくいものが多い。

⑸　走行空間ネットワーク整備には誰もが反対できない目的を持つ〜全国や広域ネットワークの形成と観光施策

　世界各国の自転車施策をみると、多くは、国レベルの全国走行空間ネットワークを設けている。これは、必ずしも中央政府が行っているわけではなく、中央政府と地方政府の合同体（ドイツ）、主として民間のボランティア団体の連合体（英国）、自転車に係る国際的な公益団体（ユーロベロ、ヨーロッパ全土、図参照）なども行っている。単にそれぞれが単独で行うのではなく、国や地方公共団体その他の団体が相互に協力して、それぞれの計画が連動してい

る。例えばユーロベロの全ヨーロッパの自転
車のネットワークと各国の独自のネットワー
クは同一路線に重なって設定されたり、これ
に接続したりしているケースが多い。

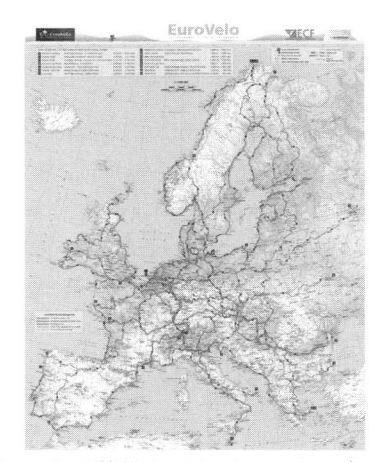

　しかし、大きな課題は、これらのネット
ワークの規格とその整備動機である。如何に
自転車が有用なものであっても、しっかりと
した利用目的を有していること、これに基づ
き整備の必要性やストーリーがわかりやすく
なっていること、さらに、この目的に応じて
予算措置などが大義名分を以て講じられるこ
とが必要である。単なる自転車の全国ネットワークの整備などと言っても、多
数の支持が得られるとは限らない。そこで、ドイツの全国ネットワークのよう
にだれも反対できない地域振興の重要な切り札である自転車観光（サイクル
ツーリズム）目的などを持つことである。これは国レベルのみではない。我が
国でも、しまなみ海道（本州四国を結ぶ尾道今治ルート）、ビワイチ（琵琶湖
一周ルート）、霞ケ浦、浜名湖、諏訪湖などで観光という目的で沿線の自治体
が賛同でき、一丸となって誘致に取り組むことにより地域振興に寄与できるも
のであるからこそ可能となる。

　ドイツの例では、国家自転車計画では、自転車道のネットワークの形成につ
いて、自転車観光の地域経済に与える経済効果等を数字で明示し、これに基づ
き、サイクルツーリズム施策の一環として整備する。これにより、結果とし
て、地方部での自転車利用の促進、特に、地域住民の利用促進をねらってい
る。また、この場合相互につながらないと意味がないので、その計画の路線の
途上にある自治体は、自らも自転車道を確保しないと前後の自治体に迷惑をか
けることになることが、これが自転車施策のきっかけになり、自転車道等を整
備するなどにより地域住民の自転車利用の促進につながる。このようなストー
リーにより、地域を超えた超広域的な国レベルでの自転車走行空間のネット
ワークの形成が図られるのである。

2．自転車の移動ポテンシャルを伸ばすことによる分担率の向上〜自転車での移動可能距離を伸ばす方策

　自転車の利用促進を図るための方策として、自転車のポテンシャルの拡大に重点が移りつつある。その方法としては、次の6つがある。

⑴　電動アシスト自転車により疲労を少なくして、長距離の運転を可能とする

　電動アシスト自転車は、日本では主に坂道対応であるが、ドイツやオランダなどでは、主に距離を伸ばす方策として活用されている。また、荷物の運搬、保育園等への幼児の送り迎えなどの手段として活用される。筆者らの電動アシスト自転車利用者（前出　静岡県袋井市）に対する調査では普通自転車の3倍ぐらいの距離の移動を可能とするデータもある。

⑵　公共交通とのスムーズな連結

　駅での駐輪空間提供について、乗り換え時間の短縮のため、自転車等駐車場は駅構内又は隣接地など至近距離、エスカレーター、二段ラックの利用の容易化、システム的な駐輪などを通して快適円滑な公共交通との連携方法等を図る。これにより、自転車単独ではカバーできない距離の移動を容易にする。

⑶　列車内への持ち込み

　エレベーター、エスカレーター、スロープなどにより、自転車を円滑に列車内に持ち込めるようにする。列車内では、専用車両を用意し、かつ専用車両には、両側に折りたたみ椅子を設けて、座らない時は、椅子がはね上がり自転車をそのままこれに立てかけるようなシステムが設けられている。

　車輪を引掛ける方式については、スポーツタイプの自転車は軽いので容易であるが、多数の人が利用する普通自転車や子供のせ台がついた自転車などは利用が難しく、また、仮にできても体力が必要である。これからは、ベビーカーや車いすなど車輪のついた移動器具と同じ空間に折りたたまずにそのまま持ち込める専用車両を設けるべきである（オランダ、ドイツ、デンマークの各国鉄など）。

立てかける椅子

⑷　サイクルスーパーハイウェイ

　コペンハーゲンでは周辺自治体と共同で、

距離を 5 km 程度から拡大し 10km まで行けるようにする。これにより、自転車スーパーハイウェイのための専用道での速度の速いアクセスが可能となり、伸びた距離帯の範囲のクルマの移動を、自転車への転換の対象とできる。

ドイツ国鉄での自転車ベビーカー車いす専用車両

古倉写す　注　椅子がはね上げ式になっていることと、車いすとベビーカーにも専用車両となっていることが特徴

(5)　自転車の走行速度の向上

　一般道で自転車専用信号、グリーンウェーブ、グリーン交差点、自転車がいっせいにスクランブルで通過できる交差点、一方通行解除、自転車専用橋、自転車専用トンネルなど自転車での移動空間のショートカット、停車時間の短縮化などのあらゆる方策を通じて自転車の移動の時間を短縮することで同じ時間で行くことのできる距離を伸ばして、自転車の距離的なポテンシャルを拡大する。

(6)　フリンジパーキング

　オランダのフローニンゲンでは都心から 2 − 3 km 程度の郊外の 5 か所にフリンジパーキングを設置している。ここでは自動車駐車場と自転車駐輪場施設の両方を設けて、朝自宅からの自動車をここに駐車し、同じ場所の自転車駐輪施設に停めてある自分の自転車（又はバス）に乗り換えて都心等の職場や学校に行くシステムが用意されている。このようなシステムによりマイカーと自転車を連結する。

3．自転車の利用率・利用人数の拡大方策

(1)　全体の分担率よりも特定目的の分担率の目標設定

　目標値に全体の分担率を設定することも行われているが、特定の目的、例えば通勤・通学目的の自転車利用での分担率などを設定することに切り替えることも検討する。これにより、施策対象者を明確にして、ピンポイントで目標値やそのための強力な具体策を講ずることができる。

(2)　通勤通学の目標値は分担率ではなくて、目標人数を設定

　例えば、コペンハーゲンでは、通勤通学の分担率を 50%（現状 35% から）に設定しているが、これに加えて地域別の通勤通学人口とその通勤手段ごとの数

値に基づき、具体的な自転車通勤の可能な人数を推定して、これを目標にして、具体の企業や学校に割り当て協力を要請するようにする。これにより、具体的な個別の目標値を設定でき、自転車への転換を実行あらしめるものにできる。

4．自転車の活用の拡大方策～利用促進から活用促進へ～

⑴　利用・活用の可能性を多様に秘めている

　自転車は多種多様な利用及び活用の可能性を秘めている。自転車の持つメリットは、世界共通の課題となっている健康や環境に対して、有効性が高いものである。さらに、燃料費や維持費などで経済的又は渋滞知らずなどで時間的な側面でもメリットがある。このようなメリットを数多く持つ自転車は、移動手段としての利用のみならず、コンパクトシティなどのまちづくり、医療・介護・認知症の予防等の社会保障、観光を含めた地域振興、中心市街地活性化、子育て対策、高齢者の移動対策などさまざまな重要施策の側面での活用が期待される。これに加えて、最近では、震災などの被害にあった場合について、ガソリンや電気が供給されないためにクルマや公共交通での移動ができない事態や帰宅困難者の移動という場合にも有効であることが現実に立証されている。自転車は、現在では、単なる移動手段ではなく、他の施策に活用できる有用なツール、すなわち、施策手段とし重要性がますます増大しており、このため自転車の利活用の分野をどんどん広げていくという段階まで来ていることを理解するべきである。そして、そのため健康施策、コンパクトシティ施策、観光施策などの分野での戦略が必要であることは言うまでもない。ここで紹介したドイツの国家自転車戦略にもそのことが多く含まれていた。

⑵　自転車の利用促進の限界

　ここで注意すべきは、これからの自転車戦略は、自転車が健康や環境に良く経済的で時間節約のメリットのある移動手段だから利用するという移動手段としての利用促進の視点は相対的に低下し、これに代わり、自転車を他の施策の有効な手段だから活用するという施策手段としての活用の広がりの視点が重要になってきている点である。自転車自身の利用促進では自転車は単なる移動手段としての意味しか持たない。他の施策手段として自転車の活用の促進を図ることで、他の重要施策に寄与するとともに、結果的に自転車の分担率の向上が

実現するという戦略が必要である。

　自転車にメリットがあるから利用しようというような切り口で自転車利用を奨励することは、すでに昔からなされて、これらの多くはすでに国民には既知のこととなっているため、これによる自転車利用促進策には限界があることが明らかになってきている。同様に世界の先進都市もその現状から自転車利用のメリットに基づいて、利用促進することには一定の限界があることを多少は理解している。このため、広報啓発の方策の質的なバージョンアップや工夫を図るなど様々な新しい自転車利用の促進策が試みられている。また、広報啓発の仕方では、より具体的なメリットの提示を行うことで、利用促進を目指して、自転車の分担率を増加させることは一定は可能であるといえる。例えば、3 km のクルマ通勤の移動を自転車に転換すれば、年間約 3 万円のガソリン代が節約できること、生活習慣病の予防ができれば年間約3.8万円の医療費が削減（個人負担は約 1 万円）できることなどの具体的な数値を市の広報等で示すなどの余地は十分残されている。そもそも自転車利用促進が事故の増加を招くなどと心配して利用促進すら呼びかけることをしていない自治体が多数であり、まして、具体的な数値のメリットを示してクルマから自転車への転換を図ることなどを、市として行っていない。また、地域社会で近距離の移動で自転車の可能性があるにもかかわらず、クルマでの移動に慣れ切っているために、市民に自転車への転換を持ち出せないし、また市民の側でも自転車の利用はどうしても生活習慣に取り入れることは円滑にいかないなどの事情がある。

(3)　自転車を重要な施策の手段として活用

　これに対して、生活習慣病対策、医療費・介護費の削減対策、認知症・ひきこもり・買い物難民等の高齢者対策、観光による地域振興策、地球温暖化対策、コンパクトシティなどのまちづくり対策など、いずれも交通政策以外の重要政策での活用は、その可能性の大きさと必要性が、自転車自身の利用促進策よりもはるかに大きいのである。このように、これからの自転車の利活用は、交通手段としての利用促進から、重要施策の手段としてさまざまな側面での活用促進が重要性を持ってきている。

(4)　我が国の計画の総論の弱さ貧弱さ

　多くの我が国の計画は、自転車の利用や環境の現況を総論のつもりで記述している。この部分だけで、総論の部分のほとんどのページ数を割いている。本

来の総論として必要な自転車の目標値、クルマに比較した優位性などの部分、自転車のメリットや重要性さらに行政の果たす役割、自転車のまちづくりにおける基本的な位置づけ、施策の基本的な方針などはあまり書かれることがないが、又はあってもいわゆる総論の最後にわずかの部分でのみ記述しているパターンが多い。しかも、これらも、前段で詳細に述べた自転車利用の現況とのつながりがあいまいで、かつ、一般的抽象的な表現になっている場合が多い。例えば、自転車事故が○件と多い、放置が△台ある、自転車の分担率は□％あるなどと現況を具体に詳細に述べるものの、これと真の総論というべき自転車の位置付け、自転車政策の目標値などとの関連性が見いだせず、また、さらにこれと各論の施策がつながっていない。例えば、この目標のために何をするのか、走行空間の整備や広報啓発のそれぞれでどの程度の寄与があるのかなどまったく不明である。現況の数値に基づいた自転車利用の分担率や事故削減などの目標数値は設定されていないことが多い。また、最も必要性の高いクルマに対する自転車の優位な位置付けも、「生活に必要な移動手段である」、「過度の自動車利用を控えて自転車の安全利用を目指す」などの表現にとどまっている。これでは、各論の施策において、他の施策や手段との対立関係が出てきたときにどう対処するべきなのかの指針が出て来ない。

　総論は本来このような自転車利用環境の現況を中心に述べる場所ではなく、仮に記述するとしても、利用環境の現況の数値とのリンクを持たせて、これを基にした自転車の位置付けや目標値の具体の数値設定が期待されるところである。このようにしないと相当のページ数を割いて、自転車利用環境の現況を述べても、自転車施策の基本的な在りかた・方向性や各論の施策とのつながりが希薄では、あまり意味がない。単なる自転車利用環境の現況であれば、要点のみにし、詳細な説明は、巻末の参考資料の中で述べ、総論では自転車の位置付けをどうするのか、自転車利用の方針をどうするのか、自転車環境をどのようにするのかの総論として基本的に必要な事項のみに集中し、具体的かつ詳細に述べることが必要であり、これからの多くの自転車計画の課題である。

(5)　各論では自転車の利用目的別の施策が必要

　各論の施策は、この基本方針を受けた形でこのどの部分を実現するのかがわかるように、総論と有機的に結びついた内容を述べることにより初めて体系的で有効な計画となる。我が国の自治体の計画では、現実には、各論が総論のど

の基本方針を実現するのかのつながりがあいまいなまま、具体の施策を並べたてている場合が多い。さらに、各論は、「はしる」、「とめる」、「まもる」などの施策形態別に分類した施策に分類され、各論の施策相互の横の関連性や体系性が明確にされていない。このような場合、計画として有すべき本来の意味の「施策の体系性」はないと考えられる。これらの「はしる」、「とめる」、「まもる」などを柱とした各論の計画の建て方は一つの計画策定形態として、一見目に見えるわかりやすさを追求しているような構成ではあるが、担当部局ごとの縦割り的分類であり、かつ、即物的で、ストーリー性に乏しい場合も多い。このような分類では個々の施策内容はともかく、全体の自転車利用の流れが見えづらい側面がある。このためどうしてもこのような即物的体系を維持するなら、必要に応じて目的別に施策を再構成した表を参考につけるなどが望ましい。自転車は、市民により利用目的が異なるので、このような施策形態別施策では、利用目的別の自転車の施策展開が不明確となる。例えば、通勤、通学、買い物など利用目的ごとに必要なハードの空間やソフト施策は異なる。市民の利用目的ごとに各論の施策を構築すれば、一番身近な利用目的ごとの施策の方向性も見え、かつ、市民にも理解されやすい。例えば、通勤目的であれば、これに必要な走行空間及び駐輪空間（会社の駐輪場等を含む）などのハード施策並びに企業への奨励策や企業による安全対策などのソフト施策をパックで相互に関連付けて体系を構築できる。なお、自転車通勤の方が自家用車通勤に比べて通勤者百人当たりの事故件数は半分であること（豊橋市役所の実例）、従業員の健康効果に優れること（シマノの実例）等の情報提供、自転車通勤手当の支給や増額はクルマからの転換に絶大な効果があること（名古屋市役所や豊橋市役所の実例）、ロッカー、シャワー等の設備が必要であることなどの的をしぼった広報啓発が可能である。さらに社員向けのルールや利用促進の講習会をはじめとしたソフト施策で構成すれば、自転車通勤にはどのような課題がありこれに対してどのような施策が用意されるのかを市民がパックで知ることができる。自転車通勤の奨励を通じた自転車利用促進策が理解されやすい。このような計画の内容や構成の方法を含めた計画策定のノウハウは、別に詳細を述べているので参照されたい（拙著「実践する自転車まちづくり」第8章に詳しい）。

5．構成のあり方の基本

　上で述べた「はしる」（走行空間）、「とめる」（駐輪空間）、「まもる」（ルール安全教育）、「すすめる」（自転車利用の利用促進）などの即物的な柱の設定方法は、簡単にいうと大きく三つの問題点がある。**第一に**、目に見える各論が先行するあまり、この各施策を体系的に結びつける自転車に対する基本的考え方、政策の基本的な位置づけがおろそかになり、かつ、あいまいのまま進められることになる点である。もちろん、このための「総論らしきもの」が存在することが多いが、多くは現状の分析にほとんどのページを割き、これが中心に展開されるため、読んでいる市民などはこれが総論かと理解してしまい、総論で一番大事な、自転車のクルマに対する優劣などの位置づけや自転車施策の優先性など特に気に留めることがないことは先述したとおりである。また、総論と各論との関係もあいまいかつ簡単に済まされる。**第二に**、総論がなくとも、例えば駐輪計画とは関係なくネットワーク計画を先行すれば、いわばなし崩し的なバラバラな施策展開となる。また、個々の施策内容は現実的であり、かつ、場合によっては独創的であるかもしれないが、各施策が独立しており、相互に有機的な関連性が極めて薄い。例えば、インフラ整備におけるクルマの施策との関連性、自転車利用促進と公共交通との関連性、走行空間と駐輪空間の関連性、インフラと広報啓発の関連性などがあいまいである。この結果「はしる」「とめる」「まなぶ」などの担当部局に分けたいわゆる縦割りの施策になりがちである。**第三に**、即物的であるがゆえに、走行空間の整備は交通量が多いとか交通事故が多い路線などを重点にするなどどうしても現状対策が中心になり、どのような目的（通勤、通学、買物、回遊等）の利用を伸ばすのかなど自転車の目指す利用促進の方針があいまいのまま、課題対応型の施策が中心の計画になりがちである。このために自転車走行空間ネットワークが形成されればそれで自転車施策は進展したなどという安易な誤解になる。

6．電動アシスト自転車の我が国での推進方策〜ドイツの重要施策

　自転車政策において基礎的な位置づけを電動アシスト自転車に与え、推進しようとしていることについて、ドイツ国家自転車計画の特徴を先述した。我が国では、国内生産の主流は、すでに電動アシスト自転車になっている（2016年

で58.2%となっている。一般財団法人自転車産業振興協会資料）。しかし、その価格は従来の普通自転車に比較すると、高価であること、さらに、重量が重い（普通自転車で重いもので18kg前後のところ、電動アシスト自転車では車体がアルミ製になっていても、駆動装置やバッテリーを入れて、一部を除き25kg前後になる）など、本格的に一般の家庭や高齢者に普及促進を図り、自転車の利用範囲を拡大することについては、課題が多いと考えられる。これは、我が国のみならず、ドイツでも同じ事情にある。ここでドイツで推進されている理由は、今後の自転車のポテンシャルの大幅な拡大による自転車の位置づけにおいて一層重要性を増していること、そのメリットや必要性に対する認識が明確であること、今までの2002年国家自転車計画では、自転車政策の推進があまり大きな成果を得られていない事情もあること（この計画での目標と見られる20%後半の分担率は、10%そこそこで低迷していることなど）、このために、自転車の利用可能性や対象地域の全国的な拡大などでブレークスルーを図る必要があること、自転車利用促進の障害の多くが電動アシスト自転車の活用により、相当程度解消できるポテンシャルを持っていることなどの事情があるものと考えられる。このために、安全性や利用促進の広報啓発、充電施設やバッテリーの統一化、電動アシスト自転車に適したインフラ投資の推進等の特別の対策を国を挙げて遂行しようとしているのである。我が国でも次のような点が参考になる。

(1)　電動アシスト自転車の利用を施策の基本にする

　第一に、使いたい人は電動アシスト自転車をどうぞお使いください、というようなニュートラルなスタンスではなく、電動アシスト自転車を普通自転車よりもより推進するという明確なスタンスを国レベルで掲げること、これをもとに、電動アシスト自転車の優遇や利用促進を図ること等を通じて、自転車の移動可能距離や分担率等目標などを根本から考え直すべきである。このため、行政が電動アシスト自転車を主軸に展開するなどの方針を出すことが必要である。健康、環境、観光、財政などの側面で自転車の活用が有利で必要であると理解されているからこそ、それをより高める電動アシスト自転車を施策の基本とするスタンスをより明確にすることが求められる。

(2)　予算の重点調達

　第二に、その予算の調達である。上に述べたオランダの例のように、電動ア

シスト自転車を購入した場合のキャッシュバック制度や補助制度、貸付制度（我が国でもいくつかの地方公共団体で行われている）を拡大することで、個人の購入費の負担を減らし、利用促進につなげることが重要である。また、大量に生産されることによる価格の低減も期待できるのではないかと思われる。この場合、自転車利用が日常生活で盛んになることがひいては、医療費や介護費の財政負担に苦労している行政に長期的に結果としてリターンが得られるという認識を市民や行政自らが持つことが必要である。仮に、リターンがなく、多少の持ち出しがあっても、市民の医療費負担よりも、健康増進で市民の利益につながればよいと理解すべきである。民間と違い、本当に市民の健康や環境のことを考えているのであれば、このような総合的判断は行政しかできない、長期的な視野を持つことが適当である。なお、電動アシスト自転車の運動量は普通自転車とあまり変わりないものとされ（6／7程度、厚生労働省資料）、相当の運動量は確保できる。

(3)　効果を検証しメリットを啓発

　<u>第三に</u>、利用者にとっての電動アシスト自転車は、静岡県袋井市における筆者らの高齢者の電動アシスト自転車の利用者に対するアンケート調査で、外出回数が増えた人が53％と半数以上に達し、週1〜3回以上の外出が9割弱となったという成果が得られている。ただし、改善すべき点としては、価格を安くすることが7割であり、次いで、重量を軽くすることが4割であった（以下、盗難対策と充電各約3割）。このように実際に利用した高齢者は、電動アシスト自転車の利点や実際の効果を実感しているが、自分で調達するとなると、価格面が大きな障害であること、さらに、技術面では重量の軽減が課題であることは先述した（「電動アシスト自転車の利用についてのアンケート調査」袋井市．NPO自転車政策計画推進機構、回答数95）。前者は、電動アシスト自転車の補助金、貸付制度などの普及促進策と大量普及による生産コスト低減がかぎであり、後者はメーカーの改善の工夫と努力さらに駐輪施設の電動アシスト自転車など大型・重量の自転車への対応で、相当程度カバーできる。一番重要な点は、ドイツやデンマークでは自転車で行ける距離の拡大を目的に国是として推進することにより、電動アシスト自転車を一般化させるようにしていること、これにより、電動アシスト自転車に対応したインフラの改善と価格低廉化、バッテリーの共通化などが促進されることを通じて従来の普通自転車の移

動距離を前提とした比較的限定された範囲の自転車政策から上述のような自転車利用のポテンシャルの拡大による自転車利用の飛躍的な推進が期待されるのである。

7．我が国の自転車教育のあり方

　我が国の自転車教育については、様々な観点からの考え方や方法論が述べられている。我が国の現在の自転車に関する議論の多くは自転車の事故を起こさないための安全教育が中心であり、しかも、ルールの遵守を図るための道路交通法規の学習に重点があり、議論はこれの周知徹底に集中しているように見受けられる。

⑴　我が国の自転車に関する教育が安全教育に偏りすぎ

　<u>第一に</u>、安全教育に偏り過ぎており、利用促進を図るための自転車のメリットやその効果についての教育・学習の話がほとんどなされない。自転車の利用促進を図れば、事故が増加するので安全教育の中では利用促進の話は避けたいという気持ちがある。しかし、自転車の通行量が増えると、クルマは自転車の存在を前提に十分な注意をして運転すること、かつ、自転車も車道の通行量の増加で車両としてのルールの意識と遵守を向上させること、また、行政もクルマと自転車に対しての環境整備と安全対策を強化せざるを得ない（欧米の自転車計画等でよく言われている）。これらにより、上述のように現実に相対的に事故件数が減少することが各種データにより示されている（例えばニューヨーク市）。安全性向上のための利用促進という発想の転換が求められる。

⑵　ルール学習偏重

　<u>第二に</u>、ルール学習に偏り過ぎている。自転車事故は必ずしもルールの違反のみの原因で生じているわけではなく、自転車側及び自動車側のミスなどの人的要因、道路の形状や環境の要因、事故の類型やパターンなどルール以外の原因や実態があり、これらを含めて総合的な安全学習が必要である。

⑶　事故データとその分析からの啓発が必要

　<u>第三に</u>、仮に、ルールの教育啓発を中心にするとしても、法律の規定や安全利用五則などのきまりを前面に出して、このように決まっているから守りましょうなどとする上から目線の教育啓発が多くあり（市町村の広報誌など22例を調査）、ルールの根拠や客観的な事故実態・データや、その分析などを示す

ことがなされていない。先進国の自転車教育を見ていると、日本の教育の合理性の欠如や自転車利用促進の観点が希薄である点をつくづくと考えさせられる。

(4)　メリハリや軽重をつけた内容が必要

　第四に、また、自転車の安全教育は、事故の多い順やミスの多い人的要因の順などメリハリをつけた重点的な教育啓発が少ない。自転車事故を減らすには、事故が多いパターンや要因の順に重点的に教育啓発すべきであることは当然のことである。

(5)　ルールを知っていても守らない人の対策を重点にする

　第五に、ルールを知っていて、守らない人が多いことが読み取れる（警察庁「自転車に係る法令遵守意識等に関するアンケート調査」）ので、ルールの内容も重要であるが、それよりも、いかに守らせるかに重点を置く必要が出てきている。これには、ルールを守らない場合のデメリットが振りかかるなどの教育や他人が白い目で見ている教育などが有効である（(2)〜(5)については、第4部第2章において詳述している）。

(6)　教育の対象層が偏りすぎ

　第六に、教育の対象が偏っており、世代ごとに平準化していない。また、世代に応じた内容にすることが必要である。例えば、高齢者や中年層など参加に消極的な世代にも参加者にヘルメットの配布、無料駐輪場券の配布など参加のインセンティブを設けるなど機会や内容を工夫して設定すべきである。

8．自転車による社会の課題に対する貢献

(1)　社会の課題に対する貢献の可能性〜ドイツより

　ドイツの国家自転車計画の第D章において、自転車は社会の重要な5つの諸課題に多方面から貢献できる貴重な手段であることを説明している。その課題は、ａ．気候変動・エネルギー政策、ｂ．環境保護、ｃ．健康、ｄ．高齢化社会・人口構成、ｅ．都市開発の5つである。これ以外にも、多くの社会の課題の解決に寄与することができるが、とりわけ世界的に当面重要なこの5つの課題のために、国として自転車を推進する大義名分を説明している。

　すなわち、これらの諸課題は、いずれも国レベルで推進しなければ、総合的な効果の発現は期待できない課題ばかりである。このことは、一部の地域での

み、一部の人たちのみ、又は一部の組織のみが、自転車を推進しても、意味がなく、国全体の地域で、全地方公共団体が、全国民が、そして、すべての民間団体が取り組んで初めて効果のある施策展開になることを意味する。特に施策をつかさどる一部の地方公共団体が単独で取り組んでもできるものではない。ここに国として、自転車を取り上げ、計画を策定して、推進する大きな意味がある。

　例えば、地球温暖化について、自転車利用の盛んな地域、自転車事故の多い、地域、自転車利用のポテンシャルの高い地域など（主として都市部が想定される）のみで自転車利用の促進を図っても、地方部など他の地域で、近距離の自転車で十分に到達可能な目的地（例えば、群馬県では100m離れた目的地まで1/4の人がクルマで行っている）に車を頻繁に利用して、環境負荷を繰り返していたのでは、まさにしり抜けになってしまう。地方部で近距離の自家用車の利用は都市部よりも高い割合で行われている（HI1パーソントリップ調査では、地方中心都市圏では約5割が4km以内の移動）。雨天でなくまた、平坦な土地で、距離が近くても、自動車が利用されている。

　この状況を説明するのに、「自動車がなくては生活できない」というような論点をはずれた説明が繰り返されている。自転車が利用可能な場合は個人差があるが、各人が可能な距離、天候、勾配等の場合のみ、自転車を選択するようにすることは、よく考えれば、そんなに難しいことではない。近距離でも自家用車の利用が当然となっている生活習慣を、健康の観点、さらに、環境の観点から自転車で可能な場合に限り切り替えることを、地方部において推進するのである。これにより、環境負荷や医療費を大幅に削減することができる。例えば、我が国の一家庭当たり排出される二酸化炭素は、平均で4,520kgで、このうち、22.1%が自動車による排出とされ、これは一家庭当たり997kgにもなる（出典　全国地球温暖化防止、活動推進センター資料、2016年度）。一方データは異なるが、国土交通省の資料（総合政策局のエコ通勤）によると、1日10分間自家用車の利用を控えると年間588kg もの二酸化炭素の削減ができるとされる。この10分間の自家用車の移動は平均的には3km 程度であり、これは自転車で移動可能な距離（通常自転車に乗る速度を250m/分とすると12分）であり、これに相当する移動だけを自転車に切り替えるだけで、年間の自家用車の二酸化炭素排出の59%、一家庭当たりの同排出の13%を削減できる計算にな

る。

　また、生活習慣病の予防による医療費削減効果をざっくりとみると、時速161ｍ／分で通常自転車に乗る身体活動量（4.0メッツ）では、１分間で約12円（１kmで48円）の医療費削減効果があると計算できる。すなわち、「健康医療福祉のまちづくりの推進ガイドライン」（国土交通省都市局まちづくり推進課等）に示されている「しっかり歩行」（速歩・身体活動量4.0メッツ）を、「自転車に乗る」の身体活動量（4.0メッツ）に換算して試算すると、上の12分／日の自転車利用では、約144円／日の医療費の削減につながる可能性がある（年間継続して買物や用務に自転車利用に転換した場合では約52千円に相当する）。

　このように全部の自家用車利用を切り替えるのではなく近距離部分のみについて、使い分けをするだけで良いのである。これならば、地方部でも近隣の買物などの用務先に行くなどで十分に利用してもらえる可能性がある。さらにここに電動アシスト自転車を投入すれば、鬼に金棒である（運動量は１／７〜１／４減少するだけである）。

　このように、環境負荷及び医療費削減について、大きな数値効果が期待される自転車利用を、単に感覚でのみ判断して、地方部では自転車なんてとても利用できないと決めつけるのは、あまりにも自転車に対する無理解であり社会にとっての大きな損失である。

⑵　デンマークの国家戦略の危機感と我が国の自転車活用推進計画

　自転車を公共交通よりも優先するというような国家戦略での問題意識は、単なるヨーロッパの対岸の事象としてとらえるべきではない。すなわち、世界各国では、自転車施策に相当のテコ入れをしても、その利用が盛んにならない国や都市が見られ、我が国でも、2000年と2010年の国勢調査でみると、ドアツードアの自転車通勤通学者の数及び全体に占める割合が低下傾向（−958千人、−0.9％）にある点にも留意を要する。うかうかしていると、このデンマークなどにみられるような再び自動車が近中距離での都市交通を席巻しかねない状況にある。自動車は、その新規のコンセプト開発、電気自動車、ハイブリット車、燃料電池車など駆動方式の化石燃料依拠からの脱却、衝突防止装置、自動運転など運転安全性能の向上、道路整備の質的向上などこの利用を誘引する事情が数多く存在する。これに対して、自転車利用は基本的な化石燃料に依拠し

ない性能は同じであり、また、電動アシスト自転車の開発があるものの、あくまで補助的な駆動システムであるなど、車体そのものの改良ではクルマの技術革新にはまったく及ばないし、かつ、自転車への誘引にはなりにくい。長期的な展望を持った適切な自転車活用推進計画の策定を通じた強力な国レベルのテコ入れと地方レベルでの強固な自転車の活用の方針の確立並びに自転車の利用を誘引する適切な取組みを待ったなしで必要としていることを銘記すべきである。

第 2 部　都市の生活質の向上が基本〜欧米自転車都市の先進的かつ独創的な政策に学ぶ〜

第1章　アイデア施策から自転車利用者を誘引する発想を学ぶ

1．先進都市レベルの自転車計画～地域の実情に応じた世界の自転車先進都市から自転車利用のスタンスを学ぶ

世界において、自転車利用が進んでいる都市は、たくさんある。全体の傾向を概観すると、オランダ、デンマーク、ドイツの諸都市の分担率が極めて高い状況となっている。この表以外に、筆者らが現地調査に訪れたドイツでは、オルデンブルク（ニーダーザクセン州、人口16万人）、キール（シュレスヴィヒ＝ホルス

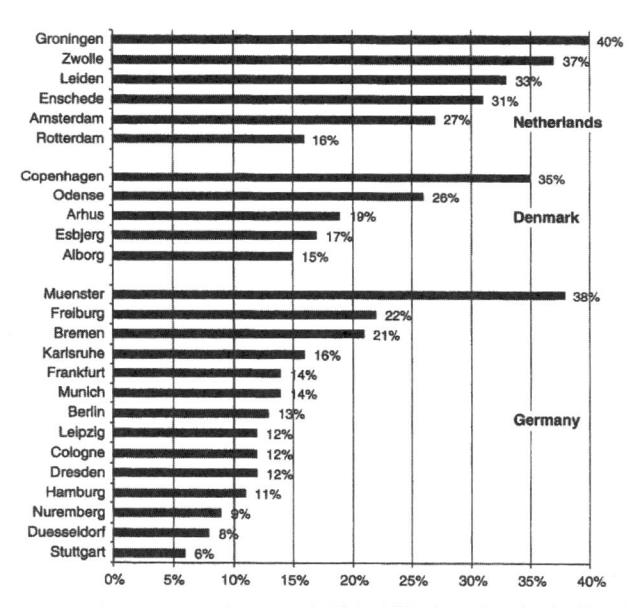

Bike share of trips in selected cities in the United Kingdom, Canada, the United States, and Australia, 2000–2009. *Sources:* Australian Bureau of Statistics 2007; Department for Transport 2010b; Statistics Canada 2010, USDOC 2010.

出典　John Puchei Ralph Buehlen "City Cycling" P11

タイン州、人口24万人）など分担率で特徴のある都市もある。オルデンブルクは、まちの規模を問わなければ、ドイツで一番の分担率43%（都市内移動のみについての割合）、キールはドイツで最大の分担率の上昇（1998年の8％から2009年の20%への上昇）が見られる都市である。自転車の分担率はヨーロッパ北部の国で総じて高く、さらに国全体では低いが、英国や米国、カナダの一部で高い都市がみられる。また、オーストラリアは低く、一桁台に留まってい

る。先進国では、一部を除くと、分担率が低い国でも決して自転車の利用推進をあきらめることなく、逆に低いレベルだからこそ国レベルで自転車を推進する計画を策定し、明確な位置づけや目標を持って地方の自転車利用を先導し、推進しようとしている国も多い。まして、分担率が比較的高い国でも、高いからといって、自転車政策を放置すれば、衰退することがわ

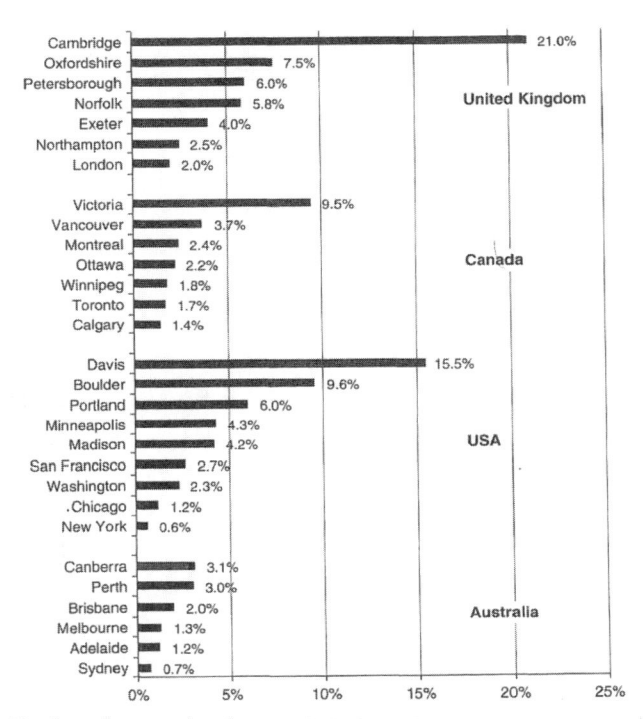

Bike share of trips in selected cities in the Netherlands, Denmark, and Germany, 2000–2009. *Sources:* ECMT 2004; City of Berlin 2010; Dutch Bicycle Council 2006, 2010; Socialdata 2009; HWWI 2010.

出典　前図と同じ p.12

かってきている（デンマークなど）ので、決して手綱を緩めることなく、自転車利用を維持し、さらに自転車が利用できるポテンシャルのある範囲ぎりぎりまでの可能性を追求して、利用を向上させようと国レベルで努力している。

2. 自転車先進都市から学ぶことはたくさんある

　これらの中で、2010年から2011年にかけて相次いで策定された自転車計画の内容から、その総論の先進性と各論の内容の斬新性から、「ロンドン自転車革命」（2010年）を策定したロンドンと世界レベルの自転車都市を構築する「ポートランド自転車計画2030」（2010年）を策定したポートランド、並びに「世界で最も自転車利用者に優しい都市」を目標に掲げる「コペンハーゲン自転車戦

略2025」（2011年）を策定したコペンハーゲンを世界三大自転車先進都市として位置付ける。もちろん、パリ（ベリブ）などのように各論の自転車政策でさまざまな先端的な取り組みを実施している都市や、アムステルダムのように自転車走行空間や駐輪空間に先進的な内容を持つ都市、さらに、オランダのフローニンゲン（前図では40%、内々の分担率は61%）のような、より自転車利用率が高い都市などは他にもみられる。しかし、自転車利用を推進するための総合計画が存在し、重点的な自転車政策の推進、自転車の位置付けにおける徹底した優遇などを含めた先進的な総論の内容、これらと直結した体系的な各論の内容及び施策の推進のシステムなどの点で、これらの3つの都市は総合的にみて我が国の参考になり、この点で他の追随を許さないものがある。3つの都市の自転車計画の特徴（総論部分）を比較すると P.135の表のようになる。

　いずれも、2010年代のはじめのものであるが、自転車の位置付けを他の交通手段に比較して最高クラスのものにしている点と、その根拠として自転車のメリットをより詳細に、また、独自のものを丁寧に説明している点、並びにこの結果としてそれぞれが形態は異なるものの、極めて高い目標を設定している点など、総合的にみて、他にあまり類例がなく今後の模範例と考えるものである。

(1)　自転車都市像を明確に示す〜単純な自転車のまちや自転車の聖地からの脱却

　これらの3つの都市では目指す都市像を「自転車に革命を起こす都市」（ロンドン）、「自転車利用者に世界一やさしい都市」（コペンハーゲン）及び「世界最高水準の自転車都市」（ポートランド）としている。よく「自転車のまち」とか「自転車によるまちづくり」、「自転車の聖地」など抽象的な表現をしている都市が多いが、このような抽象的一般的都市像では、その性格が明確ではなく、かつ、オリジナリティがないどころか、自転車によるまちづくりが目指す方向を具体的に示していない。3つの都市を参考にして、京都市では、「世界最高水準の自転車共存都市」として、自転車と自動車・歩行者が最高水準で共存することにより、自転車利用者もまちの移動手段として快適に利用できるような都市を目指す都市像を明示している。また、静岡市では「世界水準の自転車都市」を基本理念にしているが、この場合何が世界水準か明確にわかる表現がより望ましい。いずれにしても、その自転車都市の目指す方向性を明らかにするオリジナリティのある表示を設定し、どのような自転車のまちを作り上げ

るかを明確に示すことが重要である。単なる「自転車のまち」や「自転車の聖地」では、全国至るところにあり、住民にとっても、外来者にとっても、方向性がわからず、地元の行政や一部の自転車利用者のみに理解されたまちづくりになり、オリジナリティや地域活性化効果も限定的になる。

(2)　他の都市との差異化のため、自転車による都市としてのオリジナリティ・方向・特徴を工夫し、明確にする

　以上のように、「自転車のまち」などを目指しても、その具体的な方向性が明示されなければ、他の都市との差異化は図れない。

　これに加えて、他の都市よりも絶えず進んだ先進都市と言われるためには、次のような条件を満たして、その内容が継続して進化を続けることが必要である。

① 　自転車利用を推進するための総合計画が存在すること

　これは一見簡単なようではあるが、いくつかの重要な要素が含まれている。一つは、「自転車利用」を推進する計画かどうかであり、また、総合計画であるかどうかである。我が国の多くの都市の自転車計画をみると、自転車利用計画又は自転車利用促進計画と銘打ってはいるが、サイクリストなど自転車に乗りたい人や自転車を日常利用する人だけを対象として、走行空間などのハードの施設の整備や駐輪対策、安全対策等最少限の施策で支援するというのであり、すべての人すなわち、自転車に乗らない人を重要な対象に含めて自転車を推進するというスタンスまで持ち合わせている自治体は少ない。自家用車の利用者にも進んで自転車の利用を推進するというスタンスや方針については、あまり明確にしたがらないし、計画の文章を読んでも、今一つ明確ではなく、中途半端である。この点で、計画が自転車利用を全部の人に促進するスタンスの性格が中心であるがどうかが明確ではない。また、「総合計画」かどうかであるが、我が国では走行空間優先型の自転車計画が数多く存在する。走行空間以外の内容も少しは含まれるが、走行空間の整備が中心であり、他の施策項目は一応書いてみたというような付け足し的な存在である。走行空間が施策の重要な部分であることは確かであるが、これが中心で他の項目（特にソフト対策）がなかったり、あってもわずかであり、これとの有機的なつながりのない計画では的確な自転車利用促進は図れない。

② 　総論において自転車のメリット、位置づけ、目標値、自転車都市像などが

　明示されている計画を持つこと

　自転車の位置づけ、目標値の設定などの総論とルールマナーの啓発などのソフト面と走行空間などのハード面の施策の各論などがセットになって総合性を担保しうるものである。自転車が他の交通手段との比較で優位な位置づけがなされているかどうかが先進性を左右する。自転車の環境や健康に果たす役割に基づき、自転車を自動車に比較して優位において、走行空間の整備等で優先するという自転車政策の考え方が明確に示されていることが重要である。

③　各論の体系的な整理がなされていること

　走行空間、駐輪空間などの施設のハードの施策と利用促進や安全確保のためのソフトの施策による総合的な自転車政策の推進、自転車の位置付けにおける徹底した優遇などの先進的な総論の内容、これらを受けた体系的な各論の内容及び施策の推進のシステムが存在することも重要である。各論は総論を受けて、その内容のどれを実現するか又相互の役割が明確になるような体系性が求められる。

④　何よりも自転車利用者が快適に走行できる環境が整えようとしていること

　コペンハーゲンなどで、なぜ冬の厳寒期でも自転車通勤をする人が多いのかは明らかである。降雪時には、まず朝一番で最初に自転車道を除雪し、その雪は車道側に排出する。ここまで行政が配慮してくれるなら、頑張って自転車で行こうという気持ちになる。このような点で自転車利用者が自ら円滑かつ迅速かつ快適に自転車通勤ができることを実感できるからである。このように自転車利用者に世界一やさしいまちは、単に標榜するだけでは決して市民に受け入れられない。だれが見ても明らかに自転車利用者が優遇されていることを目で見て実感し、また肌で体感できる環境をハード面及びソフト面で提供していることが重要である。全面的にできなくても、例え一つだけでも、自転車利用者のみならず、自動車運転者からみても明らかに自転車に乗った方が得であると感じるようなサービスが重要である（例えば、一方通行の道路でのショートカットを自転車の逆走による自転車専用レーンを設けてサポートすること、また、これを多用すること）。しっかりと自転車利用者をサポートできるかが、継続して自転車を移動手段として利用する条件である。特に、普通の一般の自転車利用者は、消長が激しい。自転車好きの人のみに支えられている自転車都市は、一般市民からはあまり評価されず、きわめてうすっぺらな自転車のまち

である。一般市民を含めた幅広い層が自転車利用を歓迎する、そんなしっかりとした覚悟を持って、地方公共団体や国は自転車利用を推進していることが重要である。

3．世界三大自転車先進都市の特徴

ロンドンは、2010年に「ロンドン自転車革命」と題する自転車計画を策定した。また、ポートランドも同じ年に「ポートランド自転車計画2030」を、さらに、翌2011年にコペンハーゲンも、「コペンハーゲン自転車戦略」をそれぞれ相次いで策定した（ロンドンとポートランドの内容の一部はすでに拙著「実践する自転車まちづくり」学芸出版社で紹介済み）。それぞれ内容は異なるものの、これらはいずれも、今後の世界の最先端の自転車政策の方向性を示唆しているものと考えられる。また、これら三都市の自転車計画には、それぞれの総論に重要な意味があることに注目する必要がある。これらの三都市は、世界に

表　3都市の自転車戦略の比較

	ロンドン自転車革命	コペンハーゲン自転車戦略	ポートランド自転車計画
自転車都市像	自転車に革命を起こす都市	世界で最も自転車利用者にやさしい都市	世界最高水準の自転車都市
目標年	2026年（2010年策定）	2025年（2011年策定）	2030年（2010年策定）
自転車のメリット	混雑緩和、大気改善等の市民環境、健康と良質な生活スタイルの向上、経済性、混雑等時間空間が最少、多目的に利用可能、交通安全性、旅行余暇に有効	文化、スポーツ、買物等に近道手軽、時間節約、ノイズ、大気、健康、経済等生活環境の質的向上、交通混雑、病欠、寿命、低公害等の健康向上、財政負担の軽減	安全性、気候変動地球環境、健康維持費用の節約、公平で低価格な移動手段、活動的な移動手段、費用対効果のある移動手段
自転車の位置付け	首都での唯一主要交通手段	市の交通の中心的役割	徒歩に次いで二番目の最重要交通手段（3マイル以下の移動、20分近隣住区で主要な移動手段、他施策より優先）
目標値	自転車利用400％増　死傷者数の削減（特に重量貨物車）	自転車通勤割合35％から50％、自転車利用者の死亡・重傷者数70％減少、3車線以上80％、満足度向上（安全性90％、管理状態80％等）	1,548km自転車ネットワークの整備（約3街区ごと＝約244m＝800フィートに一本の密度）

出典　古倉宗治『実践する自転車まちづくり』（学芸出版社2014年）第10章から第12章をまとめたもの

多々ある自転車計画の中でも、総論をしっかりと掲げ、自転車に関して抽象的な表現ではなく具体的かつ明確なコンセプトを、市民のみならず、広く国や世界に示すことにより、自らを追い込んで、自転車を高い位置に押し上げることに腐心しているのである。しっかりと機能する総論であるためには、自転車事故の状況、自転車環境の状況などを長々と述べるのではなく（これらの事項は大半が参考資料である）、自転車に対してどのような価値やメリットを見出すのか、どのような位置づけを与えるか、また、自転車をどのように活用するべきか、どのような自転車都市を構築するかなどについて、基本的な哲学を具体的に明示することに大部分を割いている。これがあるから、また、これを土台にして、各論において先進的な内容を持つ施策を盛り込み、かつ、展開できるのである。

　我が国では、この総論の基礎の部分を極めてあいまいにしたまま、自転車の事故、自転車の放置、自転車のルールなどの現状の解説に対して、貴重な誌面を費やして、肝心の各論に対する指針となるべき、本来総論として必要不可欠な前記のような自転車に対する「哲学」、特にクルマに対する優位性を明確に出すことを忘れている。また、各論の施策の相互の関係が明白でなく、各項目が独立して並んでいる、いわゆる羅列となっていることが多い。この結果、総論との結びつきも脆弱であるとともに、相互の施策間の連携や関係が弱く、非体系的な施策となってしまう。このように、総論が貧弱である場合は、いかに立派な走行空間やアイデア性のある各種ソフト施策が提示されていようとも、全体としては、体系性に乏しく、総合的な自転車施策の展開は覚束ないうえに、結果的に意義や効果の少ないものになってしまう。

4．先行している自転車先進都市の自転車政策は既存の知見が凝縮

⑴　量的整備から質的向上の段階に至る過程で知見が得られる

　自転車走行空間の整備は、各論の施策の中では重要であることは世界共通である。しかし、この走行空間の整備には時間がかかったものの、延長の長さなど量的な側面で各国もやっと一段落しつつある。しかし、ネットワークとしての走行空間が必ずしも連続して整備されたわけではなく、また、専用の空間がすべてではなく、自転車と自動車が共用する自転車走行空間も一定混在している。特に、路面標示や標識等により、自動車の自転車に対する配慮や規制（自

転車専用レーンなど）により、自転車の走行空間をつなげている部分も多いのである。しかし、これはいわば量的な側面であり、その後、このような狭い又は共用の空間では、安心した走行、すなわち後ろから来るクルマに対する恐怖や不快感を払拭することができないし、専用空間ですら、専用通行帯などでは、ラインの外側すれすれに自動車が通過することもあり、安心できる空間を提供したことにはならない。このため、走行空間の量的な充足による自転車利用促進の効果は極めて限定的なものとなる。ここに、単なる専用空間や路面標示のみの提供では、特に「恐怖心」という主観的な利用者の感覚を除去できないのである。そこで、次の段階では、その走行空間に対するより物理的な空間の質的向上の確保（ゼブラ模様の緩衝帯、追い越し車線つき専用通行帯、広幅員の専用通行帯等、自動車の路上駐車帯を専用通行帯の外側で確保するなど）により、安心感の醸成を行う。ポートランドでは、これを「ストレスの低い自転車道ネットワーク」という高質の走行空間として、ネットワークの全体のうちの相当の割合の路線をこれにより整備することにしている。また、市民の居住地から約 4 分の 1 マイル以内で到達できるよう配置するようにすることとしており（ちなみに普通の自転車ネットワークは、ここでは800フィートごとに配置）、これを国際的な最優良事例としている。

　また、ヨーロッパにおいては、例えばコペンハーゲンでは、自転車専用空間の幅を相当広く確保し、3 台が並走（一台分は追越しを想定）できるような空間を 8 割の幹線自転車ネットワークで確保するよう、改良が進められている。また、アムステルダムでは、自転車 2 台が並走できるような幅の専用空間の整備を主要道路で進めている。このようにヨーロッパの先進都市では、自転車専用空間の幅を並走することが可能な幅にして、会話ができる並走可能な走行空間及び会話中の並走自転車をさらに追い越すことができる 3 台幅の走行空間にするなど質的な向上を推進している。これにより、自転車専用通行空間を単なる走る空間から、対話を楽しみながら快適に走行できる豊かな生活質の実現のための空間にしようとしているのである。

(2)　様々なプラス、マイナスの経験・知見を得られる

　自転車先進都市では、様々な施策を実施しているが、必ずしもプラスの結果のある施策のみではない。例えば、世界で最も自転車利用者にやさしい都市としてのコペンハーゲンでは、自転車利用者に対して、量的質的にすぐれた最高

水準の走行空間の整備や管理の提供をしているといえるが、駐輪対策においては我が国以上に放置が多く、自転車先進都市の中では駐輪対策が遅れており、担当者もその対策の遅れを認めている（2017年ヒアリング調査）。走行空間は優れているが、駐輪空間は遅れている。また、1980年代前後のオランダの自転車を推進する都市では、自転車走行空間の整備をどんどん進めてきたが、二つの問題が生じたとしている（オランダ政府道路局「オランダにおける自転車利用」2009年）。一つは、走行空間の利用目的をあまり考えず、又は利用目的を明確にしないまま、一定の間隔や密度でのハード空間の整備にまい進しすぎてきた。このため、利用されない走行空間も多くみられた。このため、1990年代に入ると、通勤を主たる目的にした自転車走行の整備を進めた。二つは、一般道とは独立した走行空間が安全であるとの考えのもとに、自転車専用道を整備してきた。しかし、このために寂しい地区を通過するものが多くなり、夜間等に治安等の問題を生じ、やはり一般道での走行空間も整備するようにした。このように、いかに優れた走行空間の整備策でも、走行空間の目的を考慮しないものや一般道と離れた独立した専用道等にもマイナスの側面を有している場合も存在する。先進都市といえども、必ずしもプラスの経験のみではない。この経験やこれにより得られた知見を先進都市に学ぶことは、プラスの面はこれを応用し、マイナスの面は、同じ轍を踏まないように学習することで、的確な自転車政策を実施することが可能となる。

(3)　走行空間施策から駐輪施策への重点が移行〜まず推進してから課題を解決

　ヨーロッパの先進都市の調査で明らかになったことが、先進都市では、走行空間のネットワーク形成が相当進展して、その次の段階として、二つの流れが主流になっていることである。一つは、その走行空間の質的向上である。単に線的に繋がっている走行空間のネットワークではなく、その専用空間の幅の拡大などを通じた安心・快適さの向上である。上述した通り、オランダのアムステルダムでは、幹線の自転車走行空間の幅員を会話のための並走ができる2台幅に拡大する計画を進めており、また、コペンハーゲンでは、並走とこれを追越しできる3台幅に拡幅することを幹線の8割で進めている。二つ目が、駐輪空間の整備への重点の移行である。走行空間のネットワーク形成は、自転車をクルマ以上に重視する基本的方針のもとに拡大が図られ、これにより自転車利用が増加した分、自転車駐輪空間の必要性が高まった。しかし、これへの対応

が2017年に調査したコペンハーゲンやユトレヒトなどの先進都市では遅れていることが明らかとなっている。自転車政策により、まず自転車利用を推進し、これにより課題となった自転車利用に対応した自転車の放置やこれを収容する駐輪空間の不足を解決するという方策を取っていることが特徴である。我が国はまず放置対策による生活環境の改善が先行し、これが自転車利用に抑制的に作用したが、その後この放置が一段落して自転車利用を推進するという過程をたどるようになったこととは逆である。我が国では、このために自転車利用の促進策が世界でも大変遅れている結果となっている。もう少し調和のとれた政策が必要であったと考えられる。

⑷　自転車施策の限界の存否～自転車分担率の向上の限界

　先進国では、自転車利用の促進を図っているにもかかわらず、これが伸びないという結果が生じている国がみられる。先述のように、デンマークでは、国民は自動車を再び利用するようになっていて、自転車の分担率が低迷していること、ドイツでは、前の国家自転車計画で10年後（2012年）の分担率を高い目標値に設定した（27％程度）とみられるが、実現がどうも困難であったようであり、新計画ではこれを半分程度の12−15％としているなどである。想定される自転車利用のポテンシャルに対して、現実の利用が伸びなかったということであるが、これをどのように乗り越えようとしているかが先進都市の自転車施策に学ぶべき大きな点である。この点は、これから地方の自転車活用推進計画の策定が進むと期待される我が国でも、長い目で見たときにどのような方策により、自転車利用を盛んにするかについて、欧州の先進都市の施策内容（限界を打ち破るブレークスルーの方策等）をあらかじめ学び、かつ参考にすることが適当と考える。

⑸　分担率の目標から人数の目標の設定（自転車通勤比率ではなく、自転車通勤者数の目標）

　コペンハーゲンでは、全体の自転車分担率ではなく、通勤目的に絞った自転車分担率の目標値や都市内のみ、又は都市と郊外のみの自転車分担率の目標値を定めたりしている。目的や範囲を絞った分担率の数値目標は現実的に施策を講ずる際に、大掛かりな調査費などを回避できるとともに、我が国ではなかなか実施されない通勤等の目的別の施策や都市内のみの自転車分担率などの施策において具体的かつ現実的な対応が参考になる（オランダのフローニンゲン、

ドイツのオルデンブルクなど）。また、通勤などの人数目標値も設定している（コペンハーゲン）。すなわち、例えば自転車通勤の目標値の設定では、企業ごとの通勤計画策定を推進して、各々に人数の割り当てができるような方策も講じることができるようになる。

⑹　コペンハーゲンやロンドンのスーパーハイウェイは自転車分担率の向上を上げる重要な方法

　自転車スーパーハイウェイには単なる質の高い走行空間の提供という意味だけではない。具体的に自転車通勤・通学を主たる利用目的として、その通勤・通学を迅速・快適にすることによる通勤・通学時間の短縮を通じた自転車の到達可能距離の拡大とこれによる自転車通勤・通学者数の増加が重要な施策目的であり、これにより、ある程度離れた（コペンハーゲンでは10km）郊外からの自転車通勤の迅速性を確保し、この区域からのクルマの通勤から自転車の通勤への転換を図り、自転車分担率を上げる具体的な方策として位置づけられる。我が国では、例えば、自転車走行空間を整備しても、その走行空間の利用目的が明確ではなく、また、たとえあったとしても、それによるネットワークや路線の具体的な自転車利用の目標値の設定や整備の意味は明確にされないケースがほとんどである。

⑺　公共交通との序列

①　公共交通よりも歩行者・自転車を優先する序列

　ポートランドでは、環境にやさしいグリーンな交通手段（地球環境その他自然環境に負荷をかけない交通手段）を最優先にしている。このことは、他の世界の環境先進都市でも珍しいことではない。しかし、図のように具体的に交通手段ごとの順位付けを明示して

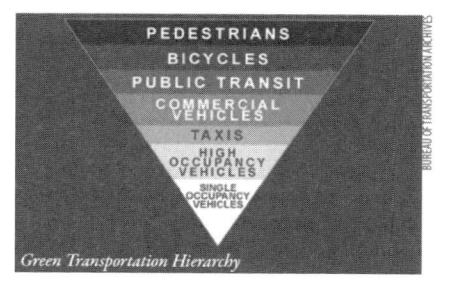

いる都市は、それほど多くはない。ここでは、交通政策上、このような交通主体の優劣を付けて、グリーンな観点から交通手段の順位を図に表現している。これによると、歩行者が第1であり、次に自転車、そして、公共交通が来ている。しかし、公共交通のLRTには、自転車を持ち込んでつるすフックが設けられており、また、ホーム周辺には駐輪空間が用意されている。公共交通側か

ら積極的に、自転車を誘致して、共存共栄を図る意図が明確である。我が国では、自転車と公共交通の関係については、その順位が明確ではない。むしろ、まず公共交通を優先して、それでカバーできない範囲で自転車の活用を位置付けるという暗黙の了解のようなものがある。自転車を推進するというと、すぐに公共交通側からはもちろん、専門家からも公共交通の利用者の減少という悪影響をどうするかというクレームがつき、我が国の交通政策の状況を見ても、公共交通を優先するという傾向が如実に表れている。自転車を公共交通へのアクセス手段又は連携して両方の利用を共に促進するという共存共栄の発想が極めて貧弱である。自転車はこれを包括的に利用促進することが今まで少なかったが、一方の公共交通はその経営に対する支援等も含めて、積極的な公的な支援やてこ入れがなされている。おそらく、我が国で自転車を優先するということをいうと、公共交通を推進する立場の人以外でも、また、クルマにばかり乗って、公共交通をあまり利用しない人も含めて、このような自転車優先の位置づけに異を唱えることになると思われる。あくまで、公共交通に影響のない範囲でしか、自転車利用を促進できないとすれば、自転車政策はこのポートランドと異なり、極めて中途半端なものになり、利用促進するほどの高く有効な効果はない。しかし、このポートランドを含む他のアメリカの都市やEUなどでも自転車を優先する考え方があるとともに、少なくとも公共交通を自転車の上に置くのではなく、同列に置いて、その相互の連携を重視するところが多い。自転車が優位である理由は簡単である。自転車のほうが、一定の移動距離の範囲で、健康や環境の面で現実的なメリットが大きいからである。これは、議論するまでもなく、利用者個人にとってはもちろん、市町村や国、地球といった主体または地域でも、総合的に大きなメリットを享受できるからである。すなわち移動手段として考えた場合、環境、経済、財政等の面では、自転車で移動可能な距離の範囲では、公共交通よりも直接的なメリットが大きい（地域の中距離以上の足の確保の側面では公共交通のほうが優れている）。また、このことは、第1部で述べたデンマークの国家自転車戦略（2014年）にも公共交通より自転車をまず利用するという考えが表れている。

② 公共交通との連携が重要

　ただし、公共交通の衰退は地域の足を奪うことになり、また、超高齢社会等を迎えてその必要性が高いことは言うまでもない。現実的には、このようなメ

リットや地域に果たす役割等をしっかりと受け止めて、自転車と公共交通を対決するような考え方や構図を作らずに、積極的にそれぞれの持つ特性やメリットを合わせて、自動車から転換できるシステムの構築を工夫したり増進したりすることに精力を費やしたほうがより現実的である。これはいわゆる公共交通との連携の方策というような簡単なものではなく、もっとお互いがもつメリットの相乗効果を狙うこと、公共交通側から自転車を積極的に活用するアプローチを行い、クルマからの転換を推進する方策について様々な工夫をすることが必要である。特に地方部では現状のままでは、共倒れになりかねない。この連携の具体的な方策は、公共交通側がもっと駅前・バス停前、または駅ナカでの自転車駐輪を積極的に推進すること、また車内持ち込みに積極的になることである。他の客とのトラブルなどの関係があるのなら、特に分解やバックに入れることなく、そのまま特定の車両（ヨーロッパではベビーカーや車いすを折りたたまずに持ち込めるのと同じように自転車もそのまま持ち込める専用車輌や空間があるのが一般的）に限定した持ち込みや車両の特定のスペースに限定した駐輪を積極的に認めることなどである。いずれにしても、ポートランドの「自転車計画2030」はこのような自転車の位置付けを明確にし、このようなヒエラルキーを出発点として、計画内容が構成されているのである。

5．合理的な自転車交通安全対策〜ポートランドの例

　ポートランド市の自転車政策全体については、特に我が国で問題とされる自転車の交通安全対策に対して、先進事例として参考になる点について解説する。

⑴　自転車交通安全対策の特徴

①　通学路安全事業

　第一に、第1部で述べた米国の自転車政策の一つの具体例としての通学路安全事業（Safe Route to school）である。これは、生徒の肥満の防止、自主性の尊重等のために、さらに、通学時間帯は通勤時間帯とも重なるため、自家用車による送迎が交通混雑をより深刻にすること、学校周辺というクルマの安全対策が最も求められている地域における交通量の削減を図る必要があること等のために開始されたものである。あえて、徒歩や自転車という自分の足で通学することを推進するものであり、これのために、安全な通学路を重点的かつ全

力で確保するものである。子供たちに、自分の足で通学させるためには、まず
ハードの安全な通学路を確保すること、さらに、交通安全の確保、誘拐の防止
のために監視体制を強化することなどをセットで行わねばならない。あえて、
これを実施して、子供たちに、親の世代の安易に自家用車に頼る生活を模倣す
ることなく、自分の足で健康的に通学することを求めるものである。このた
め、関係機関と一丸となって、総合的な安全通学路事業を展開する。各学校ご
とに、安全な通学路のルートマップを作成し、交通規制を実施、地域社会も協
力してもらうとともに、自転車や徒歩の交通安全教育の徹底、駐輪場、横断歩
道、ハンプの設置など総合的な対策を実施するとともに、自転車通学・徒歩通
学の促進を図っているものである。

　このような安全通学路事業は、特に、子供の自主性、健康、肥満の防止など
心身の健康を図るために重要な役割を担うものである。学校では、肥満の元と
なる砂糖を含んだ甘味飲料等の販売を控えるようにし、さらに、健康指導も徹
底するようになったが、これを子供たちが自ら実践する意味でも、重要な役割
をこの事業が担っている。我が国では、道路事情が危険な状態で、子供たちの
自転車通学を推進するなどはもってのほかという意見が出そうであるが、この
ように、あえて、自らの足で通学することを推奨することにより、自身の心身
の健康はもとより、クルマに依存しきった生活に対する小さいときからの問題
提起や学習により、生涯を通じてクルマ依存から脱却のため、自転車のよさを
理解し、環境教育を実践することなどにも寄与するものである。さらに、自転
車徒歩通学を奨励するために必要な地域のハードの自転車走行又は歩行の空間
を完璧に整備して、安心安全のレベルの向上のために、関係者が一丸となって
取り組むことで、地域の活動を盛んにし、また、一般の人々のためのハード・
ソフト面での質の高い自転車利用環境の整備にもつながるものである。

　なお、我が国では、これを積極的に推進するスタンスでないものの、2004年
の文部科学省の調査では、自転車通学は地域の交通事情等により、小学校で
6.7％、中学校では64.9％で無条件または条件付で認められ、さらに高校生や
大学生では、通学範囲が広くて、手軽な交通手段として広く採用されている
（以上は、古倉著『成功する自転車まちづくり―政策と計画のポイント』 p.
80－93に詳しい）。今後は、このような自転車通学の推進にも軸足を置くよう、
せめて、自転車走行ネットワークの整備目的に自転車通学を加えて、これが整

備された都市では、大いにその意義と効果を享受できるよう自転車通学の積極的な推進を図るべきである。

② 自転車・歩行者の交通違反は講習会の受講で罪を免除

第二に、交通安全に関する講習会の実施である。特徴的な点は、歩行者や自転車利用者に対して、交通違反を犯し召喚状を受け取った場合であっても、交通安全の講習会を受講して一定の合格点を取れば、その罪を免ぜられるというシステムである。これは、我が国でも最近の道路交通法の改正で、自転車に関する危険行為について常習的（2回以上）な違反者に対する講習会の受講が義務付けられたが、これよりも早くから実施されているものであり、また、交通違反の取り締まりの召喚状を発出した人に幅広く行われていることが特徴である。

③ 雇用者に自転車安全教育の実施の推進

第三に、多くの公共機関や民間企業の雇用者に対して、その被雇用者の自転車やクルマの交通安全教育を要請したり、提供したりしていることである。これは、我が国では、クルマに対するものは多く実施されてきているが、自転車に対するものはあまり実施されていない。自転車の安全講習会の受講機会が少ない成人層に対する受講機会の確保に大きく寄与するものである。我が国でも、自転車の交通事故が多発するという問題点が指摘されている割には、このような企業の自転車通勤者に対する講習の機会の設置などについて、あまり積極的ではない（警察庁資料によると、講習機会のほとんどが小中高生である）。成人層の自転車利用の促進と安全の確保のためにも、より積極的に取り組むべきである。

(2) 自転車の安全教育と規制について我が国での参考にすべき大きな特徴

ポートランド自転車計画における自転車の安全教育と規制の内容の特徴を示す。その特徴をいくつか明示し、我が国の交通安全教育や規制についての参考に供したい。

① 全学校で通学路安全事業の実施〜自転車通学を推進

第一に、何といっても、先述のような通学路安全事業である。これについて、学校ごとの判断ではなく、全ての学校において、自転車の安全対策の第一にこれを推進しているとしている点である。すなわち、親が子供たちをクルマで送り迎えするようになり、健康や精神面で判断能力、自主性等はもちろん、

環境にやさしい行動を放棄していることにつながった。これに対して、全学校において子供の教育の一つとして、環境にやさしく、健康に良い行動を自ら実践において行わせることが、この子供の環境や健康に対する必要性を理解させるとともに、事故にあわないように徹底して、自転車の安全教育や地域の治安対策をとることにつながる。これらにより安全安心を徹底し、これを通じて各種施策を講じ積極的に実現し増進しようとするものである。これは、連邦政府が、地方分権の強い中で、国を挙げて「通学路安全事業」として実施しているものである（詳細は先述している）。我が国では、自転車による通学は、危険を伴うので、可能な限り控えさせ、やむを得ない時に限り、これの利用を認めるという消極的な態度をとる自治体が多い。特に最近では、市長自ら、子供たちに自転車利用を一般的に控えるように呼びかけをしているところもある。このようになると、無菌状態のために、たまにどうしても乗らないといけない時の安全対策という点もおろそかになり、一層危険性が増加する。また、この危険から遠ざけることにより、そもそも利用に伴う危険や障害のある中で、これに実感の伴った安全に対する教育やこれらに立ち向かい学習するという、子供たちの行動に対する積極性を養うことはできなくなる。このポートランド自転車計画では、危ないから控えるのではなく、危険な箇所は行動を徹底的に分析して、これに対する対策を重点的にすることにより、行政としても、積極的に安全性を確保し、自転車利用に誘引し、これを促進することが、結果的により多くの安全をはぐくむこと、長期的にみて、心身ともに健康で積極性のある子供たちを数多く育てること、さらに一生を通じての環境に対する理解を増進することができるのである。短期的なものの見方ではこのようなことはできない。目先の危険や苦労に耐えて、長期的な視点からの教育を重視することは、山本有三の戯曲『米百俵』のテーマにもなっているところである。

② 自転車を利用促進する教育を前面に出す

第二に、教育内容を見ると分かるが、安全性の確保のみに偏りがちな我が国と違い、自転車利用を促進するという内容を前面に出して、利用促進のために安全性を確保するというスタンスが存在していることである。これは、世界的に見ても、自転車の利用促進は、クルマ側の自転車に対する配慮に関するの意識の変革、行政のより積極的な安全対策の実施、そして、何よりも自転車利用者の安全やルールに対する態度の変容をもたらし、効果を上げているためであ

る。確かに自転車事故は存在する。しかし、これを単なるルールを守ることの徹底のみに矮小化するのではなく、自転車利用を推進することこそ、上のように安全性が向上することにつながることを理解すべきであり、これは国が違うというようなレベルの問題ではない。

③　科学的なデータに基づく教育

第三に、科学的なデータの分析による徹底的な事故対策に優先度を設定して実施していることである。道路交通法の各種ルールを同じようなレベルでベタ並べで扱うのでは決してない。客観的な相関性に基づき、自転車の安全性向上のために必要なルールや環境整備の順位を明確にするとともに、これを公表して、住民の幅広い理解をもとにした安全対策を講ずるのである。我が国では、自転車事故の発生場所や形態、原因などの詳細かつ徹底的な分析を十分に行わず、このために、施策の明確な順位や重点となるルール序列に基づいた教育対策がなされていない。この点にも大いに注目したい。

④　官民の総合的な参加のもとに実施する教育

第四に、これらを実施するにあたり、警察当局を含めた官民の総合的な参加のもとに実施することである。自転車利用促進策には、警察当局はもとより、関係者の一丸となった安全対策が不可欠であることは言うまでもない。これらのために官民挙げての自転車の安全対策を実施している。しかし、我が国では、自転車が危険であることが強調されすぎて、自転車の他の側面であるメリットに対する徹底した理解が欠けていることやクルマ依存社会に対する迷信が払拭されないまま、対策を抑制的にしがちである。交通安全対策担当のみならず、利用促進担当、さらに交通工学の担当などの関係者の理解と一体的な取り組みが我が国でも必要である。

⑤　規制措置は自転車を安全にして魅力を高めること通じた利用促進の観点から

第五に、ルールによる規制は、安全性の向上とこれによる自転車の魅力向上のための視点に基づく利用促進を図ることを主眼としていることである。子供たちを含めて、自転車に対する安全対策を重点的にかつきめ細かく実施し、安全がゆえに魅力あるものにすることによる利用促進の視点が求められているのである。この論点は我が国では十分に理解されておらず今後の参考事項として十分にこの関係を理解する必要がある。

第 2 章　自転車の利用に市民を誘引し続ける都市 ～コペンハーゲンの自転車政策

第 1 章で解説した世界三大先進都市のうち、ロンドンとポートランドは概要をすでに拙著「実践する自転車まちづくり」に掲載している（コペンハーゲンは存在のみを紹介）。このため、本書ではコペンハーゲンに多くの紙面を割いて、その内容を紹介する。（2017年筆者らの訪問による調査と入手資料、計画本文からの引用並びに「コペンハーゲンの自転車対策」（パーキングプレス）連載記事2018年 1 月～同年 8 月に基づいている。）

1. 自転車施策の質の先進性と進化

⑴　市民を絶えず自転車に引きつける政策

自転車は自転車利用者が利用するものであり、市民を自転車利用に誘引するには、自転車が一番速く、かつ、手軽な手段であることであり、それ以上でも以下でもないとされている。これは、自転車を利用する人々を増やすなら、現状よりもさらに多くの人にとって、自転車が一番速く、かつ、一番使いやすい交通手段であり続けなければならないことを意味する。この大原則に従い、絶えず、自転車利用者に対して提供する施策のレベルアップを図り続けることが唯一のポイントであるとしている（コペンハーゲン自転車戦略序文）。このため、市民の満足度を継続的に調査するとともに、ウェブでの不満箇所の常時の書き込み等により、市民の自転車に対する要求をきめ細かく把握している。

⑵　「世界で最も自転車利用者に優しい都市」コペンハーゲン

米国オレゴン州ポートランド市は人口50万人強の都市であるが、その「ポートランド自転車計画2030」では、「世界クラスの自転車都市」として自らを位置付けることにより、いわば行政はもとより市民自らが自転車政策に力を入れざるを得ないように追い込んでいることになっている点に注目する必要がある。このため、この自らを世界レベルとする計画内容を完備するために、およそ考えられる先進的な項目や内容をこの計画の中に可能な限り詰め込んで、世界トップレベルの自転車政策を実現しようとしている。

しかし、コペンハーゲンの自転車政策は、これに加えてさらに 2 つの重要な

点についてポートランドより進化しており、一層自転車利用者の数を増やすようにしている点に注目すべきである。**第一に**、自転車利用者にもっぱら焦点を当て、自転車利用者の観点又は目線から「自転車利用者に世界一やさしい都市」として、自転車利用者の立場を前面に出している。どのようにしたら自転車利用者に満足を与えられるか、その気持ちを引きつけることができるのかなどを把握する徹底した利用者目線が随所にみられる。我が国に多い行政の目線から、自転車利用は推進すべき、又は自転車利用は抑制すべきであるというのではなく、一般市民の中の自転車利用者の目線から満足を感じてもらうために必要な環境を考え、これにより、自然に自転車利用がしたくなるような環境を行政や社会が提供し、結果的に目指すあるべき自転車利用へ誘導しようとしているのである。

　第二に、自転車利用者が自転車を利用したくなり、これへの誘導に成功しても、一時的なものでなく、この自転車の利用を可能な限り極限まで増加させ、または少なくともその水準を維続しようとしている点である。自転車政策は、現在考えられるベストの自転車計画を策定して、高い水準の自転車利用環境の整備を実行すれば、これで足りるものではない。クルマは、ハイブリッド車の開発、衝突防止装置、自動運転などのさまざまな革新的な改良が行われる。クルマの質は改善に次ぐ改善が繰り返され、よりレベルの高いものがどんどん市場に投入される。結果として、クルマの利便性、快適性や安全性は継続して向上しその魅力はアップし続けていく。このようなことが、環境や健康などの観点からクルマの抑制をいくら叫んでもうまくいかない大きな理由の一つであると考えられる。自転車は絶えず、このクルマの絶え間のない進化による相対的な利便性の優位からの脅威にさらされている。自転車は、さまざまな工夫や改良の努力、さらに結果として、現実の改良が一定はなされているが、クルマの改良の程度や内容、さらにその改良の速度の比ではない。また、基本的に人がこぐ安価なものであるので、その改善にはおのずと限度がある。このため、自転車利用を「サスティナブル」なものとするためには、この自転車自身のわずかの改良のみならず、自転車利用者が絶えず満足度を向上し続けることができる自転車利用環境の提供により補うしかない。このための環境づくり、その仕組みやサポートを行政が継続して行い続けなければならないのである。クルマと自転車の位置づけを対等にしていては、上記の利便性の力関係では自転車は

敗退する。コペンハーゲンの自転車戦略2011－2025は、このような観点を見据えて、自転車環境のレベルを絶えず向上し続けることを目指すとしている点に特徴がある。コペンハーゲンの自転車戦略2011－2025が優秀な理由はここにある。

(3)　コペンハーゲン市とその自転車政策の経緯

　デンマークの首都コペンハーゲンは、人口約56万人、面積約88km^{2}で、シェラン島に位置し、メキシコ湾流が周辺の海域にまで達しており、冬は温暖で夏は涼しいとされる。しかし、1月の平均最高気温は2度、平均最低気温はマイナス1度であり、日本の東京よりは相当寒そうである。国土の地形は平坦であり、最高で海抜173mと、自転車利用には適している。このコペンハーゲンは世界的にみて自転車利用が多い都市として有名である。ここでも、他の欧米の都市と同様に、1950年代までは自転車が市の主要交通手段であったが、1960年代では、人々は自動車を購入して、自動車交通が増加し、これに伴い自転車の利用は減少した。しかし、自転車が消えてしまわず、1970年代になると再び増加しており、現在では通勤の3分の1が自転車である。

(4)　コペンハーゲンの自転車政策の進化〜自転車利用者に歓迎される快適性・迅速性をたえず追求する自転車政策〜

　コペンハーゲンには、2002年に当時としては極めて斬新な「コペンハーゲン自転車政策2002－2012」があった。現在の計画と比較するため、その計画（「コペンハーゲン自転車政策2002－2012」）についてその特徴をみる。コペンハーゲンでは、それまでは、1世紀以上にわたる自転車ネットワークの構築（約300km）、ホワイトバイクというレンタサイクルなど個々の施策が展開され、自転車利用が一定レベルで盛んであることを支えてきた。しかし、総合的な計画としては、2002年の自転車計画が初めてのものである。この計画の特徴は、**第一に**、いくら立派な自転車政策を策定しても、利用者にとって快適性、迅速性が確保されなければ、利用者からは歓迎されないことに着目し、自転車利用者のことを第一に考えている点、**第二に**、自転車政策として、整備と管理がバランスよく取り上げられている点、**第三に**、自転車政策を数々ある政策の中で重要性のあるものとして明確に打ち出しており、これにより、他の政策に優先する立場を明確にしている点である。

(5)　自転車戦略の特徴

①　自転車利用者の視点からの目標値

　戦略の特徴としては、**第一に**、目標の設定である。自転車通勤の割合を第一の目標値に挙げており、全体の分担率ではない。ここに通勤目的という特定の目的の利用をまず推進することが重要であることを示唆している。全体の目標値では、利用目的の異なる個々の自転車利用者には現実感がないが、自転車通勤という目的に限定すれば、通勤している人にとっては、現実感がでてくる。また、通勤目的を限定することにより、企業と通勤者という施策の対象が明確になる。その他の国でも、総花的な全体目標値の設定よりは、自転車利用の目的に応じた、特に、通勤目的の利用が基本であるという理解のもとに、自転車通勤の割合の目標値を設けることが行われている（1990年オランダ）。次に、自転車の安全性、快適性及び迅速性に関する目標値を設定していることである。いずれも自転車利用者にとっては、重要な3条件である。安全性については、自転車事故による重傷・死亡の危険性を50％まで削減することである。これは、自転車を安全だと感じる自転車利用者を80％にすることと表裏の関係にある。これに加え、迅速性については、5キロメートル超という中距離の自転車のトリップの速度を10％増加させることで、自転車利用者はとにかく速く移動できることを希望していることを理解し、その目線にたっていることがわかる。この迅速性には、さらに、世界的な定番となっている5キロメートル程度の自転車移動の限界距離よりも長い距離の移動についても、自転車がクルマからの受け皿となる範囲の拡大を時間の短縮により可能とする狙いがある。最後に快適性について、自転車用道路の舗装の不満度を5％未満にすることで、整備に重点を置きがちな走行空間についてその整備延長の目標などを設定せず、管理の状態に大きく目を向けるようにしているのである。まさに、この目標値に設定している項目や内容は、自転車利用者にもっぱら視点を置いていることがわかる。このように、自転車利用者の立場に立った数値の目標値がまんべんなく設定されている点が特徴である。

○自転車戦略の目標の設定
・コペンハーゲンにおいて、職場に自転車通勤する人の割合を34％から40％に増加させる。
・自転車利用者の重傷や死亡の危険性を50％まで減少させる。

> ・自転車を安全だと感じる自転車利用者の割合を57％から80％に増加させる。
>
> ・5kmを超える距離を移動する自転車利用者のスピードを10％増加させる。
>
> ・自転車利用者の快適性を高め、自転車用道路の舗装を不満足だと思う人が5％を超えないようにする。

② 　自転車は市の交通において中心的な役割

　第二に、自動車は高所得階層、公共交通は低所得階層をそれぞれ対象としているが、自転車は所得階層にかかわらず、かつ、年齢階層にかかわらず、また、通勤目的で、さらに、ヨーロッパの主要都市の中でも最も盛んに、利用される幅広い市民の交通手段であるために、自転車の位置づけは、市の交通において中心的な役割を担うことの根拠を明示している。

③ 　総論で自転車利用のための6条件をしっかりと提示

　第三に、計画の中では異例ともいえるほど多くスペースを割いて、自転車利用のための6条件（セキュリティ、安全性、移動速度、健康、都市と都市生活の享受、快適性）について詳細に述べて、これを実現することが利用促進を図る施策上必要不可欠であるとして、各論の自転車利用促進策につなげている。この体系性が計画をわかりやすくするポイントとなる。

④ 　各論の項目は平凡だが内容はオリジナリティに富む

　第四に、これを受けて、各論の重要施策が9つ掲げられている（表参照）。項目は、7及び8の管理に係る事項を除き我が国と共通するものであり、大きな差はない。しかし、我が国と異なる点は、その内容が先進的である点である。

> 1　自転車用車線と自転車レーンの整備
> 2　自転車専用道の整備
> 3　市の中心部の自転車利用環境の改善
> 4　自転車と公共交通機関との連携
> 5　駐輪場の整備
> 6　信号機のある交差点の改善
> 7　自転車用車線の一層の良好な管理
> 8　自転車用車線の一層の良好な美化
> 9　キャンペーンと広報

⑤ 　自転車利用者の目線で美化や管理の項目まで設けている

　第五に、項目としては、自転車走行空間の美化及び管理がそれぞれの独立の

項目で設けられていることであり、この項目はまさに自転車利用者の目線に配慮した取り組みであり、このような点が自転車利用への大きな誘因にもなる。

2．「コペンハーゲン自転車戦略2025」の概要

⑴　「質の高い、より質の高い、そして最高の質の水準」を継続して目指す

　「コペンハーゲン自転車戦略2025」は、「コペンハーゲン自転車戦略2002-2012」の後継の計画として2011年に策定された15カ年計画である。名称が「質の高い、より質の高い、そして、最高の質の水準〜コペンハーゲンの自転車戦略2011-2025」となっている。このことから、前計画の質の高さを維持し、さらに向上させ、そして、最高の水準にもっていくという、自転車利用のための質を確保する戦略に重点があることは明らかである。質の水準を継続してよりレベルの高い自転車政策の構築を目指そうとするものである。

　この自転車戦略の趣旨及びスタンスは、最初に、市の技術環境担当市長の「目標の実現に向けて（From goal to reality）」という前文により、明らかになっている。次に、その内容と特徴を説明する。

⑵　世界で最高水準の自転車都市を目指す

　第一に、コペンハーゲンは、「世界で最高水準の自転車都市」にならなければならないとして、明確にその方向性を示し、次いでその趣旨を説明している。この目標は、環境首都であるコペンハーゲンの将来像を構成するものとして、全会一致の市議会においてしっかりと位置付けられた。この議会の議決は重要であり、他の都市でも行われている例が多い。これにより、政治的にも自転車を明確に位置付けること、これに基づいた強力な自転車政策が推進できる民主的な根拠になることとなっている。また、自転車環境が一定の水準以上のものとなることで、コペンハーゲンの2025年目標である質の高い都市生活を確保するとともに、これに際してコペンハーゲンをCO_2に関して中立にする（カーボンニュートラル、すなわち負荷をかけない）という目標の達成のための重要な要素である。また、質の高い自転車環境を確保することは市の公式の健康政策の一部でもある。

⑶　自転車利用促進が目標ではなく政策実現の手段

　第二に、言い換えれば、このことは、自転車利用はそれ自体が目標ではなく、より住みやすい都市を作るための高い優先権を与えられた政策手段である

ということである。コペンハーゲンは、すでに立派な自転車都市である。毎朝、数十万人のコペンハーゲン市民が、世界一自然に自転車を交通手段に選ぶ（自転車通勤者の75％は凍結したり降雪のある冬を含めて年間通して自転車通勤をしている）。そのことは、多くの外国人にとって驚くべきことであり、世界中からやってくるジャーナリスト、研究者、政治家、都市計画立案者にとって、大きな興味の的となっている。

(4)　着実で総合的な努力なしには実現は不可能

　<u>第三に</u>、コペンハーゲンは、着実で総合的な努力なくして、この状態に到達することはできなかった。デンマーク全体の自転車利用は1990年からら30％減少している。しかしながら、コペンハーゲンに関するデータは、逆の方向に進んでいる。自転車走行キロメートルは、1998年から約30％上昇するとともに、通勤通学のための自転車の交通手段分担率は、同じ期間で3分の1以上上昇した。これにより、コペンハーゲンにおける通勤形態に関して、自転車が最も一般的な交通手段となっている。この戦略の公表目的は、文字と数字データと写真を駆使して、コペンハーゲンが、自転車の交通手段分担率を増加させるという意欲的な目標を達成するための必要な施策を、明確に示すことである。このためには、市をより自転車に優しい都市にすることは言うまでもない。すなわち、これはどのようにして、関係者がコペンハーゲンを自転車都市として一層高い水準に持っていくことができるかということである。このために、自転車環境について、「質の高い都市」から、「より質の高い都市」へ、そして、「世界で一番質の高い都市」にすることである。なお、この自転車戦略は、前の自転車戦略である“自転車政策2002－2012”後継の計画である。環境首都であるコペンハーゲンを「世界最高水準の自転車都市」として位置付け、このために、自転車環境を高い水準に置くことは、質の高い都市生活のための政策、地球環境政策、健康政策等において不可欠な要素であり、自転車利用そのものを目的にするものではないことなどの趣旨を明確にしている。

　序文において、担当市長が以上のように述べているのである。ここで見逃してはならない点は、序文において市の自転車に対する確固たる位置づけ、考え方及び哲学というべきもの、さらに戦略の方向性を熱意をこめて明確に示していることである。このように自転車に対する政策の基本的考えを序文において明言することは、ややもすれば自転車に対する位置付けや考え方を払拭したま

ま各論の施策を並べるだけの傾向が強い我が国の計画に対する警鐘となる。

(5)「コペンハーゲン自転車戦略2025」の全体の構成

この戦略の全体の構成は、表の通りとなっている。1～3が総論に、4～8が各論に当たる。我が国で参考にするいわゆる総論としては、**第一に**、我が国の自転車計画にみられるような自転車政策に対する基本的な考え方、全体に通ずる施策としての自転車利用の現状はわずかであり、自転車及び自転車政策に対する基本的な考え方、目標、メリットなど3章分を割いており、自転車利用の必要性や哲学を明確にかつ十分示そうとする考えが前面に出ている点である。**第二に**、各論についても、いきなり走行空間（いわゆる走る）、「ルールマナーの遵守」などの施策や「快適性」、「迅速性」及び「安全性」の3つの確保のための施策という目的別の施策になっている点である。自転車の利用によりどのような質の高い都市生活や、「迅速性」、「快適性」などの自転車利用者が求めている内容を実現が図られるについて、整理して並べている点である。**第三に**、8にあるように数値目標の設定とそれに結び付く施策とを明確にするためにどのようにあるように目標と施策との関係の実現のために明確にすることも計画を分かりやすく、市民にも自転車を優遇する目標の実現のために明確にすることも計画を分かりやすく、が明確に示されることになる。

1	基本的な目標	より質の高い自転車都市の構築による質の高い都市の実現
2	実現に必要な施策	①自転車の優遇　②自転車環境の革新　③都市生活の安全性の実現　速性・快適性の確保とこのための負担
3	自転車利用の現状とメリット	①自転車利用の現状　②自転車利用の具体的メリット
4	自転車利用による都市生活の方向	①自転車による移動　②牽引付き自転車の駐輪場　③自転車による買物　④2025年の都市生活
5	快適性の確保策	①自転車専用車線　②バイクシェア　③自転車駐輪空間　④2025年の快適性
6	迅速性の確保策	①2025年の迅速性　②空間の連続性確保　③一方通行道路の反対方向の通行可　④効果的かつ印象的なショートカット
7	安全性の確保策	①2025年の安全性　②多様性への対応　③多数線の自転車専用車線　④自転車利用者に対する配慮
8	各項目の具体的な目標と施策内容	①全体目標値と個別目標値の設定　②快適性の確保施策　③安全性の確保施策　④快適性の確保施策　⑤都市生活のスタイル・イメージ　⑥経験　⑦その他

⑹　**コペンハーゲンの自転車計画の全体の特徴～目標は高めにして自転車への誘引を主眼に継続した施策のレベルアップ**

　以上により、コペンハーゲンの自転車政策の基本的な特徴は、我が国の自転車計画のレベルよりも数段上のレベルにあることが分かる。<u>**第一に**</u>、世界最高水準の自転車都市を目指していること、<u>**第二に**</u>、自転車利用促進が目的ではなく、生活の質の確保、環境、健康等の政策の実現手段として位置付けていること、<u>**第三に**</u>、行政の視点ではなく、自転車利用者の満足度の視点からの施策を中心にしていること、<u>**第四に**</u>、自転車利用を継続発展し続けさせるため、利用者の満足度の継続的な向上を目指していること、<u>**第五に**</u>、このための高い水準の自転車環境の向上のための整備及び管理を絶えず目指し続けることなどである。このように高い水準にある計画ではあるが、水準が高いので我が国の参考にできないと考えるのではなく、基礎的な考え方やその中の一部でも使えそうな点をどん欲に取り入れるべきである。

　以下、この戦略の特徴的な部分で我が国の参考となる諸点について、主として計画本文を引用して、紹介する。

3．自転車のレベルが高い都市を通じた質の高い居住環境の都市の構築（1　基本的な目標の部分）

　自転車に優しい都市は、より広い空間が生まれ、騒音が少なく、空気がきれいで、かつ、市民が健康で経済的である。すなわち、居心地がよく、各個人がより高い生活質（Quality of Life）を実現できる都市である。自然の中に行きたかったり、文化活動やスポーツ活動に参加したかったり、また、地域での買い物をしたかったりする場合、アクセシビリティが高いところには、目的地まで短距離で移動することが可能となる。このために、自転車交通は、単なる目的ではなく、むしろ、多様性と発展を可能にする空間を持った、住みやすい都市を構築するための、効果の高い手段である。

　幸いなことに、自転車利用のための支出状況は良好である。都市内では渋滞が減り、病気の罹患日数が減り、平均寿命が延び、道路の亀裂や損耗が少なくなり、公害も減る。また、自転車利用を主導とすることは、他の交通手段への支出と比べて費用がかからない。

　世界最高の自転車都市を構築するという意欲的な施策を継続することによ

り、この都市についての多くの積極的な構想を継続して展開することを可能にした。すなわち、コペンハーゲンを住みやすく、革新的で、持続可能性のある、民主的な都市を形成する政策意図をもった構想は、市民の生活の質を向上させるための取り組みをリードする方策となる。世界で最高の水準になるよう努力することで、世界の他の都市にその方法を提示することができ、かつ、都市の自転車利用の分野で講ずることができる施策の水準を高めることができる点も重要である。この意味で、コペンハーゲンは模範となるべき世界の自転車首都と言えるとしている。

4．実現に必要な施策〜都市生活、快適性、速さ、安全性（2　実現方法の部分）

コペンハーゲンの人々は、出かけるのに最も速く最も手軽な手段だから自転車を選ぶのであり、それ以上のものでも、それ以下のものでもない。自転車を利用するコペンハーゲンの人々の数を増加させるためには、現状よりもさらに多くの人にとって自転車が一番速く、かつ、一番使いやすい交通手段とすることである。このことは、自転車にやさしいインフラの整備に対して強力な優先順位を付与することと、このために思考方法を改革する意志がなければ不可能である。したがって、これら「優先順位の付与」と「革新性の確保」は、自転車交通における2つの基本方針である。

(1)　優先順位の付与

コペンハーゲンの自転車用車線は、すでに混雑時は交通容量が満杯気味である。すなわち、主要幹線道路の自転車にはより広い空間を与える必要がある。人々の安全感覚を増加させるためには、人々が自分に応じた速度で自転車に乗ることができるようにしなければならない。特に、現在危険を感じて自転車に乗らない人々にとって、もっと魅力的になるようにしなければならない。現存の自転車用車線のうちのいくつかの場所では、幅員を増加させ、また、他の場所では、混雑したルートから自転車を転換させるために、代替となるルートの必要性が高まっている。自転車交通のためのインフラの空間の拡大は、一層思いやりのある交通行動に配慮して行われるべきである。

すなわち、自転車での移動時間は、他の交通手段と比べて改善（すなわち、短縮）される必要がある。トンネルや川、鉄道、大きな道路をまたぐ橋などに

よるショートカットの近道の整備に、意欲的な優先順位を与えることが必要である。さらに、様々な場所において、速度や規制の改善が少なからず必要である。たとえば、一方通行の道路における自転車のみの両方向通行を可能にすること、広場の自転車の横断を可能にすることはどの交通手段を利用する場合にも、移動時間が、移動手段の選択を左右する中心的存在であるからである。より多くの自転車利用者に対する優先信号（自転車が近づくと青になる。グリーンウェーブといわれる）を実行することなども必要である。さらに、たとえば学校周辺の静謐な通りなどのような自転車が交通において大きな優先権を持つべき場合には、交通カーミング措置も必要である。

(2)　革新性の確保

　コペンハーゲンの自転車対策は革新性に重きを置いている。その特徴的な点の１つが、自転車車線である。この自転車車線のネットワークを拡張し、発展させるために、継続して施策を実施しなければならない。もし、多くの新規の自転車利用者に自転車に乗ることを推進するとすれば、新しいコンセプトを積極的に受け入れることが大変重要である。それがインフラに係るものであるかどうかは問わない。たとえば、いくつかの通りで自動車を一方通行にして、より良い自転車環境の確保のための走行空間の整備、カーゴ付き自転車の駐輪場を含む新しいタイプの駐輪場の整備、玉石舗装の通りを魅力的な自転車ルートへと優先的に改良を行うことなどである。さらに、交差点の自転車停止の際の足のせ台や空気ポンプなどのインフラは、実用的にもコミュニケーションとしても価値がある。

　自転車は、健康とその他の総合政策の推進のための手段として、自治体内での連携した取り組み（agenda）が必要である。さらに、企業、商業地区、公共交通機関、近隣の地方公共団体など外部との協力により、目に見える効果が確保され、また、さまざまな施策が有効なものとなる。最終的には、より多くの自転車利用の促進の可能性を追求する特定の目的の集団を対象にしたコミュニケーションキャンペーンなど体系的な施策が必要である。

(3)　安全性、迅速性、快適性並びにこのための都市生活への負荷

　「世界で最良の自転車都市」を構築するという目標を達成するためには、安全性、迅速性、快適性及び都市生活への負荷という重要な要素により、コペンハーゲンにおける自転車利用を明確に規定すべきである。それゆえに、これら

の各重要な要素は、自転車利用にとってそれぞれ重要なテーマになっている。これらにおいては、優位性を付与することと革新性を確保することにより、これらの各キーワードに関する改善例を提出している。また、世界で最良の自転車都市の完璧な方法については、この計画の巻末にまとめられている（（5）の表の「8」に当たる部分）。

5．自転車通勤通学の目標値を具体的な人数で計算

　コペンハーゲンでは、1日に15万人が通勤や通学で自転車を利用している。コペンハーゲンの自転車利用に関する全体的な目標値には、自転車利用環境の質（セキュリティ感、安全性、移動時間、快適性）とともに、自転車利用者数という量的な目標も含まれている。特により意欲的な目標の一つは、移動手段における自転車の割合について、2015年末までに通勤通学のトリップ数を全体の50％に増やすとしていることである。2010年には、移動手段でのこの割合は36％であったが、これを50％に増やすということは、新たに5万5千人の市民が自転車を利用させるということであり、45％に増やすということは、新たに3万5千人の市民に自転車を利用させるということである。年齢、賃金、性別を問わず、自転車を選択することが可能である。移動手段における自転車の割合は、過去5年間変化はなかった。この期間に、自動車の保有率が上がるとともに、新しい地下鉄ができたにもかかわらず、自転車には変化がないという結果は、重要なポイントである。これは、自転車利用者に対する環境の改善が、この数年間実行されてきたからである。しかしながら、この割合の変化がない状態から上に上げるには、より一層の努力が必要である。さらに我々は、未経験の領域に向かっている。すなわち、通勤通学の交通手段に自転車を利用する割合が40％以上になる西洋の都市は存在しないからである。さらに、自転車利用に直接関係のない要素が目標達成の可能性に対して大きな影響力を持っている。つまり、強力な目標値として、コペンハーゲンの目標は高く設定されていることである。もし2015年までに50％に到達できなければ、2025年に向けて、何らかの別の目標を掲げることになる。次の表は、どこに自転車トリップへの転換の新しい可能性があるかを示している。今日、コペンハーゲンではおよそ4万5千人が、2－10km の距離の通勤にクルマを使用しているが、その大半は、その地方自治体の外に住んでいる。もしそのトリップの半数と10－15km

のクルマのトリップの3分の1が自転車に転換されるなら、自転車の通勤通学での交通手段の割合は、45％に上がるだろう。また、自転車での移動時間が10％減ると、自転車トリップが1－2％増える。さらに、日量1万台を超える自転車交通がある道路の全部及び自動車交通から分離されているルートの一部で、自転車用車線を拡幅するとしたら、自転車の分担率を3－5％押し上げると推定される。最大の効果を上げるための必要条件は、一般大衆とターゲットになっている集団の両方に、目標を達成するために自転車に転換する可能性のある人々が含まれていることである。

　このように、この計画では、自転車分担率を目標の率まで上げるためには、まず、クルマ通勤・通学者にターゲットを絞り、次に、このうち何人のクルマ通勤・通学者を転換させる必要があるかを計算して、自転車通勤・通学の割合の増加を図るということに結びつけているのである。このためには、企業や学校におけるクルマ通勤通学者の人数をみて、どの職場や学校でのクルマ通勤・通学から自転車通勤・通学への転換を図る必要人数の積算が可能となる。また、移動時間の短縮や分離された選択ルートの整備効果により、この割合の増大を予測して、これによる人数を積算して、分担率の向上を実現する施策を行うのである。この極めてわかりやすい施策では、個別企業に対する人数を含めた自転車通勤の人数割り当てに関する要請とこのために必要なルートや駐輪空間の整備の算出も可能になるのである。目標値の設定と具体の各論の施策はこのようにしてリンクすることができるのである。

表　コペンハーゲンの通勤通学目的の距離別の交通手段別の人数

	0－2km	2－4.9km	5－9.9km	10－14.9km	>15km	合計
徒歩	30,000	6,000	0	0	0	36,000
自転車	35,000	67,000	43,000	9,000	1,000	155,000
クルマ	3,000	18,000	27,000	23,000	67,000	138,000
バス	1,000	9,000	14,000	3,000	1,000	29,000
列車	1,000	4,000	13,000	13,000	43,000	74,000
その他	0	0	1,000	1,000	4,000	6,000
合計	70,000	105,000	98,000	49,000	116,000	438,000

6．自転車政策は究極的に都市の生活質の向上を目指すバロメーターである～まちづくりとの一体

　以上のコペンハーゲンの自転車戦略のうち、「1．基本的な目標」、「2．実現のための方策」及び「3．自転車利用の現状」について特徴的な点をいくつか簡単にまとめる。

(1)　都市の生活質の向上

　<u>第一に</u>、コペンハーゲンの自転車戦略のベーシックな基本的目標として、生活質の向上が挙げられている。すなわち、手段として自転車を活用して生活質を向上させることを究極の目標としている点が大きな特徴である。自転車政策を進める我が国の自治体の多くでは、まず、自転車の利用促進ありきで、自転車利用があたかも目的になっている感が強い例が多く見受けられる。もちろん、自転車利用を進めたいというスタンスはよいことではあるが、自転車はあくまで交通の手段であり、自転車利用を増やすことが目的ではないのである。自転車利用を増やすことにより、何を実現したいのかという目的意識のないままに、やみくもに自転車利用を目的化しても、他の施策よりも優先するという説得性に乏しい。何に使って、どのようなメリットがあるかについて見えないものを優先するわけにはいかない。また、そもそも優先できるかについては、自転車の一般的なメリットを取り上げて、これがあるから推進するのだという自治体もみられるが、本末転倒である。自転車利用には必ず目的（買物、余暇、通勤、通学等）があり、たとえば通勤の目的のために自転車利用を盛んにすることにより、環境負荷の高い通勤自動車が少なくなり、通勤時間帯の渋滞緩和、交通事故の削減、インフラ整備費用の削減とともに、通勤者の健康の増進、生活習慣病の予防、企業の健康経営の推進、企業運営の効率化等を図ることができ、利用促進の説得力も増えるのである。コペンハーゲンの場合には、都市の生活質の向上のために、自転車を手段として使うことが最も大きな目的である。これを目指して自転車利用を盛んにすることに対しては、説得力が大きく多くの市民の支持が得られるのである。加えて、自転車利用をしていない人を自転車利用に転換させることが重要な課題であり、この点を十分意識した展開を図ろうとするものである。このためには、自転車利用者のことをもっぱら考えていることが目に見えて分かる（見える化）はもちろんのこと、これが

肌で感じられ（感じる化）のような施策展開が必要である。ここでは自転車利用者に対する思いやりが大切であることが強調されている。単なるうわべだけの自転車利用促進策、特に、自転車走行空間ネットワークの提供のみでは、このような効果は得られないのである。これとセットでその良さを感じることができる後述のような総合的な施策が必要である。

(2)　継続性の重視

　第二に、自転車政策での継続性を重視していることである。これにより、様々な自転車に係る都市の課題を解決し続けるからこそ、自転車利用の増大が意味を帯びてくるのであり、自転車利用者はもちろんのこと、一般の市民も実感としてよさを享受し続けることで自転車利用が継続して支持を受けるのである。一定の水準を確保したら自転車政策はその目的を達したので終了しますというのでは、第一に述べたように自転車施策が目的化している。都市の生活質の向上は絶えず求められる。このためには、自転車利用環境を質的に継続して向上させ、自転車利用を盛んにし続けることがこの戦略の本質である。

(3)　自転車に対する優先順位の付与

　第三に、自転車利用の増大のキーポイントとして、自転車に対する優先順位を明確にしていることである。このことは、欧米先進国では当たり前であるが、我が国では、ごく一部の公共団体の計画を除いては行われていない。自転車に対し、すべての市民の生活質の向上手段の切り札として最高の優先順位をつけることこそ、車道などを含めた空間確保と、これによる安心感の醸成が迅速に進展し、これを通じた自転車利用の促進が最大のポイントである。

(4)　魅力的な自転車環境の提供（危険だから自転車に乗らない人）

　第四に、このために、現在危険を感じて自転車に乗らない人々をターゲットにして、魅力的な自転車環境を提供しようとしている点である。自転車利用を増やそうとすれば、現在自転車利用をしている人たちの利用の継続はもちろんであるが、これに加えて、自転車利用をしていない層の人たちを自転車利用に転換させることが重要な課題であり、この点を十分意識した展開を図ろうとするものである。このためには、先述のとおり自転車利用者に対する思いやりと自転車利用者のことをもっぱら考えていることが分かるような施策展開が必要であり、これが自転車利用への転換の誘因となることが強調されている。単なるうわべだけの自転車利用促進策、特に、自転車走行空間の提供のみでは、こ

のような効果は得られない。

⑸　自転車に対する意識の革新

　第五に、自転車に対する意識の革新を図ることとしている点である。抽象的ではあるが、これは、今までの発想を変えて、従前の道路空間を、自転車利用を尊重した空間（自転車配慮の走行空間と大規模な駐輪空間などのためのスペース）という意識に変えることである。コペンハーゲンの自転車政策は、これらの革新性の確保とその継続性を基本としている。絶えず革新性を確保し、自転車利用を継続して推進していくところにポイントがある。

⑹　先進性

　第六に、その先進性である。特に、ここでは自転車通勤を対象にして、その自転車分担率を５割という他のどの都市も経験したことがない、高い数値に設定していることである。また、後述するが、自転車専用空間に３台分の幅を確保して、会話のため併走とこれの追越しが可能となるようにしているなどである。これらの施策は極めて挑戦的ではあるが、これにより、より高い生活質が実現することになり、また、世界の自転車政策にとっても大きな模範例となる。我が国でも、結果を恐れずに、具体的な高い目標値を設定して継続性と優先性をもってチャレンジする内容を自転車活用推進計画に反映して、都市の高い生活質の実現を目指す多数の自治体の出現が期待される。

７．　クルマに対する自転車の優位性の設定の必要

⑴　優位性設定の必要性と効果

　クルマに対する自転車の優位性を示すには、自転車と歩行者用の専用の橋梁のようなショートカットが有効にできる近道が必要であり、コペンハーゲンの住人はこれを非常に高く評価し利用している。その橋梁のおかげで、多くの人々が、家と職場間の移動が短距離ですむ。また、そのルートはクルマの交通から分離されているので、安心感と快適性が大きく増加する。またすぐれたデザインの橋梁による美しいルートであるからより効果がある。

　交通手段における自転車の割合が、自転車に対する優位性を設定しないで増えたルートはひとつもない。また、部分的ではなく広域的に自転車に対する優位性が確保されなければならない。それは、身体的と非身体的の両方の側面で、また、費用が掛かる場合と費用が掛からない場合の両方の側面で、優位性

が確保されなければならない。インフラを中心に置くべき場合の基本的な方針は、首尾一貫した高品質のネットワークでその接続性に弱点がないことである。安全だと思えない交差点が一つあるだけでも、高齢者に自転車を家に置いて出掛けてしまうように仕向けてしまうのである。道路の拡張が自転車専用車線を設けないで行われた場合、親たちは自分の子どもに自転車通学をさせない。たった一つのシャワーがなくなるだけで長距離通勤者の自転車通勤する気持ちをそぐなど総合的な、しかも、ちょっとしたきめ細かな配慮が不可欠である。

　また、交通手段における自転車の分担率は、他の交通手段の質によりかなり影響を受ける。たとえば、自動車に対する渋滞税が、自転車の割合を上げる原因になる。自転車との連携がある公共交通の質と料金も、自転車の割合を上げるのに影響を与える。すなわち、自転車利用を増加させるには、これを目的とした総合施策が必要であることをこの計画では述べている。

(2) 自転車利用の社会的な効果

　ラッシュアワー時のオスターアレーからノリポートまで、自転車に乗ることによる社会の純利益は3.65クローネ（0.49ユーロ、66円）であるのに対して、自動車に乗ることによる社会の純損失は6.59クローネ（0.89ユーロ、119円）になる。さらに、コペンハーゲンにおける自転車による年間の健康利益は、全体で17億クローネ（2億2,800万ユーロ、306億円）にのぼる（出典　自転車優先利用の社会経済的分析—方法と事例　COWL2009年）（※1デンマーククローネ17.8円として計算）。このように、社会経済的分析をしてみると、自転車優先施策の結果として、貨幣による換算した社会的な価値をより多く生み出すことができ、この自転車優先施策は最も効果が高いということができる。重

表　交通手段別のコストの例示（DKK＝デンマーククローネ）

交通手段	整備内容	整備費用
自転車	両側に自転車車線1km当たり 首都地域300km自転車ネットワーク	1600万DKK（2.88億円） 9億DKK（162億円）
自動車	Nordhavnsvej自動車道のRoskilde-Flongからの延伸	18-20億DKK（324億-360億円）
地下鉄	都市地下鉄網1km	10億DKK（180億円）
鉄道	Holte-Bernstoffsvej間の複々線の建設	15億DKK（270億円）
バス	コペンハーゲン市の1年間の補助金	4億DKK（72億円）

要な点は、全体的な社会的効果がどの程度あるかであり、この点で自転車優先が最大の効果を得られるのである。下の表のような交通手段別のコストを提示することは、自転車優位性を具体的に示すことを可能にする。

８．自転車走行空間の先進性～３台幅の自転車道とスーパーハイウェイの意味

⑴　自転車ネットワーク計画（PLUSnet）

　2025年には、快適なグリーンルート、自転車スーパーハイウェイ及び最高密度の自転車ルートにより構成されるコペンハーゲンの自転車「プラスネット」が完成している予定である。プラスネットは高品質の空間、交差点及び保守管理が保証され、多くの自転車利用者が安全、快適で、それぞれに合った速度で移動することができる走行空間のネットワークである。

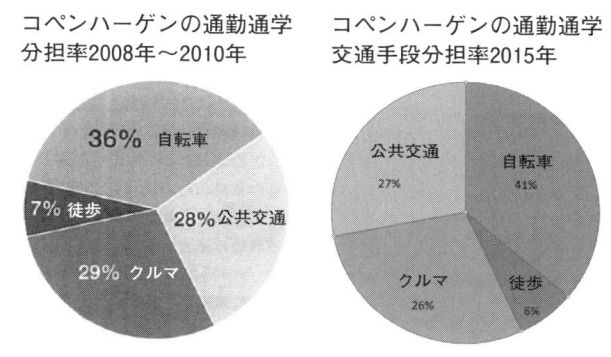

出典　コペンハーゲン市資料

⑵　会話しながらの自転車利用とその追越しを可能にする３台幅の自転車走行空間

　プラスネットでは、コペンハーゲンの人々は、友達と会話したり、追い越し自転車のベルに脅かされることなく、子どもがお父さんやお母さんの隣で自転車に乗ることができる。これを実現するための目標は、ネットワークの80％で両方向とも３台幅に拡幅するものである（自転車車線が双方向である新規ルートでは４台幅）。その自転車空間は、歩道と車道との間でそれぞれとわずかの段差が設けられ、これにより、歩行者や自動車の進入が抑制されている。日本

3台幅の自転車道の構造

出典　コペンハーゲン市資料

においてもこのようなわずかの段差の設定並びに会話を楽しむ区間の設定（社会実験で当面よい）とすることを提案したい。

(3)　プラスネットの整備の進行

　次の地図はプラスネットを示している。たとえば、すでに公認された大規模改良の箇所及び現在から2025年までの間に高い優先権がある改良箇所などが示されている。そのルートと交通の容量は、交通と市の発展の状況に応じて、現行の基準により調整される。

(4)　自転車通勤通学の範囲を拡大する狙いのスーパーハイウェイ（新規に追加）

　自転車スーパーハイウェイは、ロンドン市が有名であるが、コペンハーゲンでも、周辺の自治体22団体と協力して、自転車通勤通学の可能な範囲を10kmとして設定し、コペンハーゲンの中心市街地を中心として28のルートの放射状の自転車専用道を整備するものである。これは、単なる迅速な規格の高い自転車走行空間を提供するという意味ではない。これにより生まれた時間短縮の効果により自転車通勤通学の距離の範囲を大幅に拡大し、この距離の地域から来るクルマを自転車に転換して、自転車の分担率の向上を狙ったものである。なお、ユトレヒト、フローニンゲン、オルデンブルク、キールは、いずれも、市街地の郊外への拡大等で郊外からの自転車をまちの中心部に誘導する自転車道の整備に重点があり、これらの郊外自転車道は郊外との連携強化による自転車通勤等の範囲の拡大に寄与し、自転車分担率の向上を目指している。

(5)　自転車による都市生活のよさの体感

　まちの中で自転車を利用する場合、積極的にまちの良さを実感することがで

コペンハーゲンプラスネット　　　　コペンハーゲンスーパーハイウェイ

 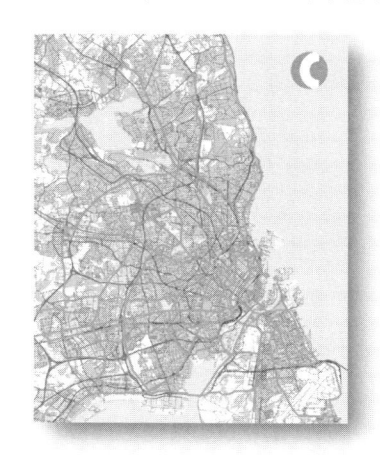

出典　コペンハーゲン市資料

きるとともに、身近で、親近感を覚えるような経験をすることができる。まちの中を自転車で行くときに、感じたり経験したりすることが多いほど、トリップ時間はより短く感じられ、そして、自転車に乗ることがより魅力的になる。自転車利用者は、都市の景観を楽しむことができ、さらに、まちの安全性の向上や質の向上に寄与するとともに、まちの快適な回遊性を高めることに貢献しているのである。

(6)　自転車環境の整備による都市生活への貢献

　自転車は順応性があり、かつ、省スペースな交通手段であり、都市生活へのさらなる誘引に貢献するものでもある。特に人口が密集した地区では、自転車なら買い物、帰宅、通勤、通学の目的に簡単に利用することができる。さらに、自転車は、市内において、他の交通手段と比較して、走行時及び駐輪時の面積がより省スペースである。より多くのひとに自転車に乗るように奨励することで、クルマが少なくなり広い都市空間をすべての人に開放することになる。

(7)　2025年の自転車都市の自転車空間の状況

　2025年の自転車都市においては、より多くの道路空間が歩行者と自転車利用者の気持ちに配慮して設計される。多くの自転車利用者がリッチな体験がで

き、より住みやすいまちにすることに貢献する。徒歩と自転車は簡単で容易に乗り換えができ、これにより、レクリエーションのためのより広い空間も生まれている。

カーゴバイク

　自転車で買い物に行くのは簡単になっており、カーゴバイク（荷物や子供を運ぶスペースを持つ自転車）も利用できる素晴らしい駐輪場があり、かつ、誰もがいつでも利用できる余裕空間を持った自転車道が存在していることになる。

① 　カーゴバイクの駐輪施設

　コペンハーゲンの家庭の17％がカーゴバイクを所有している。カーゴバイクは、特に、子どもの移動や買い物に使われ、しばしばクルマに代替することができる交通手段となっている。全カーゴバイクの所有者の4分の1は、カーゴバイクは車の代替品であると考えている。2025年には、家、学校、店舗の外に、カーゴバイク用の極めて質の高い駐輪場ができているであろう。また、カーゴバイクは、コペンハーゲンの都市物流システムの不可欠なものとなるだろう。カーゴバイク駐輪場のためのパイロット事業は、企業、持ち家の人々及び住宅開発事業者の協力の下に策定された標準的な駐輪場の仕様を変えることになる。2011年現在、新築の建築物に対するカーゴバイクを含めた駐輪場付置義務は、"2011年都市計画"に示されている。2012年から2013年にかけて、より多くのカーゴバイク駐輪場の設置事業の実施が決定されている。

② 　自転車での買い物

　買い物のためのトリップ数は、2009年においては、コペンハーゲンの住民の総トリップの34％にまでなっており、その中で自転車の占める割合は27％である。2025年には、自転車での買い物をより多く実施することを直接的に推進するための奨励策が標準化され、繰り返し実施されることとなる。すなわち、その奨励策は、少ない身体的な負担ですむような措置が講じられる（たとえば、自転車でのドライブスルーによる買い物と駐輪ができるなど）。これらは、地元の企業と市民との協力により実施のための努力がなされる。商店街では、最

初の設計の段階から、駐輪施設が組み込まれている。

　2011年現在、駐輪施設の改善を行うための大型チェーンストアとショッピングセンターとの協議制度が確立されている。

③　道路空間の周期的な変更

　2025年には、道路空間におけるラッシュの時間帯、買い物のピークの時間帯、夕方の生活行動及び夜の活動における自転車の利用を制御することが可能となっていると見込まれる。ITS（Intelligent Traffic System － 高度交

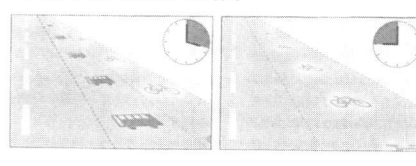

図　LEDライトによる自転車専用空間の幅員の時間的な変更

通システム）を使うことによって、道路空間の設定は静的なものから、動的なものに変化する。すなわち、図のアスファルト内のLEDライトは、どの交通手段がいつ、優先権があるかを示す。たとえば、特定の機能により、一日のある一定時間を自転車の一方通行道路にすることで、自転車専用空間は拡張でき、また、朝のラッシュアワー時に、自転車専用空間は、歩道からスペースをもらうことで幅を広げることができる。歩道は、歩行者が増え、自転車が減る日中の時間帯において、幅が広がる。道路空間のリズムに都市のリズムを合わせるのではなく、都市の自然なリズムに道路空間を合わせることで、より活気が生まれ、より楽しい都市空間となる。

9．自転車利用環境の快適性の向上

(1)　駐輪空間の快適性の確保の必要性

　コペンハーゲンの自転車利用者は、一般的に自転車都市としてのコペンハーゲンに満足しているが、市の駐輪場施設は満足できるものだと思っている人は、わずか10分の3である。また、これよりは少しはよいが、自転車道の整備に満足しているのは、わずか10分の5である。この快適さのレベルは、現状の及び潜在的な自転車利用者にとって、コペンハーゲンにおける自転車利用が手軽にでき、かつ、魅力的であることを認識できるようにするために、全面的に改善されなければならない。

(2)　駐輪空間走行空間とそのメンテナンス

　より多くの人が自転車を利用するためには、前向きの自転車経験が重要であ

る。特に、自転車の盗難や通行人の邪魔になる倒れた自転車の数を減少させたいなら、良質の駐輪場は極めて重要である。また、自転車道の質及び走行空間のメンテナンスの質は、快適性のレベルのためには非常に重要である。

　2025年の自転車都市では、市内の大半で、ハンドルにコーヒーカップをつけて走り回っても、こぼすことはない。快適性のレベルが著しくよくなっている改善された駐輪施設により、駐輪が容易になり、混雑するエリアには空気入れと水道がある。特に、列車や地下鉄の駅やバスターミナルの周辺では、駐輪環境は最高によくなる。さらに、職場との協力関係により、"キッチン台から職場のデスク"までの道程を、確実にスムーズにし、また、新しいシェアサイクルシステムによって、自転車とバス、列車、地下鉄の連携が容易になる。

(3)　1年を通じた質の高い自転車車線の管理

　自転車の車線は単なるアスファルトの拡張ではない。そこを自転車で走行する場合、道路の凹凸を心配することなく、幼児などを乗せたり、食料や雑貨類を運んだりしながら、市内で快適に自転車に乗ることができる。自転車車線の除雪は2025年でも依然として高い優先権を持つだろう。特に、PLUSnet（自転車走行空間ネットワーク）には、特A＋クラスの優先レベルが与えられているので、よりひろい幅で除雪する。2011年時点では、自転車空間の管理支出は、2011年から、1年で1,000万デンマーククローネ（130万ユーロ、約1億7千万円）増加した。自転車車線の除雪の支出は、2012年から、年に200万デンマーククローネ（27万ユーロ、約3,400万円）増加した。なお、写真と担当者の説明によると除雪用雪は車道側に出しており、ここにもクルマよりも自転車を優先する目に見える施策が行われている。

(4)　新たなシェアサイクルシステム

　2025年には、シェアサイクルシステムは首都地域の公共交通の不可欠な部分になり、バスや列車、地下鉄と同等の地位になる。このこと

高い優先権を持つ自転車車線の除雪

は、シェアサイクルシステムの管理運営営業支払のシステムにも適用される。

自転車と公共交通機関をつなぐことは、この地域の自動車に対して競争力のある代替手段になる。

　2011年時点では2013年春にコペンハーゲンが運営を始める予定である新しいシェアサイクルシステムの入札を募る手続きが、すでに始められている。この新しい自転車システムは、信頼できるし、快適である。スマートフォンのアプリのような新しい技術をもって、簡単に利用できる自転車を見つけ、最短ルートや天気や市内の様々な活動についての情報を受け取ることができる。

(5)　駐輪空間

　良質の駐輪場は歩行者と自転車の利益になる。また都市の景観を改善するものである。2025年には、コペンハーゲンには依然として駐輪場の数より駐輪したい自転車の数の方が多いと思われるが、商店、仕事場、公共交通機関と協力して、この状態と施設を改善する組織的な努力を通して、コペンハーゲンの住民にとって、より駐輪場の満足度を高めることとしている。2011年時点ではSvanemollen 駅の駐輪場が改善され、また、Norreport 駅の利用しやすさを高め、駐輪場を増やすための再設計が2014年に終わる。6つの地下鉄の駅などでの自転車駐輪対策事業が展開されており、また、放置自転車撤去のための努力も2011年から強化されている。

(6)　きめ細かな自転車の優先的取扱い

　以上のように、自転車利用をいかに魅力的なものとするかについて、多方面のきめ細かな優先的な取り扱いと配慮が行われている点が特に強調すべき点である。**第一に**、自転車は都市生活の良さをまさに実感でき、また、まちの安全性や質の向上に寄与することを通じて、都市生活の質に貢献しているという積極的な位置づけを自転車に与えているという重要な点である。自転車は、利用者に単なる健康、経済、環境などのメリットを与えるのみではなく、総合的な都市生活の質的向上を図るうえで、必要不可欠な積極的な存在であることを指摘しているのである。**第二に**、我が国では、自転車利用者の立場にたって自転車政策を講じているとは思えないような施策がしばしばみられる。個々の走行空間の整備のレベルの問題はさておくとしても、たとえば、ハードの空間整備のみを行い、後のソフト面での利用促進策の広報啓発や管理面での施策を重要視していない。また、新規の自転車利用者の掘り起こしの啓発などもあまり行われていない。我が国の自転車施策では、空間の整備（時には極めて貧弱な場

合も多い）を行った後、利用がなされるかどうかは二の次になっている。自転車レーンを単発の路線の限られた区間で整備しても、その空間の前後のつながりの走行方法については何の指示も示していないこと、また、その空間に対する違法駐車の排除などを丁寧にしていないことはもちろん、これらのためのせめてもの恒久的な標識や看板設置、自転車の走行を阻害しない路上駐車帯の設置などもなされることは少ない。まして、繰り返しの清掃、除雪などの空間の的確な管理をしようとする自治体はほとんど見られないのである。これでは、自転車利用者を誘引し続けることはできない。**第三に**、自転車空間の快適性を徹底して向上させようとしている点である。ハンドルにコーヒーを付けてもこぼれることのないように凹凸を排除すること、新しいシェアサイクルによって公共交通と自転車の連携を強化し、キッチンから職場のデスクまでの移動を円滑にすること、自転車車線の除雪等に高い優先度を置くなど、自転車走行空間の管理の質を重視していることである。また、会話しながら自転車に乗ることができ、かつ、後から来る自転車が追い越せる走行幅の確保は自転車の快適性にとって極めて重要である。継続した自転車環境の向上と良質の管理が自転車利用の促進を握る一つのカギである。

10.　移動時間の短縮化

(1)　移動時間の短縮化のための施策

　コペンハーゲンの自転車利用者の移動手段として自転車を選ぶ主な理由は、48％の人が自転車はいろいろな目的地を回って移動するのに、最も速く最も手軽な方法であるからと回答している。より多くの人が自転車に乗るよう奨励するためには、自転車での移動時間が他の交通手段に負けないということが最も重要な点である。移動時間というのは、単に道路を走る時の速度だけではなく、自分自身のペースで直行できるルートを選ぶことが可能であるということも重要である。また、何回も一時停車したり、迂回したり、追い越しできない箇所での渋滞などが多すぎると、移動時間がかなり長くなってしまう。

　ネットワーク計画は、PLUS ネットとショートカットの整備に特に重点を置きつつ、現存の自転車網をより拡大させなければならない。新しい自転車車線や交通静穏化、減速ハンプなどについて見直しをすることは、自転車の移動時間の向上を図るとともに、安全・安心の両面の改善に貢献できるのである。

(2)　2025年における移動の短縮状況

　多くのルートは、自転車が最も速く、最も弾力性のある交通手段となっている。自転車の移動時間を減らすことで、市民は都市の眺望や回遊を楽しむ際の時間を節約することができる。このためには、市の魅力的な自転車ルート及びわかりやすいネットワークが必要である。また、ラッシュアワー時に狭くなって混雑してしまうような自転車走行空間に自転車が引っかかることがないように、最も混雑する区間においては、空間をより幅広く確保しなければならない。

図　移動所要時間表示

電光の表示では、市役所へ自転車なら13分、クルマなら16分と表示されている

　2025年の自転車都市では、自転車は市の多くの場所で、最も速い交通手段となる。移動時間は15％減少する。水路や幹線道路を横切る橋のようなショートカット、緑地帯を通るルートは、自転車利用者にとって大きな優遇策となる。さらに、交差点に自転車のためのグリーンウェーブのシステム（信号機が自転車の走行に連動するシステム）が備えられ、また、警察との協力により、市の大半の一方通行の通りで逆方向への通行も可能になる。

　全ての拡幅が終了した道路には、大量の自転車が通行する自転車車線があり、また、たとえば学校のそばなどのいくつかの小規模の道路での制限速度は低く抑えられる。長距離通勤や電動アシスト自転車の推進、ルート選択にリアルタイムでつながる自転車のための交通情報など、新しい技術開発が継続して実施されている。自転車交通に関するデータは、自転車利用者の役に立つ革新的製品やスマートフォンのアプリの基盤をなすデジタルプラットフォームを通して無料で利用できるようになっている。

(3)　自転車で、より多くの人が、より遠くへ、より速く行けるようにする

　長距離の通勤では、移動時間はより一層重要である。長距離通勤者は、途中で一定の間隔で休憩することに興味はない。しかし、何人かで一緒に自転車通勤できればより楽しいものとなりえる。より多くの電動アシスト自転車と、自転車スーパーハイウェイネットワークと、これにITS（高度交通システム）が備えられ、グループで自転車に乗る人達のためのグリーンウェーブシステムが

備えられることも期待される。これには、センサーがアスファルトに埋め込まれ、自転車の数を記録し、グループの自転車への青信号作動の調整ができるようになることが必要である。

⑷　ルートの連続性の確保

停止する必要のない直行ルートは、移動時間にとって最も重要である。主な幹線道路途上の途切れた未完成部分をなくし、連続性を確保することが大切である。

⑸　一方通行の道路における逆行

コペンハーゲンには、一方通行のせいで自転車が迂回しなければならない多くの道路がある。2025年には、自転車が一方通行となっている道路の大半の自転車の一方通行が廃止されることで、自転車の移動時間は短くなり、地域の自転車交通に貢献する。なお、ここでの一方通行の逆行を認める場合正面衝突の危険等を避けるため、自転車の専用空間を設けるなどの措置をセットで講じている。

⑹　効果的で、かつ影響力の大きいショートカット

水面、線路さらに広場の上をまたぐ新しいショートカットのルートは、移動時間を著しく改善することができる。また、新しく、そしてよりくつろいだ状態で、別の視点の角度から、市を眺めることを体験することができる。2025年には、大小様々な数多くのショートカットが完成している予定である。

Cykelslangen 2014

出典　コペンハーゲン市資料

11.　自転車利用に際しての安心感

⑴　安全な移動の確保

コペンハーゲンの市民が自転車を選択するための必要条件の1つは、直転車は安全だという印象を持つことである（これは、現実には「安心」を意味する

と考えられる。筆者注）。コペンハーゲンの目標のひとつは、2015年にコペンハーゲンの自転車利用者の80％が、そして、2025年には90％が安全だと感じることである。2010年には、その割合は67％である。自転車を交通手段として利用することを安全だと感じる都市では、より多くの人が、自転車に乗ることになり、それは、その都市に新しくやって来た人たち、子ども、高齢者、その他の人々も例外ではなく、今日のラッシュ時の自転車利用を見て圧倒される経験から気づかされるのである。

　多くの交通習慣は幼い時に確立され、そして、子どもの時からよく自転車に乗っていると、大きくなった時に、より自転車に乗り続けたいという気持ちになり、また、よりよい自転車運転をすることになる。

　このためには、自転車のグリーンネットワーク（緑地帯でのルート）とブルーネットワーク（水辺のルート）の連結が必要である。自動車交通から分離された水辺や緑地帯での自転車利用は、安心感を増加させ、都市の緑地と水辺を楽しむ新しい道路空間を広げる。同時に、自転車が他の交通手段とスペースを取り合うような混雑した通りを避けるための重要な代替のルートともなりうるのである。

(2)　自転車利用のための交通安全対策

　この数年で交通安全の状況は、格段に改善された。統計的に見ると、重傷以上の自転車事故の危険性は、1996年時点に比較して自転車走行1km当たりで72％の水準まで低下した。これにより、コペンハーゲンの市民の交通における安心感も、最近改善されてきた。現在の自転車利用者及び自転車利用者予備軍（自転車利用者ではないが自転車を利用する可能性のある人々）にとって、この安心感をさらに拡大するため、安全向上方策において、最重点を置く分野は、自転車専用車線においてより広い空間を作ること、交差点をより安全にすること及び自転車専用車線を含む自転車交通に対する配慮がより一層なされるための広報啓発キャンペーンを実施することが重要である。また、自転車以外に対する交通安全向上の努力も重要である。例えば、自転車の安全を確認することが必要な場所で、クルマの制限速度を下げることなどである。

　2025年の自転車都市では、若者も高齢者もともに、自転車を安全と感じられる。ラッシュアワーに、親と子がお互いに並んで、自転車に乗っていることは当たり前の光景となり、さらに、より多くの人がお互いに並んで、会話をしな

がら、自転車に乗ることができるようになるのも普通の姿になる。（追い越しのための空間を確保した）走行空間のインフラ整備により、各個人が自分に最適のスピードで、自転車に乗ることが可能になるとともに、交差点の改善により、自転車で安心して交差点を横断することができるようになる。また、自転車専用車線における走行のマナーが確立され、市民は何が思いやりのある行動であるかという共通認識をお互いに持つようになる。

⑶　**多様な自転車走行を受け入れることができる空間の余裕**

　自転車専用車線における混雑は、安心感への大きなマイナス要因となる。自転車利用がより多くなるということは、より多くの異なるタイプの自転車利用者が増えるということでもある。人々はそれぞれ異なる乗り方をするので、コペンハーゲンの自転車専用車線は、この多様性を受け入れることができるものでなければならない。ウィンドウショッピングをしたり、都市生活を楽しんだりしたい人が、速く走っていきたい人の進路を邪魔することなく、気楽に運転することができるようにする走行空間が必要である。ここでは、自転車専用空間の質や多様性まで配慮する段階に進化していると言える。

⑷　**より多くの自転車専用の車線**

　自転車利用者の安心感を増加させるための最も効果的な方法の一つは、自転車車線または、自転車レーンを整備することである。未だに、市には自転車車線や自転車レーンを持たない道路がある。2025年には、より多くの道路の区間に自転車車線ができ、また、自転車車線や自転車レーンが直接交差点につなが

写真　ラッシュアワーの自転車車線の例

写真　クルマの停止線の後退の例

出典　コペンハーゲン市資料

ることが標準となっている。ここでは自転車のネットワーク路線に限らず大半の走行空間の未設置の道路に自転車走行空間を設ける方向が示されている点も大きな進化を感じる。

⑸　**小さなステップによる大きな成果**

　仮に小さな一つの施策でも、自転車を交通においてよりはっきりと目立たせること（筆者注「見える化」）ができれば、交通安全上の大きな効果を得ることができる。たとえば、交差点内にも青い自転車レーンを設置すること及び交差点でのクルマの停止線を下げること（前ページ右の写真）で、自転車が車の前に出ることができ、信号が青になった時に、優位に立つことができる。

12.　目標値の設定とこれを達成するための施策〜コペンハーゲンの自転車戦略の目標値

⑴　**全体の目標値と個別施策の目標値の設定**

　コペンハーゲンの自転車戦略では、最後にこの戦略の目標値をまとめて掲げている（通常は計画の最初の部分に存在するものである）。すなわち、大目標として、自転車の通勤通学の交通分担率を基本にして、施策の結果にリンクして実現を目指す成果指標としている。各論の目標値として、「自転車の環境の質」をあらわす6つの項目の指標を目標値に掲げている。一つ目は、3台幅の走行空間を持つネットワークの割合の目標（①）、二つ目は、自転車での移動時間の短縮化の目標（②）、この2つが自転車走行空間の質に関する目標であり、三つ目と四つ目は、自転車の安心と安全に関する目標で、前者は、安心（安全だと感じる割合）という主観的なもの（③）、後者は事故件数の数値目標という客観的なもの（④）である。五つ目は、整備状態に対する満足度という走行空間の管理の質に関する目標である（⑤）。そして、最後に、自転車の総合環境が市の総合環境の形成に寄与していると市民が感じる割合である。この市の総合環境寄与度に対する認識の目標は、いわば自転車文化度というべきものである（⑥）。

　最終的には、通勤通学時の自転車分担率が成果の目標になるが、これを支える施策の指標として、次表の6つの目標を置いている。

表　コペンハーゲンの自転車戦略の目標

自転車の交通手段の分担率		2010年（現状）	2015年	2020年	2025年
コペンハーゲンにおける、自転車通勤・通学の割合（分担率）		35%	50%	50%	50%
自転車走行空間の整備	①3台幅の自転車ネットワークの割合	25%	40%	60%	80%
	②2010年と比べた自転車移動時間の短縮率	0%	5%	10%	15%
自転車の走行空間の安全・安心	③自転車乗車時に安全だと感じる（注　安心感）、コペンハーゲン市民の割合	67%	80%	85%	90%
	④2005年と比較した、自転車利用者の重症者数の減少率	–	50%	60%	70%
自転車走行空間の管理	⑤自転車車線がよく管理されていると感じる、コペンハーゲン自転車利用者の割合	50%	70%	75%	80%
市の環境への好影響	⑥自転車文化が市の環境に良い影響を与えていると考えているコペンハーゲン市民の割合	67%	70%	75%	80%

(ⅰ)　全体の目標値〜自転車分担率ではなく通勤通学の分担率で目標設定（表では一番上段）

　　第一に、全体の自転車の分担率ではなく、通勤通学の同分担率を目標としていることである。これは、自転車政策が我が国のように利用目的を明示しない一般的な自転車の利用促進のため、施策の焦点が明確になっていないものではなく、自転車通勤通学という目的を明確にして、これに合わせた施策展開を図ることで、目標として調査や設定がしやすく、効果的かつ分かりやすいものとなっていることである。

(ⅱ)　質的な目標値の設定（表では①及び②）

　　第二に、自転車走行空間の目標として我が国で見られる走行空間の延長○kmという量的な指標ではなく、車線幅を3台分、所要時間を10%削減という質的な指標にして、自転車利用者の視点での誘引を目指していることである。

(ⅲ)　安全と安心の両面からの目標設定（表では③と④）

　　第三に、安全と安心という客観的な死傷者数及び主観的な安全の感覚の両面

から自転車利用者を誘引するものである。通常は事故件数や死亡者件数という客観的な目標のみを設定するのが通例である。

(iv)　走行空間の管理目標設定（表では⑤）

　第四に、走行空間の良好な管理状態から、自転車利用者を誘引するための目標である。

　これら①〜⑤の目標値は、すべて主として自転車利用者又は非自転車利用者の自転車利用に対する目線で推進する目標値である点が特徴である。

(v)　自転車文化が都市環境に与えた影響の目標設定（表では⑥）

　第五に、これらとは逆に、主として自転車利用者により形成される自転車文化が都市環境に与える良好な影響度という自転車利用者が都市環境に与える影響を自己評価した目標値である。このように、自転車利用者の視点から自転車に誘引し続ける目標値と逆に自転車利用者が都市環境の貢献する目標値の両側面から目標を設定している。

　これらの結果、分担率の目標の達成度として自転車通勤・通学の割合を以て総合的な評価とみる仕組みとなっている。

(2)　目標値の実現のための具体の施策内容

　以上のような目標を実現させるために必要な具体の内容が、計画の一番最後に項目別に整理した具体の施策として掲げられている。目標と施策の結びつきや必然性が明確になるようになっている。

a　移動時間の短縮のための施策（表の②の目標達成のための施策）

・自転車スーパーハイウェイ（首都圏においてネットワークのルートを形成する）
・小規模なショートカット（全部で200−400箇所を整備する。一方通行の道路における逆行、側道などを含む）
・大規模なショートカット（5−8箇所の橋／地下道を整備する）
・自転車の緑地帯ルートなどにおけるITSの提供
・電動アシスト自転車（このためのインフラと推進策を講ずる）
・最良ルートについての情報提供（標識、GPSを採用する）
・学校近辺などでの必要な場所において、車の速度をより低くする規制
・バイクシェアプログラムと駅の高質の駐輪場等による地下鉄／列車／バスと自転車のより密な連携
・人口密度の増加（筆者注　都市のコンパクト化により、通勤通学等の時間の短縮を図ること）

- ・注意深い合図の出し方と追い越しに焦点をあてた自転車運転の広報啓発の実施
- ・赤信号での右折を可能にする規制緩和とともに一方通行の道路での逆行の承認等の交通規制の改正（警察当局と協力して行う）

b　安心感の醸成のための施策（表③及び④の目標達成のための施策）

- ・自転車専用のグリーンルートの整備
- ・交差点の再設計（交差点まで右側通行できる自転車車線を標準とし、自動車の後ろ下げ停止線の整備を行う）
- ・ボトルネックとなっている道路でより広い自転車車線の整備。新しい自転車車線とレーンの整備（30－40km を整備する）
- ・既設の自転車車線の広幅員化（10－30km を整備する）
- ・幅が広く混雑している自転車車線に着色・自転車とバスのみの専用空間の整備
- ・思いやりを持った気持ちと運転を広報啓発する・より安全な通学路の整備
- ・コペンハーゲンの各種の学校における自転車通学の方針の策定

c　快適性の増進のための施策（表⑤の目標達成のための施策）

- ・自転車車線の表面のアスファルトのより滑らかさの確保・除雪と掃除の方法の改善・効果的な駐輪方策の実施（インフラ整備、協力体制、放置自転車の回収）
- ・自転車利用者のためのサービスの強化（空気ポンプ、水道、'自転車仲間'アプリ、天気予報など）
- ・自転車通勤と通学を推進するため自転車の施設（駐輪場等）とその設置情報の提供につき職場と学校との協力体制の構築・市内の従業者のためのより良い自転車環境の提供（駐輪場、更衣室、自転車修理など）
- ・新規の施策の提供（管理人付きの駐輪場、舗装用丸石の道路面を舗装するなど）
- ・その他二つの項目（表①及び⑥の目標達成のための施策）

以上のほか、世界最高の自転車都市を作り、移動の際により多くの人に自転車を奨励するために重要な二つの追加すべき（次のd及びeの施策）。

d　自転車を組み込んだライフスタイルとイメージの形成のための施策（表⑥に関連する施策）

- ・自転車のイメージ、ライフスタイル及び自転車の利点に関する広報啓発、新しく自転車を利用しようとする人や、年配の人、短距離をクルマで移動している人など、より自転車を利用する可能性がある具体的なターゲットとすべき範疇の人々に向けてのキャンペーン

・あなたの自転車都市、あなたの母なる自転車都市というような考えを広く共有するためのキャンペーン
・1ヵ所で自転車に関する必要な情報が手に入る自転車ポータルサイトのオンラインの提供

e　自転車利用に関する経験を集積する施策

・風と天候とに関する経験を、自転車走行空間の設計に反映。
・積極的な自転車の経験の共有。（あなたの好きなルート、あなたの好きなショートカットというような情報を提供する）

　これらは、すでに計画の中で述べられているものもあり、また、この表の中で初めてできたものもある。全体が体系的・具体的に整備されて、目標達成のために必要なこれにリンクした施策として提示されている。これらの中に見られる重要な役割は次の通りである。

① 　自転車の迅速性の確保

　第一に、自転車の迅速化をトップに挙げており、自転車利用者や非自転車利用者を誘引するために一番大切な点を重視しているとともに、また、内容的に具体的なものが多い。具体的には、スーパーハイウェイや各種ショートカットの徹底した推進、ドイツ国家自転車計画でも今後の自転車政策の柱としている電動アシスト自転車の推進、自転車の速度を上げるための信号や自動車の各種交通規制などが特徴である。

② 　安心感の醸成

　第二に、安心感の醸成では、走行空間の量的・質的な整備とルールの徹底が特徴である。特に、通学路の整備とセットで自転車通学の方針を学校に策定させることによる自転車通学の推進などを通じて通学目的の自転車利用を推進することが特徴である。

③ 　快適性の推進

　第三に、快適性の推進のために、この項目のトップに路面の滑らかさ・除雪や自転車利用者の欲するサービスの強化を挙げているなど、自転車利用者の目線に立った施策を上位に出している。目立つのは、自転車通勤通学の分担率を目標としていることと直接つながる通学路や自転車駐車場などを重点に入れ込んでいることなどしっかりとした具体的な目標値があるからこそ、これとリン

クする具体的な施策を打ち出すことができている。

④　自転車のイメージ向上や利用啓発のためのデータ収集

　　第四に、自転車のイメージの向上や情報提供のための広報啓発の具体策を提示している。これにより、自転車に対するより良好な認識や態度が形成され、自転車文化の形成を通じた都市環境の質の高い形成が図られるものと理解する。

第 3 章　ニューヨーク～世界最長の都市型の自転車走行空間とその工夫（Creating a World Class Cycling City）

（筆者ら「北米における自転車施策の最新事情」（報告書2015年 6 月）から引用並びに訪問時のヒアリングと入手資料による。なお、図表や写真等で出典を明記しないものは、当該入手資料を使用している。）

1 ．世界クラスの自転車都市

(1)　1990年代までは自転車に関心が薄かった都市

　ニューヨークでは、この30年で自転車のインフラ構築が盛んになってきたとされる。1930年代から1970年代は、自動車が中心で自転車はあまり注目されていなかった。しかし、1970年のオイルショックをうけて、環境に影響を与えない交通手段について考えるようになった。1978年から81年にかけてニューヨーク市は自転車レーンを発展させるために、これに対する整備に予算を費やすようになった。しかしながら、オイルショックを過ぎ経済危機をぬけるとともに自動車を中心とした交通が再び盛んになった。このような中で、1992年には連邦政府がはじめて、自転車レーンや歩道に予算措置を講じた。それ以前は、単独で市が支出していたが自転車に対する関心が薄く投資額も少なかった。

　その後、自転車に対する関心が高まり、ニューヨーク市の自転車に関する投資も増えたが、これを推進する組織がないと進まないことがわかった。また、上述のように1992年に連邦の財政的な支援があるようになったが、政治的興味が薄く建設が進まない状況であった。

(2)　ニューヨークの自転車利用と施策が盛んになった背景

　しかし、このような状況に対して、1997年に自転車マスタープランを策定、その後2007年にマスタープランの見直しがあり、施策の実現が加速した。2006年市長が自転車事故死者の数値などを発表するとともに、 3 年で200マイルの建設を重点的に進めた結果これが完成した。また、10年間の事故の傾向

187

を見るため、事故のデータなどから自転車利用者をどうクルマから守るかが中心の対策となり、個別の計画を策定したが、全体の目標などはたてられていなかった。ニューヨーク市長期計画（2011年改訂、前頁写真の表紙）では、毎年50マイルずつ計1,800マイルを完成させる計画となっており、2007年から2014年の間に毎年40マイル以上の空間整備が行われ、410マイル強が完成、全体の合計で道路上の自転車ルートは、660マイルとなっている。

(3)　自転車の走行量が増加すると自転車事故率は低下

図の右上がりの線は、6地点の自転車の走行量で、右下がりの線は自転車事故率である。これによると、自動車利用が増えるほど事故の率が減る傾向がある。2001年から2013年にかけて、自転車利用者の重傷のリスクは、75％も減少した（重傷者の数は、過去10年間で41％減少し、人口当たりでは46％の減である）。

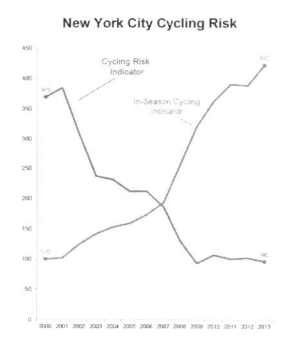

(4)　自転車走行空間の整備延長と自転車利用者数は比例

図の左側のラインは、年間の自転車利用量、右側のラインは、バイクレーンの延長である。これによると、レーンを延ばすほど利用者は増える（毎月6カ所7時から19時の自転車通行量の測定による）。

調査当初は、通勤を重視していた。マンハッタンのミッドタウンでは、オフィスが集中しているため11時から14時の利用が多かった。たとえば、昼食のデリバリーなどがある。通勤の実数をとるために、

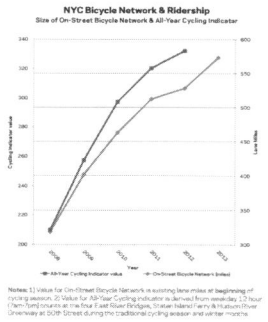

測定する場所を橋の上などにおいた。橋に設置した機械によると、深夜に増え、レストラン勤務者や遊んでいる人の利用があることが分かった。

2．走行空間の整備に注力

(1)　現在の走行空間の整備状況〜世界的にみても都市型自転車走行空間では最長

ニューヨーク市では、まもなく1,000マイル（1,609km）の自転車走行空間

が完成する。世界の他の都市ではこのような日常利用の目的のための長い延長の走行空間はないと思われる。

① 2015年 5 月現在983レーンマイルの内訳
（ 3 タイプの合計）

ａ．空間的に分離された自転車道379レーンマイル

ｂ．自転車専用レーンは、362レーンマイル

ｃ．自動車・自転車共用レーン（以下、共用レーン）242レーンマイル

② 2007年までは、部分的な整備はしてきていた

図　自転車道

が、連続性がなかったので自転車の利用が悪く、自動車利用者から無駄ではないかとの声が上がった。その問題に対応するために全てのレーンをつなぐことに注力するようになった。このように住民の要望を取り入れながら、走行空間のネット

図　自転車専用レーン

図　共用レーン

ワークを連続性を持たせた形で整備していく手法は我が国でも大いに参考になる。（注）なお、上記のレーンマイルはレーンの延長をマイルで表示したものと思われる。

(2) 自転車走行空間の拡張への取り組み〜徹底した住民参加

整備に当たっては、時には地元から反対も出ることがあり、それらの対話の中から、自動車の駐車帯を広げるという説明で空間を確保するアイデアが出た。最初に広めに駐車帯をとり（自動車利用者の賛同を得てから）、そこに後からそっと自転車通行位置のサイ

ンの標示をつけ加えるなどの工夫をした。

　このような工夫をしながら、2007年のマスタープランでは2009年までに200マイルを整備するという目標を達成するために作業を行ったが結果的に、その3年間で整備した。

　産業地域が居住地域に変化した地域では、交通機関が発達しておらず自転車に頼らざるを得ないエリアがあった。これらのエリアに自転車の計画を広げる必要がある。それらの59の地域では、自転車計画をサポートする義務がある。担当者は59の地区を訪問して計画の話をする必要があり、1年に50マイル

の目標を達成するため、地域の人が集まった委員会（バイクコミュニティイニシアティブ）をつくった。その中でも特に自転車走行空間を必要としているコミュニティと話をし、最初は市の交通部局が提案していたが、現在は地域の委員会からアイデアが上がってくるようになった。このような委員会における対話が行われる前には、6ヶ月で1マイルの整備であったものが、この委員会のおかげで、計画のプロセスに1年半程度かかるが、それにより6カ月に10～20マイルのレーンができるようになった。

　これらの取り組みにより、バイクレーン同士をつなぐことができ、また、自転車走行空間は分離された自転車道にアップグレードするようなこともできるようになった。

　このような住民の自転車走行空間の必要性を背景として、住民参加と提案を積極的に生かした手法は我が国でも大いに参考になる。

(3)　空間の確保の工夫～自動車の走行空間との微妙な調和

① 　自動車の車線数を変えず分離された自転車道を確保

　図の上は現況で、下が提案である。これが示すのは、各々約12フィートの走行車線の幅があるが、これは規格のしっかりした道路の基準で整備されていたものである。一般車線の幅は10フィートでよいので、そこまで減らす提案をし、余剰分を自転車レーンに転換した上で自動車も同じ5車線を確保することができる。

② 共用レーンを分離された自転車道に変更

　5つの走行レーンの内1つが自転車と自動車の共用レーンであった。ここは、交通量が多いため車線数を大きく減らすことができなかったファーストアベニューであるが、交通量など丁寧な調査を行い、その結果、自動車・自転車共用レーンであったものを、自動車の車線を1車線減らすことで、これを車の駐車帯にすることにより走行車両から分離された自転車道を生み出した。すなわち、自動車側にも一応駐車帯を含めると自動車と自転車に同じような空間の配分としている点が工夫されているのである。

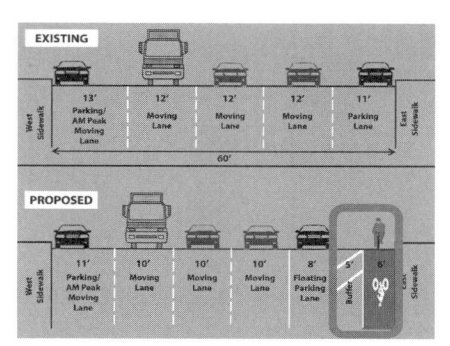
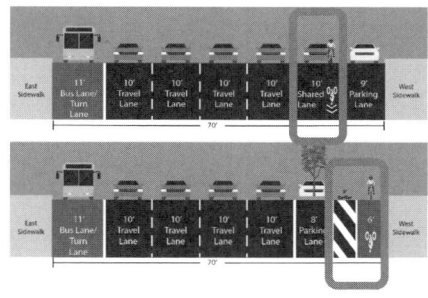

③ 分離された自転車道：自動車駐車帯による保護

　自動車駐車帯により保護された自転車道は、さらに駐車車両が自動車と自転車の間の空間的バリアの役割を果たすことで、自転車利用者の安心感を生む。写真上では、自動車の助手席側のドアの開閉の影響を受けなくなることと、運転席側には、ドアの開き代分の緩衝帯が設けられることで、自転車への影響をなくしている。

　車道のセンターライン側に自動車の駐車帯を設けて車道と隔離し、さらにその間に緩衝帯を設けて、自動車のドア開きに対する安心感も醸成するよう

にする。幅員の余裕がある場合にできるが、しかし、自転車側の車道通行の恐怖感をダブルで解消している点が注目される。

④　交差点での自動車の左折の場合の一時停止措置

　交差点は事故が多く、特に一方通行の幹線道路では左折巻込みが多い。この場合、以前は自動車に対する左折専用信号で、自転車の直進走行を保護していたが、自動車側からの不評等もあり、左折専用の信号に代わり、左折帯に一旦停止線エリアを設けた。これにより、優先権は自転車にあるが、左折自動車は、自転車がいないときに待たなくてよくなった。また、左折地点の手前から駐車帯をなくし、歩行者・自転車を見えやすくして、事故が減った。特に交差点の左折事故が多い点に対策を講じて、十分な配慮をしている点が特徴的である。

⑤　適正な管理

　自転車走行空間も600マイルを超えて、維持管理が課題となってくる。至る所で、路面標示の塗装がはがれている箇所が存在するが、最近では、年30～40マイルの更新を行っている。

３．駐輪空間をまち中に提供

⑴　路上ラックの設置

①　多数の駐輪ラックを設置

　plaNYC によると、まち中の駐輪空間の設置は、2008年から設置数を増大してきたが、2013年にも一層加速するようにした。この理由としては、ニューヨーク総合計画 plaNYC により合計15,000個のラックを設置することになったためである。

②　ラックの設置箇所

　以前は、地域や住民の要請（リクエスト）によって設置することとなっていたが、これでは、分散した設置になるので、需要に対し

年	設置	年	設置
1996	608	2007	882
2000	892	2008	1,309
2001	328	2009	2,642
2002	472	2010	2,456
2003	218	2011	1,799
2004	376	2012	2933
2005	320	2013	4905
2006	523	2014	2702
合計23,300（46,600台分）			

効果的に供給できていなかった。そこでやり方を変え、商店街など需要の多いところについて、重点的に設置することにした。ラック一つで二台が駐輪でき

る。この特徴として、**第一に**、市が住民等の地域の要求に基づいて必要な箇所に設置していたが、今は需要の多いところに重点的に設置していること等の駐輪需要のあるところ優先して設置するようにしていること、**第二に**、市がまち中に分散型で配置ようにしていることである。このようにして、自転車の駐輪をまち中で支えるようにして、自転車によるアクセスを容易にするとともに、盗難等を防止し、安心して利用を促進してもらえるようにしている。

(2)　まち中の駐輪空間の設置の工夫

①　駐輪ラックを集約して設置

これまでは道路と並行の設置をしていたが、道路の進行方向に対して垂直方向に設置するようにして、集約的に設けることで、効率的な設置をしている。さらに、このように垂直又は少し斜めにおくようにすることで、狭い空間で、多くの台数が置けるようになった。

②　自転車駐車場：車道上のバイクコラールズ

駐輪空間を歩道上の混雑をさけるようにするため、車道上の自動車の駐車帯を自転車駐車場に転用して設置するものである。問題は、この空間の管理への協力者が必要であることと道路清掃車が入れないことである。植樹ポッドを置き、その管理は緑地管理のセクションが行っている。現在マンハッタンでは45のバイクコラールズがある。

③　バイクシェルター（屋根付き駐輪空間）

屋根付きの駐輪空間を、バイクシェルターと称して、2008年〜2010年に設置している。サモサという民間の広告企業に広告権を付与することで、バイクシェルターを設置させている例が写真である。幅16フィートの空間が必要であるので実験的に設置している。plaNYC では、自転車ラックは次の交通手段への結節（トランジット）とし

写真　バイクシェルター

て位置づけているので、バス停のあるところはすでにバスシェルターがあり空間を確保することが難しいので、これに支障のないところでの駐輪空間で可能である。

④　路上駐輪空間：カーブ（歩道）拡
　　張

　もともとの路上の自動車駐車帯部分
の空間を転用し、歩道を拡幅（6
フィート）したものである。写真は、
ブルックリンのウィリアムズバークで
自転車利用者が多くこの対策は重要で
ある。しかし、これをつくるよりは、
前出のバイクコラールズの方がやりやすい（費用その他）。

　以上のようなまち中の駐輪空間を整備する具体例が提示されている。我が国
では、駅前の自転車駐車場が主流であったために、このような駐輪空間の設置
の苦労はあまりなかったと思われるが、今後駅前からまち中に駐輪需要が拡大
し、安易にその辺の駐輪空間でない路上に自転車を放置することが増加するこ
とも予想されるので、これらの方法や工夫を参考にすることも求められる。特
に、自動車の路上駐車空間については、ポートランドでも一台分で自転車8台
分が駐輪できるので、来客や賑わい増にもつながるとして路上駐車空間から路
上駐輪空間への転換を推進する動きもある。今後の参考にすべきである。

4．自転車教育や広報に重点を置く

　自転車のルールなどの教育は極めて重要な問題であるが、新
たな自転車利用者に対する教育に力をいれたのは2010年以降で
あり、スタートは遅い。それまで、自転車走行空間の整備が中
心で、自転車教育の重要性に焦点が当たっていなかった。
ニューヨークでは、歩道通行したり（13歳以上は違法）、逆走、
信号無視があった。このため、サイクリングマップに法律を記
入し配ることにした。また、毎年、ベルとライトを配ってい
る。もともとは手渡しをしていたが、どのように使われている

か調べておらずまた、法律の内容を説明していなかった。この3年間は、直接
バイクにとりつけることで、その間に法律について説明するなどの啓発を行っ
ている。

広報啓発例　①ルール等の解説の入ったニューヨークサイクリングマップを毎年375,000部配布　②バイクスマートガイドを多国籍言語で印刷　③教育・安全の広報啓発誌の配布　④戦略的な疎通を図るキャンペーン実施

5．シティバイク（シェアサイクル）は今後も利用が増加

(1)　概要

　ニューヨークのシティバイク（CitiBike）は、2013年から稼働している。327ステーション、6,000台が投入されている（2015年3月現在、同年7月に2,400台追加予定）。稼働している自転車は、日平均3,826台で、残りは修理等のためストックヤードに置かれる。日平均利用台数は、10,088台である。シティバンクが広告主となり、援助している。30分以内の使用料金は、3ドル、一日パス12ドル、年間会員169ドルである（いずれも30分以内の利用の場合）。

(2)　自転車の改良について

　システムやドックの改良、利用者の慣れ、自転車の改良により、車体が壊れる頻度は導入当初と比較すると低くなったものの、シティバイクの自転車は、利用者が多く、走行距離が長いこと、利用者の使い方（自分のものではないため雑）、常時外気にさらされている影響により、1年間で20年間使用したレベルの損傷を受ける。

　より強度の強い車体にすることで、トータルコストの削減を図った（15～20％ランニングコストをかけているが30％のトータルコストの削減が期待される）。

　また、1年間のメンテナンス箇所や費用を整理し、改良の優先順位を定めた。タイヤ（ホイル、スポーク）やリブの改良に重点を置いた。その他、フェンダーに樹脂を使用するなどを実施し、3kgほど軽くなる改良となった。この改良により他の都市の車体とは違う独自のものとなっている。

　ステンレス、アルミを使用することでの錆対策、小さい部品は使わず修理の頻度を少なくするなどコストを少なくしている。

　イタリアのマローンなどでは電動アシストの車両も人気がある。電動アシスト車を導入するには、充電方法が課題である。ステーションの電源である太陽パネルは、現在のシステムを賄うには十分であるが、電動アシストを充電する

には足りない。

⑶　倉庫について

　冬になると自転車が使われなくなるため、約50％の自転車は倉庫内で管理、メンテナンスする。ハドソン川の中で見つかるバイクやステーションに大型自動車が衝突して損傷するバイク、ステーションで改造されてしまうバイクもある。

⑷　修理場について

　ブルックリンとペンステーションの2箇所の修理場で6,000台（2,400台増やす予定）の自転車を修理、メンテナンスしている。それぞれで、2シフト制（比率は6：4）で120台／日及び50台／日・人の修理、安全確認を実施している。修理が必要な対象車両は、路上の技術者が見つけることもあるが、利用者からの報告が多い。

　20名の技術者で路上での修理も行っている。路上の技術者はシティバイクで移動している（広告にもなっている）。洗浄では、環境に考慮してバクテリアが入った水槽で汚れを落とすという取組みも実施している。

⑸　ステーションについて

　シティバイクは1ステーションで60ドックが最大の事例である。ステーションを設置する用地の面積が制約となっている。開錠、施錠がわかりづらく、乱暴に扱われることや、施錠されていないことに気付かず帰ってしまう人も見られたことから、開錠と同時に自転車がドックから自動で出てくるようなドックの改良も検討している。

　ターミナルでの手続きを簡略化できるようキーの発行を1〜2ドルで実施できるシステムを予定している。雪などによりドックのシステムが異状をきたすことがあるが、シティバイクは年間を通じて運営することを前提としている。

⑹　ステーションや自転車の配置について

　ステーションの配置はDOT（ニューヨーク市の交通局）が計画する。地域の要望にも応えている。計画の際は、DOTと地域が協議し、要望などを取り入れている。DOTが作成した計画が実施可能であるか（交通の問題や、太陽光が採光できるかなど）を勘案して、実施会社MOTIVATEが確認する。

　ステーションの設置場所は、ほとんどが道路上（歩道、路上）であるが、民間の施設の敷地についても、要請があり、かつ、利用されることが期待できれ

ば設置をすることもあるが、道路上のステーションと比較すると民間施設の敷地のステーションの割合はとても小さい。民間施設に設置する場合も、設置費用はMOTIVATEが負担している。

(7)　設置等の費用

費用について、一般的に、用地費用はNYC市が負担、設置・運営はMOTIVATEが負担する。行政の負担は用地のみである。MOTIVATEは事業の収益とCitiBankからの広告収入で賄われている。

(8)　自転車の再配置について

利用頻度が高いステーションでは再配置をするためにトレーラーや人員を配置している。再配置はコミュニティサイクルの運営において最も重要な課題である。再配置では、一度に5台を運ぶことができるトレーラー等を活用し自転車を配置したり、到着した自転車をドックから外して空ドックを準備したりする。利用が多いステーション（3、4ヵ所、イーストビレッジ、ペンステーション、ウォール街等）、利用が多い時間帯（1、2時間）を対象に実施している。

(9)　利用者について

年会員は8万8千人である。セントラルパーク周辺などでは1日だけの利用者が多い（季節変動も大きい）。

(10)　利用状況とデータの利活用について

利用が多い日では、平均で1台が7～8回利用されている。

利用状況のデータは、利用者に情報提供するとともに、再配置やステーションの配置計画に活用している。データはオープンにしているので、二次利用の可能性もある（ドックの空き状況、自転車の台数を情報提供するアプリは多数あり）。ただし、顧客の個人情報の分析や、個別の営業といった二次利用は考えていない。

(11)　今後の計画について

改良版の自転車を1,000台追加するなど、自転車の配置数を増加しようとしているが、利用が多いためさらに増加を予定している。

クイーンズやブルックリン、マンハッタンの北部でも増やす予定である。このようにシェアを拡大することで、信用できるモビリティとなる。行政、MOTIVATE、利用者の3者とも拡大したい意向を持っている。CitiBankから

の援助も期待できる。

6．自転車と自動車の優劣の位置づけ

　自動車と自転車の優劣の位置づけについては、「優位の位置づけはしていない。現状では、自動車が多いため、優先は自動車にある。場所によっては、自転車の量が少ないので優先順位はまだ低い。」との考えである（ニューヨーク市交通部局）。

　また、車道を自転車レーンに転換している事例が多いこと、また、州法の道路交通法で同等の権利を有するとなっていることについては、「現在のところ、自動車の発言力が強いので、まだ自転車にプライオリティを与えることができていない。しかし、シティバイクなども最近子供と一緒に利用するような人が増えているが、そのような状況が続けば位置づけが変わってくる可能性がある。たとえば、初めて自転車に乗る人も最初から買うのではなく、シティバイクを使うことで、自転車利用者がこれからも増えるのではないかと考えられる。」との見方である（ニューヨーク市交通部局）。現在では、ニューヨークの自転車分担率は、通勤時で、ニューヨーク住民は0.5％であり、アメリカ全体では0.4％であるとされている。これを増加させるよう様々な施策を講じているが、自転車利用者はあくまで少数派である。民主主義の考え方がしっかりとしているアメリカでは多数を占める自動車利用者より極めて少数の自転車利用者を明確に優先することは難しいことがわかる。徐々に自転車利用者を増やして、その発言力や影響力を増加させることが必要であることが示されている。

第4章　フローニンゲン～コンパクトシティと自転車の結合

（筆者らの2017年の訪問時の調査と写真・図などの入手資料に基づいている。また、図や写真はとくにことわりがない場合は訪問時の入手資料を引用している。）

1．都市内移動の61％が自転車という世界最高の自転車利用都市

　フローニンゲンは、NHK の「地球いちばん」で取り上げられたまさに世界で一番自転車を利用する都市とされる。2015年の人口は20万人で、この人口は過去から伸びてきており、2025年には22.5万人と見込まれる等都市として発展を続けているが、このような中でコンパクトシティの形成を進めている。このコンパクトシティは後述のように自転車で移動・到達できる範囲に市街地を収めること、すなわち、市街地の広がりを市街地中心部に自転車でアクセス可能な範囲とするというものであ

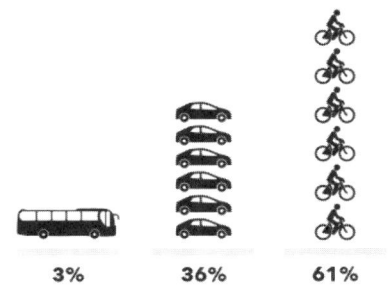

出典：フローニンゲン市自転車計画

り、その手法は我が国の今後の真の意味で自転車都市としてコンパクトなまちづくりを進める都市には、大いに参考となると思われる。旧市街地は 1 km^2、市の面積100km^2（正方形では10km 四方となる）以下とコンパクトなまちになっている。「自転車都市」と自称又は他称する都市は世界に、また、日本にもたくさんあるが、このフローニンゲンは、まさにまちづくりと自転車が密接に結びつき、町がコンパクトで、平坦、気候も自転車に適し、空気がきれいで、安全である。自転車でまちのほとんどを移動できるという意味でまさに自転車都市というにふさわしい。また、自転車に優しい都市として知られており、市内移動の自転車分担率は61％と他の都市で例を見ないほど非常に高く、自転車の保有率も1.5台／人と高い。中心市街地に来る人の70％は自転

車で来街しているとされている。このような都市は世界に二つとないとしている（市の「自転車戦略2015−2025」による）。

(1)　中心市街地の自動車を半減した TRAFFIC CIRCULATION PLAN（1977）

フローニンゲン市では、第2次世界大戦後、1960年代〜70年代にかけて移動手段は自家用車が中心で、市内には車が溢れていた。この状況を改善するため、1977年に市の総合交通計画である TRAFFIC CIRCULATION PLAN を策定し、自動車交通の抑制を開始した。この計画の主要な目的は、自動車の渋滞の主要因となっていた中心市街地の通過交通を減少させることにある。市の中心市街地を「リビングルーム」に見立て、居心地のよい居間のような環境をつくることをコンセプトとした。市の交通政策の方針として、中心市街地を4つのセクションに分け、一方通行規制をかけることで、自動車は、一度中心市街地の外に出て、環状道路を利用しなければ、隣接するセク

ションに移動できない仕組みとした。この計画の効果は大きく、中心市街地の自動車の交通量は半減するとともに、市全域を覆う自転車ネットワークの計画がこの中に示されており、自転車優先の政策の基本となっている。

以後、市の執行部の体制が変わっても、自転車優先の施策を一貫して実行している。

(2)　Cycling Strategy2015−2025に示される5つの施策方針〜まちづくりはまず自転車から

「Cycling Strategy2015−2025」は、2015年3月に策定されたフローニンゲン市の最新の自転車計画であり、現在の市の執行部の任期内に実行する3〜4年の施策を中心としたアクションプログラムともなっている。この計画では、①

市民の健康増進（心身両面）、②存続可能でかつ経済活力のある都市形成（公共交通より安価で二酸化炭素を排出せず、かつ、交通混雑緩和が可能な持続可能な交通手段と知識集約型産業等ポテンシャルの高い経済を支える交通手段）及び③安全な都市形成（社会的肉体的に高い交通安全性）の三つを目標としている。この目標設定は、健康、経済及び安全の 3 つのテーマに絞り込んで、市民のわかりやすさや支持を得るようなものとなっている。

　次いで、この目標を実現するために、5 つの戦略を立てている。

① THE BICYCLE COMES FIRST（まちづくりに当たって、まず自転車利用を考える。）	都市開発では、自転車利用により中心の市街地にアクセスが可能かをまず考え、次に自転車が最も重要な移動手段であり、安全かつ適切に管理された自転車ネットワークを享受する価値があると考える
② A COHERENT BICYCLE NETWORK（体系的な自転車ネットワーク）	体系的でかつ他の交通手段と連携の取れたネットワークを構築する
③ SPACE FOR BICYCLES（自転車のための空間確保）	今後のまちの開発成長に伴い、より多くのネットワークと Smart Route を整備する
④ THE TAILORED BICYCLE PARKING（十分な駐輪空間の確保）	駐輪需要に即応した駐輪空間を設ける
⑤ STORY OF GRONINGEN - CYCLING CITY（自転車都市フローニンゲンのストーリーの構築）	自転車都市としての位置付けを永久に推進、魅力ある環境で革新的・文化的な都市を自転車により築くというストーリーをつくる

　このように、人口増加への対応、市外からの流入交通増加への対応、市民の健康、企業誘致のための魅力的なまちづくり、安全な交通環境の実現等、フローニンゲン市の課題に対応する自転車の施策として、上の 5 つの戦略が示されている。この実行計画のために、フローニンゲンは8,500万ユーロ（約100億円）もの予算を予定している。

2．自転車利用を第一に考える Bicycles First のまちづくり

⑴　THE BICYCLE COMES FIRST 都市開発はまず自転車を組み込む

　市の計画では、新規の空間開発では自転車影響調査を行い、全ての都市開発が当初から自転車利用を確実に組み込んでいるようにしている。市担当者によると、ショッピングセンターや鉄道駅等の比較的規模の大きい都市開発計画を

始めとして、まちづくりの細部において、市民の多数を占める自転車利用者が何を求めているかを考えて実現する政策が当然優先されるべきとの思想が、市全体の政策方針となっている。そのため、15～20のプロジェクトチームで構成される市の都市計画セクションは、事業・施策の検討にあたって、最低一つは自転車関連のものを入れることがルールとなっている。

　この戦略はまちづくりにおいて自転車を優遇して初めてその効果を発揮するので、このため、自転車を優遇する具体プロジェクトとして、主要駅の構内を自転車のみ通過できる自転車トンネル道や地下駐輪場、通勤時間での除雪の自転車走行空間の優先、照明の設置等の管理の優先、自転車道の地熱による融雪などの事業を実施するとされる。

(2)　A COHERENT BICYCLE NETWORK 体系的でかつ他の交通手段と連携の取れたネットワークの構築

　自転車は集約的及び持続的なまちの利用に寄与するとともに、魅力的なビジネスに不可欠なものである。病院や駅などの公共交通の結節点、重要な経済的生産拠点その他の地域を結合するものである。このために、自転車自体のネットワークを総合的な観点から考慮するとともに、交通体系全体で自転車と他の交通との連鎖の観点から考える。主要ネットワークは、最も重要な市街地の通勤エリアへの往復のためのルート、都市軸を構成するルート、運河環状ルートなどにより構成する。また、自転車と自動車は空間的に分離す

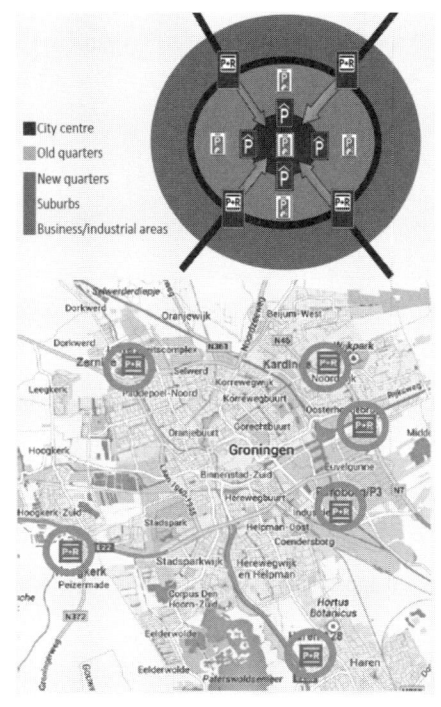

出典：フローニンゲン市提供資料

Hoogkerk 地区の P&R・P&CR
駐車場

ることを目指す。

① 　自転車と他の交通手段をパークアンドライド又はパークアンドカーライドで連鎖を強化

　パークアンドライド（P&R）、パークアンドカーライド（P&CR）で結びつける基幹ネットワークの形成のため、中心市街地と郊外部は、基幹道路ネットワークで連結されるが、公共交通・自転車でのアクセスが推奨されている。郊外部の交通の要所には、6ヵ所 P&R・P&CR が可能な大規模駐車場が整備され、基幹ネットワークに質の高いバス路線、自転車通行空間が提供されている。

　中心市街地へはバス・自転車でのアクセスが推奨されている。市内の駐車場は、中心市街地に近づくほど駐車料金が高く、利用可能な駐車時間が短くなるように設定されており、環状道路内側の市街地は全て有料の駐車場である一方、P&R・P&CR 駐車場は無料のため、中心市街地への移動にバスや自転車を利用するという選択をする市民が増えた。自動車でやってきて乗り換える自転車の駐輪施設としては、屋根付きの無料駐輪場（写真）、個別の自転車ロッカー（写真）のほか、鍵のかかる契約駐輪場などが用意されている。また、市内にシェアサイクルが利用可能な箇所もある。

② 　自転車ルートプラス（Bicycle Route+）～自転車での通勤通学の範囲を拡大

　自転車ルートプラスは、学生や通勤者の都市への往復を迅速かつ快適にするために設ける。このルートは、自動車と競合する。しかし、ルートのみでは速度が必要なレベルに確保できないので、電動アシスト自転車の活用などを考える必要がある。これにより、主

図　郊外部への自転車ルートプラス（メインルート地図）

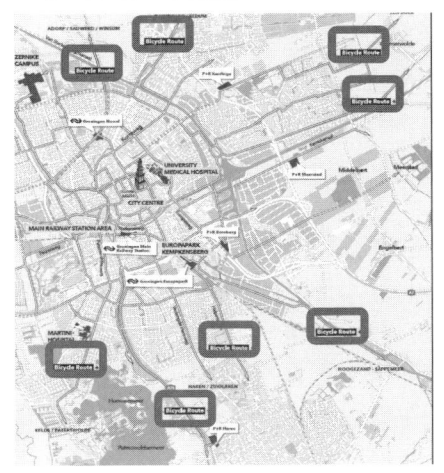

要ルートの範囲を拡大できるため、最高の質の自転車道とミッシングリンク（計画で位置付けられているが未整備の区間）の整備が求められる。これにより、通勤通学の可能な範囲が拡大され、これに伴い都市開発の可能な地域の範囲も一定拡大して、増加する人口を受け入れられるものと考えられる。なお、メインネットワークの地図では、この自転車ルートプラスは中心市街地から郊外部の住宅地に向かって放射状に設けられ、合計10本のルートが見られる（図）。

　一方、市担当者によると、近年ではインフラ整備だけでは、コスト、時間、工事期間の住民への悪影響の問題を回避できず、問題のある箇所に対して、自転車用のトンネルや橋の建設のみの考え方は古いとの認識があり、Cycling Strategy2015－2025の施策展開にあたっては、迂回路へのPRや標識の充実等も合わせて検討し、実施していくことが重要と考えられている。

③　Smart Root（並行道路への迂回）

　環状道路を跨ぎ市中心部へ南北に抜ける放射自転車道では、自転車交通量が非常に多く（自転車が1万〜1.1万台／日通過）、自動車の環状道路を横切っているため、通勤・通学時は継続的に自転車が横断し、環状道路で自動車の大渋滞を引き起こす要因となっていた。また、環状道路の渋滞から、自動車が無理に進もうとして横断する自転車と錯綜する、危険な状況も生じていた。

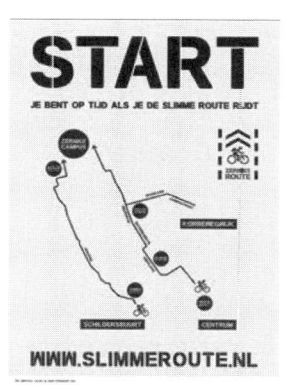

　フローニンゲン市は、自転車専用のトンネルの建設等のインフラ整備ではない別の解決策を模索し、市中心部に向かう際にはこれに並行するルートへの経路の変更を促すよう、市民に対してプロモーションを行った。具体的には、経路変更を促す標識を設置したほか、パンフレットを配布するなど、インフラ整備と比較し大幅にコストのかからない方法がとられ

た。その結果、現在ではその放射自転車道の自転車交通量が減少し、迂回路の

自転車交通量が1万台／日から1.8万台／日に増加している（図はスマート
ルートでの迂回を呼び掛けるちらし）。このようなインフラ整備を行わない方
法も我が国では参考になる。また、写真は、迂回を促した以上、そのルートを
迅速安全に走行できるように、他の一般道路との交差点で、一般道路側に一時
停止義務を課して、自転車のルート側を優先している。

⑶　SPACE FOR BICYCLES 〜今後のまちの開発成長に伴い、より多くの ネットワークとスマートルート空間の拡大

① 人口増に対応した自転車ネットワークの拡大

さらなる都市開発は人口が増大するフローニンゲンにとって必要である。こ
のため、自転車ネットワークの改定による拡大と新しいスマートルートの拡張
を図るとされる。さらに、様々な箇所での自転車空間の拡大を図るものとして
いる。具体的には、運河環状ルートにより、市街地を郊外部で拡大する。ま
た、この環状ルートを超えた範囲にも質の高いルートを拡大する。その設計に
当たっては、橋梁や交通量が多い自転車ルートと公共交通の接点のある箇所で
の速度が確保されるような配慮が必要である。また、中心市街地へのルートも
需要に対応しきれない箇所がある。これにより自転車交通の安全性とクルマや
バスの速度にとってのマイナスの影響があるので、フローニンゲンの成長に伴
い配慮すべき点であるとされる。

② 自転車交通量に対応できていない自転車道の改良

自転車交通量が極めて多い箇所では、ラッシュ時は自転車であふれ、自動車
の車線が狭くなっている。設計の改良が必要であるとされる。

⑷　THE TAILORED BICYCLE PARKING 〜駐輪需要に即応した駐輪空間

フローニンゲンの人たちはどこでも自転車を止めたがるので、まち中に質の
高い駐輪空間は不可欠である。この点ではまだ経験が蓄積されていない。施策
の良否を学習する必要がある。強制ではなく、自転車利用者が最も地域に合っ
た駐輪の方法を選択する。行政は、その行動に対して魅力的な施設を提供する
とともに、施策の高度化を図る必要がある。行政は、自転車利用者に駐輪方法
の選択肢を与えるとともに、自転車利用者は、週日と週末では異なる行動をと
ることを考慮して対応する必要がある。自転車利用が大量にあるときには、選
択できる施設とルートを提供することが求められ、このため、自転車利用者の
需要行動に即応した施設対応を必要としている。絶えず自転車利用者のことを

考えて行動するところは、自転車利用が増加することがあっても、減少することはないというフローニンゲンの原点があるとみられる。

① 中心市街地における駐輪場整備

中心市街地においては、駐輪設備を設置する箇所の駐輪時間の想定に応じ、短時間、中時間及び長時間の3種類の駐輪場を整備している。

まちなかの駐輪設備については、大規模駐輪場の整備はコストが大きいことや、工事中は長期にわたり、歩行者や自転車に対しても通行制限が必要になるなど、住民にとって不利益が生じる可能性が高いため、基本的にはニーズに応じて市が簡易の駐輪設備を設置している。

短時間駐輪（平置き・マークのみ）　**中時間駐輪（路駐ラック）**　**長時間駐輪（屋根付き駐輪場）**

出典：フローニンゲン市提供資料

短時間での駐輪ニーズが高い場所では、自転車をロックするためのラックやポールは設置せず、駐輪可能な場所であることを示すマークを路面に示すのみである。中心市街地での駐輪空間の提供は、中心市街地の経済の活性化と社会的な安全性に寄与する。利用者の駐輪需要に応じたきめ細かな駐輪空間の設置がみられる。

② 中心市街地周辺の旧市街地での駐輪空間も不足

若者はこの地域に住みたがるので、駐輪空間が不足している。このため、屋内駐輪を推奨すること、計画当初から駐輪場を組み込むこと、その敷地内での駐輪を推奨すること、それでも困難な場合は公共スペースに設けることとしている。

③ 鉄道駅における駐輪場整備

フローニンゲン市では、市内外の広域アクセスの拠点となる鉄道駅に、大規模な屋内駐輪場、地下駐輪場が整備されており、市内の自転車交通を支える交通結節点となっている。

　フローニンゲン中央駅では、約10年前に5,500台を収容する屋内駐輪場を整備した後、現在まで1万台収容規模にまで拡張工事を実施しており、「Cycling Strategy2015－2025」の計画期間中には、駅の東西合わせて1万7,500万台までに増設される見込みである。

　なお、フローニンゲン中央駅を含めた市全体の鉄道駅の駐輪場の整備については1,700万ユーロの整備費用が見込まれているが、NS（オランダ鉄道）と市が半額ずつ負担するとのことである。

　フローニンゲン中央駅は、駅前の道路を挟んだ自転車専用レーンから、駅敷地内まで連続して自転車専用レーンが整備されており、自転車でアクセスした方が直結で駐輪場に入構できるほか、駅構内も自転車で乗り入れられる設計となっている。

　フローニンゲン中央駅は、駐輪場の整備だけではなく、駅南北を連絡するトンネルの建設が予定されており、建設費用1,200万ユーロについては、市の負担で、市議会においても予算が承認されている。

④　自動車の駐車場の転用

　これは、敷地内駐輪が困難で、かつ、自転車の駐輪需要が自動車のそれを上回っていること、かつ、住民からの要望があることの条件を満たすことで、自動車のコインパーキングの転用を図ることとしている。また、宿泊施設を提供している人には、その費用で敷地内に設置することを要請している。

⑸　**STORY OF GRONINGEN - CYCLING CITY ～永久に推進・魅力ある環境で革新的・文化的な都市の構築**

①　自転車をもっと利用することを目指す

　フローニンゲンを生活及び仕事の場として魅力的にすることを目指して、自転車をもっと利用するようにすることを推進する。他の都市の模範となる自転車都市の構築を目標とするが、これは、他の都市のためだけではなく、これによりフローニンゲンがさらに進化するために必要である。自転車都市として明確にまたは永遠に自転車利用を推進することを目指し、通勤、レクリエーションにおいて、フローニンゲンの都市内のみならず地方部の両方での利用を推進するものである。自転車利用が、住民の人々に刺激を与えるとともに外からの人々を招き革新的な自転車利用の在り方を創造することを期待する。自転車は楽しく又はまちの誇りになるものである。

② 市民は自転車都市であることを意識しない点を広報啓
　　発で改善

　市担当者によると、フローニンゲンの市民は、40年とい
う長い時間をかけて Bicycles First のまちづくりを進めて
きたことで、自転車があまりにも身近な存在になっている

自転車のロゴマーク

ことや、オランダの国民特有の謙虚な気質が強いため、フローニンゲン市が世
界的に優れた自転車都市であるということを感じていない。

　そのため、市民に対して（世界の）自転車都市としての自覚を促し、さらな
る自転車利用を啓発するとともに、外部に対してもフローニンゲンを PR する
目的で、フローニンゲン市の市外局番（050）をモチーフにした共通の自転車
ロゴマーク（図）を作成し、ノベルティを市民に配布するほか、自転車の駐輪
スペースへのロゴマークの表示や自転車専用信号機のランプをロゴをかたどっ
たものに順次変更する等、市民への周知を図っている。

　これらの広報活動により、2017年 2 月に実施した市民意識調査では、 5 割以
上がロゴマークについて認知していると回答しており、徐々に効果が現れてい
る。

③ フローニンゲンの自転車政策を世界に拡大

　フローニンゲンの明確な自転車政策は国際的な模範例としてみなされる。世
界の都市や国から調査が訪れて、その手法を学んでもらうことで、市民の自転
車に対する印象が高まり、まちの経済の活性化にもつながる。このためには、
各種の大きな自転車の世界大会、自転車都市のコンテストへ応募するととも
に、有名自転車大会などを積極的に誘致するとある。

⑹　自転車政策に対する市民の満足度（戦略17－18ページ）

　以上のような施策により、市の自転車政策に対する市民集会（CITY
PANEL）での満足度を 8 割に引き上げることを狙いとしている。これは、現
在でも満足度が75％に達しており、きわめてハイレベルではあるが、さらに
5 ％の増加を目指すものである。このような高い満足度は、他の都市でもなか
なか獲得できていない。政策に対する相当の自信と誇りが必要である。コペン
ハーゲンでも満足度を目標値に設定しているが、この場合は、自転車の走行空
間の管理の満足度（2025年目標80％）と自転車文化の市の良好な環境に与えて
いると考えている割合（同80％）であり、総合的な政策に対する満足度とは異

なる。これから同じ2025年を目標とした長期計画の究極の真価がそれぞれに問われるものである。

3. 随所にみられる自転車の優先的な取り扱い

　以上の自転車戦略に係る政策とともに、フローニンゲンには次のような特筆すべき自転車の優先的な取り扱いが見られる。

　（2017年度欧州における自転車政策調査団　視察報告－オランダ・フローニンゲン編－）

(1)　中心市街地からの自動車の排除

・1997年の市の総合計画である TRAFFIC CIRCULATION PLAN 以降、中心市街地への自動車の乗り入れは可能であるが、一方通行規制によりセクション間の移動が出来ないため、自動車の通過交通が排除され、自動車交通量は少なく、徒歩・自転車・バスが主な移動手段となっている。

・自動車の通過交通の排除と合わせ、市中心部の土地利用についても、バスを含む自動車関連施設から徒歩・自転車の通行空間への転換がなされてきた。

(2)　中心市街地のまちづくり

・現状において、600台／日のバスが中心市街地に出入りし、バスが街の雰囲気を破壊しているとの意見が多く、40年前の自動車の問題がバスで復活している。

・中心部の小売店舗の業者は、40年前の中心市街地からの自動車排除に反対していたが、現在は市中心部からのバス排除に積極的になっている。

・現在は市中心部をバスが縦断しているが、2年後には環状道路を迂回し、複数のターミナルポイントを設置することで、中心市街地内に直接バスが乗り入れしない形に変更することが予定されている。

・ただし、高齢者からの市中心部へ直接乗り入れる公共交通手段が必要との意見にも応え、環状道路のターミナルポイントからゴルフカートで市中心部にアクセスできるよう、試験導入することが検討されている。

・市担当者によると、バスが中心市街地内に入らなくなることで、歩行者・自転車の空間が20％拡張

できる見込みである。

(3) 住宅地における自転車の優先

　住宅地内においては、自動車の30km/h規制や自転車レーンの整備と合わせ、「自動車はゲスト」の標識（写真）を一定の道路に設置することにより、車より自転車の方が優先される面的なルールが適用されており、歩行者・自転車が主役となった自転車通行空間が創出されている。

(4) 自転車専用道路への転換

　フローニンゲン市中心部に位置する公園は、自動車交通量の多い道路が公園の南北を通過して走っており、公園内の道路において歩行者や自転車の通行に危険が伴う状況にあった。

　市は1993年に、この道路を自動車通行止めにする方針を打ち出したが、市中心部の自動車通行量の多い道路であるため、自動車の利用者からの反発が予想された。

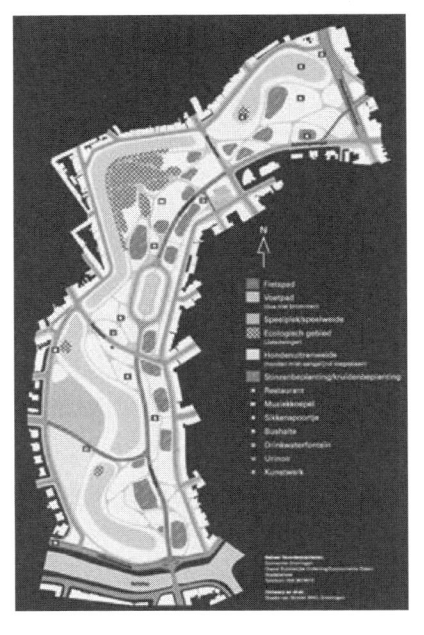

　このため、市は2～3ヶ月の実験期間ということで通行止めを導入し、市民への周知・PRを徹底したのち、住民投票で本格導入の是非を問うという手法をとった。

　住民投票の結果、市民の51％が自動車の通行禁止に賛成を示し、わずかではあるが賛成が上回ったことで本格導入が決定し、現在ではフローニンゲン市内で最も美しいといわれる公園に生まれ変わっている。

　市担当者は、当時はこのような自動車道の自転車道への転換に賛成する人が市民の51％に留まっていたが、現在この道に自動車を通しても良いか住民投票をすれば、市民の99％は反対に回るとの所感を持っていた。このように、徹底した住民参加を経た自転車優遇はその納得性と有効性が極めて高いと考えられる。

第 5 章　ヨーロッパ・米国の都市の自転車政策と我が国への応用

1．ヨーロッパ先進都市の施策ごとの特徴

(1)　自転車計画の存在及び目標値の設定

　2017年に調査のため訪問した自転車先進都市 5 都市で、自転車計画が独立して存在するのは、ユトレヒトの「自転車アクションプラン2015-2020」、フローニンゲンの「自転車戦略2015－2025」、コペンハーゲンの「自転車戦略2011－2025」である。他の 2 都市は、交通計画の中で自転車の利用に関する計画があり、オルデンブルクの「交通移動戦略プラン2014」及びキールの「交通総合計画2008－2020」がそれぞれの中で自転車に関する計画を記述している。いずれの場合も、しっかりとした自転車のプランが存在しているが、前者の方が自転車を独立して重視する度合が前面に出ているのに対し、後者は交通手段の一つとしての位置づけでの自転車施策という認識が強いと考えられる。

　自転車計画は、その都市の自転車政策を総合的かつ体系的に進めるために必要であり、特に、ここで見られる計画の内容は、都市交通における自転車としての利用やさらにまちづくりの中での自転車の利用という視点が大きな特徴である。特に注目される特徴点は、フローニンゲンの戦略目標である「なにはさておきまず自転車 THE BICYCLE COMES FIRST」である。これは、自転車施策をまず他の施策に優先するという意味以上に、個々の都市開発において、その開発をチェックする際に自転車利用の可能性を考慮に入れているかどうかをまず最初に見るというものである。まちづくりと自転車利用をリンクして、そのまちづくりは、自転車利用をベースにすることにより中心市街地へアクセスすることが可能かという点に着目する。我が国における一般的・抽象的な自転車まちづくりなどという表現ではなく、具体的にまちづくりで自転車の利用の可能性を考慮に入れるということであり、これがまさに自転車利用の可能な範囲での自転車まちづくりというコンパクトシティの発想につながっている。我が国での特にコンパクトシティの居住誘導区域の移動手段として活用し、その範囲を設定する場合に応用することにも通ずる。

　目標とする内容は、自転車利用者の一層の増大、快適性の確保など（ユトレヒト）があるが、具体の目標数値は、コペンハーゲンは、自転車の交通手段としての分担率を現在の35％から2025年までに50％に引き上げるとする数値目標、オルデンブルクは5km以内の分担率を5％上乗せする目標、キールでは19％から25％を目指す目標（2020年）を有している。より具体的な目標値の設定が、行政の施策の重点化や予算確保に直結するなど有効である。各都市とも相当に高い自転車分担率を有していることを考えると、より高い分担率の数値目標の設定がなかなか難しいことを示していると考えられる。しかし、仮にこれが大変な場合でも、より高い目標内容（数値でない場合）を設定することが、自転車政策の進展に寄与する効果があると期待される。

　具体の都市像の提示も重要である。ユトレヒトは、「世界の自転車首都を目指す」（アクションプラン）、フローニンゲンは「自転車が市民のDNAを形成する」（自転車戦略）、オルデンブルクでは「ドイツで最高の自転車分担率」を標榜し、自転車首都の一つであるとされる（連邦政府資料）。コペンハーゲンでは、「世界最高の自転車利用者にやさしいまち」として、自転車利用者の立場に立った自転車政策や環境整備を行う。自らを具体のオリジナリティある名前で規定して、これにより、施策の重点を内外に宣言して、責任を果たすために実際にこれを実現するよう努力をせざるを得ない効果がある。

(2)　自転車の位置づけ

　自転車の位置づけは、これを明確に表示している都市としてのフローニンゲンでは、1994年に住民投票を行い、中心市街地への自動車の侵入を禁止する旨が51％の賛成で認められたことを受けて進められていること、オルデンブルクではその交通移動戦略プランで市の交通システムの中で自転車と自動車の対等化を図ることなどを基本として議会で満場一致で認められたこと、コペンハーゲンでは、自転車戦略で自転車を市の交通の中心的役割を持つとしていることなど、明確に自動車や他の交通手段との関係を提示している。これらの都市でも、自動車なしでの生活はできないので、自動車の利用を重視すべきと考える人や、また、自転車は事故等があり危険であるとする人等も多く存在する。これらの人々を十分に意識しながら自転車政策が継続して行われるよう、自転車を自動車より引き上げて優遇すること、すなわち自転車の位置づけを対等又はそれ以上に引き上げ、自転車政策を強力に推進している点が重要である。フ

ローニンゲンでは、世界最高の自転車都市と言われ続けるためのより質の高い自転車政策を行うための条件を三つ挙げている。一つは、住民投票、議会などの政治決断、二つは、これを受けた自転車利用の推進施策に対する行政及び住民の信念、三つは、これらを受けた行政の自転車政策の確固たる継続性である。また、フローニンゲンは、まちのストーリーを「自転車により築く」という戦略を掲げており自転車都市として永久にこれを推進するとしている（5つの戦略の最後）。我が国では、自転車都市を標榜しながらも、これらの三つの過程のようなものがみられるものはほとんどなく、また、自転車の自動車に対する（優遇する）明確な位置づけもあいまいであり、特に、地方部の都市を中心にして、自転車がよいとわかっていても、自転車の利用の推進や自動車からの転換などの発想はなく、まして、自転車の利用の必要性やその実施を促す広報啓発すらまともに行われていない。少なくとも、自らの自転車の位置づけを再考する機会を今回の自転車活用推進計画策定時に求めることが適当である。

(3)　自転車利用の現状

　これらヨーロッパの都市はいずれも自転車の分担率が高い都市であり、これらの分担率を整理すると次のような表になる。これらを前提にして、自らの都市における自転車利用をさらに高める努力をしている。これらは、相当高い分担率であり、世界の都市でもこのような高い分担率はまれである。これらを維持することは、関係者の大きな努力と市民の理解が必要であり、さらにこれを増加させることは困難を極める。コペンハーゲンでは、これをより高める（目標通勤通学の50％）ためには、大きな努力が必要であるとしている（自転車戦略）。我が国ではこのような目標数値の設定もなされることが少なく、まして、

表　各都市の自転車の交通分担率（調査時点）

都市名	分担率	特殊な分担率
ユトレヒト	全体26.1％	中心市街地へ61％
		7.5km 未満42.9％
フローニンゲン		内内61％（世界最高）
オルデンブルク	全体42％	中心市街地へ50％
キール	全体19％	
コペンハーゲン		内内56％、内外41％ 通勤通学35％

これをどのような方法により高めていくかについて、明確なシナリオやストーリー、戦略、各論との連携が設定されていないことがほとんどである。単なる施策の羅列ではなく、施策の相互の連携やストーリー、シナリオのもとに自転車施策を構築し、レベルアップすることにより説得性や効果が生まれる。

(4)　新しい自転車利用のあり方

　自動車は、ハイブリット、衝突防止装置や自動運転などたえずそのレベルが向上しており、これが自動車の利用に人々を吸引することとなる。一般の人々を自転車に引きつけ、自動車から自転車への転換を図るには、自動車以上に継続して自転車の魅力を向上させる方策を講ずる必要がある。このために欧州で進められている新しい自転車のあり方を改めて抽出・整理して、まとめてみる。

① 　カーゴバイク

コペンハーゲンでは、従前から買物の荷物や子供をのせるために前に大きな籠を付けたカーゴバイクの利

図　コペンハーゲンのカーゴバイク（子供送迎中）

図　フローニンゲンのカーゴバイク（買物中）

用が盛んである。今後の子育て社会で特に必要性が増しており、これの利用を推進している。自動車は家族の対話を可能にし、また、荷物を運搬することを可能にしているが、これに対してカーゴバイクは前に子供を乗せているので子供との対話や一定の荷物の運搬も容易であるなど自転車の欠点を解消するもので、自動車から自転車への転換を図るものである。コペンハーゲンの家庭の17％がカーゴバイクを所有し、また、二人以上の子供のいる家庭の26％はカーゴバイクを所有してい

図　ショッピングセンター内カーゴバイク専用駐輪空間

る。また、オランダのユトレヒトやフローニンゲンでも、この利用者が多く見られた。このためには、後述するように、特に広い幅員の走行空間の確保及び駐輪空間で特設のコーナーの設置等のハード施設の対応が必要である。

　コペンハーゲンでは、駐輪場にこのコーナーが設置されている。オルデンブルクやユトレヒトでは、宅配にこれの活用を進める考えがある。また、キールでもこの普及を推進している。今後の自動車からの転換の受け皿として、自動車の会話や荷物運搬のメリットをカバーする自転車として、我が国では、これに加えて、勾配等の点でも、電動アシスト付のものの検討が必要である。

② 　電動アシスト自転車

　電動アシスト自転車は、キール市では、そのメリットに着目しながらも、交通事故など危険なものとして受け取られている側面もある。しかし、ドイツ国家自転車計画では、ア．自転車利用が可能な地域の拡大、イ．移動距離の拡大、ウ．丘陵地帯・山間地帯などの観光の拡大、エ．公共交通の利用可能範囲の拡大、オ．高齢者等の利用の拡大、カ．買物等の利用目的における荷物の運搬、キ．運送業務の拡大、ク．運送業端末での利用の拡大、ケ．子育ての拡大等が述べられており、従来の自転車の利用範囲の概念を大幅に拡大するものである。これを基にして、考察して整理すると、従来の勾配・向かい風対策のように狭い範囲にとどまらず、表の通り広範囲なものとなる。現実にドイツでの電動アシスト自転車の販売台数は年間40万台に達する模様であり、また、オランダでは販売台数の25％は電動アシスト自転車であると報告されている（2012年）。今後、この大型の自転車の走行空間及び駐輪空間の確保が重要な課題と

表　電動アシスト自転車によるポテンシャルの拡大（再掲）

範囲の拡大	①距離の拡大（疲れないため）
	②地域の拡大（農村部その他自転車低利用地域等及び公共交通の利用範囲の拡大）
	③季節の拡大（雨具、防寒具等の利用時の風圧等の抵抗減らすなど）
目的の拡大	④健康目的の利用範囲の拡大（運動継続可能、低疲労、座って可能）
	⑤買物等の目的の利用範囲の拡大
安全の拡大	⑥ルール遵守の向上（一旦停止、信号遵守後の再発進、徐行等容易）
	⑦安全性確保の向上（ライト点灯容易、ふらつきを少なくする）
主体の拡大	⑧高齢者、体力的弱者の移動の拡大
	⑨買物難民、医療難民、引き籠り等外出困難者の移動の拡大

なる。ドイツ国家自転車計画では、電動アシスト自転車に対応したインフラの新しい取り組みとともに、その安全施策の確保、事故リスクの軽減、点検整備など、さらに、電動アシスト自転車の持つ特性（表参照）の認識の周知徹底や広報啓発が必要であることを述べている。我が国でも、一部の駐輪場は利用率の低下があり、空間的に利用されていない部分も多く存在する場合も多く、このため、これらを質の向上として、電動アシスト自転車やさらにカーゴバイクの利用も視野に入れた余裕空間のある駐輪施設の提供が現実問題として望まれる。また、キールやユトレヒトでの今後の走行空間のネットワーク強化拡大も電動アシスト自転車に対応したより距離の長いものとなっている。

(5)　自転車利用の快適性の確保の方策

　自転車利用の推進、自動車からの転換の促進等を図るためには、自転車利用そのものの快適性の確保のための新規の施策が特に集中している。これは、具体的に目に見える形で提示することが可能であり、各都市もこの点を重視して、自転車利用者に対して見える形での優遇策をそれぞれ工夫して重点的に提供している。

①　走行空間

　移動手段として自転車にたえず引きつけるには、自転車利用者に快適な空間を提供することが求められる。筆者らの調査等で新規性のあるものとして明らかになったものとしては次のものが挙げられる。

・自転車走行空間の拡幅（走行空間の1台幅⇒2台幅⇒3台幅の進化）

　ドイツの都市では、一般的には歩道と同一レベルで境界線及び自転車のマークの路面標示により自転車道の確保が行われている。観察では、歩行者はこの空間を自転車専用とみなして、横切ることはあっても歩行の場合や信号待ちでも、この空間にはほぼ立ち入らない。この自転車道の幅員は、1台分が標準的である。しかし、オランダでは、自転車道は多くの場合特に中心市街地の近くでは、2台分の幅を有しており、2台が並走して、対話等を楽しんで快適に走行している。また、コペンハーゲンでは、対話とこれを追い越す自転車のために3台分の幅に拡大しており、これが最終的には幹線自転車の80%を目標にして工事が進められている（現行の2.2m－2.5mから、計画2.8m－4.0m）。このように、これらの都市の間でも、その走行環境の求められる快適性に応じた幅員が確保されるようになってきている。なお、ドイツのキールでは、プレミ

アム自転車道として65km については、可能な限り 4 m幅の高い質の自転車道を整備する計画であり、これは鉄道の廃線敷きを転用した部分であり、その他はあくまで自転車道の一部であり、基本は 1 台幅が多い。このように、まさに、自転車利用者に対する快適性に関して満足度の向上のための進化の過程を見ることができる。

・スーパーハイウェイ

　スーパーハイウェイは、ロンドン市のものが有名であるが、コペンハーゲンでも、周辺の自治体22団体と協力して、これを利用すれば、迅速な自転車通勤通学の可能な範囲を10km となると想定し、コペンハーゲンの中心市街地を中心にした28のルートにより放射状の自転車専用道を整備するものである。これにより、快適に自転車通勤通学できる範囲を大幅に拡大し、その範囲に居住している人々の自転車利用の分担率の向上を狙ったものであると理解できる。なお、ユトレヒト、フローニンゲン、オルデンブルク、キールは、いずれも、郊外の住宅地の拡大等で郊外からの自転車を中心部に誘導する自転車道の整備に重点があり、総じて、自転車道は郊外との連携による通勤等の範囲の拡大を目指している。

・インターネットでの提案とその指摘箇所の改良

　インターネット上で、現存の自転車走行空間ネットワーク（PLUSNET）について、連続性の欠如、走行空間の狭小、渋滞の発生の 3 つの項目について市民からの要改良点の報告を得て、改良の箇所やそのクリック数に応じた優先度の設定により実施するというシステムがあり、他にはこのようなものはない。まさに市民参加型の自転車ネットワークの整備が行われている。これにより市民の意見を継続して吸い上げることで、継続的、かつ、的確な満足度の向上が図られ、これを通じて市民の関心を引きつけ、自転車利用の促進に大きく寄与する。

・自転車利用者を優遇した走行環境の管理

　降雪時期では、まず、自転車道の除雪を行い、その雪は車道側に出すことにより、自転車を車道の自動車よりも優遇していることを明らかに示す等の効果があり、厳冬期を含めて一年を通じ自転車通勤通学を行う人が、全自転車通勤通学者の75％に達している。また、自転車道の水まき清掃なども実施し、常に路面の最適の状況が保たれるよう管理されている。このような状態により、自

転車走行空間の快適性を絶えず確保し、人々を自転車利用に誘引できる。

② 駐輪空間

　駐輪環境について、これらの 5 都市を比較すると、ドイツの都市では、余裕を持った駐輪場が提供されており、駐輪場はある程度未利用部分もある。これに対して、オランダの都市では、まち中に自転車の駐車があふれているが、基本的には、用意されている駐輪施設（駅前及びまち全体）において、満杯に近い状態であり、さらに一部放置されている場合があるが、原則は収容されているとみられる。これに対して、コペンハーゲンは、自転車利用の推進を重点的に行ってきた結果として、駅前を中心に収容できていない放置自転車が多数見受けられ、担当者もこの駐輪環境の整備の満足度が低いこと、放置自転車が相当あり駐輪対策が遅れていること、同規模の利用者があるオランダのユトレヒト駅などに比較するとその収容能力は、例えばノルポート駅では、10 分の 1 程度しかないなど、駐輪対策の遅れを問題としている。このように、自転車利用を促進し過ぎて、逆に駐輪対策が大きな課題となっていて、重点を駐輪対策にも置くようになっている点が特徴である。

　また、放置自転車の中で交通上の障害となり危険性の高いものに対しては、強力な撤去を実施しており、我が国よりも危険性という点に焦点を当てている。駐輪対策としては、㋐ユトレヒトでは 1 つの施設としては世界最大の収容能力を持つ駐輪場（12,500台）の整備、世界で初めてとされる自転車等駐車場ごとの利用可能な残台数表示、まち中の駐輪空間の確保（デッドスペース活用、車道の路上駐車場の活用）、サービス付き駐輪場（バイク＆ベビーカーライドというシステムで、幼児を乗せて来て駐輪場を利用する場合にベビーカーを貸し付ける、トイレ、コーヒー、案内等提供）、㋑フローーニンゲンの短時間、中時間及び長時間の駐輪を区別した駐輪空間の提供（短時間は、路面標示のみで、ラックもない、中時間は、路上の駐輪施設であるが、ラックがある、長時間は、施設内での屋根付き駐輪場であり、駐輪の特性に応じて利用を分ける方式）、㋒コペンハーゲンの自転車専用のエスカレーター、屋根の高さを低くした景観重視の駐輪場など、先行的な各種の事例が参考になる。これらの整備を進めて、まずは、様々な魅力ある駐輪空間の提供による対応を行い、放置しない、又はしにくい環境の整備に様々な工夫を凝らしている点が先行しているといえる。

③　公共交通との連携

　自転車と公共交通との連携は、相互にそのマイナス点をカバーして、自動車からの転換を総合的に推進できることである。このため、基礎的なバス停の駐輪場、駅前の駐輪場以外に次のような方策が講じられている。

・電車・列車内への持ち込み

　従前は、折りたたんだり、フックにつるすことが行われてきたが、自転車用の専用車両の連結などで、折りたたまず、かつ、フックにつるすことがなく、そのままで持ち込めるようになっている（キール、コペンハーゲン）。また、時間帯制限も、徐々に解除され、地下鉄以外は、無料かつ時間帯の制限がなくなりつつある（コペンハーゲン）。これらは大きな進化である。自転車を鉄道に持ち込むためのアクセスでは、自転車を折りたたまずに乗せることができるエレベーター（キールでは奥行が長い）、同エスカレーター（コペンハーゲン）などもあり、折りたたみなしの自転車の列車内持ち込みが拡大する条件整備がより進化している。

・タクシーに自転車積載ラックの設置の義務付け

　タクシーにも、自転車を積載することができる器具の設置が義務付けられている（コペンハーゲン）。

・駅構内付近までの自転車でのアクセス道、駅構内を横断できる自転車通行路が設けられ、自転車でのアクセスや通行が容易になっている。

・シェアカーと自転車との連携のための駐輪場でのシェアカーサイトの設置（オルデンブルク）も自転車と一定の公共性のある自動車の連携である。これらにみられるように、公共交通やこれに準ずる交通手段との連携をより強化する先行例として進化を遂げており、参考になる。

・通勤利用において自宅最寄り駅と職場最寄り駅に各一台ずつマイ自転車と企業の提供するレンタルの自転車を置いて、通勤列車への車内持ち込みの不経済性や他の乗客の不利益を防止する方法が提案されており、この方がより合理的であるとされている（デンマーク国家自転車戦略）。

(6)　自転車利用の迅速性の確保の方策

①　移動時間の短縮を図る走行空間の方策

・自転車（歩行者）専用橋

　移動時間の短縮化としての自転車歩行者専用橋は、コペンハーゲンで2011年

から2016年までに８つを整備し、同様にユトレヒト、オルデンブルク、キールでも整備されている。自転車が可能な限り短距離で目的地に到達できるようにするため、自転車歩行者専用橋により、ショートカット用の空間を整備して、自転車利用の有利性を拡大して、自動車からの転換を図るとともに、渋滞の緩和などのために、自動車の橋梁整備費用に比べても強度を必要とせず、安上がりで効率性が高いとみられる。

・一方通行路での逆走レーン

　また、一方通行の道路で、自転車の逆走を認めて、ショートカットを行うことについては、逆走の安全性の確保、逆走を認めていることの明示に加えて、逆走方向にレーンを設けて、自転車での移動の迅速性を確保する効果を発揮している。ただし、我が国は、多くの一方通行の道路で自転車の逆走を認めているものの、基本的にショートカットの思想はなく、すれすれを自動車が走行するなど、逆走の安全性や迅速性が確保されていない。趣旨が違い過ぎて、危険でもあり、認めるなら、自転車専用レーンを逆走の方向に設置することが適当である。

・グリーンウェーブ

　コペンハーゲンでは、自転車の通行量の多い特定の道路で、一定の時間帯において、一定方向に自転車が20km/h で走行すれば、信号待ちをすることなく、一定方向に走行できるシステム（グリーンウェーブ）を採用している。このシステムは、すでに前から採用されているが、その効果について、次ページの図のグラフにより明示される。これによると、グリーンウェーブの対象外の時間帯では、信号待ちが何度か生じているが、運用時間帯内では、自転車は停車することがなく、速度も確保されている。採用前では信号待ちが何ヵ所かあり、平均速度は15.12km/h であるが、採用後は信号待ちが１回もなく、平均速度も20.72km/h と大幅に上昇している。信号の運用による自転車の迅速性の確保の実例である。我が国では、このような運用は、理解がえられるかどうか以上に現実に可能かという課題があるが、自転車の都市交通の位置づけを上位に置くことや多数の自転車がまとまって同一方向に移動することなどがあれば、可能性はあると考えられる。現実には、バス専用レーンでの自転車通行が認められているので、公共バスの移動が多い路線でバスとセットでの活用は検討の余地がある。

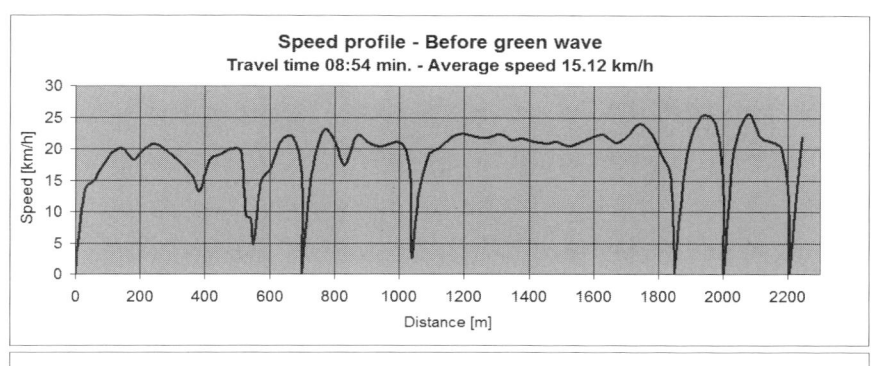

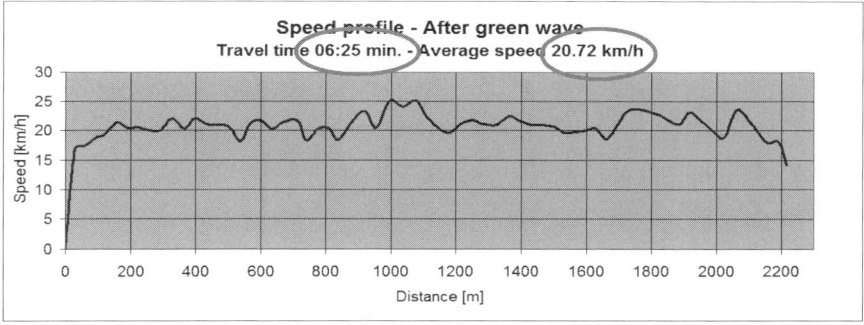

図　グリーンウェーブの採用の前後による自転車の速度の比較 (出典　コペンハーゲン市資料)

・自転車専用信号（スクランブル交差点）

　自転車のみが交差点をスクランブルに横断できる信号であり、フローニンゲンでは、グリーン交差点といっている。多くの自転車が様々な方向に交錯して、相互に注意をしないと運転が大変で、接触の危険があるが、自転車の交差点での待ち時間を減少させ、自動車との交差点事故の回避、自転車の交差点における右左折を一時に可能にできる等のメリットがある。自転車の迅速性と安全性を確保するために有効とされるが、我が国では自転車交通量が集中する交差点で、直進及び右左折を混合処理できるかどうかは、今後の検討課題である。

② 　自転車と他の交通手段との連結の方策

・フリンジパーキング

　フローニンゲンでは、まちの中心市街地は自動車の乗り入れを禁止する「リビングルーム」計画のために、中心市街地周辺部の相当規模の空間に、無料の

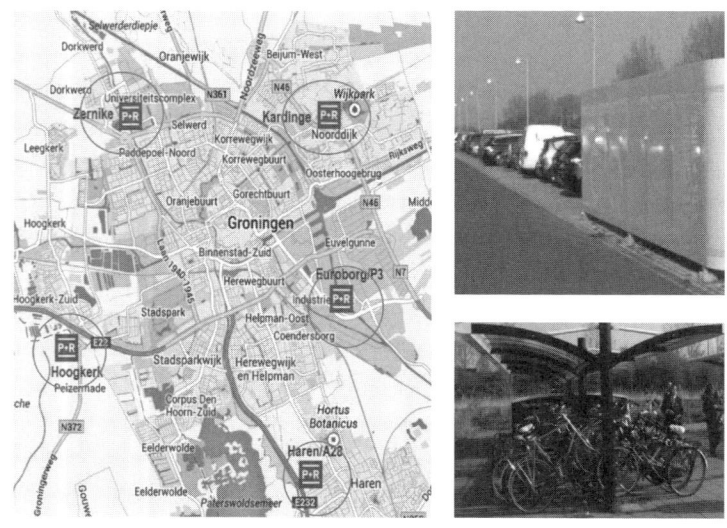

図　フローニンゲンのフリンジ駐輪場（駐輪施設）（出典　フローニンゲン市資料）

駐車場と駐輪場（一部セキュリティ対策のあるもの等は有料）を設けて、自動車で来てそこでおいてある自転車に乗り換えて、市の中心部に向かう、又は市の中心市街地を回遊するものである。高速道路インターチェンジ近くの郊外6ヵ所に設けている（図　この地図では5ヵ所）。駐輪施設には、自転車ロッカーや塀で囲まれて鍵のかかるシェルター駐輪空間も用意されている（有料）。中心市街地の混雑緩和と中心部その他への往復のための自転車利用による健康増進、環境保護のために有効である。我が国でも、中心市街地まで自動車で乗り付けるよりも、市街地周辺の無料駐車場と駐輪場の提供により、市街地内の交通事故防止、走行空間・駐輪空間の混雑緩和と自転車利用促進、回遊性の向上の方策として、導入の可能性を拡大することが適当である（奈良市などで実験済み）。

⑺　自転車利用の安全性の確保の方策

　市民が自転車を移動手段として選択するための必要条件は、自転車は安全であるという信頼感を持つことである（コペンハーゲン自転車戦略、同趣旨米国ポートランド自転車計画、ロンドン自転車革命）。コペンハーゲンの自転車戦略では、2010年に自転車利用者のなかで67％しか安全を感じておらず、これを

2025年には90％に高めることが目標である。いかに快適な及び迅速な空間が提供されても、安全性を感じないと利用をシュリンクしてしまう。

① 車線幅の広い自転車道の整備

自転車利用の快適性の向上のためと同時に幅の広い自転車走行空間は、並走しても安全であり、さらに、追越しも車道にはみ出さずにできるため、安全性が向上する。

② 自転車優先道路（ユトレヒト、フローニンゲン等）

自動車と自転車のいずれも通行できる共用道であるが、「自転車が主役で、自動車はお客」となっており、低速での走行を義務づけられ、自転車が優先する空間である。ユトレヒト、フローニンゲン、オルデンブルク、キールで採用されており、今や自転車優先道は一般化しているといえる。交通量の少ない道路で、専用空間のないところに設けられており、自転車は遠慮せずに安全に通行できる。自動車は、自転車が主役であり、自転車の邪魔をしない限り通行でき、安全性が向上する。我が国でも裏道的な一方通行路などでネットワークを補完する意味で採用が可能であると考えられる。

③ 安全性向上のための先行施策

その他、スマートルート交差点があるが、これは、自転車道が幹線道路など交通量の多い道路を横断する際に、自動車の方が一時停止をする義務があり、自転車を優先して通行させるものである。また、自転車用トンネルによる危険区間回避（キール、フローニンゲン、ユトレヒト）、交差点内の自転車レーンのカラー化（オルデンブルク、コペンハーゲン）、自転車のみに有効な専用信号等により、様々な先行施策として採用され、実践されている。

これらの方策については、その自転車利用の安全性の観点から検討されているが、今までにはあまり例がなかった進化の一つである。しかし、様々な試みの中で、我が国にとっての有効性を検証することが必要なものが多いが、今後の自転車利用促進策の推進に当たって、その発想や実施例を大いに参考とすべきである。この場合において、その費用、効果や安全性についての検証、さらにその方策の実施に対する理解が必要である。

(8) **自転車利用の目標の実現後の状況の提示**

① 総合的な自転車環境の評価と市民参加

これらの施策展開は、自転車環境の満足度により、支えられるものであり、

図　自転車環境の評価（オルデンブルク・ADAC 資料）

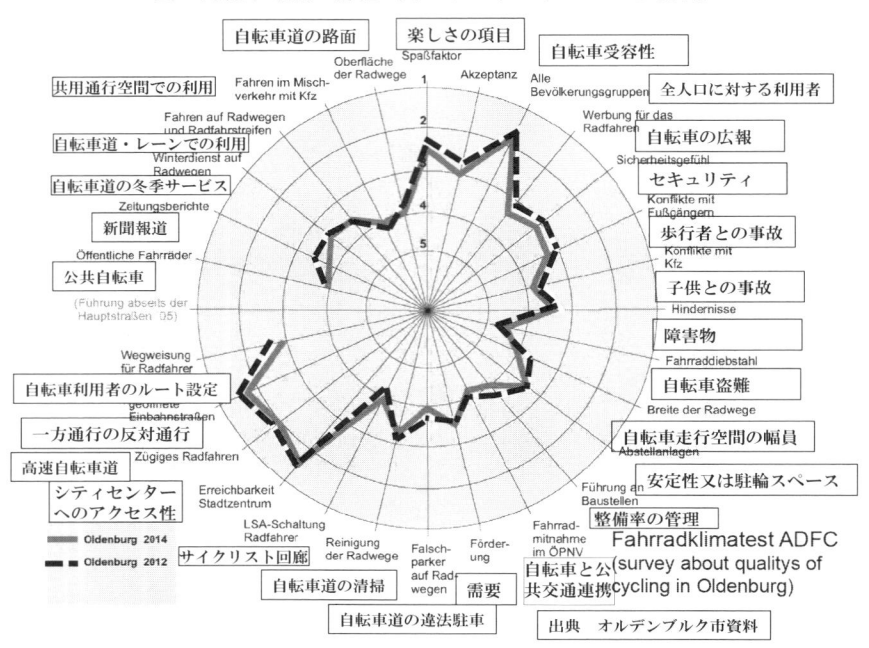

出典　オルデンブルク市資料

さらには、市民参加により、自転車利用を推進するかどうかについてのコンセンサスも必要である。

　オルデンブルクでは、ドイツのドイツ自転車連盟 ADAC による二年ごとの28項目についての市民アンケート調査がウェブで行われており、これにより、そのたびごとに、自転車利用の多数の項目の満足度等が変動する。この調査に基づき、改善されている環境や悪化している環境などを検討して、自転車政策の軌道修正をする。二年に一回のこのウェブアンケートに対して市当局も市民に投票を呼び掛けている。自転車政策の満足度とその変化が個別事項について明示されるとともに、自転車政策に対する重点的実施項目の選択がしやすく、重点を置く施策の根拠も得られるのである。また、これにより、自転車政策に対する市民の関心も高まり、自転車利用を考えるきっかけと利用促進にもなる効果もある。

　同様に、コペンハーゲンでも、市民の意識調査を 2 年ごとに行い（Bicycle

Account）、自転車政策の効果を評価するとともに、今後の施策の予算、資源配分の参考にしている。これらは、自転車政策の具体的な効果について市民の側からの測定結果であり、自転車政策の有効性や効率性等の指標となる。

　また、これらは、多方面からの分野別の個別の評価にもなりうると同時に、自転車政策により達成されている状況に関しての総合的な情報提供であり、自転車都市を標榜する都市では、特にその状況が表示されることになり、また、これについて市民に関心を持ってもらえる。

② 　目標達成後の都市像の提示

　以上のような方策を通じて、長期にわたる自転車政策がその目標値を達成した場合において、どのようなまちが出来上がるのか、すなわち、将来の自転車都市像を提示している例がある。具体的には、次のようなものがあり、描き方に統一性はないが、これを示すことで、自転車利用を盛んにすることによる都市のイメージが示されて、利用促進につながると考えられる。

・ユトレヒトでは、アクションプランで、自転車利用者が一層増加し、その快適性が確保されて、利用者の範囲が拡大（外国人などにも浸透）し、自転車のインフラ投資等が増加したまちづくりが出来上がるとしている。

・フローニンゲンでは、自転車をまず最初に考えるまちづくりが行われ、これを支えるパーク＆自転車ライド施設が設置され、また、利用しやすい自転車走行空間ネットワークが形成され、まち中の自転車空間と駐輪空間がたっぷりと用意され、これらにより、自転車都市フローニンゲンの物語が始まる。

・コペンハーゲンでは、自転車の利用の程度に応じた適正な満足度の高い空間が用意され、その利用状況に応じて予算が配分された施策が講じられる。自動車での移動を可能な限り自転車に転換すること、自転車利用が質の高い都市生活の実現を基本的に支えるとされる。自転車を利用して、自動車の分担率を最大でも3分の1に抑えて、カーボンニュートラルな都市を作り上げる。環境対策に相当の軸足がある自転車まちづくりの将来像が示されている。

２．施策の比較と評価

　以上のような我が国にとって先行的とみられる先進都市の施策について、その相互の比較や評価並びに我が国の施策にとっての新規性、有効性等について

整理して考察する。

(1)　走行空間の比較考察

　走行空間の整備の状況を比較対象国の都市で比較すると、おおむね次の表に整理できる。ドイツでは、概して歩道と同一レベルの自転車専用道が多く、歩道とはライン又はカラー化により空間の区分はあるが、あまり明確ではない（オルデンブルクやキールでは、主流である。）。また、オランダでは自転車2台が会話をしながら並走できる幅員、さらにコペンハーゲンでは、大量に集中する自転車交通量をさばくとともに、昼間に会話をしながら2台が並走し、かつ、これを追い越しできる空間をとることができる3台分の幅員のものとなっている（現地では3車線と称している）（次頁写真）。コペンハーゲンでは幹線の自転車道の80％にこれを設置する計画である。交通量や地域の実情の違いがあるが、この幅員の進化の過程は注目すべきである。安全性の確保のためには最低限単なる1台分の専用空間の確保のみでよかったが、快適性を高めるため及び自動車の会話可能であるメリットに対抗して自転車への転換を促すため、2台分の幅員を確保することに進化し、さらに、2台の並走では車道に出て追い越しをかける必要が出るため、また、増大する通勤通学時間帯の交通量を処理するためさらに1台幅を追加した進化を遂げている。

表　各国別の自転車走行空間と自転車の位置づけの比較

国と都市の名前	ドイツ		オランダ		デンマーク
	オルデンブルク	キール	ユトレヒト	フローニンゲン	コペンハーゲン
自転車の位置づけ	自転車と自動車は対等	明確な位置づけなし	自転車・歩行者をクルマより優先	自転車をクルマより優先	自転車がまちの移動の中心（最高位）
走行空間の質（自転車専用空間）	1台幅＝1.5-2.0m（歩道と同じレベルの空間）安全性確保		2台幅＝2.0-2.5m（アムステルダムで主要道路2台幅に拡幅計画推進）快適性の確保		3台幅＝2.2-2.5mから2.8-4.0m（幹線道の8割）快適性と追越空間の確保

　走行空間にみる進化の過程は、自転車政策の進化の過程の一つの例であると見られる。このドイツの歩道と同一レベルの1台幅の自転車道について観察したところ、歩行者及び自転車の双方ともそれぞれお互いの空間にはほぼ立ち入らず、空間的な使い分けは、意識的行動的法律的に徹底している。さらに、当

局に対するヒアリングでも危険性について何ら問題はないとのことであった。なお、我が国では、矢羽印（最低幅0.75m）による車道上の共用空間の確保が現在の主流であり、ドイツのような歩道上での専用空間の確保は歩行者との混在などでガイドラインでは推奨されていない。しかし、ここで教訓とすべきは、いきなり日本で3台分の幅を持った走行

図　各国の走行空間の比較（都市内の一般的な道路形態）

キール（歩道と同レベル 1 台幅）

キール（歩行者は自転車道を避けている）

ユレトヒト（車道と同レベル 2 台幅）

コペンハーゲン（会話と追い越しのための 3 台幅）

空間を整備することを目指すのではなく、まずは自転車政策の基本である自転車走行空間はその管理状況も含めて自転車利用者の気持ちを絶えず引きつけて利用促進につなげるために不断かつ多大の努力を行っていることを教訓とすべきである。施策レベルが高すぎ、実現不可であるなどという評価を下すものではなく、その進化しようとする施策の態度と段階を教訓とすべきである。最初はドイツの施策段階に届くべく努力し、次にはオランダの段階など、そして、コペンハーゲンのような3台幅の確保の段階に進んでいくには、相当の年月と並々ならぬ努力が必要である。その進化の過程で自転車利用者もその行政の努力を認めて自転車を選択するようになる点を重視してこれらの都市の政策努力を見習う必要がある。

(2)　駐輪空間の比較考察

　これに対して、駐輪空間の整備状況の比較は、次表の通りである。前頁の表での走行空間の進化している都市ほど、駐輪空間の整備状況に課題を抱えていることがわかる。これは、自転車利用の推進に重点をかけすぎて、その際に生ずる駐輪空間の需要について、対策が二の次になっていたことが原因ではない

表　各国別の自転車の利用と駐輪対策の比較

都市別	利用の状況	駐輪対策の状況
ドイツ	自転車利用は盛んであるが、オランダやコペンハーゲンほど大量ではない	駅前やまち中の駐輪空間では、余裕を持った駐輪場が提供されており、駐輪場の利用状況は空いている部分もある程度ある。駐輪対策は充実。
オランダ	駅及び中心市街地、さらにまち中で大量の自転車利用があり、駐輪需要が極めて旺盛で大量にまち中で供給	大量の自転車利用による増大する駐輪需要に対して供給がぎりぎりに対応してきており、一部では世界最大の駐輪場の建設や運河の活用等で需給のバランスがかろうじて取られている（アムステルダム中央駅周辺、ユトレヒトなど）。放置も一部でみられ、撤去している。
デンマーク	駅及びまち中で集中した利用があり、駅前その他での駐輪需要は旺盛であるが、供給が不足している	自転車利用の推進を重点に行ってきた結果、自転車利用が大幅に進展し、駐輪対策が後手に回り、市民の満足度が極めて低い。ユトレヒトと比較しても不足は明らかで、駐輪需要に供給が追い付かず、大量の放置が駅前等に見られる。しかし、新規の景観配慮型駐輪場の整備等を進めて収容能力高める努力を急いでいる。

かと考えられる。自転車の利用を推奨して、これを支える自転車走行空間を整備するあまり、自転車を利用する人がこれらの都市では量的に多くなりすぎ、自転車が駅前や中心市街地その他の自転車が集中する場所に集積し、駐輪空間が不足した結果である。このため、これらの都市では、特に駐輪空間の確保が他の都市に増して重要になっている。我が国では、これと反対で、まず、放置対策が先に先行し、これが一段落しつつあるようになった最近において、特に自転車走行空間の整備について真剣に取り組まれるようになってきた面があると理解される（ガイドラインの実施等）。

　しかし、利用促進の結果自転車利用が盛んになった後の駐輪対策は、我が国の放置対策とは様相を異にして、当局が自転車利用を推進した結果でもあり、当局自身も駐輪空間の確保については、日本よりも相当重い責任を感じる結果になっている。逆に、我が国の場合は、駐輪対策を重視してきた結果、自転車利用促進策に力を入れず、この結果利用促進策が大きく出遅れてきたことは否めない。しかし、行政はこれを当然のこととして責任を感じていない。これは、別に自転車の利用促進がなくても、マイナスの評価は受けないが、放置が

横行すると行政の対応の責任が問われるからである。自転車利用促進は走行空間と駐輪空間の二本柱により構成され、いずれも適切なバランスが必要なことがこのヨーロッパ及び我が国の自転車政策の経験から得られる教訓である。

(3)　その他の施策の考察

①　スーパーハイウェイ

　自転車のスーパーハイウェイは自転車通勤で直接到達できる範囲に設定している。すなわち、スーパーハイウェイは直接到達できる時間距離を短くすることが大きな狙いである。我が国では、このような先行する欧州のコンパクトシティを前提とした都市の自転車ネットワークの形成の考え方を生かすことが今後の課題である。さらにスーパーハイウェイの形成までは当面難しいとみられるが、このような経験を参考にすると、最初に自転車政策で取り組むべき自転車利用の目的を通勤に絞り込み、その拡大を目指すための施策として、通勤目的に設定し、その目的のための施策として、通勤目的のネットワーク形成にスポットを当てて自転車政策を推進することが理解しやすく、重要であることを示唆している。

②　住民参加型の自転車施策の実施

　インターネットでの市民からの指摘や満足度の調査などの情報収集は、これら自転車利用がより地方の都市での生活に溶け込むために重要な先行事例であると考えられる。特に、定期的に実施する評価は前回との時系的な比較や変化をみることができ、この結果注目を集めることになる。他の都市との比較なども含めて我が国でも容易に実施できる参考事例である。

③　走行空間に関する各種優遇策

　優先信号、専用信号、グリーンウェーブ、冬季の除雪、前出し停止線、交差点のカラー舗装、フリンジパーキングなどのあり方は、先行事例として有用な施策を示している。これらは自転車の位置づけをあいまいにしている我が国の施策に対して一石を投じているといえる。これらは環境・健康にやさしい効能を自動車よりも有するものとして、尊重すべきであることを行政が自ら実践的にわかりやすい形で市民に示す施策であり、我が国でも、社会実験を経て、有効性を明らかにするとともに、これに基づき、十分に実行できる広報啓発の先進例である。すぐにすべてを導入できないが、それぞれが提示している先行事例について、我が国での導入可能性の視点から引き続きその運用状況の調査研

究を順次進めることが適当である。

④　自転車走行の迅速性の確保の優遇策

　特に自転車専用橋、一方通行の逆走推進、グリーンウェーブ、スマートルート等は、自転車の利用の価値を大きく高めるものであり、まちづくりにおける自転車の利用促進を唱えるならばこのような迅速性の確保の方策を講ずることが、重要である。ただし、我が国では、このように自動車が渋滞している点をしり目に自転車が迅速に移動できることを示すことは、自転車利用に対するインセンティブと同時に反発も生じかねない。これらは上の③とともに移動での自転車の社会に果たす役割が超高齢社会でますます重要になってきている点を考慮して、社会保障政策、医療福祉政策、健康まちづくり政策の重要性を背景にしてこれらとセットでの導入が課題である。

⑤　安全性の確保のための方策

　自転車の利用促進のためには、自転車が安全であることの印象を持ってもらうことが最も重要である（コペンハーゲン）とされている点は、各都市の共通認識であると理解される。本件のように自転車が安全であることの印象を持ってもらうための施策として、走行空間の確保、交差点の安全対策など種々の空間的な安全確保策の先行例が存在しており、自転車施策の進化が見られることを強調すべきである。これらを導入するに当たっては、空間整備による効果としての危険性の減少についての自転車事故のデータによるのみならず、自動車のドライバーに対する自転車利用者に安心感を与える態度を醸成する方策も重要であることを示唆している。危険性の排除以上に、危険と感じる印象が除去されることが重要であるとされているのである。これは、当面はドライバーに対するアンケート等で、自転車に対する満足度や逆に自転車利用者のドライバーに対する態度のアンケートで明らかにするなどして、お互いの尊重の意識の形成が安全の印象を向上する方策の基本である。

⑷　自転車の快適性の拡大の方策

　自転車の利用の一層の促進には、迅速性や安全性というベーシックな事項に加えて、自転車利用が快適であると感じてもらうことが決め手となる。このための方策を再構成して整理すると次のようなものになる。

①　走行空間の拡大

　車線幅（１台幅、２台幅、３台幅）、自動車の側方空間確保のためゼブラ

ゾーンなどにより、走行の安心感、会話等のための並走、安心して追越しができるなど快適性の拡大による質の向上を図る。

② 電動アシスト自転車の利用促進

坂道や勾配でも容易に利用でき、荷物や子供乗せを可能にし、快適な移動を確保する。

③ 自転車走行空間の的確な管理

円滑な路面の維持補修、管理の充実、除雪、清掃等により、豊かな自転車ライフを楽しむための素地を形成する。

④ 満足度の向上

満足度の向上を図るために、一定間隔ごとに定期的に満足度調査を実施し、満足度の低い項目、又は、低下している項目を重点的に改善向上する。

3．まとめ

以上から、欧州との先行都市での自転車政策に関して、我が国での評価及び教訓として次の事項にまとめることができる。

①自転車利用の推進に関する独立した計画を有する都市が多いが、ドイツの一部では交通総合計画で自転車施策に係る計画の部分を有している。前者の方が自転車の重要性の認識や市民の注目度、重点化の点で優れているが、後者は他の交通との位置づけや優劣の関係で明確なものを出せる。いずれも自転車利用を対象とした体系的な計画は、まちづくりや交通の中での自転車の目標や位置づけが明確に設定され、これに基づき各種施策が推進されうる。我が国の自転車計画をみると、総論的な部分で自転車は環境や健康にいいので利用の推進を図るとしながら、すぐに即物的なハード施策やソフト施策の各論が出てくる。自転車の目標や自動車との関係についての位置づけが欠如しているものが多い。計画の策定はこのような点の整理がまず重要である。地方版の自転車活用推進計画の策定が今後進むと考えられるが、このような基本的な構成については見習うべきである。

②自転車政策は、初期は安全性の確保を前面に出しているが、その後自転車利用の促進などを重点として、迅速性の確保や快適性の確保のための様々な先行性のある工夫した方策を重視しているとみられる。

③各都市は自転車利用の現状を、その分担率を前面に出して評価しており、

相当意識している。これにより自転車都市としての自らの評価と向かう方向を明確にしているのであり、その分担率の評価とこれをどのようにして高めるかが各論の施策の重要な点である。これが自転車利用の促進に関する計画のポイントである。各論の施策を分担率や相互の施策どうしの関係にお構いなく「はしる」、「止める」など即物的に列挙することが多い我が国の計画においては、特にこの点に留意することが必要である。

　④自動車と異なり自転車のメカニズムや構造には基本的な進化がないため、今後自転車が自動車からの転換の受け皿となる魅力を持つためには、荷物や子供等の積載や到達可能距離、地形、安全性等の観点から、カーゴバイクや電動アシスト自転車の活用による自転車のポテンシャルの拡大が必要な条件となり、これを支える走行空間や駐輪空間の整備が求められる。特に、勾配の多い我が国では電動アシスト自転車の活用はこれらに加えて喫緊（きっきん）の課題であり、カーゴバイクもその先の重要な方策である。我が国でもこれらを支える長期を見据えた走行空間や駐輪空間の検討が求められる。

　⑤走行空間の幅の拡大、グリーンウェーブ、スーパーハイウェイ、自転車専用信号などハード面での先進的な走行空間の整備が極めて盛んである。自転車走行の魅力度のアップとして重要であり、我が国の利用者がうらやむような施策がたくさんあり、これはこれで必要があるが、重要な点は、これらの施策の斬新さに目を奪われることではない。これらにはしっかりとした目的や背景があり、かつ、継続的に自転車利用者を誘引するより高いレベルの施策が講じられており、自転車利用者の快適性の向上を目指して空間提供のレベルを永続的に上げていく姿勢と工夫がある点を見逃してはならない。

　⑥駐輪空間に関する施策は、欧州では、利用促進が進むあまりこれの対策が課題になっていることが明らかになった。しかし、これを欧州諸都市が我が国よりも駐輪施策において、遅れているという視点を持つべきではない。確かに、我が国は駐輪対策に苦い経験を持ち、これに基づくノウハウや方策を地道に構築してきた結果、一定の成果が得られている点は先行性があるようにみえる。しかし、この場合の駐輪施策は、放置対策であり、自転車利用を基本的に支えるための利用促進策の一つである点とは大きく異なる。この点に十分に注意する必要がある。我が国は、放置対策に軸足がありすぎて、駐輪施策の果たす利用促進の面にあまり目が向いていない。我が国にとって、今まで重視して

こなかったまちづくりの視点でのまち中の駐輪施設や公共交通との連携など自転車の利用促進のための施設という重要な新しい側面を今後重視する必要があることを示唆している。

⑦住民参加型及び施策評価型の自転車政策の推進については、自転車政策を重視する政治的決断（フローニンゲン、オルデンブルクなど）や自転車施策又は満足度の評価（オルデンブルク、コペンハーゲン等）を定期的に実施することにより、より的確な効果のある市民の満足度の高い自転車政策を可能にしている。このことは、単なる施策の効果を高める意味だけではなく、自転車環境について市民から強い支持や利用へのインセンティブの増大をもたらし、自転車利用の促進、分担率の向上、自動車からの転換に直結する。我が国でも、この視点から、住民参加や施策評価を通じた地に足の着いた自転車政策の進展につなげることが必要である。この大前提としては、自転車の快適性や迅速性などが市民の自動車利用よりも有効に獲得できることを、ショートカット、自転車専用信号など目に見える形のハード・ソフトの両面の施策で示すことが必要である。

⑧安全性の確保については、走行空間の整備だけでは安全であるとの印象は獲得できず、自転車のメリットに基づく自転車の有用性及び自転車の尊重に対するドライバーの理解の啓発侵透が重要であり、また、自転車優先道路、スマートルートなどで培われた自転車尊重のスタンスなども実践的に有用性を期待できる。

4．ヨーロッパと米国の項目別の比較

一口に欧米の自転車施策といっても、欧州と北米では異なる側面がある。この違いを認識して参考にすべきものである。すなわち、ヨーロッパと米国を比較すると次ページの表の通りである。

特徴的な点は、**第一に**、自転車政策の実施の動機として、ヨーロッパが地球環境や健康であるのに対して、アメリカは、経済上や財政上の合理性により自転車利用を進めようとしている点である。後者が経済的又は財政的に自転車利用を推進すれば効果があるから行うのに対して、ヨーロッパは地球環境や国民の健康という経済や財政のみでは測れない価値の実現を目指しているのである。**第二に**、ヨーロッパが、自転車をまちの生活質の向上を目指して、自転車

表　自転車政策の主要項目別のヨーロッパと米国の比較

	項目	ヨーロッパ	米国
1	自転車政策の開始の動機	環境性や健康性を追求	経済性や実利性を追求
2	自転車政策の総合性	まちづくりの中で自転車位置づけ（コンパクトなまち）	自転車単体の施策
3	自転車の位置づけ	自転車を交通政策として最優先＝自転車ファーストなど	自転車を優遇するが法的にはクルマと対等
4	自転車政策の進化	高度化し進化し続けている	高度化はあるが進化少ない
5	自転車政策の継続性	一貫性極めて強い	波がある
6	自転車政策の態様	ハード面とソフト面の両面。自転車施策を独立して実施	ハード面中心、膨大な予算。通学路安全事業等の他の施策の一環として実施
7	施策の重点	走行空間とその他の施策のバランスがとれている	走行空間中心で他の施策は付随する
8	施策の効果	施策の効果が出ており、自転車利用の促進につながっている	施策の効果が目立たない
9	施策の弱点	駐輪施策が弱い	自転車分担率が向上せず
10	走行空間	都市内中心で延長は長くないが、質は高い空間を段差などで分離。幅員の拡大で快適性・安全性を向上	都市郊外部まで存在し延長は長いが、質は一般的。空間をゼブラゾーンなどで間隔を空けて分離

で到達可能な範囲のサイズというコンパクトシティと一体となった考え方で自転車政策を進めている点である。アメリカは、これに対して、現状のまちづくりを所与のものとして、これに必要な自転車施策を展開する。**第三に**、自転車の位置づけも、ヨーロッパは多くがクルマよりも自転車を高い位置に置き、優遇しているのに対して、アメリカは、法的に両方を対等としているが、クルマに対する配慮を強く意識している点である。これにより、自転車政策の強弱に大きな差異が生じてくる。

5．ヨーロッパや米国からの我が国の自転車活用推進計画への教訓

　ヨーロッパの自転車政策は、総合的にみて、米国より進化している。ヨー

ロッパの最先端の自転車政策を参考にしながら、一方で米国での強力かつ合理的な自転車政策についても、その合理的な部分にも参考にするべきものが多い。まとめると次のような整理ができる。

①先進国最後の国家自転車計画である我が国の自転車活用推進計画は、今後これらの経験や内容を生かせるようにするべきである。

②自転車活用推進計画は世界レベルのものが今後期待される。特に、欧米の自転車の位置づけ目標などについて、その姿勢（総論）を学んで反映させるべきである。

③法律の枠組みにとらわれることなく、わくわくするストーリーと利用者を誘引し続けられる自転車優遇の姿勢を明確に出すことが必要である。この点があいまいであれば、利用促進は長続きしない。

④長期的にみて先進性を重点に参照し、これからの自転車を引っ張っていくような先導性を持つことが必要である。

⑤たえず、自転車利用者の気持ちを誘引する工夫が必要である。自動車はハイブリット、電気、衝突防止装置、自動運転など進化をどんどん遂げて、利用者を引き付けることにより、利用率が高まる可能性がある。自転車は環境・健康など別の面から優遇する施策のバックアップが必要である。これらにより自動車に対抗する必要がある。

⑥行政がたえず自転車を優遇する姿勢を示さないと一般利用者は離れていく。（デンマークなど）

第 3 部　我が国の自転車先進都市の自転車計画

第1章　我が国の自転車計画を見る場合の視点

1．我が国の自転車計画の特徴と求められる内容

　我が国の自転車計画をみると、その内容や構成について、次のようないくつかの特徴を指摘できる。その特徴を的確に理解し、計画の存在意義や有効性等について、さまざまな例を見ながら、考察する。まず、我が国で策定されている自転車計画の現状の特徴とこれに対して求められるものを考える。この場合、次のような特徴のあるパターンがある。

(1)　施策形態型

　自転車計画の策定をはじめて行う場合、その内容や構成は、その時にある自転車都市のものを参考にして、横並びの項目や同じような内容を以って、策定する例が見受けられる。この場合、計画の項目は、「はしる」、「とめる」、「すすめる」、「まもる」などで構成されている例を見かける。自転車利用の現象面をとらえて表現して、わかりやすさを追求しているようであるが、自転車利用の目的や目指す方向性が明確ではない。自転車利用はその目的があって初めて意味がある。施策の内容を例えば、観光目的とするのであれば、「はしる」空間は、観光ルートに適したものになろう。また、通勤を目的とするのであれば、通勤ルートに設定するのが的確な方法である。これに対して、物理的な空間として一まとめにして「はしる」といってしまうと、ルートの設定をどのように考えて設定してるかなどが明確ではない。すなわち、施策の内容を、施策の目的で分類するか、施策の形態で分類するかで大きな差が出てくる。施策の形態で分類すれば、「はしる」は走行空間の整備、「とめる」は駐輪空間、「まもる」はルールの学習や遵守などとなる。逆に、目的で分類すれば、通勤の目的では、通勤のための走行空間のルート、通勤のための駐輪施設、通勤者を対象にしたルールの講習会の実施などがセットの施策となる。前者の「はしる」については、走行空間の目的が明確でないので、一応網の目のようにネットワークをつくることにもなりかねない。後者の場合は、目的が明らかであるので、その目的のために必要な範囲で利用されるルートのネットワークを作ることになる。通学や買い物目的のルートと重なることはあるが、そのルートとレ

イヤー的に重ねてネットワークを形成することになる。また、「とめる」も買物目的の短時間駐輪と通勤目的の長時間駐輪では、駐輪空間の配置や形態、場所などが異なるものをまとめて「とめる」として駐輪空間を整備することになる。このような自転車の利用目的別の施策は、走行空間と駐輪空間、また、さらにルールの学習遵守などについても、対象が明確であるので、対象や焦点を明確に絞ってパックで施策を用意することになるのである。目的別の方がはるかに効率的かつ分かりやすい施策となる。

(2)　先行事例踏襲型

我が国の自転車計画を検討する際には、先行事例がよく取り上げられる。先行事例があることが重要なポイントであると思われており、これが先行都市でも採用されていれば、実績があることにより自らの都市で採用してうまくいかなくても、その施策の採用責任は免れる。自らの都市でできるかどうかは別として、先行事例があるからという理由で一応の経験がある点を重要視する。しかし、こんなことをしていては国内の自転車計画は先行事例の横並びになって、同じ内容の計画になってしまう。地域の実情に合ったオリジナルな計画内容を工夫する必要がある。「地域の実情」に応じた独創性のある真の意味の先行的な内容を自ら考えることが必要である。計画に先行性があるかどうかよりは、本来の意味の地域の実情を活かして工夫し、利用促進に結び付けることができる効果の高い計画が本当の意味での先進性である。他の事例はあくまで参考にすることである。国内的に先行事例を踏襲するのは、その時点では他にも採用され、陳腐になっている可能性があり、また、独創性やオリジナリティに欠ける内容にもなりかねない。

(3)　自転車の利用実態中心型の総論とこれに求められるもの

我が国の自転車計画の総論は自転車の利用状況、事故実態などが中心である。自転車を利用し又は活用してどのようなまちづくりや市民の生活の向上を目指すのかが明確にされていない。また、そのための自転車の位置づけ、特に都市交通としてのクルマに過剰に遠慮しており、自転車が利用可能な領域（距離、天候、勾配など）がかなり広いにも関わらず、その領域での利用を利用者の任意に任せている。この点が極めて重要なポイントであり、ここをまず個人に対して、自転車利用を推進して、利用できる範囲までは自転車を利用するべく、施策を構築することで、その分担率を高める必要がある。自転車を利用で

239

表　総論の必要項目の例

0	基本的な目標の設定
1	自転車都市像　例　京都市「世界トップレベルの自転車共存都市」
2	自転車のメリット
3	自転車の位置付け　例　豊橋市「近距離での最重要手段」さいたま市「近距離の移動で最も重視する交通手段」　金沢市（自転車通行空間整備の基本方針）「歩行者＞自転車＞クルマ」の優先順位
4	目標値　数値目標の設定　例　チャレンジ目標（宇都宮市）
5	目標年　具体的な目標年次の設定とこれにより実現すべき施策内容

きるのに、クルマを利用することを改めるのである。よくあるのは、過剰な自動車の利用を避けるべしとあるが、その逆であり、また過剰がどの程度かについての明確な考え方や範囲を設定しないでいる。このような点を総論で押さえないで、自転車利用の促進のための各論の施策を講じても、施策の考え方や具体の実施があいまいになる。基本的には、海外の自転車都市では、自転車が利用可能な範囲をまず設定し、この範囲での利用促進の徹底とこれを超える範囲についても、公共交通機関との連携、電動アシスト自転車の活用などにより、さらに自転車の範囲を拡大することを明確に目指している。

　単純に、鉄道との連携や電動アシスト自転車の推進ではなく、自転車での移動範囲や距離のポテンシャルを拡大して、その範囲の自動車を自転車に追い込んで転換させることで、明確な目標値の設定も可能となる。このような各論との有機的な連携を発揮できる総論が我が国では極めてまれであると言わざるを得ない。

　これらを含めて総論として必要と考えられる項目は上の表の通りである。

⑷　施策形態中心型の各論とその内容と構成に求められるもの

①　施策目的別の施策構成

　先述のとおり、各論は、はしる、とめる、などの施策形態別中心の計画が多い。しかし可能な限り、目的別の施策構成とする。通勤や通学、買物、観光等の目的を前提とした施策は、ストーリーが作りやすく、また、住民の判断や理解も得られやすい。逆に、はしる、とめる、まもるなどの施策形態別の施策は、利用目的により、「はしる空間」や止める場所も異なる、守るという場合のルールや事故の危険性が異なるなどで施策のポイントがわかりにくいし、全

体の有機的なつながりが不明である。仮に、形態別の施策を設定するとして
も、ルートの設定、駐輪空間の整備などで目的を使い分けることが可能であれ
ば、目的ごとに再整理した表を添付するなどで、施策体系を縦（形態別）と横
（目的別）にマトリックスで整理すると分かりやすい（後述のさいたま市の
例）。

② 　総論の項目と各論とのリンク

　総論がある以上、その考え方や方針を実現するために各論があることをまず
念頭に置くことが必要である。これに基づき、各論の項目が総論のどの項目と
有機的なつながりがあるかを明確にする必要がある。分担率の目標値の設定が
あるとすると、例えば、これの実現のためにどの施策がどの程度の割合で寄与
又は機能するのか、たとえ抽象的であっても、その可能性を示すことがリンク
である。各論が総論との関係がばらばらで、関係性がわかりにくいもの、そも
そも意識していないものは、総論の意味がない。

③ 　各論の施策体系

　各論相互の施策体系が明確かどうかも重要である。たとえば、走行空間と駐
輪空間は別々の観点からではなく、車の両輪のごとく結合していることが必要
である。走行空間ネットワークは、その目的地としているところでの駐輪空間
とリンクしている必要があるなどである。また、走行空間の整備は安全性の向
上に寄与するためでもあるが、これとソフト面の施策としての安全教育又は啓
発とどのように連携させるかについての解説があるかどうかなどである。たと
えば走行空間をいくら立派に整備してもルールを守る必要性の教育や啓発を
セットで行わなければ意味がない。施策には、必ず目的がある。この目的が共
通している相互の施策の位置づけや関係性を明確にし、セットで講ずる必要が
ある。

④ 　総論との関係で重視すべき点

　総論での自転車の位置づけがしっかりとしたものであれば、走行空間確保の
際に、自動車に制約を課すことができることが明確に示されることになる。自
転車利用を優先するなら、多少の自動車に対する車道空間の制約やそれによる
通行のしにくさは許容すべきである。これは、走行空間のみではなく、駐輪空
間の確保でも、路上自転車等駐車場の場所やスペースの大きさの問題とも関係
する。自動車の路上駐車帯等に代えて、そのスペースを駐輪空間とする又は走

行空間のためにこれを取り払うなどの検討もありうるなどである。

⑸　我が国の自転車計画を検討する場合の計画項目の視点（コペンハーゲンを参考として）

　我が国の自転車計画を比較検討する場合、横並びなどが多く採用され、なかなかその特徴を浮き彫りにできない。様々な先進都市を見た場合に、項目が複雑ではないが、参考になりそうな都市レベルの計画としては、最も早くから出来上がっていて、内容や項目がわかりやすいコペンハーゲンの自転車戦略を例にとって、これを考えることが適当である。その構成は次の通りである。

表　コペンハーゲンの自転車戦略の構成（再掲）

1	基本的な目標	より質の高い自転車都市の構築による質の高い都市生活の実現
2	実現に必要な施策	①自転車の優遇②自転車環境の革新③都市生活の安全性迅速性快適性の確保とこのための負担
3	自転車利用の現状とメリット	①自転車利用の現状②自転車利用の具体的メリット
4	自転車利用による都市生活の方向	①自転車による移動②牽引付き自転車の駐輪場③自転車による買物④2025年の都市生活
5	快適性の確保策	①自転車専用車線②バイクシェア③自転車駐輪空間④2025年の快適性
6	迅速性の確保策	①2025年の迅速性②走行空間の連続性確保③一方通行道路の逆方向の通行可④効果的かつ印象的なショートカット
7	安全性の確保策	①2025年の安全性②多様性への対応③広幅員の自転車専用車線④自転車利用者に対する配慮
8	各項目の具体的な目標と施策内容	①全体目標値と個別目標値の設定②迅速性の確保施策③安全性の確保施策④快適性の確保施策⑤都市生活のスタイル・イメージ⑤経験その他

　これらの項目を見ると、基本的には、各項目の目的意識がすぐにわかる。基本的な目標、「質の高い都市生活の実現」を至高のものとして、これの実現のために、2以下の項目があると理解できる構成である。このために、2で自転車の優遇、自転車環境の革新等が必要である。3でこれを自転車で実現するとした場合に、しっかりとメリットや効能があるかを具体的に明示する。次いで各論に引き継ぎ、4で都市生活の方向として、自転車による移動、牽引付き自転車などの施策を提示する。これらに続いて5から7までが走行の快適性、迅

速性及び安全性という自転車利用者にとって必要な３つの観点の確保の目的を持つ各論である。これらはそれぞれの目的志向を持った施策体系であり、走行空間、駐輪空間というような施設の物理的形態別志向ではない。８で最後に目標値と各論の項目との関係の整理があり、全体のつながりを明らかにして、これらにより実現すべき都市生活全体の姿を描いた結論である。

　このような機能的な構成項目を意識しながら、以下では我が国の都市の自転車計画の中から特徴のあるいくつかを選択し、具体的な項目や内容を分析することを通じて、評価するとともに、今後の参考とするため、そのあり方について検討する。（なお、以下、第３部の各図表は、特に断りがない場合、主として第３部で紹介している各市の計画中の資料を引用している）

第2章　自転車観光（サイクルツーリズム）と地元住民の利用をセットでいち早くめざした計画〜奈良県自転車利用促進計画（平成22年12月）

1．自転車観光による外来者・滞在者の増加と住民の自転車利用の増加

　奈良県は我が国の都道府県ではいち早く本格的に自転車利用促進を主たる目的にした計画を策定した。それは、平成22年である。市町村レベルでは、すでにいくつか自転車利用促進のための計画は存在し、また、交通安全をもっぱら目的とする都道府県レベルの計画も存在した。しかし、全国的な健康志向の高まりに伴う自転車利用の増加に早期から着目して対応し、観光振興と地域活性化のツールとしての自転車の利活用を図ることを中心的な目的として自転車利用促進計画を策定したのは奈良県である。今でこそ、自転車計画は、数多く見られるが、平成22年当時このような切り口で、しかも、極めてきめ細かい施策を組み立てたものは存在せず、また、いまだに我が国でもこのような観光を主たる目的とした体系的な利用促進計画は見られない。他の地域では、体系的なサイクルツーリズムの計画は存在せず、各論の施策としてのイベント又はコースを具体的に設営又は設置するイベント・コース先行型の施策やこれに合わせて、様々な利便性を提供する施策は見られる。この計画は、自転車利用の動向や現状と課題を分析したうえで、促進の意味や目的を明示し、これに基づき、自転車利用者の種類（上級者、中級者及び初心者）を分類して、対象別にハード・ソフトの施策をきめ細かに提供する計画であり、我が国の各論先行型ではないしっかりとした自転車政策に根を張ったサイクルツーリズム計画の先駆けであり、また、計画内容も我が国での見本的存在である。

　「計画の趣旨」で、「奈良県は、世界遺産をはじめとする豊かな観光資源に恵まれており、国内外から数多くの観光客が訪れている。奈良の観光資源を見ると「県内一円に広く分布している」、「ゆったり空間を楽しむ歴史的まち並みが多く残されている」等の特徴を有している。」としている。そして、このため

には、最も自転車による移動手段が、「歩く」とは違った周遊観光を可能にするとしている。自転車による観光は、自由性、テーマ性、柔軟性、独創性、地域性などがあり、自転車ほど奈良県のような歴史的、文化的、景観的なスポットが豊富にある地域に向いた移動手段はない。

　しかし、普通の地方公共団体では、これで終わってしまうものである。奈良県のコンセプトは、これに加えて、「奈良県においても過度な自動車利用の抑制や県民の健康づくりに向け、自動車利用から自転車利用への転換を促していくことが求められている。」として、あくまで、県民の自らの自転車利用を視点に置いていることである。サイクルツーリズムを標榜している都市や聖地で、このような住民の日常利用を推進する視点を持つところは現在のところ少ない。奈良県のこの観点は、自転車施策の厚さを示すものであり、また、観光による自転車利用と住民の自転車利用を融合して、特に、観光における自転車のインフラを活用して、外部から来る人のみの観光ではなく、地域住民の自転車利用にも活用できるような環境を、地域住民にも享受してもらうことで、双方の利用が地域にとって重要な自転車活用の要素になるものである。

　このことは、計画の目的において、「自転車による広域的な周遊観光を促す環境づくりを推進することで、自転車ならではの新たな観光スタイルを創出し、県内における滞在型観光の拡大による観光振興や地域活性化を図る。また、あわせて、自転車の利用促進により、県民の健康増進や環境にやさしいまちづくり等の実現を図る。」としていることで明確である。

2．自転車利用促進計画の体系

　また、自転車計画の体系を見ると、次の表に示したものであり、簡単なように見えるが、しっかりとした総論による自転車に対する明確な位置づけや考え方を持ったうえで、各論のサイクルツーリズムと住民の日常利用をターゲットにして、体系的に施策を組み立てていることがわかる。

　これらの構成をみると、計画策定の趣旨や自転車利用の現状と課題、自転車利用促進の目的、基本的な考え方などの総論を明確にしたうえで、具体的な取り組みとしての自転車利用ネットワークと利用環境の創出、情報発信及び体制づくり、さらに計画のマネージメントという各論を展開している。内容的には、後述するようにサイクルツーリズムを中心とした施策展開ではあるが、

表　奈良県自転車利用促進計画の項目

1　計画策定の趣旨
2　自転車利用の現状と課題
（1）　自転車利用に関する社会的動向
（2）　県内における自転車利用の現状と課題
3　自転車利用促進の目的
4　自転車利用促進に向けた基本的な考え方
5　自転車利用促進に向けた具体的な取組み
（1）　『選択と集中』による自転車利用ネットワークの充実
（2）　民間事業者、NPO 等との協働による自転車利用環境の創出
（3）　情報発信の充実
（4）　継続的な取組みを支える体制づくり
（5）　PDCA サイクルによるマネジメントの実施

個々のイベント実施やコース設定などの各論に片寄ることなく、全体の体系の中から、自転車施策を組み立てていることがわかる。これらの中で、奈良県の持つ豊富な厚みのある歴史的資源、文化的資源等に触れるための自転車観光を展開するという整理を取っている。

　単なるイベントやコースが先行して、自転車をどのような位置づけや利用目的にするのかなどがないサイクルツーリズムではなく、真の意味での広がりや継続性や基本を持つ自転車観光が展開されると理解する。

3．観光のテーマを明示した自転車走行空間

　広域的な観光を支えるため、主としてサインの整備等を通じて自転車利用ネットワークを約600km 設定しており、新たな専用の走行空間の整備は部分的にあるとしても、ルートの全部を新規で整備するものはない。このサインの整備は3年間で概成することを目標として、この期間に相当程度は進行した。サインには、①自転車利用者に対する行先案内や距離などきめ細やかな情報サイン、②自転車利用者の安全性の確保のためのサイン（自動車に対して、自転車の安全な走行に対する配慮を要請するもの）、③自転車利用者に対して、歩行者や自らの安全性を要請するサインの3種類に機能的に分類して、設置するものである。標識の標示に加えて、路面標示も行い、これらをセットで、安全で快適なサイクルツーリズムを行ってもらえるような環境整備がなされる。

4．自転車の利用目的設定を観光に特化した計画とサイン設置

　この奈良県の計画では、ハードの空間整備は、既存道路を活用し、まち中を巡るネットワークから広域周遊にも対応したネットワークを重視しているが、その目的がサイクルツーリズムに特化していること及び広域的観光のためのネットワークづくりが、既存道路においてサイン整備を中心にすることにより、新たな走行空間ではなく、既存の走行空間を活用することを重点にしている。しかし、既存道路の安全性が重要になるため、安全性の確保策として、サインに関して、デザインや色（緑系統）を県内で統一するように、デザインのガイドラインを定めている。これに基づき、ドライバーに対する注意喚起などをもしっかりと考慮して、安全性の向上を目指している。連続的ネットワーク形成が最も重要であるとしている点がこの時点では特筆すべき点である。専用空間や共用空間等のハードの施設の設置による走行空間の整備では、時間がかかりすぎること、その間のネットワークによる連続性が欠如し、これにより、ハードの整備された空間と未整備の空間の落差が激しいため、まずは明確な統一のサインにより、連続して自転車の安全性の確保が図られる方が、全体として安全性や利便性も高まる。なお、危険場所や要整備箇所は別に併行して整備が行われる。

5．利用者レベルに応じた施策展開～民間事業者、NPO 等の連携

　利用者のレベルに応じた施策展開を目指している点も特筆に値する。ハイユーザー、ミドルユーザー及びローユーザーに分類しているが、それぞれは、その求めるところやこれに応じた走行環境、もてなし環境等も異なる。それぞれ、「県外から誘客」、「滞在時間の長時間化」及び「自転車利用者になってもらう＝自転車利用者層への引き上げ」を目指した、具体の施策を設けている。また、情報発信の内容、提供する施設、シェアサイクルなども異なる。これらを民間事業者等の協力のもとに、共同してサービスを提供するオリジナリティあふれる方策を提示している。策定当時そのレベルは相当に高い水準が確保されていたといえる。

6．実際の施策内容

　計画の本文はシンプルなもので、全体では14ページのボリュームである。総論を明示し具体化する各論施策が一体となって、自転車利用促進を進めるものである。これらには、前に少し触れた内容の三つの施策があり、具体的には次のようなものである。

(1) 自転車利用ネットワークの形成のためのサイン

　既存道路を活用し、地域の回遊から広域周遊にも対応したネットワークづくりを行うものであり、図のようなサイン整備等を行い、短期間に概成できるよ

サインの種別		目的	設置個所	主な表示内容
ルート案内・誘導	案内誘導サイン	自転車のルートの進行方向や通行方法を伝えるために設置する。	・単路部	○自転車ルートの進行方向 ○ルート番号 ○目的地（起終点等）までの距離
			・交差点	○自転車ルートの進行方向 ○主な目的地 ○ルート番号
注意喚起	注意喚起サイン	自転車ルート走行時の危険事象の発生を防ぐために設置する。	・単路部	○歩行者優先（対自転車） ○幅寄せ注意（対自動車）
			・交差点	○自動車注意（対自転車） ○歩行者注意（対自転車） ○横断自転車注意（対自動車）

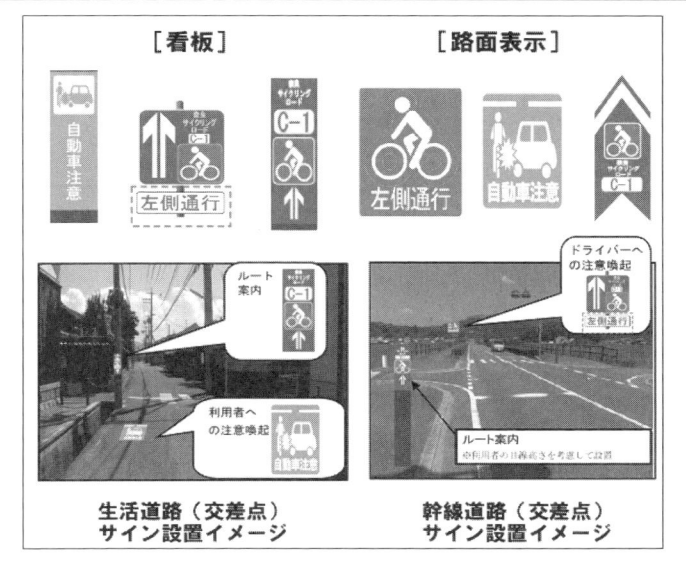

う工夫している。通常では、インフラ整備その他で短い距離でも時間がかかるものであるが、看板と路面標示を併用して、行き先などの明確化等のための「案内誘導サイン」による利便性と「注意喚起サイン」による自転車交通の安全性の両面から迅速にネットワークを形成するものである。このためこの計画とは別に「奈良県自転車利用ネットワークづくりガイドライン」（2011年7月奈良県土木部）を制定して、県が定める広域ネットワークに係るすべての国道・県道・市町村道を対象にして、サインの内容、デザイン等の統一化・標準化を図ったものである（表参照）。具体的には、前ページの図のような看板及び路面標示によりルートが明確になるようになっている。

表　幹線ルート及び高原ルートの愛称一覧（区間）

○幹線ルートの名称
C1　上ツ道ルート（奈良公園→橿原神宮）
C2　三条ルート（ならまち→中町）C3 北下ツ道ルート（平城宮跡→浄化センター公園）C4　九条ルート（帯解神社→大和郡山）C5　南下ツ道ルート（田原本→橿原神宮）C6　藤ノ木ルート（法隆寺→竜田公園）C7　せんとの道ルート（奈良→飛鳥）C8　物部ルート（石上神宮→広陵）C9　法隆寺ルート（大和小泉駅→法隆寺駅）C10　太子道ルート（柳本→川西）C11　秋篠ルート（平城宮跡→富雄）C12 かぐや姫ルート（田原本→香芝）C13　富雄川ルート（生駒→大和郡山）C14　横大路ルート（桜井→橿原）C15　竜田川ルート（生駒→三郷）C16　飛鳥御所ルート（飛鳥→御所）C17　中将姫ルート（三郷→御所）
○高原ルートの名称
T1　大和青垣ルート（柳生→吉野）T2 柳生街道ルート（奈良公園→柳生）T3 宇太水分ルート（宇陀→吉野）T4　ツアー・オブ・ジャパン（TOJ）ルート（奈良→山添）T5　芋ヶ峠ルート（飛鳥→吉野）T6　山添ルート（天理→山添）T7 巨勢ルート（御所→下市）T8　長谷寺ルート（桜井→宇陀）T9　金剛葛城ルート（御所→五條）T10　大化の改新ルート（飛鳥→宇陀）T11　信貴山ルート（平群→三郷）T12　吉野川ルート（吉野→五條）T13 室生寺ルート（宇陀→宇陀）T14　曽爾高原ルート（宇陀→曽爾）

(2)　自転車のルートの設定

これらにより、県内全域にわたり「奈良まほろばサイク∞リング」（通称「ならクル」）という自転車ネットワークが設けられている。この内容は、幹線ルート（大和平野内における複数の観光エリア等を移動できるループ状ルート）として「せんとの道」など17ルート（ルート番号C

1〜C17、2018年現在延長合計233km）、高原ルート（大和平野外における主要な観光エリアを結ぶルート）として大和青垣など14ルート（ルート番号T1〜T14、同延長合計314km）及び補助幹線ルート（幹線ルートをショートカットするルート）として8ルート（ルート番号C18〜C25、同延長約32km）で合計約579km の番号付きルートが設定されている。幹線及び高原ルート名については、愛称を公募して定められ、親しみやすさとわかりやすさを追求して設定されている。

(3)　ソフト施策〜自転車を利用しやすい環境の創出

　また、自転車の利用レベルに応じた施策展開を図ることにしている。すなわち、ハイユーザー（自分の自転車での走行を目的とし、頻繁に長距離走行や自転車関連イベントに参加）、ミドルユーザー（自分の自転車またはレンタサイクルで、主として観光・レジャーを目的に短中距離走行を楽しむ）及びローユーザー（観光にあまり自転車利用をしていない一般観光客）に分けて、自転車利用者を支える支援サービスを展開する。ハイユーザーは「県外からの誘客」、ミドルユーザーは「滞在時間の長期化」、ローユーザーは「自転車利用者層への引上げ」の視点から、次のような利用レベルに応じた支援サービス等のソフト施策を講ずるものである。このような自転車観光のユーザーレベルに応

利用レベル	施策展開の視点	支援サービス
自転車愛好家層（ハイユーザー）	県外からの誘客	●サイクルイベントの充実 ●自転車や荷物の搬送サービス ●荷物預かりサービス ●宿舎施設の受け入れ体制充実（自転車の保管、荷物・自転車の搬送サービス、施設の一時利用等）　等
周遊観光における自転車利用者層（ミドルユーザー）	滞在時間の長時間化	●広域的なレンタサイクルシステムの構築 ●様々なテーマに沿ったサイクリングマップの提供 ●自転車利用者へのおもてなしサービスの提供 ●コンビニとの連携によるトイレ休憩等の充実 ●サイクルショップとの連携による修理サービス等の充実等
一般観光客層（ローユーザー）	自転車利用者層への引き上げ	●レンタサイクルポートの充実 ●パーク＆サイクルライドの充実 ●グルメ・ショッピング等のセットツアーの誘致等

じたソフト施策を用意することは極めて特徴的であり、その後の先進事例となるものである。また、自転車周遊観光の起終点となる「ならクルターミナル」（県立橿原公苑ジョギング＆サイクリングステーション）、クロネコなら TABI などを設けて、奈良県に自動車又は鉄道などでやってきて駐車し、又は搬送された自転車を受け取り、サイクリングを楽しむなどができる拠点を設ける（シャワー、メンテナンス等の利用が可能）。また、県内の道の駅12ヵ所、農産物直売所21ヵ所、イオン店舗イオンバイク14ヵ所、各種公共施設42ヵ所、ミニストップ4ヵ所、ローソン17ヵ所、ファミリーマート20ヵ所、飲食・物販など20ヵ所に自転車の駐車場、空気ポンプ、トイレ、バイク用スタンド等のサービスを提供する自転車の休憩所（箇所数は2018年3月時点）を設けている。さらに、自転車を輪行袋等で館内持ち込みができるなどのサイクリスト向けのサービスを提供するサイクリストにやさしい宿（55ヵ所）、駐輪スペースとバイク用スタンドの両方があるサイクリストに優しい観光施設、自転車搬送サービス、手荷物搬送サービス等が提供されている。レンタサイクル（電動アシスト自転車を含む）も用意され、36ヵ所の貸付場所から提供されている。これらの

図　ならくるサポーターのステッカー

レンタサイクルの一部は、奈良県からレンタサイクル用に貸し付けられた自転車で運用されている箇所も10ヵ所ある。これらの自転車にやさしい施設や設備以外に、自転車利用者を「おもてなし（サポート）」する企業・団体を「ならクル・サポーター」とし、おもてなしサービスの充実を図り、「自転車搬送サービス」「サイクリストにやさしい宿」「自転車の休憩所」、まちの自転車屋さんなどが自転車利用のサポートに取り組んでいる。これらの情報は、ならクルマップに記載されているほか、インターネットのホームページ「奈良県自転車利用総合案内サイト」で詳細に情報提供されている。

　以上みたように、奈良県では、いち早く自転車のユーザーに向けた総合的なサポート体制を組んで、自転車観光の振興に力を入れてきたのであり、我が国の体系的かつ模範的な自転車観光施策として評価できる。これらの幅広いかつ早くからの取組みは、我が国の都道府県レベルでの自転車観光の取組みの方法や施策にも大きな参考となると考えられる。愛媛県その他の自転車観光施策の

ホームページ「奈良県自転車利用総合案内サイト」

発展にも大きく寄与したものと理解する。奈良県の場合は、これらの施策を体系的にまとめて「奈良県自転車利用促進計画」として策定しているが、このタイトルからは、観光目的オンリーではなく、観光をてこにしながら、最終的には来訪者及び県民を問わず、幅広い層や地域に自転車の利用促進を図るものであることがわかる。さらに、ここまでの自転車利用者を支えるきめ細かい施策は、今後の住民の日常利用の利便性や安心安全の確保の基礎となり、自転車の県内における日常の利活用に発展していくものである。自転車観光の推進が、幅広く県民の自転車の利活用を促し、健康や環境にやさしい、経済、時間を大切にする質の高い生活の確保に寄与できるようになる。このような視点は2012年の「ドイツ国家自転車計画」の内容を先取り（2010年）している先進性を有する。

第3章　豊橋市自転車活用推進計画

1．総論～メリットと基本方針・目標の設定

(1)　重要なメリットの説明～大スペースと具体的内容

　名称はまさに自転車活用推進法に定める計画名と同一であり、あたかもこれを見込んで策定されたかのようでもある。自転車計画では、自転車利用のメリットを明確に市民や利用者に理解してもらうことが重要であり、特に、自転車の位置づけの根拠になるものである。たとえば車道空間での新規に自転車空間を整備する場合などに、既得権的な自動車空間に制約をかけることとなるケースが多いが、この点をしっかりと市民に理解してもらうことが重要で、自転車利用のメリットは、これの大義名分になるのである。ここで、この計画で述べられているメリットの内容としては、近距離の移動に最適、健康、コスト、環境、そして地域社会の活性化という5つの側面から整理して計画の冒頭に紙面を大きく取って提示している。

①　メリットが具体的

　その特徴については、**第一に**、そのメリットの内容を具体的に図表を使用して説明していることである。近距離の移動に最適な点は、具体的に5km以内の移動では自転車が自動車よりも早く目的地に到着すること、健康の点では、自転車利用者の体重や体脂肪率の減少を紹介し、コストの点では、5kmの自家用車通勤（37,000円／年）に対して、自転車（10,000円／年）になること、地域社会の活性化では、拙著「成功する自転車まちづくり」を引用して、自転車による店舗来店者の方が、自動車

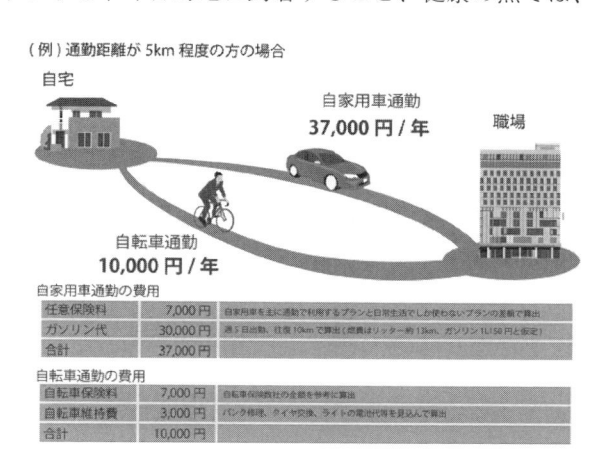

（例）通勤距離が5km程度の方の場合

自宅

自家用車通勤
37,000円／年

職場

自転車通勤
10,000円／年

自家用車通勤の費用

任意保険料	7,000円	自家用車を主に通勤で利用するプランと日常生活でしか使わないプランの差額で算出
ガソリン代	30,000円	週5日出勤、往復10kmで算出（燃費はリッター約13km、ガソリン1L50円と仮定）
合計	37,000円	

自転車通勤の費用

自転車保険料	7,000円	自転車保険会社の金額を参考に算出
自転車維持費	3,000円	パンク修理、タイヤ交換、ライトの電池代等を見込んで算出
合計	10,000円	

による来店者よりも 1 週間当たりの売り上げが大きいことなどである。このように、具体的なデータを示すことにより、自転車計画の策定の根拠を示すとともに、自転車を自動車よりも優位に扱うことなどの大義名分にもなる。

② 提示の順が市民の目線

第二に、そのメリットの順番が重要であり、計画策定者の意図がここにも明確に読み取れるのである。この計画では、最初に、自転車が近距離の移動では自動車よりも早く目的地に到着するという点を指摘しているのであり、これから読み取れるのは、近距離の移動で自動車から自転車へ転換することを進めるための根拠にしている。次に、市民の健康に対するメリットを述べて、市民が自ら自転車にアプローチしやすいデータを提供している。そして、その次にコストが安い点を述べている。そして、環境にやさしい地域社会の活性化という直接市民にメリットがあるというよりは、地球環境や地域社会という市民に間接的なメリットを、最後においている。これらの順序により、まず、自動車利用者を含む市民に自転車利用が直接メリットを有している点を前に出して強調し、その後に間接的にも地球環境や地域社会にも貢献できることを述べている。すなわち、市民がまず受ける直接的メリットを先に出して市民に直接響くようにし、次に間接的メリットを出して社会貢献もできるということにより、市民の協力を得やすい工夫がなされた計画の側面がよく出ているのである。これが逆であると、市民はすぐに反応しないことは各種市民アンケートにおける自転車に対して感じるメリットの順番などから明らかである（なお、間接的なメリットも市民の間では決して無視されていない）。メリットの提示の順についてもこのようなきめ細かい配慮が必要である。

③ メリットの説明に相当分量をかける

第三に、メリットの説明に割いている計画の分量である。多くの計画では、自転車は環境や健康によいことを抽象的に 1 − 2 行で述べて、さあ自転車利用をもっとしましょうというような記述がみられる。一番重要な市民の理解や受容性がこのような簡単な説明で育まれるかどうかを考える必要がある。まず、市民目線で、自転車のよさを十分に説明して理解を得てから、自転車を利用してくださいねというように持っていくことを重視していることは、この計画で本文50ページのうち 8 ページ（16%）も割いてメリットを説明していることからも読み取れるのである。このような自転車利用のメリットに対する説明姿勢

が自転車利用促進をメインとするこの計画をより理解しやすいものにしている（言葉の理解しやすさではなく、実質的な内容で説得力を持たせ、理解できるようにしている姿勢に注目する必要がある）。

④　目的別のメリットも考慮

　さらに、このメリットの説明は利用目的を考慮している点でも非常に重要であり、自転車を推進する目的等にも関係するものである。すなわち、自転車利用のメリットを説明する際に、そのまちでは、自転車利用促進の主たる利用目的をどのように想定するのかに関して、たとえば、通勤目的であるとすると、時間短縮や経済性、健康が重要なメリットになる。また、買物目的の利用を想定する場合は、主として健康と地域の活性化のメリットを強調することになる。このように想定する主たる利用目的に合わせて、メリットの取り上げ方が異なる。まさに、自転車計画の総合性や体系性が考えられたものでなければならないのである。

(2)　**自転車利用の現状と課題**

①　自家用車から転換

　本計画では、現状と課題について、**第一に**、通勤通学時の自家用車の分担率が65％と全国的に高いこと、自転車でも可能な5 km以内の代表交通手段で自家用車が55％と高いこと、一方日常的な自転車利用者（週一回以上）が過半数に満たないこと等から、自転車の利用の余地が高く、自家用車利用から自転車への転換を図ることが課題であるとしている。

②　安全快適な通行空間の整備の必要性

　しかし、**第二に**、市民アンケート調査で安全で快適な通行空間の整備が必要であるとする人が56％と最も多くを占めているとして、通行空間の整備が課題となっていることを指摘している。

③　駐輪場の活用と整備

　第三に、駐輪場の活用について、稼働率70％であり、活用の余地がある一方で、自転車の放置の警告台数が多いため、現在の駐輪場の活用・新たな駐輪施設と整備の必要があるとしている。

④　交通事故での出会い頭事故と一時停止安全確認

　第四に、交通事故での出会頭事故が63％と高い割合であり、交差点等での安全確認・一時停止の徹底が課題である。さらに交通事故の死傷者数に占める自

転車の割合が 2 割弱を占めていると指摘し、自転車の安全対策の重要性を強調している。

⑤　自転車のルールマナーに対する低い満足度

　第五に、自転車のルールマナーに対する不満足度が70％と高く、さらなる取組みが必要であること等を上げている。

⑥　取り上げ方とストリート

　これらの取り上げ方は、それぞれに具体的な数値の根拠を示して、課題の内容及び対応策のポイントが分かるような仕組みになっている。これが、この計画の基本的な考え方や基本方針に直接つながるため、この具体的な数値による課題設定は計画のストーリー形成上重要である。

(3)　最大の特徴である計画の基本的考え方〜近距離（概ね 5 km 以内）の移動における「最も重要な交通手段」〜

　以上を踏まえ、都市交通体系における自転車の位置づけを「近距離（概ね 5 km 以内）の移動における最も重要な交通手段」と設定している。我が国の自転車計画で、ここまで具体的にかつ自家用車の移動実態を踏まえて、最も重要な移動手段とした点は、我が国の中でも、また、諸外国の中でも先進的な位置づけと言える。「自転車のメリットを最大限に活かすためには、徒歩、自転車、公共交通、自家用車等様々な交通手段がある中、自転車の位置付けを明確にし、かつ、それぞれの交通手段との連携や場合によっては自家用車利用の抑制等も考えながら具体的な施策を進めていくことが重要です。」（同計画 p 19）とされ、この位置づけが自転車利用者のみならず、社会全体が様々なメリットを受けることにつながるとしている。このような移動手段として一定の距離の範囲で最重要な移動手段として位置付け、これにより近距離移動の自家用車からの転換の受け皿として自転車が最適であるとすることは、極めて特徴的である。これがあるため、自家用車からの転換を積極的に推進するための基本的な方向になる。その結果、近距離の移動に利用されているルートについては、積極的に自動車空間を一部削減し、自転車空間への転換を図るなど、空間資源の配分を可能にする。さらには、そのようなルートについては、財政資源の積極的な投入に道を開くことになる。

　しかし、我が国の多くの自転車計画を読んでみるとわかるが、まず、自転車の位置づけを出すことを巧妙に避けている計画が多く、せいぜい「交通手段と

しての位置づけ」があるだけである。これでは交通手段相互の序列や順位を明確にできない。また、自家用車から転換を図るという文言も避けているものがみられる。これでは、自転車利用をもっと増やすなどの方向性を示さないで、ただ、メリットを理解していただいた人の自然な利用増進のみが期待できる程度である。このような極めてニュートラルなスタンスの計画が多く存在する中で、微妙なニュアンスの差ではあるが、この豊橋市の基本的な方向性は我が国の自転車計画の指導的な位置づけになる。このような方針を示さないで、個々の各論の施策に入ってしまうこととなれば、各論の施策の方向性もあいまいなまま、方向の一定しない、効果の少ない内容の計画となる可能性が高い。ただし、このような明確な自転車の位置づけがあっても、各論の施策がこれを活かしきれないまま策定されると、これも結果的には不徹底なあいまいな施策になってしまう点を指摘しておきたい。

(4)　基本方針と目標値の設定

　この計画では、基本方針として3つのものを提示している。「安全・快適に移動できる利用環境の整備」、「自転車利用者等がルールを遵守する交通安全意識の醸成」及び、「自転車を生活に取り入れたライフスタイルへの転換」である。これらは、目標値のそれぞれに対応していて、①自転車利用環境の満足度を過半数にする、②自転車事故を半減させる、③日常的な自転車利用者を過半数にするとして、具体の数値目標を設定している。基本方針と目標値の設定が対応して、わかりやすくかつ説得性のある内容になっている。

2．各論の施策の特徴〜目的別の施策は他に例を見ない特徴〜

(1)　主要な3つの目的別の実施施策

　主要な各論の実施施策は、自転車の利用目的別に設定されている。これがこの計画の各論の最大の特徴である。すなわち、繰り返しになるが多くの計画は、走行空間（はしる）、駐輪空間（放置対策を含む）（とめる）、ルール遵守啓発（まもる）、利用促進を図る（すすめる）など利用目的を明確にしないまま、自転車利用者の行動形態別に分類して、それぞれ「走行空間」、「駐輪空間」、「広報啓発」、「イベント・観光など」の各施策等を各論の施策として設定している。他の計画がこの見かけの自転車利用者の行動形態別（はしる、とめる等）の施策を当然としてなんの疑問もなく受け入れているのに対して、自転

車の利用目的別に施策を整理編成し、的確に対応策を提示できているのである。施策1は、通勤時の自転車利用への転換（通勤目的）、施策2は、通学時の自転車利用者の安全確保（通学目的）、施策3は、買物時の自転車利用環境の向上（買物目的）のための各施策である。この目的別の施策の設定は、例えば走行空間の整備（はしる）にしても、空間をやみくもに整備するのではなく、その空間の利用目的により、そのネット

> **3つの主要な実施施策**
> 施策1．通勤時の自転車利用への転換促進
> 施策2．通学時の自転車利用者の安全確保
> 施策3．買物時の自転車利用環境の向上

ワークの設定、整備形態等に大きく影響する。通勤目的であれば、通勤者の居住地と目的地を結ぶなるべくなら最短のショートカットを駆使した迅速なネットワーク形成やルート設定が求められる。通学にしても、中高生が最も人口当たりの自転車事故死傷者数が多い年代であるので、どの学校が利用するのかにより、安全対策を最も重視した空間形成が必要であり、また、学校の位置により目的地の設定がなされ、そのルート設定も異なる。さらに、買物では荷物の運搬や子供乗せ自転車の利用、高齢者の利用が想定されるので、交通量等があまり多くなく、走行空間幅がある程度確保できる安全性重視のルート設定が望ましいなど、具体のハードの施策面でも異なってくる。この計画では、これらの点との関連を重視し、通勤時では、時間短縮と健康効果等のメリットにより、自家用車からの転換を促す視点から「転換促進」を柱に施策を講ずることとしている。また、通学時の自転車利用者は、安全性重視に施策転換を、さらに、買物時の利用では、買物のための自転車利用環境の向上を目指している。これらをまとめて次のように目的別に施策の事業の区分ごとに表にまとめている。

　すなわち、通行空間についても、整備の重点が異なる。通勤は、通勤目的の迅速な走行のためのネットワーク形成を目指すのに対して、通学は危険箇所の解消を目指し、さらに買物は高齢者も多い中で安全・快適に買物の目的地に到達するための通行空間の整備となる。

　安全教育の対象も、目的により当然異なり、通勤は企業を通じた教育、通学は学校等における新たな安全教育手法の導入により教育、買物は自転車（特に電動アシスト自転車）の貸付とセットでの安全教育受講による荷物のある自転

目　　的	事業の区分	実　施　事　業
通　勤	通行空間	○通勤目的の自転車ネットワーク路線の整備
	駐　　輪	○交通結節点における駐輪場整備
	安全教育	○企業を通じた交通安全教室の実施
	意識啓発	○企業向け自転車通勤促進セミナーの開催 ○健康増進のための自転車活用推進 ○サイクル＆ライドの推進
	支援・補助	○企業における自転車通勤環境の改善

目　　的	事業の区分	実　施　事　業
通　学	通行空間	○通学ルートにおける危険箇所の解消
	駐　　輪	○交通結節点における駐輪場整備（再掲）
	安全教育	○自転車免許制度等の新たな安全教育手法の導入
	意識啓発	○自転車利用のメリットの教育 ○サイクル＆ライドの推進（再掲）

目　　的	事業の区分	実　施　事　業
買　物	通行空間	○買物目的の自転車通行空間の整備
	駐　　輪	○まちなかにおける駐輪環境の向上
	安全教育	○自転車の貸付及び補助と併せた安全教育実施
	支援・補助	○自転車普及のための貸付及び補助

車や電動アシスト自転車向けや高齢者向けの教育などとなる。目的に応じて、施策対象や施策内容が大いに異なるので、きめ細かな施策を用意して実施できるのである。

　なお、上記の目的以外の施策についても、共通する施策（自転車保険、イベント等）は一般目的施策とした位置付け、自転車の利用目的に共通した施策を講じ、また、その他目的（観光、回遊、健康づくりなど）のための施策は、それぞれに応じた細かい施策を用意することで対処される。

(2)　自転車走行空間のネットワーク形成

　しかし、これでは、走行空間の全市的なネットワーク形成ができないとの疑問が生ずるが、これらの目的別の施策によるネットワーク形成をレイヤー的に重ね合わせ、かつ、一般目的のため又はその他目的のために必要なルートを重ね合わせれば、全体のネットワーク形成を行うことができ、これで不足する場合は、必要な補充的な小規模なつなぎのルート設定を補完することで対応できる。「候補となる路線の考え方として、通勤目的では、豊橋駅を中心とした中

心地域のほか、県境地域、富士見・大清水地域での移動が多く、これらの地域を中心とした整備が特に重要と考えられます。また、通学目的では、高校生の利用が多くを占めることから、高校が多い豊橋駅東側やその他高校の周辺での整備が重要と考えられます。買物目的では、商業施設が集中する中心市街地や、大規模な商業施設付近での整備が重要と考えられます。」（p40）として、目的別のルートが重複又は補完しながら、全体のネットワークを形成することになる（ネットワーク延長149kmと計画中に表示）。なお、利用目的別ルートが重複するルートについては、自転車交通量がその部分で時間的に重なり、増加することがありうるが、迂回路などの複数のルート設定や自転車道での一方通行化により、可能な限り自転車交通量の分散を図ることが考えられる。

(3)　事業体系の設定

　以上のような目的別の施策の体系は、走行空間（はしる）、駐輪空間（止める）など形態別の施策との関係が分かりにくいが、この計画では、表のようなマトリックス表を用いることにより、目的別と基本方針別（施策形態別）に整理して、目的ごとの施策がどのような施策形態別に体系に組み入れられているかが明確になっている。ここでは利用目的ごとに通行空間、駐輪空間、安全教育、意識啓発等の施策がパックで示されている。

3．計画の特徴のまとめ

　我が国の計画にとって、この計画が今後の方向性を示す重要な位置づけにあることを含めて、他の模範となるべき特徴をまとめると次のようになる。

①**第一に**、自転車の位置づけである。とかくあいまいにされがちな自動車との関係について、「近距離の移動における最も重要な交通手段」としたことである。これにより、近距離では自家用車からの自転車への転換のための各論の施策を明確な形で進めることができる。

②**第二に**、自転車のメリットの丁寧かつ順序を考慮した具体的な説明である。自転車の利用を促進するためには、自転車がいかに多くメリットを有しており、これが市民に直接又は間接に大きな利益をもたらすことを、理解してもらい、第一のような近距離の最も重要な交通手段として位置付け、強力な施策を講ずる大義名分を必要とする。

③**第三に**、各論の目的別の施策の設定である。通勤、通学及び買物の目的に応

	基本方針 1 自転車が安全・快適に移動できる利用環境の整備 目標≪利用環境向上≫ 自転車利用環境に対して満足と感じる人を過半数とする	基本方針 2 自転車利用者等がルールを遵守する交通安全意識の醸成 目標≪交通事故削減≫ 自転車が当事者となる交通事故を半減させる	基本方針 3 自転車を生活に取り入れたライフスタイルへの転換 目標≪自転車利用への転換≫ 日常的な自転車利用者を過半数にする
通勤	通行空間 〇通勤目的の自転車ネットワーク路線の整備 駐　輪 〇交通結節点における駐輪場整備	安全教育 〇企業を通じた交通安全教室の実施	意識啓発 〇企業向け自転車通勤促進セミナーの開催 〇健康増進のための自転車活用推進 〇サイクル＆ライドの推進支援・補助 〇企業における自転車通勤環境の改善
通学	通行空間 〇通学ルートにおける危険箇所の解消 駐　輪 〇交通結節点における駐輪場整備（再掲）	安全教育 〇自転車免許制度等の新たな安全教育手法の導入	意識啓蒙 〇自転車利用のメリットの教育 〇サイクル＆ライドの推進（再掲）
買物	通行空間 〇買物目的の自転車通行空間の整備 駐　輪 〇まちなかにおける駐輪環境の向上	安全教育 〇自転車の貸付及び補助と併せた安全教育実施	支援・補助 〇自転車普及のための貸付及び補助
共通	通行空間 〇自転車ネットワークの構築利用環境 〇自転車利用環境向上のためのスポットづくり	安全教育 〇対象・課題に応じた安全教育の実施	意識啓発 〇自転車保険の PR 〇利用目的に応じたメリットの周知 〇自転車マップ等の作成 レジャー 〇サイクリング、ポタリングコース等の設定 〇自転車イベントの開催

じた走行空間、駐輪空間、安全教育、啓発活動など目的別の行動を取る市民を意識し、その対象に応じて、きめ細かな施策を講ずることができる。

④**第四に**、目的別の施策を施策形態別（基本方針別の施策として、走行空間、安全教育、自転車のライフスタイル）の施策ごとに整理して、目的別の施策と施策形態別の関係を明確にし、それぞれの実施時期を明示している。例えば、通勤目的と通学目的については、走行空間を前期に実施し、買物はむしろまちなかの駐輪環境に前期から着手し、後期に走行空間を整備するなどのメリハリ

や計画実施時期の振り分けも可能となっている。

⑤**第五に**、最も重要な点であるが、計画構成として、ア．メリットの提示から、イ．課題分析、ウ．基本方針、エ．これに基づく目標の設定、オ．各論の実施施策まで、すべてが論理的に整理されてつながっており、極めて体系的である（計画本文をよく読めばこのことがよく分かる）。このような首尾一貫した計画体系は、他にあまり例がないと思われる。多くの計画は、各論から独立した総論があり、これとあまり繋がりがない各論が定番通りの走行空間から始まり、駐輪対策、ルール遵守などが並列的に並んでいる。ただし、このような質の高い計画について、具体の実施の進捗管理が明示されている（前期後期の整備プログラムがある）ので十分であるが、これが強力になされないと、絵に描いた餅になることもあるので、注意が必要である。以上のように、読み流したのではつかめない我が国でも特筆すべき特徴が豊橋市自転車活用推進計画には存在するので、これらの点を参考にして、他の計画においても可能な限りこれらの方策を取り入れるべきである。

⑥**第六に**、参考資料の作り方である。通常はこのような個所には目がいかないが、この計画の特徴を示す一つのポイントである。すなわち、多くの自転車計画は、総論の中に、自転車の利用や事故の実態、自転車の走行空間や駐輪空間の整備状況、自転車のルール・マナーの遵守の状況やこれに対する自転車教育の状況などを長々と述べて、総論の大部分をこれらの実態の記述に割いている。これにより、総論を十分に記述したつもりになり、最も重要な自転車の位置づけや目標値の設定、自転車のメリットの提示、基本方針などの記述があまりにも簡単に済まされることとなる傾向もみられる。この豊橋市の計画では、そのような自転車の事実関係の記述は、可能な限り参考資料に持っていき、冒頭に自転車のメリットを具体的に丁寧にページを費やして述べることや、自転車の目標値の具体的な設定、基本方針の提示などに焦点をあてて記述できているのである。このように総論として真に必要としている点を重点的に記述するのが本来の総論のあり方であり、このために必要なデータは総論を間接的に補強するものとして参考資料として記述する方式が適当である。

第4章　必要な施策を体系的に盛り込んだ総合計画〜さいたま市、宇都宮市

1．総合計画型

　自転車計画には、様々な形がある。基本的なものは自転車に係る施策を総合的に整理して、全体の施策を体系化する総合計画である。この総合計画は自転車に係る施策をすべて百科事典的に取り上げて、膨大な計画を策定するものであり、重点的かつ効率的な実施にとってマイナスになりかねないが、一方では、重点的計画は、総覧性がなく、他にどのような施策があり、これをどのように位置づけているかがわからない。一長一短である。我が国のいろいろな計画は通常は、可能性がある項目はすべて取り込んで、抜け落ちるものがないかを十分に注意している総合計画型的なものが多い。しかし、この総合計画型的なものの多くは、施策ごとの優先順位などがほとんどない。プログラムが付いていて、目標年があるが、これを見ても施策の時系列的な順序はわかるが、どの内容が優先的かつ重点的に実施されるかあまりわからない。

　デンマークの国家自転車戦略のように、自転車先進国でありながら、落ち込みつつある自転車利用に対して、国としてこれだけは最低限実施したいという絞り込んだ項目をしぼり込んで3つの柱として打ち立てており、重点的に実施する施策を示したわかりやすい計画がある。一方、各論の10項目を詳細多岐にわたり体系化して、さらに、これに実施方法や予算の方法などを総論とともに加えたドイツの壮大な国家自転車計画などもある（米国のポートランド市の自転車計画も同じような傾向にある）。我が国の自転車活用推進計画は、この自転車活用に係る項目で必要なものを可能な限り網羅したものである。むしろ、自転車の利用促進に必要な施策をフル装備で設ける。これは、総合計画型と言えると考える。

　一方では、走行空間や駐輪空間を中心にしたハード施策に重点があるものも多く、ソフト施策は付け足し的なものが見られるが、これらに比較すると総合計画型は、全体の施策のバランスも取れていて、かつ、整理がなされた体系的なものとなっている。さいたま市及び宇都宮市の計画はまさにこれに当たる。

2．さいたまはーと（「さいたま自転車まちづくりプラン」）

⑴　名称が工夫を凝らしている

　さいたま自転車まちづくりプラン（正式には「さいたま自転車総合利用計画」）は、サイクルを、たのしむ、まもる、はしる、とめるの頭文字をとったもの（サイクルは「さい」）、「さいたまはーと」と称している。これにより、市民に対する親近感や内容の柱となる4本柱を網羅して、覚えやすくなっている。

　さいたま市の自転車に関係する特徴としては、世帯の自転車保有率が全国トップであること（一般財団法人自転車産業振興協会「平成24年自転車保有実態調査」による）、政令市では自転車を駅まで利用する人の割合が一番高く（7％、次いで6％に堺市、大阪市及び相模原市）、また居住地の傾斜度3度未

満の土地が99.9％の数値が示すように最も平坦であることである。すなわち、自転車の利用環境が保有と平坦の両面で整っていることである。しかし、一方で自転車関連事故の割合が政令市では2番目に高いことなど、大きな課題を抱えている。このために、一方で利用しやすさを背景にして、自転車を市民が「たのしむ」ことを目指し、他方で「まもる」ことによる事故の減少を目指すものである。さらに、これを支えるものとして、「はしる」という走行空間と「とめる」という駐輪空間の基本環境を整えることにしている。このストーリーを呼称として「さいたまはーと」と設定したものである。このように名称（呼称）で、中心となるコンセプトを表現したものは、次に取り上げる宇都宮市の自転車計画も、「はしれば愉快だ宇都宮」というスローガンで、自転車を楽しむことを挙げている点と共通している。

　自転車は本来人がこれを利用して、快適性や迅速性（渋滞のいらいらがない）、利便性などを享受して、移動をたのしむ又は楽しく移動する手段として、利用促進を図ることが重要である。このことを強調し、計画の性格を一言で表すこれらの特徴的な呼称やスローガンは、他の計画でも大いに参考になる。

⑵　**目標値の設定**

　計画では、期間を平成28－37年度の10年間とし、「人と環境にやさしい安全で元気な自転車のまちさいたま」と盛りだくさんの将来像を設定し、自転車利用の増加（週一回以上の利用者数を65％から80％へ）、自転車事故の減少（1,677人から1,000人未満にする）及び市民満足度の向上（快適性安全性80％にする並びにルール・マナー、情報提供、市の取り組みをそれぞれ50％にする）の３つを設定している。これらは、一方で自転車利用の促進を図りつつ、他方で安全性を確保することで、結果的に自転車利用に関する市民満足度を総合的に向上させるという仕組みになっている。

⑶　**施策の４本柱～行動形態別の施策と目的別の施策**

　自転車政策の柱としては、たのしむ、まもる、はしる、とめるの４つを設定している。これらの設定は、最初からこの４つの柱を設けるというよりは、さまざまな自転車施策の項目を整理して、体系化するために、このような重要な施策範疇の柱を設定し、これに見合うような施策をまとめたものであると理解される。このような設定は、多くの我が国の自転車計画に見られるものであり、自転車利用者の行動の中で、重要な施策カテゴリーの項目４つに整理して設定するという意味がある。この４つというのは、項目の数としては、覚えやすく、すっと理解されやすい。

　その施策の一覧は表の通りである。一覧表に重点的に実施する施策として赤色の下線が引かれており、施策の中での優劣がつけられている。利用者の自転車利用の行動類型（はしる、とめるなど）からみて、これに対してどのような施策が講じられるか、また、その重点を明らかにするものであり、その意味で理解と協力を促進する効果が期待される。一方では、参考資料に「利用目的別の施策一覧」を設けて、利用目的別にこれらの形態別の施策を再整理して（通学・通勤、買物・私用、余暇・スポーツの３つの利用目的別）、マトリックスで提示しているので、施策の意義や有機的な施策体系の理解に大いに寄与できる。先述したが、このように、自転車利用者の目的により、必要なインフラやソフト施策が異なり、利用目的に応じて、どのような施策が用意されるのかを知ることで、利用を促進することも重要であるため、このような目的別の施策が整理されている。例えば、同じ「はしる」でも通勤目的の走る空間と余暇やサイクリングでは異なるし、ルール遵守の啓発の対象及び内容は、通学と買物

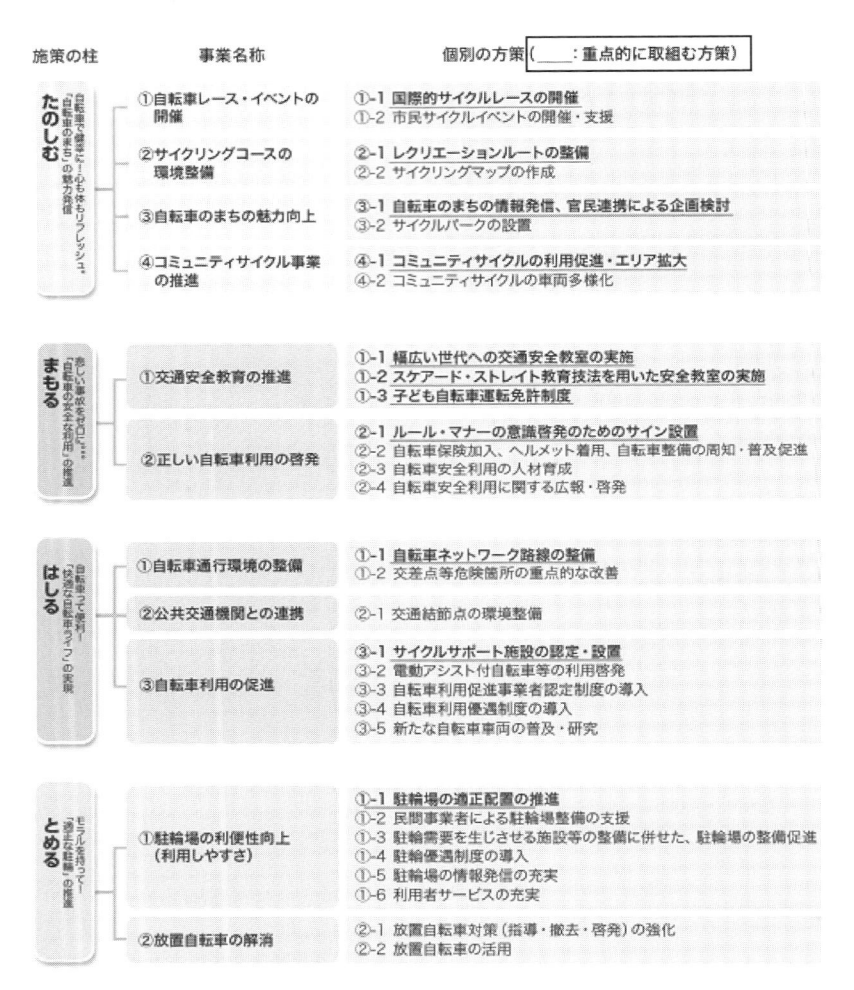

（特に高齢者などが多い）では、大きく異なる。利用者の利用目的別にみると
同じ形態のハードやソフトの施策でも大きく異なる。このような点を配慮し
て、施策の目的別の整理が行われており、このような利用者の目的に応じて必
要な施策の視点からの再構成した表を付けるなどの配慮は他の計画では少な
い。

⑷　内容の特徴

この内容として特徴的な点は、次の通りである。

① 　自転車を楽しむ点を強調

第一に、たのしむがトップの施策となっており、しかも、国際レースの開催（「ツール・ド・フランス　さいたまクリテリウム」）をそのトップに据えている点である。自転車のユーザーのみならず、市民全体を巻き込んで自転車に対する関心を持ってもらうという意味と来訪者による経済効果を目的に設定していることは注目に値する。これには単なるこの国際レースのみの効果にとどまらず、関連して様々なサイクルイベントが行われ、また、市民がレクレーションとして自転車をたのしむことに大きな影響を与える。これにより、自転車のメリットを啓発することとともに、自転車利用を肌で身近に感じてもらうことにも効果を発揮する。

② 　自転車利用促進施策を多種多様に体系的に用意

第二に、各種自転車利用促進のための制度が用意されていることである。自転車のまちの情報発信、サイクルパークはもとより、コミュニティサイクル、自転車走行空間ネットワークの他に、「自転車利用促進事業者認定制度」（社員への自転車利用を奨励している企業の認定）、「自転車利用優遇制度」（自転車マイレージ、自転車来店者優遇制度等）、「電動アシスト付自転車等の利用啓発」（子育て世代、高齢者の利用促進等）　など、他にあまり例がない利用促進策を幅広く採用している。このような利用促進策は、自転車計画の内容にしっかりと位置付けることで、単発の施策よりも、体系的な方策として、継続性や広報性が確保され、それぞれがこの計画に基づき実行された場合、相乗効果でその推進効果が顕著になる。

③ 　自転車まちづくりのイメージや効果を図で提示

第三に、自転車まちづくりにより期待される効果やまちづくりの結果がイメージ図により示されていることである。「さいたまはーと」というネーミングとともに、市民に対する侵透を図ろうとするものである。期待される効果として、くらしとまちに分けて、個人とまちがそ

イメージ図

れぞれに受けるメリットを（それぞれ経済、健康、地域の魅力等と環境、歩行者、賑わい、きれいなまちなど）説明するとともに、計画の将来像のイメージ図が提示されている。外国では、このような図よりも、将来のイメージの文章による提示した例はあり、また、これとともに数値での都市生活の状況が示されていることがある（コペンハーゲン等）。いずれにしても、このような視覚やイメージ図による掲示は今後の一つの方法となる。

　以上のような特徴があるが、この計画は、目標から施策体系、内容、推進方法、イメージに至るまで、自転車利用に関する施策がフルセットで体系づけられて整理されている総合計画型といっても過言ではない（ただし、他でも総合計画型になっているケースが多いが、次の宇都宮市の計画とともに、ここまで細かく配慮した体系的計画は少ない）。

3．宇都宮市自転車のまち推進計画後期計画（平成28年3月）

⑴　早くから自転車の利用・活用のための施策に取り組んできた都市

　宇都宮市は、早くから自転車の利用促進策に取り組んできた。

　宇都宮市は、平成14年度に「自転車利用・活用基本計画」を策定し、その後平成22年に「自転車のまち推進計画」を策定することにより、自転車の利活用を総合的に推進してきた。この特徴は、**第一に**、自転車の「利活用のための計画」を我が国でも相当早くから進めてきた都市であるといえることである。つまり、それ以前の計画の多くは、自転車駐車対策や安全対策に係る計画であり、自転車の利用を直接推進する目的ではなく、どちらかというと自転車利用を抑制気味のスタンスが見え隠れする。この点で利活用のスタンスに早くから取り組んで計画を

策定したことは大きく評価できる。**第二に**、自転車の利活用に関する計画にしても、総合計画として策定してきたことである。自転車計画は、自転車等駐車場や駐輪対策の計画、走行空間に係る計画、交通安全に係る計画など様々な分野別の計画があるが、総合計画として策定してこれらを総合的に取り込んでいる点がさいたま市と同じく特徴的である。**第三に**、計画名を、自転車の利用促

進計画などの自転車のみを主体としたものではなく、「自転車のまち」推進計画としている点である。自転車をまちづくりの中で位置付ける意味が含まれ、これらを一体としている点で特徴的である。

(2) 計画の基本理念と目標

平成22年に策定された「自転車のまち推進計画」は平成23年から同32年までの期間を対象にしているが、前期の5年間（平成23年～同27年）を対象にした前記計画の終了時（後期の5年間（平成28年～同32年）を対象とした後期計画への移行の際）に改訂されている。前期計画の、安全、快適、楽しく、健康とエコという4つの施策に加えて、後期は、「自転車のまち」として特にまちづくりにかかわりのあるネットワーク型コンパクトシティを目指すまち（概要版）をもとに、LRT の整備やこれとの連携なども意識しつつ、後期計画の基本的目標としての四つの項目「安全」、「快適」、「楽しく」及び「健康とエコ」に、「つながる」を加えて5つの柱を設定している。この「つながる」は、誰もが自転車でつながるとなっているが、コンパクトシティの公共交通との連携や広域的な自転車利用も相当に意識されている。また、4つの既存の柱は、併立して存在する繋がりであるが、これらの役割は、相互に関連付けて、自転車の利用拡大を通じて、「つながる」との意味合いを含めていることも想定される。

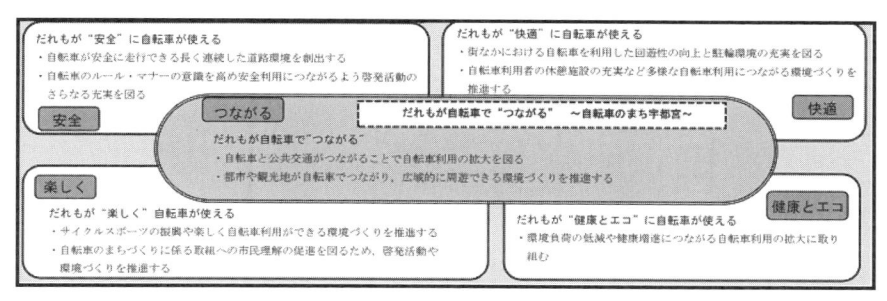

(3) 目標値でもある評価指標

この計画では、目標は先の5つのものであり、「安全」、「楽しく」等の定性的、抽象的表現であり、数値目標として設定されていない。これに代わるものとして、最後の部分で、各目標に基づく施策の進捗状況を評価する指標を設定している。

これらはアウトプット指標である「活動指標」及びアウトカム指標としての

柱	指標	現状と目標値	
安全	□自転車走行空間の整備延長	≪現状（H27 実績）≫ 21.7km（12.1km）※	⇒	≪目標（H32）≫ 57.7km（36.0km）※
快適	□中心市街地における駐輪場の利用者数	≪現状（H26 実績）≫ 253,094 人/年間	⇒	≪目標（H32）≫ 282,000 人/年間
楽しく	□宮サイクルステーション来館者数	≪現状（H26 実績）≫ 5,692 人/年間	⇒	≪目標（H32）≫ 6,200 人/年間
健康とエコ	□自転車モニター事業参加者数	事業の具体化を検討する中で設定する。		
つながる	□駐輪場整備箇所数 ○バス停付近 ○LRT 停留場付近	≪現状（H27 実績）≫ 7 箇所（4 箇所）※ 事業の具体化を検討する中で設定する。	⇒	≪目標（H32）≫ 13 箇所（6 箇所）※

※1　〔内の数値は現段階での実績・目標値を表す。

成果指標（５年後の目標）平成３２年度

○自転車が関係する交通事故件数〔継続〕（発生件数/年）
　【現状値】429 件　⇒　【目標値】320 件以下
　　※第１０次交通安全計画より

○自転車交通分担率≪チャレンジ目標≫〔継続〕
　【前期計画当初】20％ ⇒【目標値】 25％
　　※国勢調査における通勤・通学での自転車の利用割合
　　※現状値：17%（H22 年度実績）

○市民満足度≪チャレンジ目標≫〔継続〕
　【前期計画当初】29.6％ ⇒【目標値】 50％
　　※市政世論調査における「自転車を使いやすいまち」の質問
　　　に対する回答割合
　　※現状値：26.7%（H27 年度実績）

「成果指標」の２つで構成される。前者は目標を実現する手段としての事業の達成状況を示すものであり、５つの目標ごとに設定されている。安全の目標のために走行空間の整備延長を57.7km などとするものである。後者は施策の結果として、どのような成果が得られたか、環境改善が図られたかを示すものである。本来は、この後者の成果指標が、計画の目標値として設定されるべきものである。

　この成果指標として、交通事故の発生件数（429件⇒320件以下）、自転車交通分担率（20％⇒25％、チャレンジ目標）と市民満足度（29.6%⇒50％、チャレンジ目標）に持っていこうとするものである。他の多くの計画は、算出方法や目標の年度が調査の実施に合わない等のため、計画で最も大切な分担率の目標値の設定を見送るケースが多い。しかし、この計画では、ここで敢えて目標を「チャレンジ目標」としたものである。すなわち、このチャレンジ目標は、明確な計算根拠をもって推測しているわけではないが、交通分担率という基本の数値を具体に設定し、これにより、計画の促進を図ろうとするものであり、このような例は少ないので、まさにチャレンジ的な積極的な設定である。

　なお、分担率の目標は、数値の設定や効果の検証を別の方法で一定に行うことができると考えられる。例えば、市民アンケートで、通勤や外出における自転車の利用率などで目的別の分担率であれば、パーソントリップ調査等のみに依拠することなくできる。

基本目標	取組方針	施策	事業
目標I 安全	だれもが"安全"に自転車が使える ・自転車が安全に走行できる良く連続した道路環境を創出する ・自転車のルール・マナーの意識を高め安全利用につながるよう啓発活動のさらなる充実を図る	(1) 安全な走行空間の確保	【拡】自転車走行空間のさらなる延伸
			【新】自転車走行における走行支障物件の撤去指導
		(2) 安全啓発活動の実施	【拡】交通安全教室の充実
			【拡】自転車安全利用のための広報啓発活動の充実
		(3) 安全を守る環境づくりの推進	【拡】ヘルメットの着用・普及の促進
目標II 快適	だれもが"快適"に自転車が使える ・街なかにおける自転車を利用した回遊性の向上と駐輪環境の充実を図る ・自転車利用者の休憩施設の充実など多様な自転車利用につながる環境づくりを推進する	(1) 回遊性の向上	【継】レンタサイクルの利用促進
		(2) 中心市街地における利用環境の向上	【拡】中心市街地における良好な通行空間の確保と駐輪環境の向上
		(3) サイクリストへのサポート	【拡】自転車の駅の充実
		(4) サポート制度の創出	【新】自転車利用に係る民間企業などに対する支援
目標III 楽しく	だれもが"楽しく"自転車が使える ・サイクルスポーツの魅力づくりや楽しく自転車利用ができる環境づくりを推進する ・自転車のまちづくりに係る取組への市民理解の促進を図るため、啓発活動や環境づくりを推進する	(1) プロスポーツとの連携・宮サイクルステーションの拡充	【拡】ジャパンカップサイクルロードレースの開催及び周辺環境の向上
			【継】プロ選手と連携した自転車教室やサイクルイベントの開催
			【拡】宮サイクルステーションの充実
		(2) 「自転車のまち宇都宮」のさらなるPR	【新】自転車のまちのPR
			【継】サイクルイベントの開催及び開催支援
目標IV 健康とエコ	だれもが"健康とエコ"に自転車が使える ・環境負荷の低減や健康増進につながる自転車利用の拡大に取り組む	(1) 環境負荷の低減	【拡】自転車通勤の推進
		(2) 健康増進のPR	【新】健康増進への情報発信
目標V つながる	だれもが自転車で"つながる" ・自転車と公共交通がつながることで自転車利用の拡大を図る ・都市や観光地が自転車でつながり、広域的に周遊できる環境づくりを推進する	(1) 公共交通との連携強化	【拡】交通結節点における自転車利用の促進
		(2) 広域的な周遊促進	【拡】広域的なサイクリングルートの設定
			【拡】サイクリングロードの整備延伸

(4)　施策項目

　施策の5つの柱として、「安全」、「快適」、「楽しく」、「健康とエコ」及び「つながる」としたのは、他の計画の多くが「はしる」「とめる」など自転車の行動態様をもとに区分した施策体系ではなく、自転車施策による実現すべき内容をもとにして、体系を組み立てるといういわば目標として創造する価値（安全・快適・楽しくなど）の別に体系化した施策である。このため、目標や施策内容もこの体系に整理されており、全体がすっきりとわかりやすく整理できている。

　表のように、5つの目標ごとに、それぞれだれもが安全、快適、楽しく、健康とエコに自転車を使え、だれもが自転車でつながるための施策を各2から4設定（合計13個の施策）し、それぞれにこれを実現するための事業を配する体系を取っている。特に目立つのは、**第一に**、「楽しく」（目標II）のところで、プロスポーツとの連携や自転車の拠点である宮ステーションを通じたイベントやプロ選手との連携等により、市民に自転車の楽しさをアピールすること、元祖自転車のまちとしてのPR、イベントを行うことなどによる市民への理解の向上である。このように楽しく自転車が使えるようにすることは、「はしれば愉快だ宇都宮」というスローガンを体現したものと受け取れる。**第二に**、だれ

もが自転車で健康とエコ（目標Ⅳ）に貢献できることによる効果を具体的にアピールして理解を深めていることである。自転車計画が施策や事業を中心に構成されることが多いが、すべての人ができる自転車利用の貢献という身近な行動を一つの柱にしていることは、特徴といえる。**第三に**、自転車と鉄道・バス等の公共交通との連携、さらに都市が自転車で広域的につながる（目標Ⅴ）ネットワーク型のコンパクトシティづくりに貢献するという重要な役割があることをコンセプトにしていることである。まさに、まちづくりと自転車が融合することを今後の目標にしていて、単独の自転車計画ではなく、「自転車のまち」のための計画という視点が前面に出たものと理解できる。**第四に**、自転車の利用目的を明確にした施策として、「自転車通勤の促進」を重点施策として取り上げていることである。自転車利用は目的により、ハード・ソフトの施策が体系化されるのが最も合理的かつ効率的である。先述の通り、この目的別に取り上げて整理した施策形態をとっているのは、豊橋市であり、通勤、通学及び買物並びに共通目的の 4 つを自転車施策の体系として設定しており、目的別の合目的的な自転車活用推進計画として特筆に値する。しかし、目的を網羅的に取り上げて施策を取上げるということが困難な場合でも、少なくとも目的の一つとして自転車通勤を取り上げて、重点に事業としている点は、我が国の自転車計画が利用目的を軸にしてあまり考えないことが多い中で特筆すべきものである。内容的には、企業に自転車モニター事業を実施してもらい、その健康効果や環境負荷削減効果を実感して、これを通じて自転車通勤の推進をするものである。さらにこれに走行空間ネットワークとしての自転車通勤用のネットワーク空間の整備があればハード面で大きな効果があると考えられる。**第五に**、公共交通との連携で宇都宮市の特色である新規に設置される LRT の停留所及びバス停という交通結節点での自転車駐車場の整備が重点事業になっていることである。これはまさにコンパクトシティ＋ネットワークの形成の大きな手段であり、自転車まちづくりを体現する重要な施策として、今後の成果が期待される。このような施策は他の計画ではあまり見ない特徴的な施策である。

第5章　ユニークな都市像とわかりやすいコンセプト型　京都市「京都新自転車計画」～みんなにやさしいサイクル PLAN（平成27年3月）

1．ユニークな都市像～世界トップレベルの自転車共存都市

　この計画は、平成12年3月という極めて早い時期に策定された「京都市自転車総合計画」の期間満了に伴い、平成22年3月に策定された「改訂京都市自転車総合計画」があり、さらにこれについて見直しを行い、平成27年3月に策定されたものである。この計画の第一の特徴は、自転車都市像である。一般的には、「自転車のまち」と自称するまちはたくさんあるが、どのような自転車のまちかがほとんど見えてこない。これでは、行政は自ら自転車の利用に関係すれば何でもよいという特徴のないまちづくりをしようという意思を表わしているようなもので、市民にも具体の考え方について意図が伝わらず、また、方向性も不明確である。このような計画では、一番大切な市民の自転車利用を促進するにも、コンセプトの入っていない器ばかり用意して、利用を呼び掛けるようなもので、初めから効果のある差別化された自転車計画とはなりえない。

　これに対して、京都市の自転車計画は、「世界トップレベルの自転車共存都市」という自転車都市像を目標として提示して、これを目指して、だれもが安心して心地よく行き交うことができるまち京都を実現しようとするものである。無秩序な自転車走行やルール・マナーの遵守、理解、適正な駐輪等が進まない課題がある中で、自転車が自動車や歩行者など他のさまざまな主体と共存しながら、自転車利用を促進しようとするものである。世界の都市では、先述してきたように、「世界最高の自転車にやさしいまち」（コペンハーゲン）や「世界最高水準の自転車都市」（ポートランド）、「世界自転車首都」（ユトレヒト）などそれぞれが目指す方向を明確にした都市像を打ち出している。このような世界の状況を受けて、また、参考にして、「世界トップレベルの自転車共存都市」となったのである。この都市像では、「自転車共存都市」としているところが重要であり、道路環境や自転車の利用実態から考えて、手放しで「最高水準の自転車都市」とすることは難しいが、歩行者その他と共存することを目指すことは十分可能であるとして、このような表現になっているものと理解

できる。このような都市像を掲げることにより、京都市の自転車に対する最も重要な課題と目指している施策の方向が見えてくるのである。欧米の先進都市では、自転車ばかりを推進するところが多いが、四条通りなどを中心にして歩行者を優先し、自転車を抑制していることや他の通りでは自転車と歩行者の共存や車道空間での自転車とクルマとの地域的な使い分けや同一空間での共存も大きなテーマであることから、これを目指して、世界でもトップレベルで自転車が「共存する」自転車環境や自転車まちづくりを世界に向けて模範的につくるという方向が読み取れる。

　ただし、自転車のクルマとの関係についての位置づけは、あまり明確に示されていないが、自転車とクルマが共存するという意味では、自転車とクルマは対等の関係にあるものと推測される。なお、市の総合交通戦略でも歩行者とクルマの中間的な速度で移動可能な乗り物という使い分けをするという表現でクルマとの優劣関係の表示は避けられている。

2．見える化の推進による共存

　第二の特徴は、自転車が秩序ある走行を行い、自転車が他の主体とまちの中で共存するレベルを高めるために、5つの自転車施策を「見える化」というコンセプトで進めることにしている。すなわち、①自転車走行環境の見える化、②ルール・マナーの見える化、③自転車駐輪環境の見える化、④自転車観光の見える化、⑤自転車関連施策の見える化である。

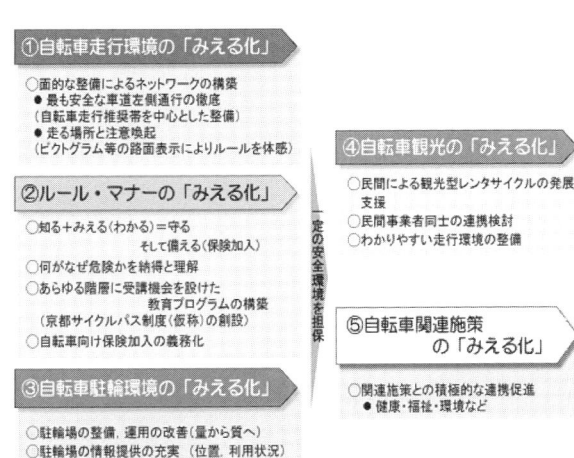

出典　計画本文p53

る化、⑤自転車関連施策の見える化である。これらは、①走行空間を整備してクルマとの共存を、②ルール・マナーをしっかりと知り、理解することなどにより、歩行者・クルマとの共存を、③駐輪環境を量から質に転換して、利用し

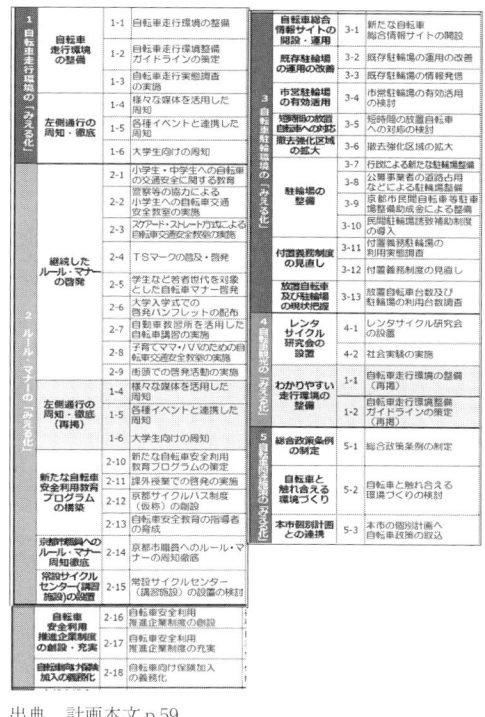

分類	サブ項目	番号	施策名
1 自転車走行環境の「みえる化」	自転車走行環境の整備	1-1	自転車走行環境の整備
		1-2	自転車走行環境整備ガイドラインの策定
		1-3	自転車通行実態調査の実施
	左側通行の周知・徹底	1-4	様々な媒体を活用した周知
		1-5	各種イベントと連携した周知
		1-6	大学生向けの周知
2 ルール・マナーの「みえる化」	継続したルール・マナーの啓発	2-1	小学生・中学生への自転車の交通安全に関する教育
		2-2	警察等の協力による小学生の自転車安全教室の実施
		2-3	スケアード・ストレート方式による自動車交通安全教室の実施
		2-4	TSマークの普及・啓発
		2-5	学生など若者世代を対象とした自転車マナー啓発
		2-6	大学インフレットの配布
		2-7	自動車教習所を活用した自転車講習の実施
		2-8	子育てママ・パパのための自転車安心安全教室の実施
		2-9	街頭での啓発活動の実施
	左側通行の周知・徹底（再掲）	1-4	様々な媒体を活用した周知
		1-5	各種イベントと連携した周知
			大学生向けの周知
	新たな自転車安全利用教育プログラムの構築	2-10	新たな自転車安全利用教育プログラムの策定
		2-11	課外授業での啓発の実施
		2-12	京都サイクルバス制度の創設
		2-13	自転車安全利用の指導者の育成
	京都府職員へのルール・マナーの周知徹底	2-14	京都市職員へのルール・マナーの周知徹底
	常設サイクルセンター（講習施設）の設置	2-15	常設サイクルセンター（講習施設）の設置の検討
	自転車安全利用推進企業制度の創設・充実	2-16	自転車安全利用推進企業制度の創設
		2-17	自転車安全利用推進企業制度の充実
	自転車損害賠償保険加入の義務化	2-18	自転車損害賠償保険加入の義務化
3 自転車駐輪環境の「みえる化」	自転車総合情報サイトの開設・運用	3-1	新たな自転車総合情報サイトの開設
	既存駐輪場の運用の改善	3-2	既存駐輪場の運用の改善
		3-3	既存駐輪場の情報発信
	市営駐輪場の有効活用	3-4	市営駐輪場の有効活用の検討
	短時間の放置自転車への対応	3-5	短時間の放置自転車への対応の検討
	撤去強化地域の拡大	3-6	撤去強化地域の拡大
	駐輪場の整備	3-7	民間による新たな駐輪場整備
		3-8	公募事業者の道路占用などによる駐輪場整備
		3-9	京都市民間自転車等駐車場整備助成金による整備
		3-10	民間駐輪場附置制度の導入
	付置義務制度の見直し	3-11	付置義務駐輪場の利用率等調査
		3-12	付置義務制度の見直し
	放置禁止及び駐輪場の現状把握	3-13	放置自転車台数及び駐輪場の利用台数調査
4 自転車観光の「みえる化」	レンタサイクル研究会の設置	4-1	レンタサイクル研究会の設置
		4-2	社会実験の実施
	わかりやすい走行環境の整備	1-1	自転車走行環境の整備（再掲）
		1-2	自転車走行環境整備ガイドラインの策定（再掲）
5 自転車関連施策の「みえる化」	総合政策条例の制定	5-1	総合政策条例の制定
	自転車と触れ合える環境づくりの検討	5-2	自転車と触れ合える環境づくりの検討
	本市個別計画との連携	5-3	本市の個別計画へ自転車政策の設込

出典　計画本文 p59

たくなるような駐輪場への改善の見える化により、放置をなくして、地域との共存を、④自転車観光が民間事業者等との連携を得て、外から来た観光客が利用しやすい環境の見える化を通じて、観光客や民間事業者（レンタサイクル等）との共存を、⑤生活習慣病の予防、交通弱者支援としての活用、車からの転換に係る関連施策との連携等による関連施策との共存を、それぞれ図るものと理解される。このように、５つの見える化（わかる、理解するを含む）を通して、目指す都市像の目標である歩行者、クルマ、地域、観光客、民間事業者及び関連施策との共存を図るものであり、これらが最大限実現することにより、世界レベルの自転車共存都市が出来上がることとなる。「見える化施策」はそれぞれが共存を促進することと体系的、かつ、密接にリンクしているのである。

3．各論の施策体系～各論の５つの見える化施策の内容

　これらの５つの見える化施策は、①走行環境、②ルールマナー、③駐輪環境、④自転車観光及び⑤自転車関連施策の５つに分類されている。これらは通常よく分類されている「はしる」、「まもる」、「とめる」、「まわる」、そして「総合化する」に該当するが、ここでは、統一して「見える・理解される・承諾される」の意味のある「見える化」という切り口で、自転車と共存するクルマなどの相手方にも見える、すなわち認識できるようにして、空間の共存関係を構築しようとするものでもある。単なる「はしる」や「とめる」という現象面の自転車の行動パターンのみによる分類よりは、はるかに分かりやすく、ま

た、市民にもなじみのある「見える」
という言葉を共通化して、市民から受
入れやすく、自転車利用の促進につな
がるものと理解される。このように、
基本コンセプトと施策の体系的なつな
がりがわかりやすく、見える化施策を
軸にして構築することは説得力が増し
て、計画の存在意義も大きくなるので
ある。「見える化」の意味が、それぞ
れの施策で異なり、同じレベルで「見

総合評価		
総合評価	市民満足度 利用の安心度、快適性	
進捗及び状況の把握		
自転車走行環境	通行区分遵守率 整備距離 整備箇所利用可能人口 走行環境の総合評価	
ルール・マナー	安全教室の実施回数・参加人数 京都サイクルバス取得者の拡大 保険の加入率	
自転車駐輪環境	駐輪場の利用満足度 放置自転車台数	
自転車観光	観光客の自転車利用人数	
安全	事故件数、事故率	

出典　計画本文 pp57 - 58

える」というものでないこと、すなわち、視認の意味や理解する意味、透明性
の意味など様々な意味を「見える」という言葉で一括している点で少し違和感
を感じる人もいよう。しかし、「見える」という共通語で、この計画の方向性
をまとめることに意義があると理解する。

4．目標の達成のための評価項目の設定

　自転車施策が確実に実施されるか、また、その効果が有効なものとして発揮
されているかをチェックすることは、計画の有効性、確実性の担保に不可欠で
ある。その意味で、計画の成果としての目標値（例えば利用促進施策では自転
車分担率○○％、自転車事故の減少率△△％）ではなく、計画の実施結果とし
ての市民の満足度や通行区分遵守率、整備距離、安全教室の参加人数等を目標
値（アウトプット）として、これと照らして、評価することにより、計画の達
成状況を評価することにしている。計画の達成状況を評価するのは、PDCA
サイクルなどが我が国の多くの自転車計画では採用されているが、具体的な評
価基準が設定されていないことが多い。この計画では、総合評価について市民
満足度を採用している。また、施策の進捗等として、自転車走行環境など5つ
の項目により、その進捗の管理をすることにしている。計画の目標値という形
での設定が困難な場合や計画の進捗の管理方法として、通行区分遵守率、整備
距離などの基本となる水準値を設定して、これに比較して達成度をみることに
よる総合評価や進捗等の把握を行う方がストレートに判断できる面もある。す
なわち、ここでは、計画の目標値を設定して、これに対する達成度をチェック

する方法により判断するよりは、施策の達成度という機動的で適切な計画の管理ができる方法を用いており、この方がメリットがあるとも言える。

　ただし、目標値を前面に出して、計画を管理運営する方が、市民にも施策の方向がわかり、また、行政もこれを達成するために最大限の努力と責任を果たす目標になるようにすることになり、計画の管理としてはより効果がある。最終的に実際の市民にどの程度自転車の利用が受け入れられているかという分担率の目標値の設定の方がより適切な場合もある。

　なお、分担率の目標値の設定は、これに費用をかけて調査をする必要がある場合も多い。しかし、たとえば、これが重要であることに鑑み、パーソントリップ調査の年次に目標年次を合わせることや、通勤通学のみについての分担率の目標値の設定（先述のようにコペンハーゲンでは、通勤通学の自転車利用に重点を置き、この分担率や人数を目標値に設定）などで国勢調査による測定とする方法又は市民アンケートにより、外出の際の最もよく利用する手段などの簡易な方法での利用率などを問う方法もある。また、通勤通学によく使われる主要道路での自転車通行台数を測定して（ニューヨーク市など）その変化をみる方法もある。いずれにしても、最終のアウトカム指標としては、市民に如何に利用されているかの分担率と安全性が確保されているかの事故の状況（件数又はその変化率など）が適当である。自転車の台数カウンター（コペンハーゲン）などにより、絶えず通行量を市民に明示して、その利用促進を引き出す方法もある。

5．特徴的な点は今後の長期的な課題の設定（第7章）

　この計画で特に特徴的な点は、今後の長期的な課題を明示し、これに対応するような自転車政策の課題を具体的に明示していることである。公共交通との連携の積極的なあり方、高齢化の進行に対する高齢者の自転車利用の課題、人口減少に伴う公共交通の減衰での自転車の役割、多様な自転車の活用（3輪自転車、視覚障害者の移動）など現在での重要課題を明示して、次の計画にゆだねている。当面実施する施策と明らかになっている長期的な課題を提示して、その差を自転車活用方策の課題として明示する方法もある。特に自転車政策はクルマなど他の交通手段との競合や転換を図る意味で、短期的な解決が難しく、長期的な視点が必要であり、このような場合の長期的な課題を以後の計画

にゆだねていることは、今後の計画の連続性、一貫性の確保の意味でも重要な視点である。何もすべての課題を現在の計画で片付けることはない。

第6章　安城市の自転車計画　先進的なコンセプト〜第2次エコサイクルシティ計画

1．先進的な取組みの安城市の自転車計画

　安城市は、以前から自転車によるまちづくりを進めてきた。平成19年（2007年）に当時としてはネーミングも内容も先進的なエコサイクルシティ計画（第1次）を策定した。安全で快適に自転車を利用できる環境整備を行うことで、自転車をクルマに代わる交通手段として明確に位置づけ、地球環境にやさしいまちづくりを進めるものであった。計画目標年次を2014年に設定、日常で自転車利用の多い市民の割合を、2006年19％から2010年に24％、2014年に30％に高めるという当時としては画期的な具体的数値目標を設定した。これは、1998年の「地球にやさしい環境都市宣言」を受けて、当時の総合計画（第7次安城市総合計画）の目指す都市像として「市民とともに育む環境首都・安城」の実現に向けた一環であり、このような中でエコサイクルシティ計画は、自転車を活用して環境首都を作ることに貢献するものであり、この意味

で、自転車活用推進計画のコンセプトに合致したものである。

2．2007年エコサイクルシティ計画〜当時の日本では極めて先進的な計画

　2007年の第一次エコサイクルシティ計画の特徴は、**第一に**、自転車をクルマにとって代わる交通手段として明確に位置付けている点である。我が国では、自転車計画でこのように自転車をクルマに代わる交通手段として位置付ける（計画書p1）こと自体が、地球環境問題がより深刻化し、対策が急務とされている現在でも少なく、まして、当時としては、より先進的な自転車の位置づ

けである。過度の自動車の利用は控えて、その分を自転車に転換するなどあい
まいな位置付けの計画は多い。しかし、自転車をクルマに代わる交通手段とし
て位置付けるという計画は意外に少なく、多くは単なる交通手段として位置付
ける程度である。特に、地方都市での高齢化の進展は予想以上に急激であり、
自立できる高齢者層にとっての日常生活圏の距離を考えると、自転車への転換
の必要性が特段に高い。このように明確に位置づけがなされることにより、自
転車利用促進が中途半端になることなく、推進できる大前提になる。<u>第二に</u>、
自転車計画の目標の数値を具体的に設定していることである。数値目標で、し
かも、アウトカム指標でない数値を設定することは、行政が自らをしばること
を嫌がる我が国の風土では、なかなか難しいことである。今日、世界の自転車
計画では数値目標の設定は常識になってきているが、国内の計画では、数値目
標を満足度などで代替しているものが多く、第1次の安城市エコサイクルシ
ティ計画では、自転車の利用状況の数値目標を設定しているのは極めて重要で
ある。<u>第三に</u>、環境首都というより大きな目標のために自転車を活用するとい
う自転車利用促進のみを目指すオンリーの計画でないこと、これは、自転車は
あくまで、交通手段の一つであり、自転車利用促進が究極の目的ではないこ
と、良好な環境の形成を目的として、自転車を活用するという役割を十分に理
解していると言える。<u>第四に</u>、しかし、交通政策の中では、平坦な地形等を活
かして自転車を中心とした安全で快適な環境にやさしい交通環境づくりを目指
すとしており、自転車を交通環境づくりの中心に据えるものである。自動車が
卓越している地方都市において、様々な交通手段がある中で、このコンセプト
は相当の英断を必要とするものであったと思われる。筆者はこの第1次の計画
を見たときから、この計画の構成や先進性に注目してきた。安城市の計画が、
自転車計画の世界で注目を集めることが多くはなかったが、隠れた重要な先進
事例の計画であった。

3．第2次安城市エコサイクルシティ計画の総論（都市像と目標値）の特徴

① 自転車の位置づけ

　前計画を引き継いだ計画で、平成29年度から目標年次平成36年の8年間を計
画期間としている。市の第8次総合計画では、目指す都市像として、「市民と

ともに育む環境首都・安城」から軸足を「幸せつながる健幸都市　安城」に変更し、テーマが環境から健幸に変化している。なお、ここでは「健幸」という言葉を使用しているが、健康と幸福が直接リンクするため、これを合わせて「健幸」という用語にしている。市民が地球環境を考えて、日常の移動手段を選択することは大切なことであるが、最近の健康向上、生活習慣病予防などが重要視され、注目を集めるようになっている流れから、市民のサイドからは身近な健幸を考えて自転車を選択するという行動がより自然であることを考えると、適切な軸足の移動ではないかと考えられる。ただし、「自転車を都市交通手段の１つとして位置付ける」との点では前計画と現計画は同じであるが、前計画の自転車をクルマにとって代わる交通手段としての位置づけが明確に出ておらず、「自転車の利用促進を図る…。」という表現にとどまっている。クルマに代わる交通手段というのは、いわばクルマからの転換を前面に出している計画であり、したがって、クルマよりも自転車を転換先において、クルマを減らす方向として上位に置いていると理解される。この点では、現計画は自転車のクルマとの関係における位置づけがあいまいになっていると考えられる。

② 　計画の目標値

　また、計画の目標値は、前計画が「自転車を利用する回数が他の交通手段と比べ多い人の割合」であり、必ずしも正確な利用実態ではないが、それなりに自転車を最も多く利用する人の割合ということで、政策の目標値としての到達点を示すものであると理解する。これに対して、今回は、「自転車の利用促進に対する満足度」という施策結果に対する市民の評価というアウトカム指標になっている。コペンハーゲンその他が自転車環境に対する市民の満足度を目標にしている点と共通している。ただし、コペンハーゲンの場合は、２年に一度の満足度調査により、政策の効果を図る指標で、その変化を見て、施策の重点を移動させる手段として利用している。すなわち、最終の目標値というよりは、市民の政策受容度又は政策効果測定の方策であり、やはり、最終の目標値は、自転車通勤通学の割合50％である。これに対して、この計画では、満足度を途中の目標ではなく最終の目標値にしている点が異なる。現状の平成28年の43.7％に対して、平成33年46.9％、平成36年最終年に50.0％と半数の満足度を目指している。指標としては、満足度は政策の効果に対する市民の評価を測る指標であり、施策の結果として実現した状態を直接図る指標ではない。また、

自転車の分担率は、事故減少率と並んで多くの先進国や先進都市で採用されている目標である。旧計画の「自転車利用が他の交通手段の利用に比べて一番多い人の割合」は、あいまいではあるが、後者に通ずるものであり、このような人の割合が増えることは、自転車の分担率の向上を表現する一つの手段である。

③　目標としては通勤通学での自転車分担率が最適

　なお、自転車の交通分担率を測定するパーソントリップ調査は7年に1度であること、主な移動手段が表示され、自転車を一部に利用している割合が分かりにくいこと、また、国勢調査は通勤通学という限定された利用目的における分担率であることや10年に1度という制約があること等から、自転車の交通分担率を目標として我が国では採用することを躊躇する傾向がある。しかし、**第一に**、オランダやコペンハーゲンやポートランドなど世界トップクラスの国や自治体では、自転車通勤通学に焦点を当ててこれを推進し、通勤通学での自転車の利用比率を計画の目標にしていること、**第二に**、自転車が日常利用され、かつ、毎日の継続性がある利用目的としては、通勤通学が最適であり、自転車の最も適した利用目的であること、また、**第三に**、我が国では計画の期間を5年程度にしているが、別項で述べるが、これでは、諸外国に比較しても長期的な視点での自転車利用促進は図れないこと、計画期間を長期に設定し、これに含まれる国勢調査などを活用することを検討すべきことなどにより、自転車通勤通学の分担率を採用すること、この場合に国勢調査結果により現状と達成度をみるなどを考えるべきである。また、諸外国ではこの分担率とセットで目標値として採用されることが多い自転車事故による死傷者数の減少は、警察当局との連携により把握は十分可能である。

4．構成及び内容の特徴～ソフト施策である意識づくりがトップ

(1)　構成の特徴

　計画の構成として、特徴的な点は次の通りである。**第一に**、エコサイクルシティ計画が目指すもの（第3章）として、総合計画で目指す都市像「幸せつながる健幸都市　安城」の実現に向けて、（中略）自転車を中心とした安全で快適な環境にやさしい交通環境づくりを引き続き進めるとしていることである。すなわち、「自転車を中心とした交通環境づくり」を進めるという自転車中心

主義的な交通環境の施策展開であることを示していることである。このような
基本的な方針は、我が国での自転車計画では、具体的に示されることはまれで
進化した表現である。<u>第二に</u>、①基本方針として「意識づくり」、「空間づく
り」及び「しくみづくり」という3本柱が立てられおり、これが「づくり」と
いう共通のキーワードで対比的に表現され、シンプルな体系でわかりやすいこ
とである。意識というソフト面と空間というハード面とさらに、これを実現す
る組織というシステム面に分けて、方針を立てて、それぞれが次の各論という
べき基本計画に直結していくことになる。<u>第三に</u>、この3本柱の基本方針の
トップに「意識づくり」を持ってきていることである。1次計画（エコサイク
ルシティ計画2007年）も同様であるが、普通の自転車計画で行われるハードで
ある空間づくりをトップにしていない点である。<u>第四に</u>、上位計画である第8
次総合計画の内容と自転車計画の内容とのリンクを明確に示して、市の全体の
政策との上下関係を明示して、具体的に取り入れた施策にしている点である。
我が国の計画では、自転車計画にも様々な引用計画が登場するが、これらとの
関係があまり明示されず、また、これとの関係で自転車施策に反映された項目
や内容があるかはあいまいである。この点でこの計画は「健幸」の視点をすべ
ての施策に取り入れるというスタンスのもと、自転車施策にもまず、健幸の視
点で一番重要なソフトの方針として「意識づくり」をトップに配置しているこ

基本方針と施策体系（総論と各論の連結）シンプルな計画の構成

基本方針	施策の体系	具体策の体系
意識づくり	①利用促進に向けたきっかけづくり	ア．利用促進意識の啓発 イ．自転車利用機会の提供
	②自転車を正しく利用するための意識づくり	ア．安全意識・マナーの向上 イ．自転車に関する制度の周知徹底（防犯登録、保険、放置禁止区域等）
空間づくり	①安全で快適な走行空間づくり	走行空間の整備
	②安心で便利な駐輪空間づくり	駐輪空間の整備
しくみづくり	①自転車利用の利便性を高めるためのしくみづくり	ア．自転車利用に役立つ情報の提供 イ．自転車利用に役立つサービスの提供
	②クルマと自転車を賢く使い分けるためのしくみづくり	ア．公共交通との連携 イ．自転車通勤の促進

とともつながる。

(2)　総論の目標値や基本方針との各論の施策との関係が体系的

　計画の体系の特徴として、基本方針と基本計画（第5章）の施策体系及び具体の取組がしっかりとした連携を形作っていることである。「意識づくり」、「空間づくり」及び「しくみづくり」が、それぞれ2つの施策に分かれ、合計6つの施策体系を構成し、これらの施策体系がさらに具体の各論の施策につながっている。「意識づくり」が利用促進意識の啓発と自転車利用機会の提供に結びつくなど体系性が明確であるため、施策全体の構成がシンプルで市民の理解を得られやすい。計画を策定する場合、だれに向けて発信するかを十分に考えておくべきであり、この場合は、自転車をもっぱら利用するのは市民であり、市民の立場でわかりやすく、計画に応じた行動を取る気持ちになるよう理解してもらうことが最重要である。

(3)　各論の施策内容の特徴

　第一に、すべての施策項目に、担当課を表示していることである。これにより、①どこが実施してくれるのかが明確になり、市民が具体の要望を提案しやすい。この計画が目指している市民との協働を推進することができる。②また、自転車施策を進める担当課でも、それぞれの施策の責任が明記されることにより、内部的にも連絡調整や責任の割振りがしやすいことにつながり、この種の施策が結局自転車担当課のみにその実施のしわ寄せがくることを避け、自転車施策の推進が容易になる。③それ以上に、自転車施策を、自転車担当課のみではなく、庁舎全体で取り組むという姿勢と雰囲気の醸成につながり、施策の推進効果はより大きくなる。④また自転車に対する意識の共有が、全庁的に拡大し、職員の自転車に対する理解や自転車通勤や公用をはじめとした幅広い自転車利用につながり、市民に対し率先垂範して自転車通勤等の自転車利用が促進される。**第二に**、「具体的取組」では、単なる施策の項目の簡単な説明のみならず、具体の施策例や活動の事例が表示されており、イメージがわきやすく、理解を助けるとともに、市民の自転車の施策に対する協力や進んでの参加を促す効果がある。また、説明は丁寧であり、また、コラム、研究課題の解説など外国の国や都市の計画で多用されている方法により、単なる項目の提示とは異なる説得力がある。このようなきめ細かな点にも留意して、計画の有効性を高めることが必要である。**第三に**、施策内容として、自転車通勤の促進の項

目が設けられていることである。ここでは、クルマと自転車とを使い分ける施策の一つに過ぎないが、これがあることで、自転車利用の目的別の施策の萌芽がみられる。多くの自転車利用促進計画では、自転車利用の目的を明確にしないまま、走行空間や駐輪空間の整備、ルールの啓発等が行われることが多く、それぞれの空間整備や施策がはっきりとした目的に基づき行われていることが明確になると、施策に対する理解や効果の明示もしやすい。この計画では、自転車通勤の促進という自転車の利用目的に係る施策項目を上げているのであれば、この目的に沿ったハード・ソフトという利用目的別の施策構成や体系を取る方がわかりやすい。今後の改訂等の際に対応が期待される。

第7章　市民の理解と主体的な行動重視型の計画 ～第2次ちがさき自転車プラン「人と環境にやさしい自転車のまち茅ヶ崎」を目指して

1．茅ヶ崎市の自転車計画の背景～早くから自転車政策に取り組む

　茅ヶ崎市では、平成16年にすでに「ちがさき自転車プラン」（10年計画）を策定して以来、人と環境にやさしい自転車のまちづくりに取り組んできた。我が国の中では、相当に早くから自転車政策に取り組んできた都市の一つと言える。その背景には、地理的な条件から、市民の自転車利用が多いことがあげられる（図）。

　神奈川県下では最も自転車分担率が高い）が、地域や市民、行政の先進性から健康や地球環境に対する志向が早くから芽生えたこと、旧市街地の道路インフラ等が自動車交通にとって貧弱なことなどにより相対的に自転車の利便性が優位であったこと、市街地の広さが自転車利用

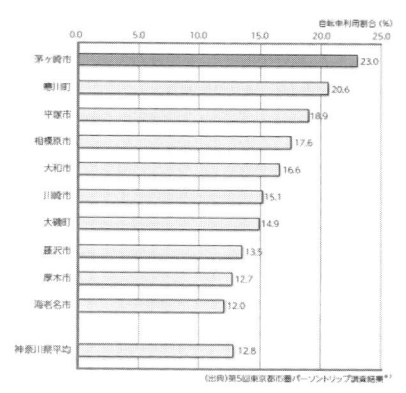

に適したコンパクトなものとなっていることなどが原因ではないかと考えられる。

2．テーマの設定の独創性～人づくり、空間づくり、仕組みづくり

　平成26年に「ちがさき自転車プラン」を引き継いで第2次ちがさき自転車プランが策定された。今回の特徴は、人と環境にやさしい点は引き続き普遍的な価値として採用するとともに、新たに、「おもいやりの人づくり」、「風を感じる空間づくり」及び「暮らしを楽しむ仕組みづくり」という、自転車という言葉を使わずに、一見ファジーな市民感覚を標榜しているかのごとくである。しかし、これは、市民の意識を重視して市民の側からの自転車計画の基本的な項目を設定しているといえる。茅ヶ崎市は、自転車サイズのまちとして、平坦な地形、6km四方のコンパクトサイズのまち、温暖な気候を基にして、自転車

で茅ヶ崎らしいライフスタイルという市民の生活を基にした生活質を求める自転車まちづくりをすすめるものであり、自転車まちづくりでライフスタイルを重視するヨーロッパ先進都市と共通している。

　第一に、このような市民が「おもいやり」、「風を感じる」、「暮らしを楽しむ」という行動をとるという市民サイドの思考や感覚に立ったような基本的な方向性を出している計画は、我が国では極めてユニークである。繰り返しになるが、多くの都市が、「はしる」、「とめる」、「まもる」など行政の所管ごとに項目建てをし、それぞれが提供している施策を項目別に説明したものと異なる。この計画は、その先を行く市民の側から自転車利用をどのようにみるか、感じるか、考えるかをテーマにしているのである。市民が自転車を利用する際に、歩行者などの他の交通手段利用者とお互いが思いやり、尊重することを重要視する。いくら立派なハードのインフラを整備してもこのような思いやりを欠けば、その意義は大きく薄れ、むしろ危険な存在になる可能性もある。逆に、このようなお互いの尊重を交通当事者同士が行うことは、認知ミスや判断ミス、操作ミスを防止し、事故要因を大きく減少させることにつながる。**第二に**、風を感じる空間づくりは、まず第一に挙げている思いやりというお互いの尊重の姿勢のもとに、「風」が象徴する安心安全を感じる快適性の優れた走行空間と駐輪空間を形成しようとするものである。この中心は、市民が快適性を実感できるような空間づくりであり、単なる物理的な空間を提供するというようなものではない。もちろん、現実には、現状の道路空間のインフラが貧弱な部分も多く、物理的に十分なものとは言えないが、この計画策定と並行してなされた路面標示の検討に際して、安全性や快適性を実際に走行する側や他の交通当事者の意向を把握して、可能な限り利用者の意向を尊重した形で提供しようとするなど、ルール尊重の啓発活動とともに、少しでも「風」を感じて快適に走行してもらおうとする提供する行政側の意図が現れていると言える。今後の空間の提供に際して、利用する側の立場に徹して立つような計画の実施が期待される。**第三に**、「暮らしを楽しむ」という自転車の多様なメリットを享受して、市民が自ら自転車を組み込んだ生活スタイルを形成して、自転車を楽しんでもらうという考えである。これも、新しい考え方であり、市民にメリットを押し付けて、自転車利用をさせるのではなく、自らがこれを活用して、利益を受けるという市民の側から楽しんでもらい、喜んでもらうことを目指してい

る。まさに、市民を自転車に誘引する一つの方向性であると考えられる。

　もちろん、これらの具体化は簡単ではないし、具体の施策は従来と見かけは大きくは変わりがないかもしれないが、これにより、市民アンケート等を取りながら、市民の生活質の向上を目指すために自転車を利活用してもらうという基本的なスタンスは評価されるべきである。

3．目標値の設定

　三つの基本的な考え方にそれぞれ対応して、目標値を「推進の目安となる指標」として、次のように設定している。すなわち、総合指標として設定している

■総合指標

	現状値 （平成25年度）	チャレンジ目標	
		（5年後）	（10年後）
「市内を自転車で移動する際の満足度」を高める[注1]	33%	40%	50%
「原則車道を走行する（歩道は例外）」を遵守している割合[注2]	29%	60%	80%

[注1] 「市内を自転車で移動する際の満足度」について「満足」「やや満足」と回答した割合
10年後に半数の自転車利用者が「満足」「やや満足」と回答することをチャレンジ目標とする
[注2] 「原則車道を走行する（歩道は例外）」を遵守している上記の割合
10年後には8割の自転車利用者が「原則車道を走行する」を遵守していると回答することをチャレンジ目標とする

「市内を自転車で移動する際の満足度」について、現状の33％を5年後、10年後それぞれ40％及び50％にすること、並びに、「原則車道を走行する」を遵守している割合を現状の29％から各60％及び80％にするものである。これらはチャレンジ目標、すなわち、努力目標的なものであるが、数値目標を設定している点に注目したい。自転車走行空間の整備などにより市民の満足度を高めることは、自転車の快適度などを表すものであり、原則車道通行のルールを守る割合については、広報啓発により理解者が増加することや走行空間の整備などによる走行空間（車道上）の利用が増加することであり、いずれも、安全教育や自転車の安全で快適な走りやすい走行空間の整備などを通じて、実現するものである。

　次に、三つの基本的な考え方に対応した指標を設定している。この指標は、多くの計画が数値目標なるものを設定しているが、実施指標（アウトプット指標）と成果指標（アウトカム

まちづくりの方向性	実施指標	成果指標
おもいやりの人づくり	交通安全教室受講者数[注1] 16,992人（平成24年） →約18,000人（5年後） →約19,000人（10年後）	全交通人身事故のうち自転車事故件数 313件（平成24年） →約280件（5年後） →約250件（10年後）
		自転車の走りやすさに関する満足度[注4] 22%（平成25年度） →30%（5年後） →35%（10年後）
風を感じる空間づくり	法定外路面標示などの整備延長[注2] 1.5km（平成25年12月現在） →約15km（5年後） →約30km（10年後）	自転車が走行しやすい道路の整備に関する満足度[注4] 22%（平成25年度） →30%（5年後） →35%（10年後）
暮らしを楽しむ仕組みづくり	自転車の有効活用・利用促進施策の取り組み回数[注3] －（平成25年度） →2回以上/年（5年後） →2回以上/年（10年後）	「健康増進・体力づくり」での利用割合 8%（平成25年度） →15%（5年後） →20%（10年後）
		「趣味・レジャー」での利用割合 24%（平成25年度） →30%（5年後） →35%（10年後）

[注1] 毎年1%の割合で伸込み設定
[注2] 道路 幅員を含む
[注3] 「健康づくりに寄与した自転車利用促進」「自転車を活用したライフスタイルの提案」による路面利用促進など（新たな取り組みを毎年2回以上実施）
[注4] 10年後に「満足」「やや満足」と回答した割合が「不満」「やや不満」と回答した割合を上回るように設定（現在でどちらとも言えないが30%程度であるため、残りの70%程度の過半数の35%を10年後の目標として設定）

指標）を明確に分けずに、単なる事業量の目標値などを自転車施策の目標値としていることが多いが、この計画では、明確に区分し、しかも、まちづくりの方向性ごとに、かつ、実施指標と成果指標を明確に分けることにより、行政が実施する施策とこれの結果としての成果を明確に区分して見えるような仕組みとなっている。きわめてわかりやすい構成である。

　①「おもいやりの人づくり」に対応した実施指標では、ソフトの施策の目標値として交通安全教室受講者数を設定し、これに対して、自転車事故件数を成果指標としている。②「風を感じる空間づくり」の実施指標については、法定外路面標示などの整備延長というハードの施策を目標にし、その結果として、「自転車の走りやすさに関する満足度」と「自転車が走行しやすい道路の整備に対する満足度」を成果指標として設定する。また、③「暮らしを楽しむ仕組みづくり」として、「自転車の有効活用・利用促進策の取り組み回数」を実施指標として、これにより「健康増進・体力づくりでの利用割合」及び「趣味・レジャー」での利用割合を成果指標にして設定している。いずれも、アウトプットの実施量とこれにより合わせた成果の数値が具体的に示され、わかりやすいものになっている。なお、この計画の構成は、前述の第2次安城市エコサイクルシティ計画と似かよっているが、総論から各論まで一貫して連携性があること、数値指標とリンクしていることなど、より体系的、具体的である。

4．まちづくりの取り組みで役割分担

　まちづくりの方向性ごとに、それぞれ3〜4個の具体の取り組みの施策で重点的なものを設定しているが、特に特徴的な点は、この施策ごとに、市民、事業者及び国・県・市（行政）の三者の役割分担をしていることである。たとえば、次の表1の「思いやりのまちづくり」では、重点取り組みとして「自転車利用ルールの周知徹底」を掲げているが、これに対して、「市民は」、「警察は」、「関係団体・市は」

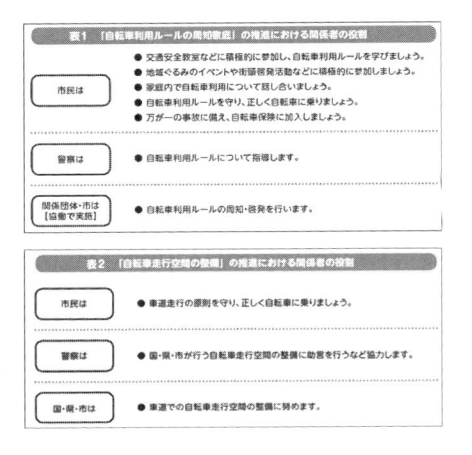

という表現でもって関係者の役割分担を明示している。

　このような役割分担を、しかも市民をトップにして掲げたものは少ない。ドイツの国家自転車計画において施策ごとに国又は州・自治体の役割分担を定めている例があるが、それ以外ではきわめてユニークである。まず市民が主体的に取り組むべき内容を「自転車

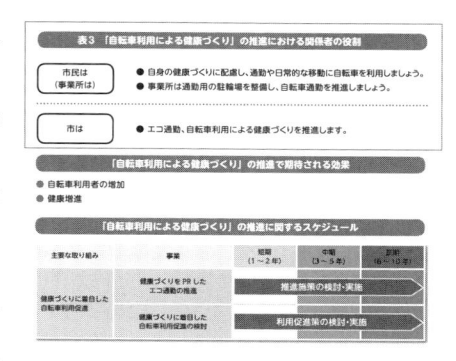

ルールを学びましょう」「該当啓発活動に積極的に参加しましょう」など市民主体による自転車まちづくりであることが理解できるようにしている。また、表2の風を感じる空間づくりの重点1の「自転車走行空間の整備」でも、まず市民が「車道走行の原則を守り、正しく自転車に乗りましょう」をトップにして、「国・県・市」は「車道での自転車走行空間の整備に努めます」と最後に掲げている。さらに、暮らしを楽しむ仕組みづくりの重点2の「自転車利用による健康づくり」では、まず、市民が「自身の健康づくりに配慮し、通勤や日常的な移動に自転車を利用しましょう」などを呼び掛け、次に市は「エコ通勤、自転車利用による健康づくりを推進します」としている。行政が策定するこのような計画では、特に、走行空間の整備などでは、「国・県・市」が整備

することをまず出して、その後一般的に行政の施策に協力をしましょうなどとの呼びかけをするのが通例である。しかし、この計画では、市民を前面に出して、一般的な呼びかけではなく、施策ごとに市民の主体的な行動をお願いしたうえで、これらに対して行政がこのような施策を行うことを提示している。まさに、今後の自転車施策の市民主導のあり方を先導していると評価できる。他の計画も大いに参考にするべきである。

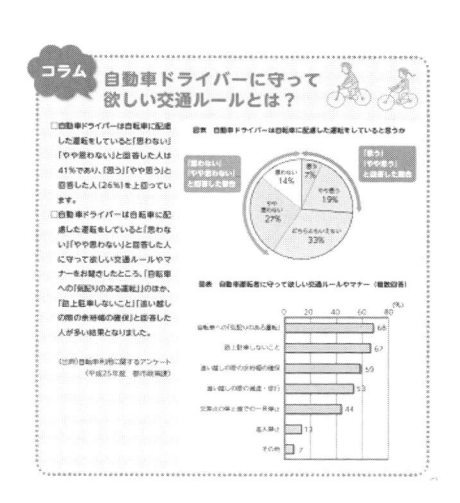

5．これまでの取り組み欄やコラム欄などでわかりやすく

　同じく「7まちづくりの方向性ごとの取り組み」で、コラムを多用して、理解を深めるとともに、興味のあるテーマを取り上げている点も特徴的である。今後の取り組みの中に「これまでの取り組み」を写真や図表を主体として表現しているので、これからの取り組みとの対比を視覚的に理解できる仕組みになっている。

　以上のように、ちがさき自転車プランは、様々で、かつ、ユニークな計画の内容と視覚に訴えて理解を促す仕組みになっており、市民の理解の増進や浸透と主体的行動を誘因するものとして、他の計画づくりの大いなる参考になるものとして評価できる。

第8章　静岡市自転車利用計画〜「世界水準の自転車都市」を基本理念

1.　基本理念（都市像とこれに基づくコンセプト）と走行空間

⑴　すぐれた自転車ネットワーク計画内容（2008年）

　静岡市は、すでに平成20年（2008年）に、当時としては我が国最大の都市型自転車ネットワーク延長293.9km を目標（目標年次2024年）とする「静岡市自転車道ネットワーク計画」を定めた。そのネットワークの延

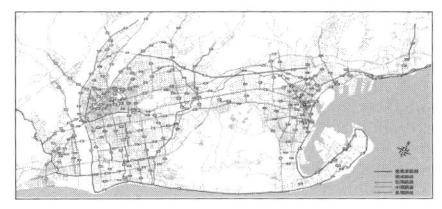

整備計画	延長(km)	路線数
整備済	44.1	29
概成	25.1	34
短期（H21-26）	48.4	54
中期（H27-31）	110.2	114
長期（H32-36）	61.7	58
合計	289.5	289

出典「静岡市自転車道ネットワーク計画」H21.3

長がなんといっても壮大であること、しかも、その計画期間15年という長期計画を設定し、長期の中で、これを短期・中期・長期の3つの時期に分け現実味のある整備を強力に推進するプログラムを有していること、ここでは拠点施設を中心とした地域内ネットワークとこれを相互に連結する中長距離の広域ネットワークの2段階に分け機能分担を図っていること、対象となる路線の選択の基準を明示し、選定していることなどが大きな特徴である。その後都市型のネットワークの走行空間の延長では、千葉市の「ちばチャリ・すいすいプラン」（平成25年）が車道上の自転車専用通行帯を主体として331.4km の自転車走行空間のネットワーク計画を策定するまでは都市のネットワーク計画としては我が国では最長でレベルの高さにおいて注目すべきものであった。その後、静岡市では三保地区自転車走行空間ネットワークを取り入れて354.8km の総延長に延伸した。また、平成26年度末までには、115.5km の整備が行われるなど、その自転車ネットワーク整備が重点的に取り組まれてきたといえる。

⑵　大きな目標を掲げる静岡市自転車利用計画の基本理念

　この自転車ネットワーク計画は質の高い相当に充実したハードの走行空間の計画であるが、これに加えて、2015年に策定したものが「静岡市自転車利用計

画（基本計画編）」である。名称は平凡ではあるが、その基本理念が「世界水準の自転車都市〝しずおか〟」の実現としている点がまず第一の特徴である。これには、「市民が積極的に自転車を選択し、誰もが安全で快適に自転車を利用できるまち」との説明がついている。世界水準のレベルがどこと比較してなのか、どの側面（例えば走行空間の延長などハードの側面、分担率や一人当たりの自転車事故の側面など）での世界水準なのか中身をみても不明ではあるが、このように世界の先進的な都市を基本的に意識して、大きな目標を設定することは、自転車政策に対する積極性と意気込みの表れであると理解できる。他には京都市の「京都新自転車計画」（H27.3）が、「世界トップレベルの自転車共存都市」としている例がある。この場合には、自転車が歩行者や自動車など他の交通手段と共存することにおいて、世界トップレベルという意味が読み取れる。欧米の自転車先進都市に比較すると、ハード・ソフトの自転車環境については、確かに及ばない部分があるかもしれないが、我が国特有の狭い道路空間を活用して、自転車が安全快適に走行できる施策を講じて、自転車が他の交通手段と一緒にお互いを尊重して走行することに焦点を当て、トップレベルでの共存が図られるような環境整備を目指すものであると理解される。

　静岡市の場合、自転車走行環境や自転車施策でのハードやソフトの面での世界水準を目指すため、これらに極めて重点を置くとともに、その努力を継続するとするものであると考えられるが、この計画では、最後の方に評価指標として、最も重要な分担率の目標値に相当する成果指標を表示しているので、これを目標値とみることができる。この計画の「7.3　評価指標の設定」（同計画 p75）において、自転車分担率を現状（平成24年）の18.3％から20年後の目標年次（平成46年）の30％に引き上げることにより、これを「ヨーロッパ先進都市の水準」としているので、このことを現時点でみて「世界」水準を目指すことと理解できる。また、「世界水準」についても、ヨーロッパの先進都市のコペンハーゲンでは、2011年に「コペンハーゲン自転車戦略2025」を策定し、「世界最高水準の自転車都市」として位置付けているので、「世界最高」とまではいかないが、そのレベルに達するように努力するという意気込みをこめるため、これに倣ったものとも受け取れる。ただし、コペンハーゲンでは2015年までに通勤における自転車分担率を50％とする目標を設定しているので、世界のレベルはもっと上昇している可能性がある。いずれにしても、我が国の自転車

計画は、「目標」の設定はよく行われるが、残念ながら、「目標値」の設定には、消極的である。他の都市では、その目標も抽象的又はないところがほとんどであり、その設定や結果の計測の困難さや実現しなかった場合の責任等の回避などのためか、積極的でない。先述しているが、ヨーロッパの先進国や都市での自転車計画や自転車戦略では、まず、自転車の位置づけと自転車の分担率の目標数値を掲げて、これを実現するためにどのような施策を各論で講ずるかという内容で、体系を組み立てている。

　いずれにしても、静岡市では、明確に「世界水準の自転車都市」というコンセプトを目指すとともに、分担率の目標値を設けて自転車政策の舵を取るという特色のある計画で、その先取性と先行性は大いに評価できる。

２．今までにないような概念の６つの基本目標

⑴　基本目標

　「世界水準の自転車都市」を実現するために、次の基本目標と対応の枠組みを立てている。この基本目標についての特徴は図の通りである。**第一に**、自転車を活用して実現できる目標を中心に取り上げていることである。すなわち、自転車を活用して実現する健康の増進、環境負

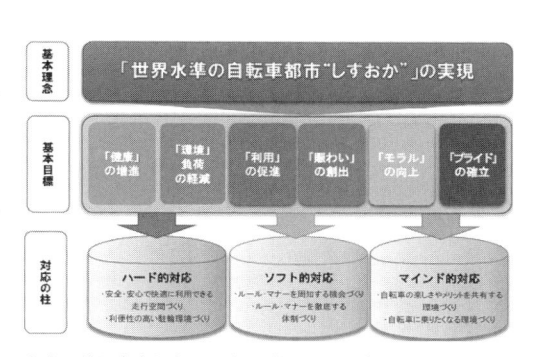

出典　静岡市自転車利用計画（基本計画編）概要版

荷の軽減、賑わいの創出、モラルの向上、プライドの確立である。多くの計画では、自転車の利用促進を図ること自体を目標とする（ここに安全の向上、放置の削減などが入るが）ことが多い。しかし、自転車の利用はあくまで移動手段であり、究極的にはこれ自体が目標となるものではない。自転車を利用することにより、分担率が向上することを通じて、実現するものがある。それは、公共交通の密度の低い地域での移動手段の確保、交通混雑の緩和、健康の増進、環境負荷の軽減などである。この計画では、この流れを理解したうえで、目標が設定されていると理解される。**第二に**、基本目標として、賑わいの創出やモラルの向上、プライドの確立というこれまでないものを取り上げているこ

とである。賑わいは、サイクリングやサイクルスポーツ、さらに市内の回遊を通じて、又は国内外からの自転車利用者の来訪を通じて、創出するものである。モラルは、特に市民の間で問題にされる自転車のルールマナーに関してモラルの啓発教育を図ることを通じて、これを含めた市民のモラルの向上を図るものである。さらに、プライドと称するものは、単なる一般的なものではなく、市民が世界水準の自転車都市を誇りに思えるようにする、すなわち自転車の利用を通じて実現する価値やライフスタイルを誇りに思えるものにするのである。このように、今までの自転車施策より、実現する新しい価値の創造という意味で斬新であり、世界の自転車計画でもあまり例が見られない（部分的にはそのようなものがあるが、目標としてのものはほとんどない）。真の意味の世界水準の自転車都市としての特色がここにあるともいえる。**第三に**、基本目標の多くがハード的な、しかもいわゆるアウトプット的な目標値（走行空間○○km、駐輪場○○台の整備）に結びつくものではなく、ソフト面でまちの環境や市民の行動様式に係る成果指標である点である（すなわち、前述のように健康の増進、環境負荷の軽減、利用の促進、賑わいの創出、モラルの向上及びプライドの確立である。）。このような成果指標のみで、しかも、まちの環境や市民の行動様式に係る評価指標の設定はあまり例がなく、この計画の特徴がよく表れている。

　ただし、この計画では、手段としての自転車の「利用促進」も目標の一つになっている。これは、「利用の促進」の向上を目標の一つに取り入れており、世界水準の自転車都市の実現という基本理念に結び付く実現途上の段階の目標であると理解され、他の目標と性格を若干異にする。

⑵　基本目標に対してどのような対応をするのか（対応の柱）

　これらの目標に対応して設定される対応としては、「ハード的対応」、「ソフト的対応」及び「マインド的対応」の３つである。最後の「マインド的対応」というあまり聞きなれない対応策が登場する。対応策の中で、自転車に乗りたくなる、自転車の楽しさやメリットを共有するための環境づくりにより、市民や来訪者が自転車を利用したくなる「気持ち」を起こさせる、利用促進効果があるようなハードもソフトも含まれるという対応である。例えば、自転車を利用することによるメリットを具体的に述べること、利用したくなるような自転車の走行空間の整備やサイクルツーリズムのためのもてなしなどである。これ

らは、従来はハード的対応やソフト的対応の中に入っていたものであるが、単なるハードの空間づくりではなく、利用したくなるような空間づくりがあり、また、ソフト的対応でルール・マナーの周知徹底とは基本的に異なる利用促進のためのマインド的対応をハード施策及びソフト施策とは分離している。すなわち、従来ソフト施策はルール・マナーが中心となり、自転車の利用促進を図るための直接的な施策があまり強調されなかったことから、利用促進の啓発を分離することで利用促進策を対応策の大きな柱にしたものと考えられる。ここにも、自転車の「利用促進」を基本目標に取り込んだ結果が表れており、世界水準の自転車都市として施策を推進するポイントが明示されている。

3．自転車利用の必要性を相当強調した総論

(1)　国内の自転車を取り巻く環境

　通常では、自転車の事故や利用の状況、ルール・マナーの遵守状況など自転車利用を巡る現状を総論で相当のページを割いて、述べることが多い。これが次の各論に直接つながれば、まだしも意味があるが、現状を相当に詳しく述べても、これとどのように具体的につながって各論の施策が形成されているかが見えない計画が多い。しかし、この計画では、その次の各論の施策に結び付くような現状の分析が行われており、また、その視点が利用促進に結び付くようなものが多い。自転車利用計画は、そもそも利用促進のための計画であり、このために、利用促進の施策に結び付くような現状分析があるべきであるが、多くの計画は、やれ事故が多い、やれ放置が多い、やれルール違反が多いなどと自転車利用の問題点を述べ立てることを中心にして、利用促進に水をかけるような内容になっていることが多い。ここでは、たとえば、通勤通学や5km未満の移動では自転車が一定の割合で利用されていること、自転車通勤する理由、東日本大震災で伸びた自転車利用、高齢化による自転車利用の必要性など自転車の有効性など利用促進に結びつくような現状を分析している。また、事故の状況でも、減少傾向にあることを述べ、ただし、歩行者との事故が増加傾向にあることを述べて対歩行者を尊重するイントロにしている。

(2)　自転車のメリット

　自転車のメリットについても、健康、環境などによいというような簡単な説明ではなく、具体的な図表を引用することにより、データに基づく数字的な解

項　目		現状の課題	対応方針
走行空間	現状の課題	■自転車関連の交通事故は年間約1,500件（市内全事故数の約23%）。年齢層別では、高齢者、高校生の割合が高い ■静岡駅を中心に事故が多く発生しており、特に駅の北側の路線に集中 ■清水駅周辺の海岸沿いやJR沿線で事故が多発している ■高齢者の割合が平成22年から5年間で14%増加し、29%である ■市の人口の7割程度が自転車を今後も利用する可能性がある	○誰もが自転車で安全に通行できる空間が必要 ⇒安全に通行できる自転車走行空間の確保
	WSの課題	□自転車と歩行者の走行位置を分けて欲しい □自転車レーンの幅員を広くして欲しい	
標示	現状の課題	■自転車走行時に困ることとして、高校生の約2割が「道路のどこを走って良いかわからない」を挙げている	○自転車が走行する位置を看板や路面表示等で明示することが必要 ⇒自転車走行空間への誘導方策の実施
	WSの課題	□交差点内での自転車の走行位置への誘導表示 □広い歩道でも、自転車や歩行者の走行位置に看板をつけて欲しい	
	WSの課題	□自転車の左側通行を徹底すべき	
ルールマナー教育	現状の課題	■自転車安全指導カード年間約11,000件交付している。（高校生が約61%） ■自転車の交通違反は、一時停止違反、並進、通行区分違反の順に多い	○自転車の通行ルールを正しく理解していない利用者が存在するが、ルール・マナーを学ぶ機会を増やすことが望まれている ⇒自転車利用者に対するルール・マナー啓発の促進
	WSの課題	□ルール・マナーを学ぶ機会を増やして欲しい □正しい自転車ルール・マナーを理解して利用している人が少ない □ルール・マナー等について聞ける相手がいない □社会人でも、交差点部ではルールを守らない自転車利用者が多い □親子で交通ルールを学べる機会がほしい	
規制	WSの課題	□自転車専用レーンの路上駐車を禁止して欲しい	○ドライバー等、自転車利用者以外にも自転車の通行ルール・マナーを理解してもらうことが必要 ⇒自転車以外の道路利用者に対してのモラル向上
放置自転車	現状の課題	■都心部における放置自転車数は約2,000台／日 ■特定のエリアにおいて放置自転車の改善が見られない・駐輪容量の不足 ■放置自転車により歩きにくい状況がある	○駐輪のルールを守らない自転車利用者が存在しており対策が必要 ⇒駐輪に対する意識向上
駐輪利便	現状の課題	■来街者ニーズにあった「使いやすい駐輪場」でなければ利用されない ・通勤利用者の長時間駐輪、買い物利用者の直近への短時間駐輪 ■駐車場の場所や台数に関する不満が多い ■都心部における地下駐輪場の利用率54% ・駅周辺の駐輪場では高い利用率だが、地下駐輪場の利用率は低い	○駐輪場が不足するエリアに、需要に見合う駐輪スペースを確保する必要 ⇒ニーズにあった駐輪場整備
			○使いやすい場所、設備での駐輪場整備が必要 ⇒高齢者や女性等にも使いやすい駐輪場整備
	WSの課題	□2段ラックは高齢者や女性等には使いづらい □地下駐輪場は自転車のよさが無くなってしまうため、歩道内に確保した方がよい □多くの車種を停車できる駐輪場整備をして欲しい。	○都心部では利用されていない地下駐輪場、民間駐輪場、未利用地等の有効利用が望まれる ⇒既存駐輪場等の利用促進・有効活用
	WSの課題	□色々な場所に空気入れや工具が設置されていると便利	○使いやすい場所、設備での駐輪場整備が必要 ⇒工具等を備えた休憩場所の整備
経済観光レジャー	現状の課題	■1000万サイクル人口 ■事業所数、従業員数の減少 ■高齢者向け自転車の開発 ■デザイン性の高いレインコート等、より自転車が身近になるアイテムの開発	○幅広い自転車産業が発達するために"自転車市場"の拡大が必要 ⇒サイクルレジャーや自転車通勤などの利用拡大支援
	WSの課題	□レンタサイクルポートの位置を地図に示して欲しい □静岡市にレンタサイクルがあることを知らなかった。情報をもっと出して欲しい	○自転車を活かした産業振興が必要 ⇒サイクルレジャー産業を振興
	WSの課題	□自転車のまちである事を広く伝える必要がある □「ちゃり三保map」の存在を知らなかった □自転車マップが欲しい	○静岡市が自転車のまちであること、自転車の魅力を広く知らしめることが必要 ⇒自転車のまちであることの意識の浸透 ○レンタサイクルの取組を認識させることが必要 ⇒レンタサイクルの取組の周知
	WSの課題	□山間部での自転車利用も検討して欲しい	○山間部のサイクリング環境の整備が必要 ⇒山間部のサイクリング環境の充実
環境	WSの課題	□企業でも自転車通勤できる環境を整備してもらいたい □自転車に乗れば乗るほどポイントが貯まる仕組みがあるといい	○環境にやさしい自転車により、環境改善を推進することが必要 ⇒自動車から自転車への交通手段の転換の意識向上
	現状の課題	■地球温暖化への対応	

出典　「静岡市自転車利用計画（基礎計画編）」p75　WSは、ワークショップのこと。

説が施されている。これにより理解を深め、自転車を利用したくなるような内容に仕上げている。特に、最近注目されている自転車が健康の増進に寄与する点については、厚生労働省の「健康づくりのための運動指針」を引用するなどして、他の運動と比較することにより、自転車利用の健康効果の優位性を具体的に述べている。これに加えて、手軽な点、経済的な点、地域経済に寄与できる点や自転車に乗ることの楽しさなどを比較検討できるデータを援用して具体的に意識に残るようにし、多様な側面から利用促進の効果を高めている。

⑶　自転車に適した静岡市の地域特性

　国内の自転車を取り巻く環境や自転車に乗るメリットのほかに、静岡市での自転車利用に関する地域特性についても、データを示して説明している。平坦な地形、気温や気候、市街地の広がりがコンパクトになっていることなどの自然的な側面やまちの特性の側面に関する環境を説明するとともに、静岡市の自転車利用の現実の多さを説明して、自転車利用へ誘引すること、さらに、一般的な自転車利用が優れた移動手段であるだけでなく、これを静岡市で実践することがもっとも適した行動であるというストーリーに仕上げている。自転車を巡る国内環境が大きな追い風となっていること、自転車利用が具体的にメリットがあることと合わせて自転車に有利な地域特性があることを持ち出し、このように三段階で、自転車利用をしたくなるような構成にしている。まさに、マインド的対応の具体の表れである。

4．各論の対応方針と評価指標の特徴

⑴　課題の提示とこれに対応した対応方針

　各論では、今まで実施してきた施策項目を具体的なデータで総括して（第5章）、これを基にして課題を整理するとともに、市民参加のワークショップでの議論を踏まえて総合化した課題に整理し（第6章）、対応方針と今後の取り組みのあり方を出して、これに対する対応施策を対応の柱としてまとめる（第7章）という体系になっている。**第一に**、まず従来行ってきた取り組みを述べて、これらの達成状況を示し、それを踏まえて、残されている課題を提示するというきわめて理解しやすい流れとなっている。一般の計画では、総論で課題を述べて、これにどのような形で対応しているかはあまり明確にしないで、各論は具体施策を順次並べるだけのものが多い。この計画では、各論で、今まで

の施策の実績、これに対する課題、そして、これへの対応と三段構えで構成されるという各論構成の流れは特筆すべきものである。**第二に**、課題を市民の目線からみて評価するワークショップを開催し、これをも取り込んだ形での対応方針をまとめたものとなっていることである。

　第三に、対応方針を受けて、対応の３つの柱を設定し、これごとに施策事業を整理していることである。このように体系が明確に示されている。ただし、これを受けた具体の施策や事業があまり示されていないが、これは課題やこれを受けて設定された対応方針や今まで実施してきた「５　静岡市における自転車関連の取り組み」を基に具体化されていくものであり、計画はその方針までを定めたものと理解する必要がある。（今後この「基本計画編」に対して、「実施計画編」のようなものが登場するものと考えられる）。

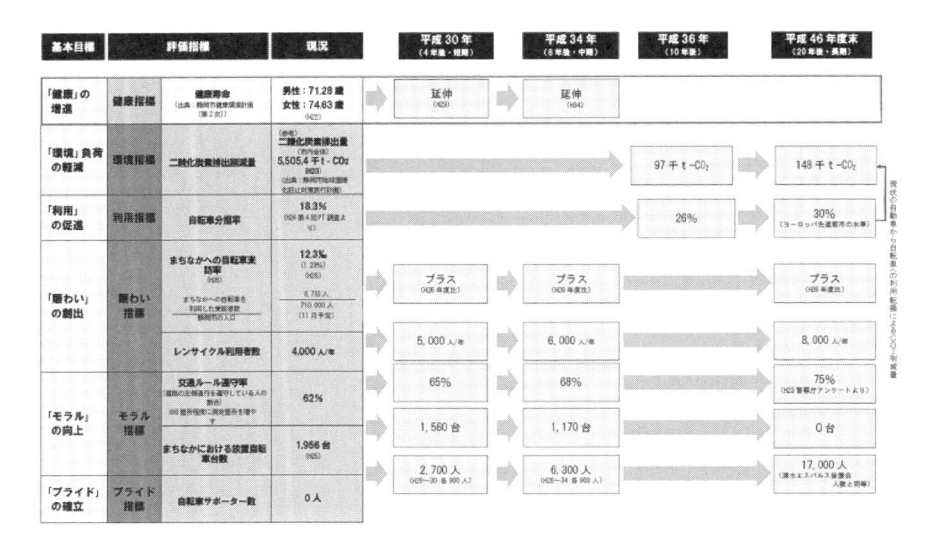

(2)　評価指標の設定

　６つの基本目標は、あくまで定性的なものであり、定量的なものではない。このため、この基本目標が達成されたかどうかを評価するものとして、４年

後、8年後、10年後及び20年後という短中長期の年次ごとに数値的な評価指標が設けられている。この計画では、あくまで評価の指標であり、基本目標値ではないという構成である。しかし、実質的にはこれらの数値は、基本目標に対する具体の数値目標の設定と受け取れる。基本目標が述べられている総論の中で、もっと前面に具体の数値としての目標値として設定してもよいものと考えられる（目標値の計測可能性や達成の責任などの事情もあったかもしれない）。20年後（平成46年度末）を目指して、14.8万トンの二酸化炭素削減、自転車の分担率30％（現状18.3％）などの評価指標など多方面からの数値目標（多くが成果指標）を設定して、これを基に評価する方法をとるシステムとなっている。多くの計画においては自転車道の整備延長などのハードかつアウトプットの目標値が多い中で、自転車の利用を拡大することで得られる多彩な成果指標が中心であることも特徴的である。

第9章　我が国の市区町村の自転車計画等

1．我が国の市区町村の自転車計画等の策定状況

　以上で取り上げてきたもの以外に、現在我が国には自転車計画が多数策定されている。平成30年3月時点で筆者らが調査して、知りえた計画は表の通りである（主たる内容がネットワークのみの計画や駐輪、交通安全などの特定分野のみの計画は除く）。これらの中には又これら以外にも優秀な計画が存在すると考える。この調査結果によって、その策定年と計画期間を合わせて掲載する。これらの内容を一つ一つ比較して、評価検討をすることは、今後の我が国の自転車計画の策定の高度化や進化に寄与できるものと考えるが、今後の課題としたい。

自転車総合計画の策定状況（総合分野の計画のみ掲載）	策定年	計画期間※
札幌市自転車利用総合計画	H23	10
杜の都の自転車プラン	H25	8
水郷筑波サイクリング環境整備総合計画	H28	
水戸市自転車利用環境整備計画	H29	7
宇都宮市自転車のまち推進計画、後期計画	H28	5
第2次加須市自転車利用促進計画	H28	5
自転車のまちつくば基本計画	H22	
さいたま市自転車まちづくりプラン～さいたまはーと～	H28	10
千葉市自転車を活用したまちづくり推進計画	H30	3
上尾市自転車のまちづくり基本計画	H26	10
柏市自転車総合計画	H27	10
杉並区自転車利用総合計画	H29	5
印西市自転車安全総合推進計画	H26	5
港区自転車等総合基本計画	H20	
練馬区自転車利用総合計画	H23	10
世田谷区自転車等の利用に関する総合計画・中間見直し	H28	5
墨田区自転車利用総合方針	H25	5

目黒区交通安全計画	H28	5
大田区自転車等利用総合基本計画	H23	10
中野区自転車利用総合計画	H29	10
江東区自転車利用環境推進方針	H28	5
第2次豊島区自転車等の利用と駐輪に関する総合計画	H28	10
武蔵野市自転車等総合計画	H27	5
八王子市自転車利用環境整備計画	H28	10
立川市第3次自転車総合計画	H27	5
第2次ちがさき自転車プラン	H26	10
ふじさわサイクルプラン	H26	17
横浜市自転車の総合計画	H28	10
相模原市自転車対策基本計画	H24	10
平塚市自転車利用環境推進計画	H27	13
金沢市まちなか自転車利用環境向上計画	H22	10
豊橋市自転車活用推進計画	H26	7
袋井市自転車を活力したまちづくりの指針	H27	5
第2次安城市エコサイクルシティ計画	H29	8
加賀市自転車のまち推進計画	H30	10
新潟市自転車利用環境計画	H22	10
福井市自転車利用環境整備計画（改定版）（元の計画H19）	H27	H35以降
豊田市自転車利用環境整備計画	H27	3
静岡市自転車利用計画（基本計画編）	H27	20
名古屋市自転車利用環境基本計画	H23	10
伊豆市自転車まちづくり基本計画	H29	9
大野市自転車を活用したまちづくり計画	H25	10
奈良県自転車利用促進計画	H22	5 (ネットワーク)
京都・新自転車計画	H27	5
神戸市自転車利用環境総合計画	H24	13
堺市自転車利用環境計画	H25	10
草津市自転車安全安心利用促進計画	H28	10
尼崎市自転車のまちづくり推進計画	H30	5
茨木市自転車利用環境整備計画	H27	10

高槻市自転車まちづくり向上計画	H27	6
広島市自転車都市づくり推進計画	H25	
福山市自転車利用推進プラン	H27	5
サイクルタウン下関構想	H16	
自転車先進都市おかやま実行戦略	H24	
倉敷市自転車利用促進基本方針	H24	
新松山市自転車等利用総合計画	H23	8
第二次熊本市自転車利用環境整備基本計画（第一次はH13）	H23	10
久留米市自転車利用促進計画	H27	10
宮崎市自転車安全利用促進計画	H26	10
北九州市自転車利用環境計画	H24	10
大分市自転車利用基本計画	H18	
福岡市自転車利用総合計画	H16	

※　計画期間の空欄は、本文中に明示又は関連記述のないものである。合計62計画である。
出典　筆者らの調査による。

2．自転車を活用したまちづくりを推進する全国市区町村長の会

　このような中で、「自転車を活用したまちづくりを推進する全国市町村の会」が平成30年11月15日に設立された。これは、自転車によるまちづくりに積極的に取り組む全国294の自治体が会員となっている（同11月15日現在）。自転車による観光振興、住民の健康増進、交通混雑の緩和、環境負荷の低減等により公共の利益を増進し、地方創生を図るために設けられている。国土交通省の支援や国会の自転車活用推進議員連盟からの支援も受けて今後自転車活用推進計画の地方版の策定などにも取り組むものと思われる。今後の活躍が期待される。

別紙

表　自転車を活用したまちづくりを推進する全国市区町村長の会

ブロック名 （呼びかけ人）		北海道 （美唄市）	東北 （北上市）	北信越 （佐渡市）	関東 （前橋市）	東海 （安城市）	近畿 （守山市）	中国 （尾道市）	四国 （今治市）	九州 （南さつま市）	
ブロック内市区町村数		195	232	158	387	186	249	119	95	293	1914
呼びかけをした市区町村数		178	226	157	333	160	111	107	95	270	1637
加入市区町村数		21	32	9	35	36	53	20	46	32	284
役員	副会長○ブロック長	○美唄市	○北上市	○佐渡市	○前橋市	○三島市	堺市	○尾道市	○今治市	○南さつま市	
	理事○ブロック長	倶知安町	石巻市	飯山市	さいたま市	安城市	○守山市	真庭市	宿毛市	日東市	
加入市区町村名		北海道	青森県	新潟県	茨城県	岐阜県	滋賀県	鳥取県	徳島県	福岡県	
		美唄市	平内町	佐渡市	水戸市	美濃市	守山市	大山町	鳴門市	佐賀県	
		帯広市	野辺地町	糸魚川市	土浦市	土岐市	大津市	島根県	三好市	嬉野市	

北見市	田子町	五泉市	石岡市	瑞穂市	草津市	松江市	美馬市	長崎県
網走市	階上町	南魚沼市	笠間市	七宗町	近江八幡市	益田市	阿南市	大村市
芦別市	岩手県	富山県	つくば市	山県市	高島市	飯南町	勝浦町	熊本県
江別市	北上市	氷見市	かすみがうら市	本巣市	東近江市	岡山県	神山町	阿蘇市
名寄市	宮古市	石川県	境町	大野町	米原市	真庭市	佐那河内村	上天草市
三笠市	大船渡市	小松市	栃木県	大垣市	京都府	高梁市	香川県	菊池市
滝川市	花巻市	加賀市	宇都宮市	羽島市	八幡市	吉備中央町	高松市	天草市
石狩市	遠野市	福井県	栃木市	高山市	京田辺市	新庄村	東かがわ市	人吉市
恵庭市	陸前高田市	長野県	小山市	小山町	木津川市	広島県	さぬき市	錦町
由仁町	釜石市	飯山市	矢板市	浜松市	精華町	尾道市	坂出市	大分県
秩父別町	八幡平市	安曇野市	さくら市	御殿場市	大阪府	広島市	丸亀市	大分市
沼田町	奥州市		那須塩原市	沼津市	堺市	東広島市	善通寺市	佐伯市
島牧村	紫波町		群馬県	三島市	枚方市	江田島市	三豊市	日田市
蘭越町	矢巾町		前橋市	伊豆の国市	泉佐野市	呉市	観音寺市	杵築市
ニセコ町	金ヶ崎町		館林市	藤枝市	門真市	庄原市	土庄町	国東市
倶知安町	西和賀町		渋川市	小山町	貝塚市	竹原市	小豆島町	宇佐市
小清水町	宮城県		藤岡市	裾野市	岬町	福山市	琴平町	宮崎県
大空町	石巻市		東吾妻町	伊豆市	兵庫県	府中市	綾川町	日南市
鹿追町	名取市		昭和村	静岡県	姫路市	三原市	愛媛県	宮崎市
	角田市		玉村町	富士市	加西市	山口県	今治市	西都市
	岩沼市		埼玉県	長泉町	加東市	下関市	松山市	えびの市
	栗原市		さいたま市	島田市	三田市	防府市	新居浜市	日向市
	東松島市		秩父市	掛川市	宍粟市		四国中央市	鹿児島県
	七ヶ宿町		本庄市	焼津市	明石市		西条市	南さつま市
	大河原町		戸田市	清水町	洲本市		宇和島市	鹿児島市
	柴田町		幸手市	袋井市	南あわじ市		八幡浜市	日置市
	女川町		千葉県	愛知県	淡路市		大洲市	枕崎市
	秋田県		館山市	安城市	奈良県		伊予市	鹿屋市
	横手市		木更津市	尾張旭市	奈良市		西予市	いちき串木野市
	男鹿市		野田市	一宮市	和歌山県		東温市	指宿市
	山形県		市原市	瀬戸市	和歌山市		松前町	瀬戸内町
	寒河江市		鴨川市	稲沢市	海南市		砥部町	出水市
	高畠町		君津市	豊橋市	橋本市		上島町	肝付町
	福島県		南房総市	田原市	有田市		松野町	三島村
	棚倉町		鋸南町	三重県	御坊市		内子町	沖縄県
			東京都	いなべ市	田辺市		鬼北町	名護市
			江戸川区	伊勢市	新宮市		伊方町	宮古島市
			稲城市		紀の川市		愛南町	
			神奈川県		岩出市		久万高原町	
			山梨県		紀美野町		高知県	
					湯浅町		須崎市	
					有田川町		宿毛市	
					美浜町		四万十市	
					日高町		香南市	
					由良町		四万十町	
					印南町		中土佐町	
					みなべ町		佐川町	
					日高川町			
					白浜町			
					上富田町			
					すさみ町			
					那智勝浦町			
					太地町			
					古座川町			
					北山村			
					串本町			

第 4 部　我が国の自転車活用推進計画の策定の方法〜先進国・先進都市からのノウハウ〜

第1章　国の自転車活用推進計画

1．我が国の自転車活用推進法

(1)　自転車活用推進法の概要とポイント

　行政や大学において行政法に関する解釈や講義を担当してきた筆者として、自転車活用推進法の概要及びこれについての見方のポイントを述べる。自転車活用推進法は、2016年12月9日に成立し、翌2017年5月1日に施行された議員立法の法律である。成立する法律の約8〜9割程度が閣法、いわゆる政府提出の法律であるのに対して、この法律は、長い経緯を経て国会の自転車活用推進議員連盟が推進し議員立法として成立させたものである。

　成立まで相当の年月を要したが、自転車の活用を推進するために国の法律を策定して国や公共団体の自転車活用推進計画を法定計画として位置付けた例は世界ではあまりないと考えられる。行政の計画を議会に説明したり、諮ることはよくある。しかし、法律を制定して、計画の位置づけを高めたものは、日本の立法に先行すること22年前の韓国の「自転車利用活性化に関する法律」（1995年1月5日公布、同年7月6日施行、2009年12月、2014年1月、2016年1月及び2017年3月と10月に改正）の例がある[1]が、ここでは、地方公共団体の長に自転車利用活性化計画を5年ごとに策定することが義務付けられている（第5条）が、国には義務付けはない点が我が国と異なる。また、欧米でこのような自転車施策を中心に取り上げた法律の例はほとんどないと思われる（各国の国レベルの計画を数多く調査紹介してきているが、計画の本文に法律の記述がある例はほとんど見かけないためである）。

(2)　自転車活用推進法の構成と特徴

①　5つの部分からなる構成

　自転車活用推進法は、ア．目的・基本理念と国や公共団体、国民、公共交通関係者等の責務、イ．基本方針、ウ．自転車活用推進計画、エ．自転車活用推進本部、オ．自転車の日、自転車月間等雑則・附則の大きく5つの部分より構

---

[1]　藤原夏人「韓国の自転車利用活性化法」外国の立法275（2018.3）国立国会図書館調査立法考査局

出展　国土交通省資料

成される。これらのうち、実質的に重要なものは、アのうち、国等の責務、イ．基本方針及びウ．自転車活用推進計画の部分である。今まで、法律上は自転車の利活用に係る総合施策は基本的に国や地方公共団体の責務として明示されておらず、このため、個別の施策を国のそれぞれの省庁が取り扱い、また、地方公共団体も自転車施策に推進に理解や意欲のあるところが任意に実施してきた。今回この法律により、自転車の活用推進に関する施策の策定・実施と自転車活用推進計画の策定について、国及び地方公共団体の責務や努力義務が明確にされた。その「重点的に実施されるべき施策」の具体の項目が14の基本方針の項目である（その他自転車の活用の推進に関して必要と認められる施策が含まれる）。

② 　特徴的な法律内容

　この法律の特徴的な部分を述べると次のとおりである。**第一に**、目的（第１条）の部分で重要な点が、自転車の活用を総合的かつ計画的に推進することである。当然のことではあるが、今まで国として、また、多くの公共団体が、自転車に係る総合的な計画を持たず、自転車の走行空間や駐輪空間の整備、ルー

ルマナーの啓発など各論としての個別の施策は進めてきたが、これを体系的に整理し、総合的に進めること及び法定計画を定めて、計画的に進めることがなされなかったため、このような規定が改めておかれていると理解される。**第二に**、基本理念（第2条）の部分で、自転車は二酸化炭素等の環境に深刻な影響を及ぼすことがない点、国民の健康増進、交通混雑の緩和等公共の利益の増進に資するものである点など地球規模、国全体の規模で進める必要がある事項を指摘していることである。これにより、自転車の活用施策は国の全体で推進すべきものであり、また、一部の地方公共団体のみが実施するものではないことにつながる。**第三に**、国に対して自転車の活用推進に関する施策を総合的かつ計画的に推進する等の責務（第3条）と、地方公共団体に対して「区域の実情に応じた」ものではあるが、自転車の活用の推進の施策等の責務（第4条）が課されている。当たり前のことを書いているようであるが、今までは、国は前面に出ることなく、地方公共団体を通じて間接的にまた後ろから支援や推進を行ってきたが、国が前面に出て自ら施策を講ずることが必要になったこと、地方公共団体は「区域の実情」に応じて施策の強弱や差異はあるものの、すべてで「施策」を策定し実施する責務を課されたのである。**第四に**、これに伴い、国は自転車活用推進計画の策定の法律上の義務、すべての地方公共団体は、地方版の「区域の実情に応じた自転車活用推進計画」の策定の努力義務（第10条及び第11条）を課されている。ここで、条文が「区域の実情に応じて」となっていれば、策定するもしないも「区域の実情に応じ」可能であるが、「区域の実情に応じた」計画の策定は計画そのものの内容の程度の濃淡はあるものの何らかの計画を策定する努力義務（策定するよう努めなければならない）を課されたと理解される。**第五に**、自転車活用推進本部が国土交通省自転車活用推進本部に設けられ（第12条）、ここに関係省庁（国土交通省をはじめとして、内閣官房、内閣府、警察庁、金融庁、消費者庁、総務省、文部科学省、厚生労働省、経済産業省、環境省）の11省庁が網羅されて省庁連絡会議が組織されるようになっている（自転車活用推進本部「自転車活用推進関係省庁連絡会議について」）。これにより、自転車の活用施策が一元化されるとともに、総合的に推進することが組織的に明確にされた。**第六に**、自転車の日（5月5日）や自転車月間（5月1日〜5月31日）、自転車功績者の表彰等の規定（第14条、第15条）が設けられ、自転車の活用推進の広報啓発や理解の浸透に寄与できる規定

が置かれている。

⑶　地方公共団体の2つの責務（第4条、第11条、第12条）

　自転車活用推進法は、上で触れたように、すべての地方公共団体に二つの責務を課していると理解される。**一つは**、自転車活用推進施策の策定及び実施である（第4条第1項）。これは、自転車の活用の推進に関し、国との適切な役割分担を踏まえて、「区域の実情に応じた」施策を策定し、及び実施する責務である。**二つは**「区域の実情に応じた」自転車活用推進計画の策定の努力義務である（同法第10条第1項及び第11条第1項）。国の自転車活用推進計画の内容を勘案して、また、市区町村は都道府県の自転車活用推進計画の内容を勘案し、地域の実情に応じた自転車の活用の推進に関する施策を定めた計画を策定するよう努めなければならないとされている。これら施策と計画の二つの関係は、一つ目の自転車の活用の推進に関し、「施策を策定」する責務に、二つ目の自転車活用推進計画の策定の努力義務が含まれるとみられるが、必ずしも計画という正式の形のものがなくとも、それぞれの「区域の実情」に応じた施策を定め、実施することは責務として求められ、その施策を自転車活用推進計画として正式に位置付ければ、後者の努力義務も果たしたものと理解される。すなわち、一つ目の「施策」を法定計画として整理し、体系化して定めたものが自転車活用推進計画であるが、計画の有無に関係なく自転車の活用の推進に関する地域に必要な施策は存在していると考えられるので、計画がなくても自転車の活用の推進に関する施策の実施が必要ないということにはならない。

⑷　基本方針の項目（第8条）

表　自転車活用推進法の基本方針項目（第8条、重点的に取り組むべき施策）

基本方針の項目（第8条各号）	施策の種類※	利用又は活用の別※
①自転車専用道路等の整備	自転車の走行空間、走行手段等のハードの施策	自転車の利用を促進する施策（自転車そのものの利用を促進する施策）
②路外駐車場の整備等		
③シェアサイクル施設の整備		
④自転車競技施設の整備		
⑤高い安全性の自転車供給体制		
⑥自転車の安全の人材の育成等	安全対策・管理等のソフトの施策	
⑦情報通信技術等による管理適正化		
⑧交通安全に係る教育・啓発		
⑨国民の健康の保持増進	健康・スポーツ政策	自転車を活用する施策

⑩青少年の体力向上		（自転車を手段として活用する施策）
⑪公共交通機関との連携促進	交通政策	
⑫災害時の有効活用体制整備	災害対策	
⑬自転車を活用した国際交流	国際交流政策	
⑭観光来訪の促進、地域活性化支援	観光・地域活性化政策	

※「施策の種類」及び「利用又は活用の別」は筆者による分類・整理である。

　自転車活用推進計画は、第8条の「自転車の活用の推進に関して、重点的に検討され、及び実施されるべき施策」として、14項目の事項が挙げられている。この14項目のうち、①から⑧までが従来型の自転車の利用を促進するハード・ソフトの利用推進施策、⑨から⑭までが、自転車を他の施策の手段として活用することを推進する活用推進施策に分類できる。これらを一元的に管理し、連携してする計画であるといえる。

　今回の法律は、特に後者の自転車を他の施策の手段として活用してもらうことを推進することが主眼であると考えられるが、このためにも、自転車利用そのものの利用促進をも同時に図るものである。

2．自転車活用推進計画の閣議決定

(1)　国として初めての自転車計画

　2018年6月8日に閣議決定された我が国の自転車活用推進計画は、先進国の中でも今まで国レベルの自転車計画がなかった数少ない国であった我が国にとって、国が初めて自転車施策の内容を公式に取りまとめた法定計画として位置付けられる。今までは、断片的に大規模自転車道、自転車走行空間の整備とそのガイドラインの推進、自転車等駐車場の整備とそのガイドラインの推進など個別の自転車施策として実施されてきたが、これらを体系的にまとめ、総合的に並べた施策体系は存在しなかった。先進国では、一部を除いて概ね国レベルの自転車政策をまとめた自転車計画又は自転車戦略を定めてきており、概ね策定が終了し、又は、改訂されてきている。これで我が国もやっと国レベルの自転車政策について国としての計画を持つ先進国の仲間入りができたと考えられる。内容は各界の意見を幅広くきいて定められもので、斬新的な部分も相当多く含んでいる。

　このように、国の計画が定められたことだけでも、その存在と位置づけに大

表　国の「自転車活用推進計画」の構成

大項目	中項目	小項目・摘要
1．総論	(1)　自転車活用推進計画の位置付け	我が国の自転車の活用の推進に関して基本となる計画
	(2)　計画期間	2020年度まで
	(3)　自転車を巡る現状及び課題	都市環境、国民の健康増進、観光地域づくり、安全・安心
2．自転車の活用の推進に関する目標及び実施すべき施策	目標1　自転車交通の役割拡大による良好な都市環境の形成 目標2　サイクルスポーツの振興等による活力ある健康長寿社会の実現 目標3　サイクルツーリズムの推進による観光立国の実現 目標4　自転車事故のない安全で安心な社会の実現	目標1　実施すべき施策　6項目 目標2　実施すべき施策　4項目 目標3　実施すべき施策　2項目 目標4　実施すべき施策　6項目 計18項目
3．自転車の活用の推進に関し講ずべき措置	別紙に記載（目標ごとに分けて、実施すべき施策（上記2）、指標及び措置が詳細に記載されている）。4つの目標に対応して実施すべき施策（上記2）が計18項目、指標が計9、措置が計84ある。	目標1　指標3　措置32 目標2　指標1　措置14 目標3　指標1　措置7 目標4　指標4　措置31
4．自転車の活用の推進に関する施策を総合的かつ計画的に推進するために必要な事項	(1)　関係者の連携・協力 (2)　計画のフォローアップと見直し (3)　調査・研究、広報活動等 (4)　財政上の措置等 (5)　附則に対する今後の取組方針	主としてプロセスに関する事項

きな意義がある。

(2)　計画の構成の特徴

　計画の構成は上の表の通りとなっている。特徴的な点は、**第一に**、法定事項（第9条第1項）としての目標と講ずべき措置以外に、計画期間、現状及び課題等、施策を総合的かつ計画的に推進するために必要な事項（関係者の連携協力、フォローアップ等を含む）が定められていることである。これらは、計画として本来必要な事項であるため、当初から法律の中にこのような規定があるべきであった。

　第二に、法定の基本方針としての14項目以外に、駐輪場の整備、自転車通勤の推進（一応健康の増進に含められている）等が含まれている。これらは、基

図　国の自転車活用推進計画の概要（出典　国土交通省自転車活用推進本部「自転車活用推進計画の概要」）

1．総論

（1）自転車活用推進計画の位置付け
自転車活用推進法※に基づき策定する、我が
国の自転車の活用の推進に関する基本計画

（2）計画期間
長期的な展望を視野に入れつつ、
2020年度まで

（3）自転車を巡る現状及び課題

※自転車活用推進法（議員立法）
2016年12月9日成立
（衆・参とも全会一致）
2017年5月1日施行

2．自転車の活用の推進に関する目標及び実施すべき施策

目標1　自転車交通の役割拡大による良好な都市環境の形成

1．自転車通行空間の計画的な整備の促進
　【指標】自転車活用推進計画を策定した地方公共団体数
　　［実績値 0団体（2017年度）→目標値 200団体（2020年度）］
　【指標】都市部における歩行者と分離された自転車ネットワーク概成市町村数
　　［実績値 1市町村（2016年度）→目標値 10市町村（2020年度）］

2．路外駐車場の整備や違法駐車取締りの推進等による自転車通行空間の確保

3．シェアサイクルの普及促進
　【指標】サイクルポートの設置数　［実績値 852箇所（2016年度）→目標値 1,700箇所（2020年度）］

4．地域の駐輪ニーズに応じた駐輪場の整備推進

5．自転車のＩｏＴ化の促進

6．生活道路での通過交通の抑制や無電柱化と合わせた自転車通行空間の整備

目標2　サイクルスポーツの振興等による活力ある健康長寿社会の実現

7．国際規格に合致した自転車競技施設の整備促進

8．公道や公園等の活用による安全に自転車に乗れる環境の創出

9．自転車を利用した健康づくりに関する広報啓発の推進

10．自転車通勤の促進
　【指標】通勤目的の自転車分担率　［実績値 15.2%（2015年度）→目標値 16.4%（2020年度）］

目標3　サイクルツーリズムの推進による観光立国の実現

11．国際会議や国際的なサイクリング大会等の誘致

12．走行環境整備や受入環境整備等による世界に誇るサイクリング環境の創出
　【指標】先進的なサイクリング環境の整備を目指すモデルルートの数
　　［実績値 0ルート（2017年度）→目標値 40ルート（2020年度）］

目標4　自転車事故のない安全で安心な社会の実現

13．高い安全性を備えた自転車の普及促進
　【指標】自転車の安全基準に係るマークの普及率
　　［実績値 29.2%（2016年度）→目標値 40%（2020年度）］
　【指標】自転車乗用中の交通事故死者数※　［実績値 480人（2017年度）→目標値 第10次交通安全基本
　　計画の計画期間に、自転車乗用中の死者数について、道路交通事故死者数全体の減少割合以
　　上の割合で減少させることを目指す。（2020年度）］※（13～17の関連指標）

14．自転車の点検整備を促進するための広報啓発等の促進
　【指標】自転車技士の資格取得者数※　［実績値 80,185人（2017年度）→目標値 84,500人（2020年度）］　※（13,14の関連指標）

15．交通安全意識の向上に資する広報啓発活動や指導・取締りの重点的な実施

16．学校における交通安全教室の開催等の推進。
　【指標】交通安全について指導している学校の割合
　　［実績値99.6%（2015年度）→目標値 100%（2019年度）］

17．自転車通行空間の計画的な整備の促進（再掲）

18．災害時における自転車の活用の推進

3．自転車の活用の推進に関し講ずべき措置

施策を着実に実施するため、計画期間中に国が講
じる措置を一覧表に整理

4．自転車の活用の推進に関する施策を総合的かつ計画的に推進するために必要な事項

（1）関係者の連携・協力
（2）計画のフォローアップと見直し
（3）調査・研究、広報活動等
（4）財政上の措置等

（5）附則に対する今後の取扱方針
➤道路交通法に違反する行為への対応については、自転車
　運転者講習制度の運用状況等も踏まえつつ、必要に応じ
　て検討
➤自転車の損害賠償については、条例等による保険加入を
　促進し、新たな保障制度の必要性等を検討

本方針の項目の15号にその他特に必要と認められる施策が定められ、これに含まれるとも理解される。地方版の計画でも、地域の実情に応じてこれら以外の項目で適当なものがあれば積極的に取り入れるべきである。

　<u>第三に</u>、4つの目標（表の2）については、14の基本方針の項目を横断的に再構成している部分があり、逆に14の基本方針ごとの施策ごとの措置の設定は行われていない。施策の設定は、法律の基本方針の項目の並べ方や内容と一部一致する部分もあるが、基本方針そのものが法律上の整理であるためか、全体的にはこの分類との整合性はあまり見えないようであるし、また、これに沿った構成にする必要もないと理解される。

(3)　目標と施策との関係

　4つの目標を実現するために実施すべき施策との対応関係は、図の「2．自転車の活用の推進に関する目標及び実施すべき施策」にあるように、「目標1．

表　設定されている指標（アウトプットは○、アウトカムは□）

指標（計9個）	内容	備考
1．自転車活用推進計画を策定した地方公共団体数	［実績値0団体（2017年度）→目標値200団体（2020年度）］	○
2．都市部における歩行者と分離された自転車ネットワーク概成市町村数	［実績値1市町村（2016年度）→目標値10市町村（2020年度）］	○
3．サイクルポートの設置数	［実績値852箇所（2016年度）→目標値1,700箇所（2020年度）］	○
4．通勤目的の自転車分担率	［実績値15.2％（2015年度）→目標値16.4％（2020年度）］	□
5．先進的なサイクリング環境の整備を目指すモデルルートの数	［実績値0ルート（2017年度）→目標値40ルート（2020年度）］	○
6．自転車の安全基準に係るマークの普及率	［実績値29.2％（2016年度）→目標値40％（2020年度）］	○
7．自転車乗用中の交通事故死者数※	［実績値480人（2017年度）→目標値第10次交通安全基本計画の計画期間に、自転車乗用中の死者数について、道路交通事故死者数全体の減少割合以上の割合で減少させることを目指す。（2020年度）］※（図の13～17の施策の関連指標）	□
8．自転車技士の資格取得者数※	［実績値80,185人（2017年度）→目標値84,500人（2020年度）］※（図の13,14の施策の関連指標）	○
9．交通安全について指導している学校の割合	［実績値99.6％（2015年度）→目標値100％（2019年度）］	○

自転車交通の役割増大による良好な都市環境の形成」では、自転車通行空間の計画的な整備の促進、シェアサイクルの普及促進など6つのものが対応している。また、「目標2．サイクルスポーツの振興等による活力ある健康長寿社会の実現」には、公道や公園等の活用による安全に自転車に乗れる環境の創出など6つのものが対応している。目標3及び目標4についてもそれぞれ2つ及び6つのものが対応している。

⑷　目標を具体的に示す指標及び講ずべき措置の特徴

　計画の目標は、要するに、自転車による①良好な都市環境の形成、②健康長寿社会の形成、③観光の推進及び④自転車の交通安全の4つである。これらの目標を具体的に数値としてあらわす指標が、合計9つ用意されている（前ページ表参照）。

① 指標の種類は二種類（アウトプット及びアウトカムの指標）

　これらの指標について、指摘できる事項は、次の通りである。**第一に**、これをアウトプット（事業や施策の投入量の目標）の指標とアウトカム（その結果得られる成果の目標）の指標に分けてみると、同表の「備考」のようになる。○はアウトプットの指標で、この場合手段の事業量・投入量であり、□はアウトカムの指標で、施策を講じた結果得られる成果を示すものである。本来は目標は成果に係る目標値が設定されるべきであり、これら2つは性格を異にし、区分すべきでものである。

　この表中で、アウトカム（成果）といえる指標は、「通勤目的の自転車分担率」及び「自転車乗車中の交通事故死者数」の二つである。この二つは欧米の多くの計画ではセットで目標値に採用されることが多く（オランダ、アメリカ、英国、ノルウェー等の国の計画）、自転車の利用促進と安全性の向上を同時に達成することが共通する重要な目標になっている。我が国でも、アウトプット指標と区分して、これらアウトカム指標を目標値として設定し、しっかりと前面に出すことが適当であると考える。**第二に**、このアウトプットの指標では、「1．の自転車活用推進計画を策定した地方公共団体数が200団体」とあり、国の計画を受けて、地方での自転車活用推進計画の策定の推進が最初に来る次の重要課題となっていることを示すものである。**第三に**、「2．の都市部における歩行者と分離された自転車ネットワーク概成市町村数10」という指標、また、「5．のモデルルートの数40」という指標は、走行空間の整備に係

るもので、さらに「３．のサイクルポートの設置数1,700か所」の指標を加えた３つがハード施策の重要な整備のアウトプット指標となっている点が特徴である。**第四に**、残りの３つは、「６．の自転車の安全基準のマークの普及率」の指標、「８．の自転車技士の資格取得者数」の指標、「９．の交通安全について指導している学校の割合」の指標であるが、これら３つは交通安全に係るソフト施策に係る整備である。このように、ハードとソフトの各施策のアウトプット指標が３つずつバランスよく採用されているといえる。

② 　自転車の活用の推進に関し講ずべき措置

計画の中で自転車の活用の推進に関し講ずべき措置として、18の施策を着実に実施するために国が講じる措置が計画の別紙において、整理して示されている。その項目は多数に上り、全部で84（このうち、再掲による重複は11項目で、実質73項目）となっている。その内訳は、目標１に係る６つの施策に対して32、目標２に係る４つの施策に対して14、目標３に係る２つの施策に対して７、目標４に係る６つの施策に対して31が、それぞれ設定されている。

このような多数の項目の講ずべき措置をまとめあげるのは、大変なことであるが、これらの中には既存の施策の延長や強化のものも多くある一方で従来になかった新しいアイデアや視点のものも含まれている。

これらを全体に整理したものが次の表である。体系的には、目標が４つあり、これを受けた施策の項目が18あり、さらに、これらを受けた実施すべき措置の項目が合計84（再掲11）あることになる。

目標	施策の項目（18項目）	講ずべき措置の項目	左の項目数※
目標1　良好な都市環境の形成	1．自転車通行空間の計画的な整備の促進	①公共団体に対する策定支援「自転車活用推進計画策定の手引き」等　②ガイドラインに基づく自転車通行空間の整備　③道路構造令に自転車車線の設置　④自転車通行空間の事例集　⑤道路標識・道路標示・信号機の適切な設置運用　⑥自転車マップ作成・web地図検討　⑦オリンピック・パラリンピックに向けた通行空間　⑧自転車の利用促進に関する広報啓発	8
	2．路外駐車場の整備や違法駐車取締りの推進等による自転車通行空間の確保	①路外駐車場の整備等　②植樹帯の活用等による停車帯の設置　③利用率の低いパーキング・メーター等の撤去　④自転車専用通行帯における駐停車禁止　⑤違法駐車の取締りに係るガイドラインを策定、実施等　⑥駐車監視員による違反車両の確認	6

	3．シェアサイクルの普及促進	①シェアサイクル事業の規制・支援の在り方の検討　②公共用地・民地等へのサイクルポート設置の在り方の検討　③鉄道駅周辺へのサイクルポート設置　④サービス提供エリアにおける自転車通行空間の整備促進　⑤貸出・返却システム共同化の検討　⑥交通系 IC カードによる利用に向けた運用改善　⑦経路検索の対象化に向けた検討　⑧オリンピック・パラリンピックに向けた重点配備	8
	4．地域の駐輪ニーズに応じた駐輪場の整備推進	①路上への駐輪場設置の促進に向けた検討　②ニーズに応じた駐輪場の整備事例等の周知　③鉄道事業者への積極的な協力の要請　④サイクルラックに関する技術基準の見直し	4
	5．自転車の IoT 化の促進	①全国統一の IC タグ導入の検討　②シェアサイクルの自転車再配置への IoT 技術の活用　③情報通信技術の活用方策に関する調査研究	3
	6．生活道路での通過交通の抑制や無電柱化と合わせた自転車通行空間の整備	①まちづくりと連携した自転車施策の推進　②生活道路における交通安全対策の実施　③無電柱化と合わせた自転車通行空間の整備	3
目標 2　活力ある長寿社会の実現	7．国際規格に合致した自転車競技施設の整備促進	①競技施設整備に対する支援の在り方に関する検討	1
	8．公道や公園等の活用による安全に自転車に乗れる環境の創出	①既設競輪場や公園等の有効活用の促進　②多様な自転車の走行環境の在り方に関する検討　③タンデム自転車の公道走行に関する検討	3
	9．自転車を利用した健康づくりに関する広報啓発の推進	①自転車活用による健康増進に関する広報啓発　②健康増進と連携した観光事業の促進　③自転車活用による健康増進の好事例の収集・展開　④健康増進効果に関する調査研究　⑤まちづくりと連携した自転車施策の推進（再掲 6 −①）　⑥生活道路における交通安全対策の実施（再掲 6 −②）⑦無電柱化と合わせた自転車通行空間の整備（再掲 6 −③）	7（3）
	10．自転車通勤の促進	①自転車通勤拡大のための広報啓発　②「自転車通勤推進企業」宣言プロジェクトの創設　③国の機関における駐輪場の整備	3
目標 3　観光立国の実現	11．国際会議や国際的なサイクリング大会等の誘致	①国際会議の開催誘致　②国際的なサイクリング大会に対する支援の在り方の検討	2
	12．世界に誇るサイクリング環境の創出	①官民連携による先進的なサイクリング環境の整備　②広域的サイクリングロードの整備推進　③「ナショナルサイクルルート」の創設　④好事例の共有によるサイクルトレイン等の実施拡大　⑤交通結節点等におけるサイクリスト受入サービスの充実	5

目標4で自転車事故のない安心安全な社会の実現安全	13.　高い安全性を備えた自転車の普及促進	①自転車の安全基準の在り方に関する検討　②消費者の安全な自転車利用につながる広報啓発　③自転車の積載制限に関する検討	3
	14.　自転車の点検整備を促進するための広報啓発等の促進	①自転車技士・自転車安全整備士制度への支援等　②自転車技士・自転車安全整備士の受験要件等に関する検討	2
	15.　交通安全意識の向上に資する広報啓発活動や指導・取締りの重点的な実施	①自転車安全利用五則の活用等による通行ルールの周知　②交通安全意識向上を図るための広報啓発　③ヘルメット着用の促進に向けた広報啓発　④自転車運転者講習制度の着実な運用　⑤交通安全に関する指導技術の向上　⑥高齢者向けの交通安全教室の実施　⑦自転車通行空間の整備に合わせた通行ルールの広報啓発　⑧公務員に対するルールの遵守の徹底　⑨自動車教習所における教育の実施　⑩高齢者をはじめとする多様なニーズに関する自転車製品の開発　⑪自転車指導啓発重点地区・路線における重点的な取締りの実施　⑫リヤカー牽引自転車への交通ルールの周知徹底　⑬地域交通安全活動推進委員等による指導啓発活動の推進	13
	16.　学校における交通安全教室の開催等の推進	①交通安全教室の講師へ向けた講習会開催　②交通安全教育の海外先進事例等の周知　③自転車通学・通行の視点を踏まえた通学路の安全点検の実施　④自転車通行空間の整備に合わせた通行ルールの広報啓発（再掲15-⑦）	4（1）
	17.　自転車通行空間の計画的な整備の促進（再掲）	①地方公共団体における自転車活用推進計画策定の支援（再掲1-①）　②ガイドラインに基づく自転車通行空間の整備推進（再掲1-②）「自転車車線」設置に関する規定の追加（再掲1-③）　④自転車通行空間の事例集の作成（再掲1-④）　⑤道路標識・道路標示・信号機の適切な設置・運用（再掲1-⑤）　⑥自転車マップ作成及びWeb地図の在り方の検討（再掲1-⑥）⑦オリンピック・パラリンピックに向けた自転車通行空間の整備推進（再掲1-⑦）	7（7）
	18.　災害時における自転車の活用の推進	①災害時における自転車活用に関する検討　②国道事務所等への自転車配備による危機管理体制の強化	2
合計	18項目	84項目（うち再掲11）実質73項目	

※（　）書きは再掲の項目数で内数である。

3．国の自転車活用推進計画の「実施すべき措置」の特徴とあり方

　国レベルの自転車政策において、自転車の総合計画が策定され、やっと先進国の仲間入りができた点をその工夫された内容とともに評価するが、すでに各国はそれぞれの計画の二巡目、三巡目の改定を行っているところもあり、その中では、自転車政策は進化を遂げている。このような進化と継続性こそ重要であり、今後この計画の実効性とともに注目していきたい。これらの実施すべき措置の中で、特に注目すべき点を順に指摘すれば次の通りである。

① 「自転車活用推進計画策定の手引き」（1の①）

　地方公共団体が自転車活用推進計画を策定する際の基本的な考え方や、策定手順、参考となる先進的な取組事例、安全で快適な自転車利用環境の創出に関する考え方の要点等を記載した「手引き」を作成し、周知すること等により、自転車活用推進計画の策定を支援するとある点である。**第一に**、人口規模別や自転車分担率別に策定することが望ましい。特に、人口規模や自転車分担率が低い公共団体は、自転車の利活用施策を持たず、また、今後も予定がないとするところが多数であることが分かっている（次章におけるアンケート調査）。このようなところはその「区域の実情」として、自転車での移動が可能性があるにもかからわず、これの利用は難しいとする自動車依存型の地域社会が形成されている。このような所と、日常的に自転車が多数利用されているところでは、おのずと自転車活用推進計画の策定の必要性に対する認識に大きなギャップがある。前者については、まずは、自転車の必要性や可能性を理解するような資料を具体的に示すことや自転車利用に関する社会実験などを行うなどによる自転車に対するアプローチを考える必要がある。ドイツの国家自転車計画では、まず、自転車分担率の低い公共団体向けのマニュアルを作成するとしている。**第二に**、新たに自転車施策に着手するとしても、規模の小さな地方公共団体では、組織体制や専門的な知識に乏しい場合が多い。これらの点を踏まえて、区域の実情に応じた地方公共団体の規模別の分類により手引きの作成が期待される。**第三に**、手引きのみに頼ることなく、計画策定の着手の段階で支援すべきものについては、費用や策定のための専門家等の派遣等を行い実質的に手引きによる策定が有効になるように支援することが必要である。

② 「自転車車線」設置の道路構造令改正（1の③）

　今まで、自転車専用通行帯の空間を確保することが容易ではなかった点を踏まえて、これを道路の幅員構成に入れることができれば、専用空間の設定による自転車走行の安全安心が確保される。**第一に**、今までは、道路構造上この空間をはじめから設定することがなされず、結果的に余裕幅の取れるところのみ自転車専用通行帯が設けられることにより、連続性の確保が難しかった。自転車の通行実態よりも、余裕幅の存在により優先的に自転車走行空間が設けられてきたが、今後は、道路改良等を行い連続空間の確保が可能となる。**第二に**、自転車車線がない中で空間の確保のために、自転車道が計画されることが多く、逆に幅を取り過ぎて、双方向通行になったり、ブロックや柵による閉鎖的な空間となり、走行がしにくいなどの問題点もあった。これが解消され現実に合った幅員の空間を堂々と確保できる。

③ 自転車通行空間の事例集の作成（1の④）

　第一に、国内事例ばかりでなく、海外の事例で我が国に応用できそうなものも含めて検討し収集し、掲載すべきである。**第二に**、立派な広い幅員や構造が中心となることなく、狭い空間をいかに自転車とクルマが共存し、安心安全を形成できる事例も多く収集し、好事例として提供すべきである。**第三に**、事例は単なる事業内容のみならず、この事例の採用に至る手続き、この事例によりどのような安全、環境、交通流、利用者の意識などに好影響を及ぼしたかに関する評価を入れて示すことなどが必要である。

④ ウェブ地図のあり方（1の⑥）

　第一に、すでに相当以前から自転車、バス、鉄道等のどれを選択したら現在地から目的地まで短時間又は安価で行けるかを示す地図がロンドン等の先進都市では設けられ、情報提供が進化していた。自転車や徒歩を公共交通、さらにシェアサイクルとの連携を含めて入れ込んだ情報提供を総合的に推進するべきである（我が国ではヴァル研究所が「複合検索サービス mixway」を実施している。）。**第二に**、おおよそ自転車利用にかかる走行空間、駐輪空間、事故発生箇所、自転車での回遊に適したルート、地域資源などを一つの地図でレイヤーとして必要な情報のみ重ね合わせて提供できる総合情報地図が必要である。**第三に**、危険箇所、要改善箇所などの書き込み投稿は、相互の情報交換のみならず、これに対する行政対応が重要であり、書き込み回数の多い箇所や危険性の

判断基準等による優先順位を設けて、対応する方策までをセットで提供する必要がある（コペンハーゲンの自転車ウェブ地図など）。

⑤　自転車の利用促進に関する広報啓発（1の⑧）

　第一に、二酸化炭素の削減は極めて重要な政策課題ではあるが、自転車利用を始めるきっかけは、これが直接の動機になることが少なく、利用促進効果が限定的であるので、これだけに拘泥しないことが必要である。**第二に**、これよりも効果がある点としては、生活習慣病、認知症、ロコモなどの予防に効果がある必要な運動としての自転車利用を具体的に推奨することである。**第三に**、一口に健康と言っても、必要運動量は体力の向上増進に必要な運動量と生活習慣病等のリスク軽減に必要な運動量では異なり、後者の方が少なくて済む（山本哲史、山崎元「運動処方の最近の考え方」）。市民の関心は、一般的な体力の維持増進よりも、具体のがん、脳梗塞、心疾患等の生活習慣病や認知症等を予防する運動の方に関心があり、後者について自転車が具体的な効果があること及びその必要運動量を示すことがよりインセンティブとなる。**第四に**、経済性と時間性である。新たな運動を始めるときに、ジョギング、水泳、フィットネスクラブやテニスなどでもよいが、これらにはどうしても既存の生活費と生活時間両方を削る必要がある。その余裕または、これを削って実行する強い決意が必要でありこれが多くの場合できないため継続が困難なケースが多くなる。今までの生活時間を削って運動すると、睡眠時間や趣味の時間を削ることになる。また、費用の必要な運動は、既存の生活費をねん出してこれに充てる必要がある。このように限られた時間と費用を削減してねん出しなければならない運動は継続性の確保が難しい。自転車は、通勤や通学、買物、通院等のための移動時間に運動を兼ねて行えるので、生活時間や費用を必要としないどころか、渋滞の影響を受けないことやガソリン代等の費用を浮かせるので、生活費や生活時間が節約できる。他にこのような運動はないので自転車は時間的経済的に継続した運動の可能性を提供するなど、新たな観点からの啓発も必要である。

⑥　違法駐車の抑制（2の④－⑥）

　第一に、自転車走行空間に駐車するクルマは、自転車レーンや矢羽の意味を理解していないケースもあり、また、理解していても自転車の利用の必要性を重視しないケースも多いので、積極的に現場での看板や啓発などで啓発すると

ともに、あらかじめ自転車利用の必要性、重要性を自動車利用者に対して啓発し、自転車に対する尊重の意識を醸成する必要がある。**第二に**、駐停車の禁止という強制措置のみでなく、違反をする気持ちをなくさせるような啓発も重要である。その駐停車のために自転車が回避行為をすることが歩道車道の両方で危険性が高まり、死傷に追いやること、この場合の損害賠償の責任を負うこと、駐車監視員が絶えず巡回し取締りも強化されていること、最近はコンプライアンスが厳しく、自転車利用者や他の道路利用者（歩行者等）が厳しい目で見ていること、駐車違反となる場合の金銭的負担が大きいことなど自転車の関連性のあるマイナス点を強調する必要がある。**第三に**、自転車利用者からのクレームの受付も積極的に行い、これに基づいた違反実施者に個別に注意喚起などを行うようにすることなど、きめ細かな対応が期待される。

⑦ 鉄道事業者の駐輪対策に対する積極的対応（4の③）

　第一に、国勢調査によれば、通勤通学人口が大幅に減少してきている。また、自家用車による通勤通学割合が増加傾向にある一方で、鉄道利用者数は減少傾向である。さらに、駅前の放置自転車の数も大幅に減少してきている。このような中で、公共交通と自転車が健康の切り口を含めて連携することが今こそ求められている。通勤通学人口が減っているにもかかわらず、自家用車による通勤通学が増加していることに対抗する1つの方法として、自転車で駅近くの利便性の良い箇所で駐輪し、公共交通に乗り継ぐ人口を増加させることが求められている。鉄道事業者はこのような事態に利便性の高い自転車等駐車場を積極的に自ら駅構内や高架下の改札に近いところに優先して設置し、利用してもらうようにするべきである。地方公共団体に対する用地提供の協力のような受け身の対応では今後の超高齢社会は通じない。**第二に**、鉄道持ち込みであるが、これも欧米ではどんどん進化し、今までの通勤時間帯以外での折りたたまない自転車の持ち込みを認める取り扱いから、自転車、ベビーカー、車いす等の専用列車を連結して通勤時間帯もこれを認めることが広く行われるようになった。率先して、そのような可能性についての検討が必要である。**第三に**、デンマークの国家自転車戦略では、自宅から最寄り駅までマイ自転車でアクセスし、鉄道を利用して自分の働いている企業の目的駅まで行き、その後、目的の通勤企業などが駅に用意する自転車を利用し、企業までその自転車で行くことが提唱されている。専用列車に持ち込むことよりも、混雑時に専用車両を用

意することによる他の乗客に対するサービスの低下やストレスなどのしわ寄せがなく、合理的でかつコストも安いと試算されている。このためには、鉄道会社等の両端の駅及びその周辺での駐輪空間の積極提供等による自転車と鉄道の密な連携の確立が必要である。また、この方式の方が放置問題が緩和され、駅前の駐輪場に余裕が出てきた我が国の現実に適応している。あとは、企業側が社員の健康と環境負荷を考えた駅での自転車を用意するかにかかっている。

⑧　ナショナルサイクルルートの創設（12の③）

　計画の指標において、世界に誇るサイクリング環境の創出の一環として、「ナショナルサイクルルート」を設定することとなっている。**第一に**、これは地域における国際的にも優れた環境の自転車ルートを設けることとなるが、これを一つのきっかけにして、地域の住民の自転車利用への誘因となるようすべきである。このためには、長期的には自転車の広域ルートを設定する際に、なるべく自転車の利用が低調な地域を通過するように選択的に選定し、これらの地域に自転車の波を及ぼすようにすることが適当である。ドイツの国家自転車戦略では、サイクルツーリズムとして過疎地における自転車利用を盛んにする意味も込めて、なるべく国の将来の全国自転車ネットワークのコースを意識してこれらの地域を通すように設定するようにする戦略性を持っている。**第二に**、これらのルートは、閉鎖的な周回ルートのみにならないようにすることが重要である。今後全国自転車ネットワーク道を形成できるように、必ず国土を縦貫するようなルートと相互に連結し、他のナショナルルートにもつながっていることで、全国規模のネットワークの利用が盛んになるとともに地域の自転車利用の日常需要を喚起することにつながる。イギリスの18,000kmにも及ぶ全国ネットワークは、閉鎖的でなく、相互に連続し、これにより全国で網の目のようにつながっているから、利用が盛んになっている。さらに、サイクルツーリズムの観点のみの利用ではなく、半分以上がより広範囲の目的の利用（特に日常利用）に供され、全国的な利用促進に大きな影響を与えている。**第三に**、高規格の自転車道のみではなく、既存のルートや地域のルートを活用しながら、看板や標識、路面標示など道路の改変を伴わない方法により可能な限り早期に広域的に相互につなげることを優先すべきである（イギリス全国自転車ネットワークは体系的系統的ルートの設置で、2000年から開始し、2007年ごろには完成している）。課題のあるような箇所等のハード面の整備は徐々に進

めることで十分である（奈良県の広域ネットワークは標識先行型で、課題箇所は後で予算獲得して整備する）など機動的な問題解決を心がけるべきである。

⑨　自転車通学・通行の視点を踏まえた通学路の安全点検（16の③）

通学路の安全点検は従来徒歩の通学路を自動車から守るということが主眼となっているようであるが、むしろ、自転車による通学路の安全を守るべきである。**第一に**、中高生の自転車通学時を中心とした自転車事故が多く、かつ、増加傾向にあることにかんがみ、中学校・高等学校等への自転車通学路について、重点的に安全点検等を実施し、これに基づく自転車走行空間の整備改良が必要である。**第二に**、通学目的の自転車ネットワークの形成も重要である。通学目的のネットワークは、特に地方都市での通学時の自転車交通の量が極めて集中している実態から考えて、地域の自転車利用の多くがこれのためのものである場合が多い。中高生の通学を円滑かつ適正に進めるためにも、一本のルートではなく複数のルートが選択できるような自転車ネットワーク形成の大きな柱として取り込むべきである。**第三に**、何と言っても自転車通学の推進である。自転車が主たる登下校の交通手段で他に適当な交通手段がないときに認めている場合が多いが、中高校から環境や健康の観点から、また、ルールをしっかりと身に着けた自転車利用に慣れ親しむことにより、その後の安全的確な自転車利用に結び付けられるような積極的な自転車の利用促進方策があってもよいと考える。デンマーク（Safer cycling routes to school 施策）、アメリカ（Safe Route To School 制度）では、健康の観点や環境教育の普及の観点から、小学生からの自転車通学を推奨し、そのかわり、その通学路の安全性やセキュリティの向上を至上命題として、一般の人の自転車利用にも安全レベルの高い走行空間の供給となるなどの通学の安全な空間が寄与している。

4．地方の自転車活用推進計画の全国展開と推進の必要性と方策

⑴　地方公共団体での計画策定の必要性と現状

我が国の自転車活用推進計画は、国と地方公共団体が策定することになっている。国のみが自転車活用推進計画を策定しても、肝心の地方公共団体のすべてが計画を策定して推進してもらわないと、施策効果は極めて限定的である。地球温暖化、健康・生活習慣病予防、医療費削減、災害避難、高齢者の移動手段の確保、観光など待ったなしの山積する広域的な課題のある中で一部の地方

公共団体のみがこれを解決できる切り札である自転車施策を行っても意味がない。

　しかし、現状では、自転車活用推進計画の全国展開はおぼつかないことは、次に指摘する筆者らの地方公共団体アンケートの結果（回答全国508、回収率53％）でも明らかである。自転車の利活用施策は「現在も今後も予定がない」とするところが46.1％もあり、さらに、自転車活用推進計画の策定について、未定が44.7％、必要がない又は予定がないが23.2％もある。これらの地方公共団体をどのようにして、施策の実施や策定に誘導していくかが、この計画の最大の課題である。

　国の計画では2020年に200団体の策定を指標としているが、自転車施策が進んでいるところは、策定に対応するであろうが、自転車では移動できない、クルマしか移動手段はないとの信念を持ち続けているところは、様々な方策を講じないとその策定が推進されない。自転車活用推進計画の個々の各論の施策は、この大きな課題をクリアーしないと十分な自転車政策の効果が期待されない。

(2)　地方での自転車活用推進計画の策定普及には国の戦略が必要

　計画の重要な点が、国の計画だけでは、全国的な自転車の活用の推進は図れないことである。どうしても、自転車活用推進計画の地方への浸透と展開を図る必要がある。この点については、地方での施策展開の必要性をよく理解し、推進しているドイツの国家自転車戦略が参考となる。ドイツの計画は、自転車利用を高めるための数々の優れた次のような戦略を内容としている。このドイツの国家自転車計画のような仕組みを用意して、全国津々浦々の地方公共団体における全国的な自転車施策の展開を長期的に強力に推進することが求められる。

　すなわち、国中の自治体に自転車施策を浸透させるべく様々な方策を駆使しているなど国の計画の中で、地方への自転車施策の推進戦略に極めて長けている点を有していることが特徴である。その内容は、表のような7つの地方への自転車施策の推進方策が国の計画に明示されているのである。ある意味で大きな圧力を地方にかけるものである。

　具体的には、自転車利用や施策が遅れ気味な地方部での実情に配慮して、地方部の分担率の目標を下げて都市部と地方部の2段階設定としていること（表

表　ドイツ国家自転車計画の中で地方の自転車施策を推進する施策（戦略的な仕掛け）

地方への展開方策	地方に対する自転車施策の浸透推進方策の内容	計画での該当箇所
①分担率の都市部と地方部の階設定	都市部と地方部での目標値の二段階設定（都市部16％地方部13％）により、地方部の自転車利用の現実性を考慮	A章のコラム
②自治体への具体施策の設定・役割分担の提示	10項目の各論施策（戦略、インフラ、安全、広報啓発、観光、電アシ、交通連携、教育、保全、組織）ごとに国、州及び自治体別に具体の施策内容明示	B 章 全 体 pp17-59
③全自治体の分類	自治体の自転車の利用・施策のレベルの３段階に分類、具体の状態を提示、後れている自治体に心理的効果とレベルに応じた施策展開を間接的に要請	A章 pp14-15
④自治体住民一人当たりの予算額	自転車施策等のレベルごとに都市地方部ごとの施策別のきめ細かな予算額のガイドラインで、責任額を明示し、予算確保を推進（国等からの支援策）	B章 p 63表
⑤州別の空間整備状況（％）の公表	地方の競争心を盛り上げ、自転車施策の推進図る。同時に国や州の整備状況も明らかになり、国道や州道の責任も明示され、地方の意欲の増進	B章 2 節 p 23 図
⑥国全体のネット図	国レベルの全国ネットワークを自転車が盛んでないところにも通して設定し、通過市町村は対応せざるを得なくして、地方の自転車施策の進展に寄与	B章 5 節 p 42
⑦へき地の利用促進策	へき地での自転車利用の必要性や効果を認識させ、促進施策の必要性や意識改革、施策実施を促進する	D章 p 70

出典　第57回土木計画学研究発表会プレゼンパワーポイント（ドイツ国家自転車戦略に基づき古倉作成）

の①）や自治体の自転車分担率のレベルに応じた的確な施策の設定レベルや1人当たりの予算額のガイドラインを示していること（表の③と④）、へき地などでの自転車利用の必要性や効果を分かりやすく示すこと（表の⑦）により、地方の自転車の現実に応じたきめ細かな配慮をしている。また、自治体に対して具体的な施策について分担を要請していること（表の②）、州別に国道、州道及び市町村道における自転車走行空間の整備状況を明示して施策の競争心をあおるようにしていること（表の⑤）、全国のネットワーク地図で自転車利用が低調な地方部を通過するようにして自転車ネットワークに巻き込むようにしていること（表の⑥）など地方部に対する施策に直接的又は間接的に圧力をかけて推進していることである。

　また、この点では、韓国の「自転車利用活性化法」（1995年制定）で、地方公共団体（特別市、広域市長、特別自治体、道及び特別自治道）の長は、5年ごとに自転車利用活性化計画を策定しなければならない（第5条第1項）と規定されているので、より強力な策定の義務化が図られている点に注目したい。なお、同計画には、自転車利用施設の整備の基本的方向性、年度別活性化計画、自転車利用者の安全性確保のための方策、その他大統領令で定める事項を含めるとされる（同条第3項）。これらの事項を定めた自転車利用活性化計画の策定がすべての地方公共団体に課されているのである。このようにして全地方公共団体を対象にした全国展開を図る体制が用意されている。

第２章　地方公共団体の自転車活用推進計画及び 自転車の活用に係る施策の動向

１．本格的な地方での自転車計画の展開

　これから一部の地方公共団体では自転車活用推進計画の全国的な策定作業が本格的に動き出し、進行するとみられる。もちろんすべての地方公共団体に対して、国や都道府県の自転車活用推進計画を勘案して、地方版の自転車活用推進計画の策定を行うことが努力義務として課されている。この法律の趣旨を徹底するには、地方への展開が重要であり、これの手本を示したものとしての国の計画が位置付けられる点も見逃せない。ただし、国の計画を勘案するとされているが、自治体は自ら持つオリジナリティを重視し、項目や内容の単純なコピーにならないよう期待したい。

２．地方での自転車の利活用施策の状況と自転車活用推進計画への 対応状況

　このような状況にあって、多くの地方公共団体では計画の策定や検討を未定とするところがたくさんあり、また、そもそも自転車の利活用施策がなく、かつ、検討の予定もないとするところが多数存在している。

　筆者らが実施した2018年３月「自転車利用・自転車施策等に関するアンケート調査」における地方公共団体の自転車活用推進計画への対応等について、以下で内容と必要な分析を紹介する。

　筆者らが2018年２－３月に全国の都道府県及び市区町村に対して自転車施策と自転車活用推進計画への対応に関してアンケート調査（市区町村への配布959回答508、回収率53.0％）を実施した。

　その結果から見ても、自転車の利活用の施策がなく、また今後の予定もないとするところが46.1％（234）存在し、また、活用推進計画の策定について、その必要はない又は予定がないと考えているところが23.2％（118）、また、策定が未定又は検討が未定も44.7％（227）も存在する。すなわち、自転車の利活用施策そのものがないかつ予定がないとするところが多く、また、自転車活

用推進計画の策定の予定がない又は未定のところが数多く存在するのである。自転車の活用の推進に係る施策は、地球温暖化防止、インバウンドを含めて自転車による観光の推進、超高齢化社会の移動の確保、健康の増進、生活習慣病・認知症等の予防など、すべての市区町村にとっての重要課題の解決に同時に寄与できる必要不可欠な施策であるため、本法律でもすべての市区町村での施策推進が求められているのである。次にこのアンケートの結果の概要を御紹介する。

3．自転車利用・自転車施策に関するアンケート調査を959市区町村対象に実施

自転車活用推進法には 2 つの地方公共団体の責務の存在がある。 1 つ目は、自転車施策の策定・実施である。地方公共団体は、区域の実情に応じた施策を策定し、その責務を有する。 2 つ目は、自転車活用推進計画の策定である。こ

市区町村の集計結果

○市区町村別の回収状況

市区町村	配布数	回収数	回収率
市	791	118	52.8%
特別区	23	16	69.6%
町	135	62	45.9%
村	10	8	80.0%
不明		4	
合計	959	508	53.0%

人口規模別	回答数	構成比
30万人以上	60	12.0%
10－30万人未満	116	22.8%
5－10万人未満	132	26.1%
5万人未満	196	38.5%
不明	4	0.6%
合計	508	100.0%

人口規模別・自転車分担率別の回答状況		通勤通学での自転車の分担率							
		高		中		低		総計	
人口規模	30万人超	44	73.3%	11	18.3%	5	8.3%	60	100.0%
	10－30万人以下	57	49.1%	37	31.9%	22	19.0%	116	100.0%
	5－10万人以下	22	16.7%	52	39.4%	58	43.9%	132	100.0%
	5万人以下	46	23.5%	68	34.7%	82	41.8%	196	100.0%
	総計	169	33.5%	168	33.3%	167	33.1%	504	100.0%

※
高＝11.07%以上
中＝7.08%
　　～11.07%未満
低＝7.08%未満

注
高中低は、分担率が上中下位各 1／3

○回答市区町村の特徴
(1)回収率は比較的高い（民間の実施したアンケート調査としては高い）
(2)町及び村も比較的高い割合で回答している
(3)人口規模別にも、 5 万人未満が多く、また、分担率も全体にはバランスは取れている

れも区域の実情に応じた計画を定めるように努めなければならないとなっている。2つとも、区域の実情に応じたものでよいが、全ての地方公共団体の努力義務、あるいは責務になっているのである。

　筆者らが2018年の2月〜3月に行った市区町村のアンケート結果を示す。アンケートを配布したのは、自転車の分担率（国勢調査の通勤通学時、移動交通手段で全体に占める自転車の割合）の上位3分の1の市区町村と全市の計959であり、回収率は53%（508）である。

　回収結果には村も10含まれており、村の回収率は8割と非常に高い割合になっており、自転車利用が多いところも見られる（大分県姫島村など）。また、人口規模別にみると、回答が一番多かったのは5万人以下で、規模の小さな自治体からもたくさん回答が得られた。

4．自転車施策は人口規模が小さい市区町村ほど行われていない

　アンケート調査の最初の質問は「現状の利用状況および利活用の期待」である。「現況の多い利用目的」は通学（75%）が最多であり、以下、通勤（54%）、買物（45%）、日常用務等（30%）の順になった。

自転車利用に関する施策の現況

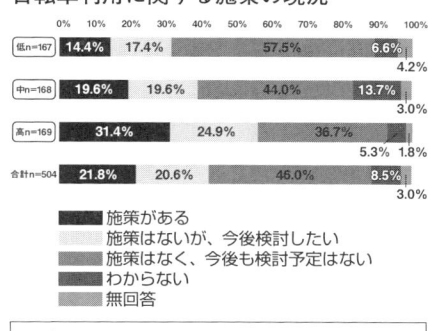

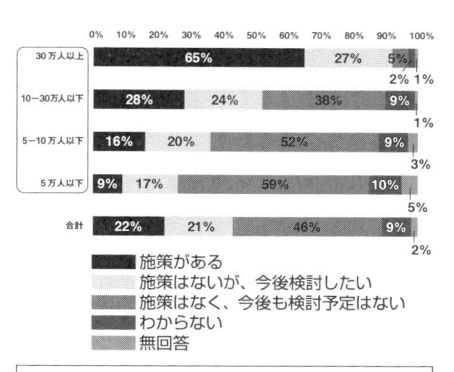

●自転車分担率が高い方が、施策あり及び今後検討が多いが、4割弱で施策・検討の予定がない。
○低の方が、施策・検討の予定がないところが多い。今後の大きな課題である。

注　低、中、高は、当該市区町村の通勤通学時の自転車分担率で上位、中位及び下位の各1／3のものを指す。以下この章で同じ。

●人口規模が大きいほど、自転車施策を持っている。
○5万人以下では、施策も検討予定もないものが多い。
　自転車施策は人口規模が小さいほど行われていない。

　一方で、「期待する利用目的」で一番多かったのは「観光・レクレーション」の52％で半分以上となり、「健康・運動・生活習慣病予防」も27％となった。将来的な利用目的では、今までと異なる新しい目的が期待されているということがわかる（グラフは掲載していない）。

　次の問いは「自転車利用に関する施策の現況」である。分担率が高いところは「施策がある」という回答が高くなっているが、分担率が低いところは「施策がなく、今後も検討予定はない」の割合が高くなっている。分担率に大きく左右されている部分があるという結果である。この自転車施策とは無縁の市町村をどうするかが、今後の大きな課題である。

　上記の「自転車利用に関する施策の現況」を人口規模別に見ると、人口規模が30万人以上の大きなところは「施策がある」という回答が3分の2くらいであり、これと「施策はないが、今後検討したい」という前向きの回答を合わせると、9割超になっている。しかし、人口規模が少なくなればなるほど、「施策がある」という回答が減ってきている。5万人以下では、「施策がある」が9％と極めて少なかった。今後は人口規模の少ないところで重点的に自転車施策を呼びかけ、推進していく必要があるのではないかと考えられる。

5.　自転車の利活用を妨げるのは脆弱な走行インフラと自動車への依存

　次に「自転車の利活用を妨げる事項」は何かについて質問した。一番多かったのは、「自転車走行インフラが貧弱な道路が多数」で4割近くあり、インフラ整備を積極的に行うことを期待したい。次に多い回答が「自転車で行ける場合も自動車選択の人が多数」となっている。群馬県では、100メートル先のコンビニに行くのに4分の1の人がクルマで行っているというパーソントリップの結果が出ている。自動車依存型の生活実態が自転車の利活用を妨げる要因になっている。

　一方で「防げる要因はあまりない」という回答も1割くらいあり、これも特徴的である。

　「自転車の利活用を妨げる事項」の結果を自転車の分担率別※（低中高）でまとめたところ、いずれも一番多いのは「自転車走行インフラが貧弱な道路が多数」であるが、分担率が高いところでは「策定方法に関するノウハウや運用

指針がない」も22.5％と結構高い回答率になっており、一部では策定方法も
ネックとなっている。

※　分担率の「低中高」は回答した市町村を2010年国勢調査の通勤通学時の自転車の利用割合（自転
　　車のみ）をもとに高いものから低いものまで３分割して上位1/3を高、次の1/3を中、いちばん低い
　　1/3を低とした（以下同じ）。

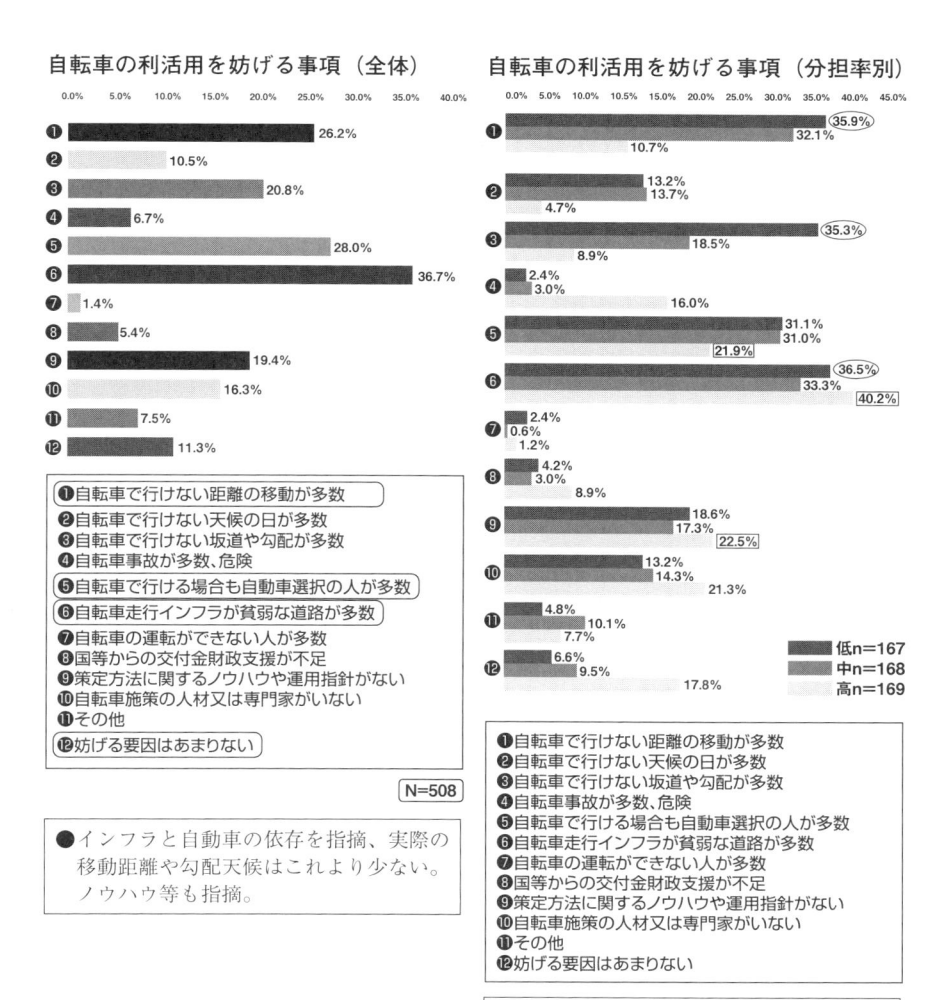

自転車の利活用を妨げる事項（全体）

❶ 26.2%
❷ 10.5%
❸ 20.8%
❹ 6.7%
❺ 28.0%
❻ 36.7%
❼ 1.4%
❽ 5.4%
❾ 19.4%
❿ 16.3%
⓫ 7.5%
⓬ 11.3%

❶自転車で行けない距離の移動が多数
❷自転車で行けない天候の日が多数
❸自転車で行けない坂道や勾配が多数
❹自転車事故が多数、危険
❺自転車で行ける場合も自動車選択の人が多数
❻自転車走行インフラが貧弱な道路が多数
❼自転車の運転ができない人が多数
❽国等からの交付金財政支援が不足
❾策定方法に関するノウハウや運用指針がない
❿自転車施策の人材又は専門家がいない
⓫その他
⓬妨げる要因はあまりない

N=508

●インフラと自動車の依存を指摘、実際の
　移動距離や勾配天候はこれより少ない。
　ノウハウ等も指摘。

自転車の利活用を妨げる事項（分担率別）

❶ 35.9% / 32.1% / 10.7%
❷ 13.2% / 13.7% / 4.7%
❸ 35.3% / 18.5% / 8.9%
❹ 2.4% / 3.0% / 16.0%
❺ 31.1% / 31.0% / 21.9%
❻ 36.5% / 33.3% / 40.2%
❼ 2.4% / 0.6% / 1.2%
❽ 4.2% / 3.0% / 8.9%
❾ 18.6% / 17.3% / 22.5%
❿ 13.2% / 14.3% / 21.3%
⓫ 4.8% / 10.1% / 7.7%
⓬ 6.6% / 9.5% / 17.8%

低n=167
中n=168
高n=169

❶自転車で行けない距離の移動が多数
❷自転車で行けない天候の日が多数
❸自転車で行けない坂道や勾配が多数
❹自転車事故が多数、危険
❺自転車で行ける場合も自動車選択の人が多数
❻自転車走行インフラが貧弱な道路が多数
❼自転車の運転ができない人が多数
❽国等からの交付金財政支援が不足
❾策定方法に関するノウハウや運用指針がない
❿自転車施策の人材又は専門家がいない
⓫その他
⓬妨げる要因はあまりない

○差があるのは、移動距離の長さと勾配、
　低中は自動車依存が高い割合。

　そのほかの特徴的な回答としては、分担率が低いところでの「自転車で行けない距離の移動が多数」、「自転車で行けない坂道や勾配が多数」である。このようなことが自転車の利活用を妨げる原因になっているのであれば、施策的には電動アシスト自転車の大量投入によって距離や坂道に相当程度対応可能になってくるのではないかと考えられる。

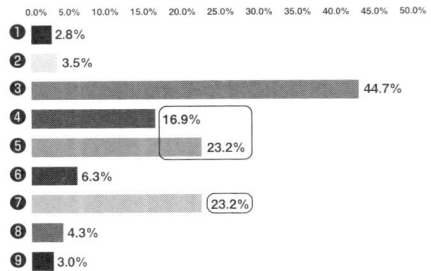

自転車活用推進計画への対応（全体）

❶ 2.8%
❷ 3.5%
❸ 44.7%
❹ 16.9%
❺ 23.2%
❻ 6.3%
❼ 23.2%
❽ 4.3%
❾ 3.0%

❶策定の検討を開始している
❷策定の検討を予定している
❸策定の検討又は策定は未定である
❹今後国の動きを見て考えたい
❺今後の他の公共団体の動きを見て考えたい
❻策定の指針又はマニュアルの提示・策定があれば考えたい
❼策定は必要がない又は検討予定がない
❽策定済である（既存の計画で代えるを含む）
❾その他

○未定が半数近く、他の公共団体や国の動きが一定あり、必要や予定がないのも一定ある。

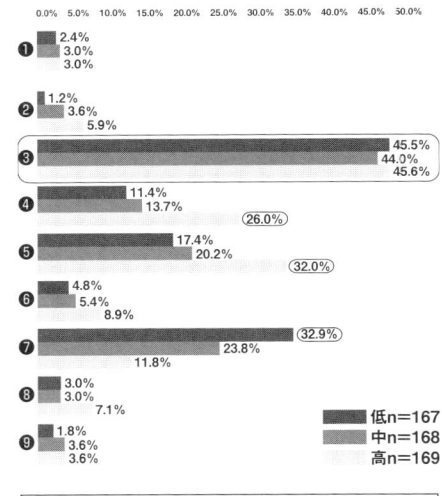

自転車活用推進計画への対応（分担率別）

❶ 2.4% / 3.0% / 3.0%
❷ 1.2% / 3.6% / 5.9%
❸ 45.5% / 44.0% / 45.6%
❹ 11.4% / 13.7% / 26.0%
❺ 17.4% / 20.2% / 32.0%
❻ 4.8% / 5.4% / 8.9%
❼ 32.9% / 23.8% / 11.8%
❽ 3.0% / 3.0% / 7.1%
❾ 1.8% / 3.6% / 3.6%

低n=167
中n=168
高n=169

❶策定の検討を開始している
❷策定の検討を予定している
❸策定の検討又は策定は未定である
❹今後国の動きを見て考えたい
❺今後の他の公共団体の動きを見て考えたい
❻策定の指針又はマニュアルがあれば考えたい
❼策定は必要がない又は検討予定がない
❽策定済（既存計画で代えるを含む）
❾その他

○三者とも未定が半数近くで同じ傾向。
○低のところは、必要又は予定がないが多い。
○高のところは、他の公共団体や国の動きを見てが高い割合である。

6．自転車活用推進計画への対応は "他立型" の状況にある

　核心部分として、「自転車活用推進計画への対応」についてである。アンケート調査の実施時点では、国の計画が未策定の時であり、予想通り「③策定の検討または策定は未定である」が44.7%、「⑤今後の他の公共団体の動きを見て考えたい」が23.2%、「⑦策定は必要がない、または検討予定がない」も同じ23.2%である。また、いまは国が自転車活用推進計画を策定済となっているが、「④今後の国の動きを見て考えたい」も16.7%となっている。多くがやや他立型の状況になっていると考えられる。

　「自転車活用推進計画への対応」を分担率別に見ていくと、「③策定の検討または策定は未定である」が最も高く、しかも分担率低・中・高でほとんど同じ割合である（44〜46%）。また、分担率が低いところでは「⑦策定は必要がない、または検討予定がない」が高くなっている（32.9%）。

各種自転車計画の存否（策定中含む、分担率別）

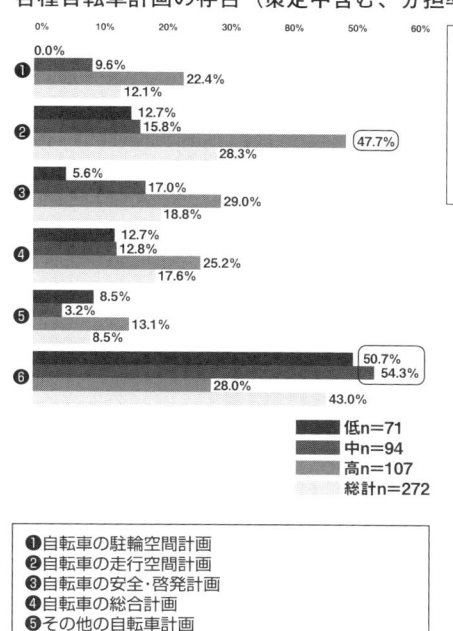

○高は走行空間の計画を半数近く有しており、その他の計画も一定は有している。
○中低は、半数以上が計画を有していない。
○低はいずれの計画も1割程度以下である。

■低n=71
■中n=94
■高n=107
□総計n=272

❶自転車の駐輪空間計画
❷自転車の走行空間計画
❸自転車の安全・啓発計画
❹自転車の総合計画
❺その他の自転車計画
❻自転車関係の計画はない

　分担率が高いところでは「⑤今後の他の公共団体の動きを見て考えたい」「④今後の国の動きを見て考えたい」の割合が横並びで高く、他所の動きを見ているようである。一方、低いところはあまり他所の状況に関心を持たず、「⑦策定は必要がない、または検討予定がない」と決めているようである。

7．自転車関係の計画がない市区町村は半数近くに達する

　また、「各種自転車計画の存否」も確認した。分担率が高いところは約50％が走行空間計画を、25％が総合計画を持っていて、それなりに自転車施策に対応している姿が浮かび上がる。

　一方で、「自転車関係の計画はない」が総計では43％あり、分担率の中と低では50％以上になる。分担率が低いところでは計画がない状況が続いていくのではないかと危惧される。今回の自転車活用推進計画によって、自転車関係の計画がない市区町村に計画をつくらせるという戦略の必要性が浮かび上がっていると考えられる。

8．自転車活用推進計画の3本柱は「観光」、「自転車走行空間の整備」、「シェアサイクル、レンタサイクル」

　また、「自転車施策の現状実施項目」も質問している。どんな施策をやっているかという現状について分担率の低中高で分けている。

　分担率が高いところで一番多いのは、「⑧自転車の交通安全教育・啓発」で7割くらい、「⑰自転車駐車場の整備」、「⑱自転車の撤去その他の放置対策」が64％、ついで57％が「①自転車走行空間の整備」となっている。どちらかというと、安全教育、駐輪対策、走行空間という順番になっている。

　分担率が低いところでは、全般的に自転車施策の実施が低調になっている。分担率が低いと利用も低いということで、安全教育、駐輪対策、走行空間の必要性が認識されないため、それらの施策があまりなされていないという状況になっている。

　今後、自転車活用推進計画として、どういう項目を取りあげたいかという点について「自転車活用推進計画の予定・検討項目」を尋ねた。目立ったところでは、「⑭自転車を活用した観光への取組み」、「①自転車走行空間の整備」、「⑳シェアサイクル、レンタサイクルに係る事業」であり、これらが3本柱に

なる。それ以外では、「⑪自転車と公共交通との連携の促進」、「⑨自転車活用
による健康の保持増進」も関心が高いようである。

　今回のアンケートの回収率は過半数を超えている。これは民間の調査ではな
かなかない数字である。それは、自転車利用・自転車施策というテーマに対す
る関心が高いということが言える。特に目立ったのは、利用の現状と期待する
利用目的には、相当の乖離がある点である。自転車利用の現状は日常利用が中
心であるが、今後は観光・健康という目的が注目されていくと考えられる。

自転車施策の現状実施項目

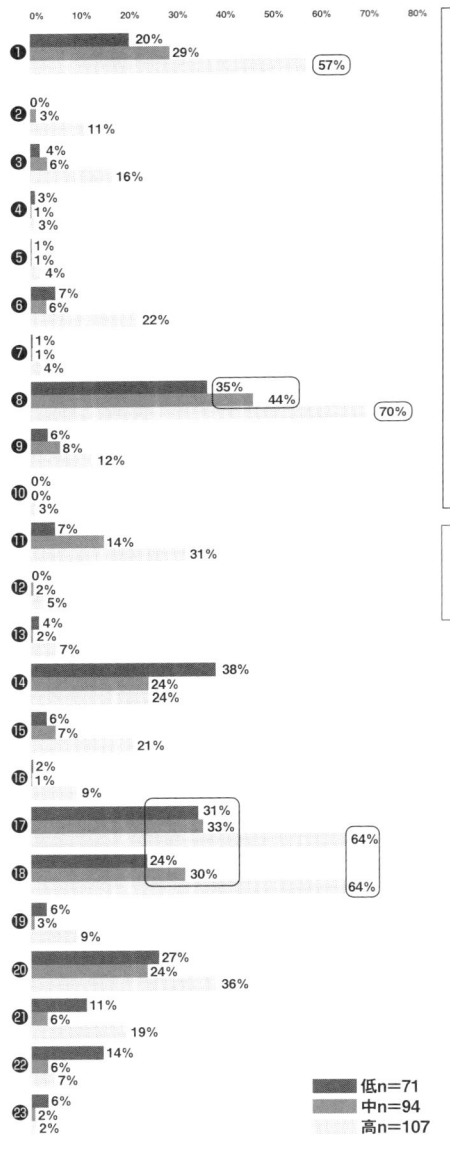

● 自転車走行空間の整備
❷ 自転車の路外駐車場の整備又は
　時間制限駐車区間(路上駐車区間)
❸ シェアサイクル事業の利便増進に資する施設の整備
❹ 自転車競技のための施設
❺ 高い安全性のある自転車の供給体制の整備
❻ 安全利用のための人材の育成・資質の向上
❼ 情報通信技術等の活用による自転車管理の適正化
❽ 自転車の交通安全教育・啓発
❾ 自転車活用による健康の保持増進
❿ 自転車活用による青少年の体力向上
⓫ 自転車と公共交通との連携の促進
⓬ 災害時の自転車有効活用の体制整備
⓭ 自転車を活用した国際交流
⓮ 自転車を活用した観光の取組み
⓯ 計画の目標値の設定
⓰ 自転車の位置づけ(自動車との優劣関係等)
⓱ 自転車駐車場の整備
⓲ 自転車の撤去その他の放置対策
⓳ 自転車の利用目的を特定した施策(通勤、通学、買物)
⓴ シェアサイクル、レンタサイクルに係る事業
㉑ 自転車の保険
㉒ 電動アシスト自転車の利用
㉓ その他(いくつでも)

○高いのは安全教育、駐輪場整備、放置対策等の伝統的な施策が中心。中や低になるほど割合は低い。

低n=71
中n=94
高n=107

自転車活用推進計画の予定・検討項目

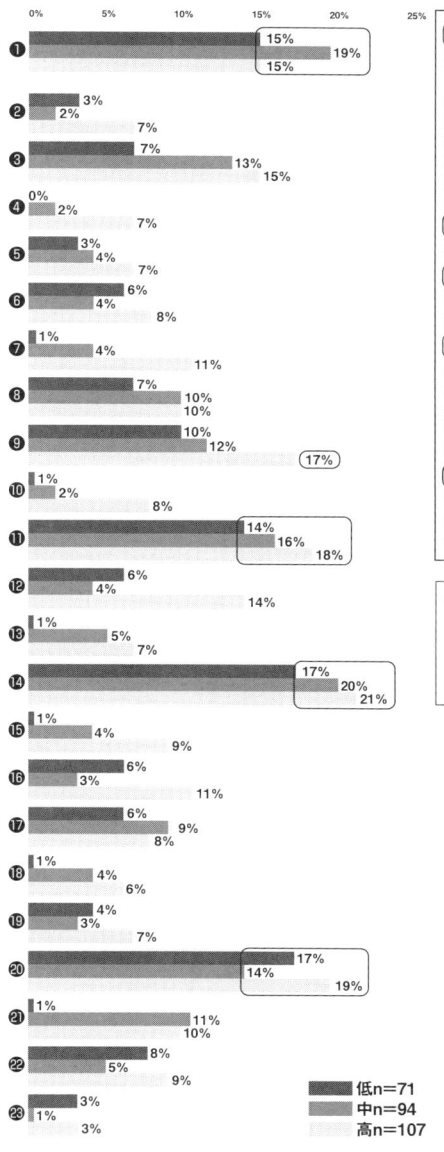

❶自転車走行空間の整備

❷自転車の路外駐車場の整備又は
　時間制限駐車区間（路上駐車区間）

❸シェアサイクル事業の利便増進に資する施設の整備

❹自転車競技のための施設

❺高い安全性のある自転車の供給体制の整備

❻安全利用のための人材の育成・資質の向上

❼情報通信技術等の活用による自転車管理の適正化

❽自転車の交通安全教育・啓発

❾自転車活用による健康の保持増進

❿自転車活用による青少年の体力向上

⓫自転車と公共交通との連携の促進

⓬災害時の自転車有効活用の体制整備

⓭自転車を活用した国際交流

⓮自転車を活用した観光の取組み

⓯計画の目標値の設定

⓰自転車の位置づけ（自動車との優劣関係等）

⓱自転車駐車場の整備

⓲自転車の撤去その他の放置対策

⓳自転車の利用目的を特定した施策（通勤、通学、買物）

⓴シェアサイクル、レンタサイクルに係る事業

㉑自転車の保険

㉒電動アシスト自転車の利用

㉓その他（いくつでも）

○全体的に、観光、走行空間、シェアサイクル、公共交通連携など自転車施策の新しい分野が比較的選択されている。
○高は、健康も重視している。

341

９．自転車施策は市区町村の責務～自転車活用推進計画の策定を機に計画的・長期的な施策を～

　以上をまとめると、自転車施策にとってネックとなる自転車の利活用を妨げる大きな要因としては、貧弱なインフラと自動車依存型の市民意識が挙げられる。この２つは、広報啓発やハードの整備という施策でなんとか対応できると思われる。分担率が低いところは、特に、距離及び勾配の要因に対する電動アシスト自転車の投入や意識の変革といった施策で対処できる可能性があると考えられる。また、半数近くが自転車施策を実施または検討がないが、今後の動向と対応が注目される。

　また、自転車活用推進計画の策定については、対応しているところはわずかで、未定・様子見が多いのが現状である。国がお尻を叩き、策定の推進にいろいろなメリットを与え、市町村を広報啓発をしながら対応すれば横並び意識の強い我が国では相当程度可能である。また、既存の自転車計画そのものを持っていない市区町村には、自転車活用推進計画の策定をきっかけとして、自転車施策の取り組みを開始してもらうなど自転車活用推進計画の策定を手段にして自転車施策に誘引するべきではないかと考える。

　現状での実施項目については、従来型の施策が多いが、今後は観光、走行空間、シェアサイクル・レンタサイクル、公共交通との連携といった新しい分野の施策に興味を示している市町村も多いのでこれらを中心にしてブレイクスルーしていくことが良いものと考えられる。

　なぜすべての市区町村で施策の必要があるのかという疑問もあるだろう。しかし、そもそもの自転車活用推進法の考え方は、地球温暖化、健康保持、災害対策など国全体すなわち、すべての市区町村にとって重要な喫緊の課題である。これらすべては自転車の活用推進で同時に対処可能で、かつ、横並びで対応する必要があるという点で、すべての市区町村が実際に行う責務を有することとなっていると理解する。今後は長期的に、分担率等区域の実情に応じ段階的に施策を進める必要性が強いと考える。

　今後、このような必要性と実態を踏まえて、全国のすべての市区町村について、前者の自転車の活用推進の施策の策定及び実施を推進し、これを定める自転車活用推進計画の策定を地道にすすめる戦略が極めて重要であり、これを再

認識することが必要である。

　なお、筆者としては、市町村の分担率に応じた次ページの表のような戦略を提案している。（2018年11月　第58回土木計画学研究発表会の発表内容による。）。

　すなわち、期間を当面短期的（５年間）、中期的（10年間）及び長期的（20年間）に行程を分け、それぞれの分担率の特徴に照らして、長い目で策定を進めるものである。表「自転車活用推進施策の普及戦略」で、分担率の低位の都市（５％以下）については、当面短期的には市町村とその住民のクルマ依存意識の転換を図ること、中期的には多くの市町村が興味のある観光レクレーションや健康・生活習慣病対策としての施策、電動アシスト自転車の投入等を図り、長期的には、日常利用に拡大し、総合的な施策・電動アシスト自転車の全面的な投入を図るように提案している。また、そのような自転車活用推進施策の推進を背景にしないと計画策定は進まないが、これらを推進しつつ、その策定の全国展開の戦略は表「自転車活用推進計画の策定方策」の通りである。低位の市町村は、当面短期的には、意識改革、自転車のメリットの普及等に専念し、計画策定は着手せず、中期的に阻害要因対策や観光レクレーションに係る計画策定を着手し、長期的には日常生活を対象とした計画に改定するものである。中位及び高位の都市についても、それぞれの「区域の実情」に応じた長期的な戦略を提案するものである。このような戦略を持たないと、全国展開は進展しない又は一部進展しても全面的かつ継続的な策定のうねりにはなりにくい。地球環境や健康増進などの課題は、長期的なものであり、これらに的確に対応するためにも、地道に戦略をもって一歩一歩自転車施策を展開する努力が必要である。

　なお、自転車の利用促進に係る計画は、多くの先進国や都市でも、相当の長期の計画期間をもって施策を進めており、このように自転車施策は長期的な視点から進められるべきである。また、低位の都市を特に重点に進めているのはドイツの国家自転車戦略においてであり、低位の都市用の施策マニュアルなどを策定しており、国としては、全体の自転車活用推進施策をバランスの取れた形で進めるためにも、今後低位の市町村に対する自転車活用施策や自転車活用推進計画の策定の推進に対する特別の配慮が不可欠である。

表　自転車活用推進施策の普及戦略

分担率	当面短期的（5年）	中期的（10年）	長期的（15―20年）
低位の都市 （5％以下）	自動車依存意識の転換のための地道な市町村とその住民の啓発	観光・レクレーションの推進中心 健康・生活習慣病対策・電アシ投入	日常利用に拡大し、総合的な施策・電アシの全体的投入
中位の都市 （5―15％以下）	自動車依存意識の転換の広報啓発、観光レクレーションを主軸に日常利用の促進を推進	日常利用と観光レクレーションを並行して拡大、健康・運動・生活習慣病対策を推進	健康・運動・生活習慣病対策を含め日常利用と観光レクレーション全体の総合施策
高位の都市 （15％超）	日常利用と観光レクレーション利用を並行して拡大、健康・運動・生活習慣病対策を開始	日常利用と観光レクレーションに加えて健康・生活習慣病対策を推進、好事例を輩出	全体をさらに拡大、自転車都市としての模範・好事例を発出する役割を持たせた施策

表　自転車活用推進計画の策定の全国展開の戦略

分担率別	当面短期的（5年）	中期的（10年）	長期的（15―20年）
低位の都市 （5％以下）	クルマ依存強いため無理せず、意識改革、利活用社会実験、自転車メリット等の普及啓発に専念　未着手	移動距離、坂道・勾配対策と自動車依存などの阻害対策と観光レクレーションの計画策定に着手	観光レクレーションから日常利用への拡大を内容とする計画に改定
中位の都市 （5―15％以下）	策定の必要がないとする地方公共団体の解消、阻害要因の解消、観光レクレーション等中心計画策定に着手	阻害要因対策と日常利用と観光レクレーションと健康・運動・生活習慣病対策拡大した計画に改定	健康・運動・生活習慣病対策を含め日常利用と観光レクレーション全体を拡大した総合計画に改定
高位の都市 （15％超）	インフラ整備の対策を重点に、運用指針等や人材・専門家等の支援での計画策定	日常利用と観光レクレーションに加え健康・生活習慣病等総合的な計画に改定	さらに自転車の利活用の一層の充実拡大を目指した内容の総合的模範計画に改定

出典　両表とも、古倉ら「自転車分担率に応じた自転車活用推進計画の策定推進方策」（第58回土木計画学研究発表会・講演集 CD-ROM No46 2018）による。

第3章　自転車活用推進計画その他の自転車計画の総論の項目や内容〜レベルの高くオリジナリティのあるものを策定する

1．我が国の自転車活用推進計画等の策定のあり方

　第1部から第3部までのような内外の国の自転車計画の内容の分析及び第4部のこれまでの検討等から、自転車活用推進計画の策定に関しては、次のような視点が適当である。基本的な方向及びコンセプトは、前に述べたものと内容的に重複するものがあるが、ここでは、まとめとして再度述べる。

　第一に、世界の自転車の先進国では、自転車政策が成熟化しており、さらに、新たな課題が山積し、これを乗り超えて進化しつつある。このような様々な政策、事業等を通じて形成されてきた経験は大いに教訓にすべきであり、単なる海外との事情や背景が異なるなどとして排斥するのは当を得ない。本書では、第1部及び第2部で、これらの貴重な経験や先進的、先行的な事例をもとに、これらから得られた我が国でも採用又は参考にすることが可能な教訓を縷々提示してきた。もちろん、我が国で採用する可能性の多寡はあるものの、これらの差異については、基本的には、様々な努力で一定は克服しながら適用できるものと考えられる。この場合において、適用できるもののみを探すのは消極的である。まったく適用できないものを除外し、残りを適用できると考えて、検討対象とする方が可能性が広がる。まず、市町村で採用されている同じような政策をみて、採用できる可能性のあるものを対象として、可能な限り検討して、結果的に採用できないものを捨象することにより、可能性のある自転車政策が広がり、前向きに推進することができる。

　第二に、各国や各都市の自転車計画には、その内容やレベルに差異があることはやむを得ないが、これらについては、我が国の自転車計画と比べて量的なレベルと質的なレベルの差があり、さらに様々な進化を遂げ続けており、これに追いつかないと、一層差が拡大すると考えられる。走行空間について、初期の米国では、車道での相対的な事故の少なさから、車道で走行空間を共用することを基本として、量的な延長という量的側面を追求したネットワークの形成

を重視してきた。しかし、車社会の米国では、自転車の走行に対するきめ細かな配慮や現実の技術的な運転能力が不足し、自転車利用者は車道で事故が発生したり、恐怖感をもつことにより、安心な走行を享受できず、結果的には自転車の分担率を増加させることが国レベルでは困難であった。自動車ドライバーの中でも自転車の良さを感じて、利用したいという人は一定の割合存在し、これらの人たちに対して、「安全」な空間ではなく、ストレスのたまらない恐怖感の少ない「安心」な空間が必要であるということに進化している（米国ポートランド市自転車計画）。これにより、ネットワーク中の自転車専用レーンなどの専用空間の比率が高くなったが、これだけでも、安心感はなかなか醸成できていない。このため専用レーンの自転車に対して、間隔を開けずに、すれすれに高速で走行する車に恐怖心が生ずることなどがある。そこでバッファーゾーン（幅４−50センチ程度の緩衝帯）を設けるなど離隔距離的分離の自転車道の強化により、安心感を醸成して、自転車利用者の数を増やすような質的向上を図っている。また、欧州では、その自転車政策の進化の状況に応じて、自転車レーンの車線幅（１台幅から２台幅さらに３台幅へ）の質的な向上が見られるなど、進化の過程をたどっている。このような自転車施策のレベルの向上を学び、追いつく必要がある。

　　<u>第三に</u>、差異化が必要である。他の都市と同じような横並びの内容やレベルの自転車政策では、自転車利用者を引き付け、拡大できない。また、横並びでは、自転車の町としての特徴や推進の動機が明確ではない。自転車をまちづくりの中で、又は、市の政策の中でどのように位置づけるか、自転車を活用して、どのようなまちづくり政策を推進していくのか、などについて特色のあるオリジナリティーあふれる政策や計画にする必要がある。このような観点からは、たえず、先進都市をそのまま引用するのではなく、その中にあらわれている思想をくみ取り、学習して、これを自らの地域で活用することが重要である。単なるないものねだりではなく、自然的・社会的環境の彼我の差異を明確に認識して、これを活用できる方策を自ら考えるところに、面白い、ストーリー性のある自転車政策が生まれる。この視点で、先進都市の自転車政策を改めて観察し、その思想や考え方を含めてこれらを有効活用する必要がある。

2．総論のテーマ～コンセプトと具体的な目標の設定が不可欠

⑴ 自転車政策の総論での基本理念　より質の高い自転車都市の構築による質の高い都市の実現

　自転車はあくまで生活質の高い都市の実現のための手段であり、自転車利用を高めること自体が目的ではない。この都市の快適ライフのために自転車を活用するのが究極の目的である。都市生活の質（Quality of Life）の実現のためには、豊かな生活が保障されなければならない。この一環として時間が最も短縮され、かつ、手軽に利用できる都市の満足度の高い移動手段の活用が最適である。自転車はこのような移動を保障し、自由に外出できると同時に、移動しながら健康で環境にやさしい社会に貢献できる唯一の移動手段である。このような自転車政策のベーシックな基本理念が、自転車政策全体のコンセプトをわかりやすく、かつ明確にする働きがある。

　この線に従って検討すると、例えば、次のような項目について自転車像を構築する必要がある。

① 　自転車像及び自転車都市像　明確な独自のテーマの設定

国レベル	地方レベル
健康政策からの自転車像	健幸都市での自転車像
環境政策からの自転車像	エコな生活での自転車像
観光政策から自転車像	観光による振興での自転車像
災害対策からの自転車像	津波、災害等での自転車像

　世界最高水準の自転車共存都市（京都市）、世界最高水準の自転車利用者に優しい都市（コペンハーゲンなど）などの都市像により、一般市民に自転車利用をしてもらうコンセプトを重視する。このためには、もっぱら市民を、自転車利用へ誘引するための自転車像を上のような自転車像から選択し、又は自ら考えて作る。

② 　自転車の立ち位置の明示（自転車の発展段階）

　自らの自転車の立ち位置を次の i ～ iii などの指標（ドイツ国家自転車計画参照）により明確にする。我が国もこのような指標を参考にして、現在におけるその都市の自転車環境の評価指標のあり方の検討を全国レベルで行い、統一指

標のもとで都市の自転車度の評価を行う。

ⅰ　自転車利用の現状（スターター、クライマー、チャンピオン※）

ⅱ　自転車予算の状況（1人当たり）

ⅲ　自転車環境のレベル（プアー、モデレート、グッド）

※　ドイツ国家自転車計画で、スターターは分担率10%以下、クライマーは10%超〜25%以下、チャンピオンは25%超とされている。この自転車度により自転車都市を評価する

③　その都市に応じた自転車利用の具体的メリットを明示する

　その都市の住民が重視するメリットをその順番に並べるとともに、これらの健康、環境、経済、快適、迅速など各項目ごとに具体的な数値を示すことが極めて重要である。一番重要な点は、地域の住民の自転車に対する理解や考えに沿ったような形で自転車利用に大きなメリットがあること、また、自転車は簡単かつ快適かつ迅速な移動手段であることを理解してもらうことである。その際には、その都市に応じたメリットを、アンケート調査等で得たデータに基づき住民が重視する価値観の順番に傾斜的（重視する割合が高いものは、広報誌の紙面や説明会の時間の配分を多くするなど）に提示することである。単なるメリットの一般論を述べるだけではすでに通用しなくなっている。

④　自転車利活用のストーリーを明確にして、理解を深める

　自転車を何のために活用するのかという明確な目的意識が存在せずに、単に自転車は環境にやさしいから、健康によいから、他の都市でも推進しているから、又は、法律で責務があるからなどで導入するという動機は適切ではない。自転車はあくまで移動の「手段」であって、目的ではない。したがって、導入することが目的ではない。自転車を何の目的に使うことを推進するのかという基本がないままに、いきなり環境にやさしい、健康に良いなどとメリットを唱えて自転車政策を導入しようとするスタンスになってしまう。例えば、通勤や来街者の観光・回遊などに使う、近距離の自動車の移動に代替するために活用するというような明確な目的がないために、施策を講ずる対象や内容、ストーリーが不明確となっているのである。そして、ストーリーがないまま、シェアサイクル導入や観光施策など目立つ施策を相互のつながりや体系は関係なしに導入しようとするのである。例えば、シェアサイクルでその施策を導入しても本当にその需要があるためには、自転車という手段の活用目的から導かれる施策の対象、内容、自転車を利用するシーンができていることが必要である。そ

して、これに応じたハードはもちろん、広報、情報の提供、インセンティブの付与などのソフト施策も併せて体系的に用意してはじめて、効果的な活用策となりうるのである。もちろん、何のために自転車施策を導入するかを聞かれれば、一応はもっともらしい答えが用意されているケースもあるが、あいまいな自転車の活用目的を付け足しのように説明するケースが多い。

3．自転車の利活用の目的

　以上のように自転車施策を考えるに当たっては、何のために自転車を利活用するのかを明確に考えておくことが大切である。単に自転車利用促進がよいことである程度の意識で策定されると、上っ面だけの利活用等となり長続きしない。明確な問題意識とこれに基づく目的が明確になる必要がある。例えば健康という項目にしぼっても、運動しないと生活習慣病にかかること、また、運動していると生活習慣病の危険を大きく減少させること、自転車が住民の有効な運動として生活習慣病の予防に寄与できるものであること、住民の健康の向上が自転車によりしっかりと実現できるものであることなど、また、自動車の利用が結果的には超高齢社会の中で移動手段を自ら確保できない大量の人々を生み出してしまうことなど、自転車が地域の生活習慣病の予防にお役に立てるという目的に対する信念が極めて重要である。また、これを地域と行政が共有することが大切である。

4．自転車利用の目標値

　自転車利用の目標値には、分担率の目標値、さらに、利用人数の目標値、特定の通りの通行量の目標値などがある。特に、人数の目標値は、一定の企業の通勤者数から割り出すことも可能であり、自転車通勤支援のための様々な方策と相まって、その実現効果が高いと考えられる。

⑴　目標値の設定の仕方

　自転車の先進国や先進都市は自転車通勤・通学に焦点を当てている。これは、自転車利用を毎日継続して行うのは通勤通学者のみであること、買い物は日々のものでは必ずしもないこと、また、観光等は日常生活において継続性がないこと等によると考えられる。また、国勢調査で10年ごとに自転車通勤通学の実態を全数調査により把握しているので、これによることができる。また、

利用目的が明確であるので、必要に応じて自ら通勤通学にしぼった実態調査等が容易にできる。全体の分担率を目標値を設定することのみにこだわる必要はない。

　コペンハーゲンなどでは、通勤の分担率と同時に人数目標を設定して、通勤者何人の自転車通勤を増加させるとしている。

⑵　満足度の調査は頻繁、かつ、施策に反映するような項目にする

　都市の自転車利用の満足度については、代表的なものがコペンハーゲンのバイシクルアカウントであり、これは 2 年ごとに調査を行い、満足度の動向をチェックするとともに問題箇所を解決して満足度を一層高めることに重点がある。この場合、満足度が向上した度合いが高い分野に係る施策の効果は高いことを意味する一方で、満足度が低下したものがあったとすると、その原因を調査追究し、その原因の除去のため、その分野に重点的に投資を行うものである。オルデンブルクでは、ドイツ自転車協会が行う満足度を中心とした28項目の調査、評価、分析の方法などを活用して、 2 年ごとにウェブアンケートで実施している。その結果をレーダーチャートに作成し、点数の低い、すなわち弱い部分や変化状況をみて施策の内容や重点を決める。その28項目は、次の図のとおりである。これらの各項目を web による市民アンケート調査を行いその満足度を 5 段階のレーダーチャートで示すことにより、満足度の現状や変化も

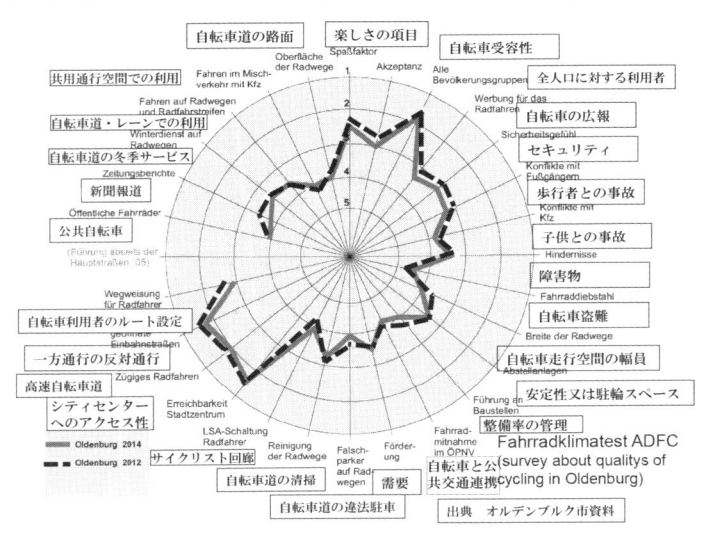

解析できる。図は2012年と2014年のものである。これにより、2014年時点で2012年と比較して、より評価が高くなっている項目や低下している項目を知るのである。このため一定の期間内に市民にwebによる投票を呼び掛けて、調査を進めることとしている。なお、これはドイツ自転車連盟の手法の活用とその協力により行われている。

表 満足度評価の28の対象（ドイツ自転車連盟）

全体の評価	自転車利用の楽しさ	自転車の社会の受容性	全人口に対する利用者
セキュリティ	歩行者との事故	子供との事故	自転車の広報
自転車の盗難	自転車走行空間の幅員	駐輪空間のスペース	障害物
公共交通との連携	自転車の需要	自転車道での違法駐車	ハード施設の管理状況
サイクリスト回廊	自転車道の路面	スーパーハイウェイ	自転車道の清掃
自転車用のルート設定	公共自転車	新聞報道	一方通行の反対通行
自転車走行空間での利用	共用通行空間での利用	シティセンターへのアクセス性	自転車道の冬季サービス

コペンハーゲンの評価項目は、次の表のとおりである。この場合は、満足度が％で表示される。

表 バイシクルアカウントの8つの項目（各項目の満足度）

自転車車線の量	自転車への優しさ	駐輪空間	自転車車線の管理状況
道路の管理状況	自転車車線の幅員	公共交通との連携	トータル

これらのような自転車環境等に係る満足度調査は、我が国では市民アンケート調査などにおいて行われている。これらは、年度が離れていることで細かい変化はわからないこと、項目が少ないので、限られた分野についての満足度となっていること、必ずしも定期的に行われないこと等の課題がある。このようなしっかりした多方面から具体的な項目の満足度は施策への反映が直接的にできるメリットがあり、我が国でも自転車施策に本格的に取り組むなら、このような定期的かつ頻繁な調査システムを採用してきめ細かで、かつ、柔軟な対応ができる方策を講ずるべきである。また、横並び比較できるよう国も満足度の調査についてのガイドラインなども示すべきである。

(3)　手段の目標値と計画の目標値

①　アウトプット目標値とアウトカム目標値

　分担率の目標値等の実現のために、自転車ネットワークの延長距離の目標値、駐輪場の整備台数の目標値、啓発教育の講習会受講者の数など施策の投入量を目標に設定することが行われている。しかし、これはあくまで施策という手段の事業量や実施量である。すなわち、いわゆるアウトプット指標による目標値である。施策の投入量であるから、具体的な数値は出しやすい。しかし、本来は、このような施策を投入した結果として、どのような成果が得られたかが重要である。成果の指標（アウトカム）としては、これらの結果、自転車の分担率がどのように変化したか、自転車事故の数が減少したかが示される必要があり、これが自転車計画の要であり、目的となるのである。このように目的に係る目標値と手段に係る目標値の設定を混同せず、また、確実にこれらを相互にリンクさせることが必要である。手段の目標値は、計画の目標値ではないので、混同しない（ネットワークの延長○ km というのは手段の目標値）よう分けて設定することが大切である。交通事故削減の目標値の達成のために有効な施策の投入量が例えば、講習会の受講者数になり、結果としてアウトカム指標としての交通事故の削減という目標値となるのである。

　このように目的に係る目標値と手段に係る目標値は別のものであり、後者は計画の最終の目標値にはならない。自転車計画で実現する目的を具体的に表わしたものがその目標値となる。特に走行空間の整備延長の目標値をトップの前面に出している計画も見かけるが、これは何かを実現するための手段であることを銘記すべきである。

②　目標の設定方法

　この場合、本書でもお勧めしている目的別の施策とそのための目的別の分担率の目標の設定などを積極的に設定をするべきである。欧米の自転車先進都市では、自転車の利用目的別の分担率（通勤）の目標設定が多く行われており、むしろ、目的別の設定の方が分かりやすく、これがひとつの常識となっている。これが自転車利用促進策のわかりやすい重要な柱となる。

　例えば、通勤目的の分担率の目標を、通勤人口に対して、自転車通勤の可能性のある割合を推測し、これに対して、（例えば）その 5 割を設定して、これを全体の通勤人口に対する割合として設定する。その地域の自転車による通勤

距離の実態が分かれば、全体の通勤者の中での自転車通勤可能な人数が分かる。個々の企業にたいして、この割合の目標、すなわち、例えば、5km以内の通勤者の人数に対して、その半分又はそれ以上の人数を割り当て、これを目標人数として企業の自転車通勤割合を設定する。全体もこれらの集積して同じように設定する方法がある。

5．目標年〜長期計画か短期計画か

　自転車活用推進計画を策定する場合、長期計画が適当である。先進国では、自転車計画はこの期間は、通常10年以上であり、多くは20年程度である。長期的な目標では、自転車政策を継続的かつ連続性を持たせた形で設定できる。長期的な視点に立った施策の継続的実施や短期ではできない有効施策（例えばネットワークの形成など）の着実な実施の視点から、10から20年間の長期計画が望ましい。短期計画は、確かに現実にあった計画とすることができるし、期間が短いので、短期集中型で一気に実施できるが、自転車施策のような長期的な息の長い施策には不向きである。自転車施策は、健康や環境、超高齢社会、観光等の重要な課題に活用できる重要な施策であるが、これらの課題はいずれも短期的なものではなく、相当の長期にわたる厳しい対応を迫られている。これに効果のあるようにするためには、自転車計画も長期の期間の設定が必要不可欠である。ただし、長期計画は、ややもすると、途中の過程で個々の施策の実施期間や順序が明確ではなく、実効性の担保に欠ける面がある。このため、目標年次までの具体的な施策のプログラムが必要であること、途中での見直しの日程をプログラムに組み込んでおくこと、見直しはその前提として、施策項目の評価を市民から求めることをシステム化しておくこと等で容易に対応が可能となる。

　なお、長期計画の場合にも、前期、中期及び後期などの細分化、各期の役割の設定、この場合のそれぞれの期の達成目標、施策の内容などの区分の明確化、各期の改定の方法なども、全体の計画の中で定めておくことが必要である。

6．都道府県の自転車活用推進計画の策定と市町村の自転車活用推進計画

　都道府県の自転車活用推進計画の策定に当たっては、市町村に方向性と連携を示すことはもちろん、市町村の参加による計画策定を策定すること、広域ネットワークを形成することなど県内の走行空間の整備方針、広域観光の推進など都道府県でないとできない調整事項を示すことなども必要である。

　また、市町村の計画は、国や都道府県の自転車活用推進計画を勘案して策定するとなっており、ドイツの国家自転車計画のように、国、州及び自治体の具体の施策ごとの役割分担の明示がなされているので、これを参考にして、都道府県の計画の中で市町村の自転車活用推進計画の策定や自転車活用のための施策や役割分担を示すことは、当然あってもよい。むしろこの方が、都道府県と市町村の自転車活用推進計画の内容の調整や分担関係が明らかになり、計画の相互の調整や目指す方向の共有やすり合わせが可能となる。

7．実現のための方策（単なる PDCA サイクルは古い）

　実現の担保のための方策は、形どおりの PDCA サイクルではなく、しっかりとしたデータや手法の明示が必要である。コペンハーゲンのバイシクルアカウント、コペンハーゲンの要修理箇所ウェブサイト、全ドイツ自転車協会の自転車環境満足度調査（オルデンブルクなど）については先述した。また、ドイツの国家自転車計画等では、施策の着手に至る段階から、途中の連携や総合性の確保のための方策を定め、さらに、その結果の満足度や市民の具体の箇所のモニター制度なども用意されていて、行政側の計画の実施ももちろんのこと、市民側から見た計画の実施状況や要求事項が把握できるようなシステムが設けられ、実効性の確保をより確実なものとしている。

　これらは、PDCA サイクルに比べて、もっと実質的にかつ具体的に施策の効果や市民の満足度を通じた評価が明確に数値になって出てくる仕組みである。自転車利用者は日常の目で自転車環境の状況や問題箇所などを気軽に指摘でき、その指摘回数が多い順に対策を講ずることなどが有益である。もちろん、行政の事業実施の計画性も確保されないといけないが、少なくとも、行政が市民の要望が少ないものを先に進めることは避けることができる。また、市

民満足度の向上が大きな目標となっている場合は、これを大いに高めることができるようになる。

　関係者のラウンドテーブルによる役割分担と報告による実効性担保も必要である。さらに一人当たりの自転車予算の目標と実際の確保状況の比較の提示、組織体制（役割分担を課す）、施策の実施状況を事業ごとに明示（毎年度又は隔年）、自転車施策の実施状況とこれによる分担率、事故率等の改善状況などの施策評価（施策評価項目の設定）の方法がある。

　例えばドイツでは都市部と地方部にわけて、かつ初期、推進期、完成期の3段階でのマトリックス表により一人当たりの予算額のガイドラインを設定している。これと比較しての多寡を評価する方法もある。

8．構成のあり方の基本

⑴ 「走る」「止める」「守る」などの即物的施策体系は避ける

　いろいろな地方公共団体の自転車計画等を見ていると、多くが「走る」（走行空間）、「止める」（駐輪空間）、「守る」（ルール安全教育）、「進める」（自転車利用の利用促進）などのきわめて基本的ではあるが、即物的な項目による構成が設定されていることが多い。わかりやすさを追求しているものと思われるが、この即物的な施策の柱の設定には、簡単にいうと大きく三つの問題点がある。<u>第一に</u>、目に見えるわかりやすい各論が先行するあまり、この各施策を体系的に結びつける自転車に対する基本的考え方、政策の基本的な位置づけがあいまいのまま進められることになる点である。もちろん、「総論らしきもの」が存在することが多いが、現状の分析が中心で、自転車のクルマに対する位置づけや自転車施策の優先性などは避けて、また、総論との関係もあいまいかつ簡単に済まされる。<u>第二に</u>、総論がなくとも、各々が、例えばネットワーク計画を先行すれば、目に見える形で市民の自転車に対する考え方が変わってくるといういわばなし崩し的なバラバラな施策展開となる。また、いかに個々の施策内容は現実的であり、かつ、独創的であるかもしれないが、各施策が縦割りの部局ごとの分け方が多く、結果として施策がそれぞれ独立しており、相互に有機的な関連性が極めて薄い。例えば、インフラ整備におけるクルマとの関連性、自転車利用促進と公共交通との関連性、走行空間と駐輪空間の関連性、インフラと広報啓発の関連性などもあいまいである。この結果「はしる」「とめ

る」などの担当部局に分けた縦割りの施策になりがちである。**第三に**、即物的であるがゆえに、走行空間の整備は交通量が多いとか交通事故が多い路線などを重点にするなどやはり現状対策が中心になり、まち全体としてどのような目的（通勤、通学、買物、回遊等）の利用を伸ばすのかなど自転車の目指す利用目的別の施策があいまいのまま課題対応型の施策になりがちである。このために例えば、一番よく重点に取り上げられる自転車走行空間ネットワークが形成されればそれだけで自転車施策は進展したなどという安易な考え方になる。

　多くの都市では、その計画に採用している「はしる」、「とめる」、「まもる」、「すすめる」などの自転車施策についてその利用目的をあまり考えない施策形態のみを対象にしている。しかし、いったい何を目指しているのかが市民にもわかりずらく、その達成しようとしている目的が単なる自転車利用の促進などの漠然としたものであるなど、しっかりとした目標が何かが明確ではないものも多い。単なる環境や健康のための自転車利用の促進や推進ではあまりにも抽象的でわかりにくいし、市民の納得性や浸透性も低い。その市町村が自転車を活用することで目指している目的や内容のストーリーが分かりにくく、結果として体系性がない内容になってしまう可能性がある。可能であれば、この施策形態別の項目を目的別に再編して、マトリックス表にして整理すれば、分かりやすくなる（第3部第4章の2．さいたま市の例参照）。

(2)　国の計画と同じ構成は避ける

　また、国の自転車活用推進計画の項目に沿って、その構成を受けて作成することは避けるべきである。項目や内容は勘案するにしても、これをなぞるとそれぞれの計画の項目は同じような構成になり、場合よっては、内容も独自性やストーリーがなく、脈絡もないものになる。区域の実情に応じた計画は、まさにこの場合に効いてくるのである。地域の独自の目標や指針があり、これに基づいて、国等の内容を勘案して、作成することが適当である。

9．電動アシスト自転車～ドイツよりももっと必要な電動アシスト自転車施策

　自転車政策において基礎的な位置づけを電動アシスト自転車に与えて、推進することについて、ドイツ国家自転車計画での特徴を先述した。これは、自転車政策全体に通じて重要な点であり、単なる各論の話ではない。我が国では、

国内生産の主流は、すでに電動アシスト自転車になっている。しかし、その価格は従来の普通自転車に比較すると、高価であること、さらに、重量が重い（普通自転車で重いもので18kg前後のところ、電動アシスト自転車では車体がアルミ製になっていても、駆動装置やバッテリーを入れて、一部を除き、25kg前後になる）など、本格的に一般の家庭や高齢者に普及促進を図り、自転車の利用範囲を拡大するには、課題があるとも考えられる。これは、我が国のみならず、ドイツでも同じ事情にある。ここでドイツで推進されている理由は、今後の自転車の政策において、その重要性や必要性に対する認識が明確であり、政策の根幹に直接関係しているためである。ドイツの国の前計画である2002年国家自転車計画では、自転車政策の推進があまり大きな成果を得られていない事情もある。すなわち、計画での目標と思われる20％後半の分担率は、全体で10％そこそこの達成であり、低迷している。このために、自転車の利用の距離的・地形的制約に対するポテンシャルや対象地域の全国的なまた、高齢者層への拡大など大幅な自転車利用人口の拡大を図ることにより、自転車利用を増加させ、これによりブレークスルーを図ることにしている。自転車利用促進の障害となる事項としての距離の長い移動や足腰の弱い人の移動などの多くが、地方部や勾配のある地域での電動アシスト自転車の活用により、相当程度解消できるポテンシャルを持っていることなどの事情があるものと考えられる。このために、普通自転車に比較した、その特性をしっかりと学習すれば安全性をより高くすることができる点や到達できる距離や地域の範囲を拡大する利用促進の広報啓発、充電施設やバッテリーの統一化、電動アシスト自転車に適したインフラ投資の推進等の特別の対策を国を挙げて遂行しようとしているのである。我が国でも次のような点が参考になる。

　<u>第一に</u>、自転車利用を推進する行政側が、使いたい人は電動アシスト自転車をどうぞお使いください、使わないという人は普通自転車でも結構ですなどというようなニュートラルなスタンスではなく、電動アシスト自転車を普通自転車よりもより推進するという明確なスタンスを、できれば国レベルや都道府県レベルで掲げること、これをもとに、電動アシスト自転車の優遇、自転車の移動可能距離や分担率、バッテリーの統一化等の目標などを考える。行政が電動アシスト自転車を主軸に展開するなどの方針を出すことが必要である。電動アシスト自転車は、健康、環境、観光、財政、津波時の避難などの側面でより幅

広い自転車の活用が有効であり、また、必要であると理解すること、また、これに基づき、そのスタンスをより明確にすることが求められる。

　第二に、その予算の調達である。先に述べたオランダの例のように、電動アシスト自転車を購入した場合のキャッシュバック制度や補助制度、貸付制度（我が国でも多くの地方公共団体で行われている）を拡大することで、個人の購入の際の負担を減らし、利用促進につなげていることが重要である。また、大量に生産されることによる価格の低減も期待できるのではないかと思われる。この場合、自転車利用が日常生活で盛んになることがひいては、医療費や介護に必要となる財政負担に苦労している行政にとって、長期的に結果として大きなリターンが得られるという認識を市民や行政に共有して持ってもらうことが必要である。仮に、電動アシスト自転車にリターンがなく、または、投資と回収が同じぐらいであることや多少の持ち出しであっても、一人当たりの医療費の回収のみならず、健幸増進で市民の利益につながるという理解をすべきである。本当に市民の健康や環境のことを考えている行政であればこその長期的な視点を持つことが必要である。**第三に**、利用者にとっての電動アシスト自転車は、静岡県袋井市と筆者らの高齢者に対する電動アシスト自転車の利用者に対するアンケート調査で、外出回数が増えた人が53%と半数以上に達し、週1～3回以上外出が9割弱であるという成果が得られている。ただし、改善すべき点としては、回答者の7割が「価格」であり、次いで、4割が「重量」であった（以下、盗難対策と充電のしやすさが各約3割である）。実際に利用したこれらの高齢者は、電動アシスト自転車の利点や実際の効果を実感していることは明らかである。しかし、超高齢社会の中で、年金世代の高齢者が、いざ自分で調達するとなると、価格面が大きな障害であること、さらに、技術面で、重量の軽減が大きな課題である（「電動アシスト自転車の利用についてのアンケート調査」袋井市。回答数95）。前者は、電動アシスト自転車の補助金、貸付制度などの普及促進策とこれによる生産コスト低減が必要であり、後者はメーカーの改善の努力と駐輪施設の電動アシスト自転車への対応等で相当程度カバーできるものである。一番重要な点は、これを国是として推進することにより、電動アシスト自転車が一般化すること、これにより、数が多いために対応せざるを得なくなる電動アシスト自転車対応の駐輪施設等のインフラの改善と価格低廉化などが促進されるとともに、従来の普通自転車を前提とした比較

的限定された範囲の自転車政策から上述のような自転車利用のポテンシャルの拡大による自転車利用の飛躍的な推進も期待されることである。

10.　公共交通と歩行者・自転車の関係

(1)　自転車の位置づけの序列

自転車は少なくとも、地球環境や健康の観点からは、公共交通よりもメリットがあることは明らかである。ポートランドでは、環境にやさしい意味のグリーンな交通手段を最優先にしている。このことは、他の世界の環境先進都市でも珍しいことではない。しかし、図のように具

グリーンな観点からの交通手段の序列の位置づけ（前出）

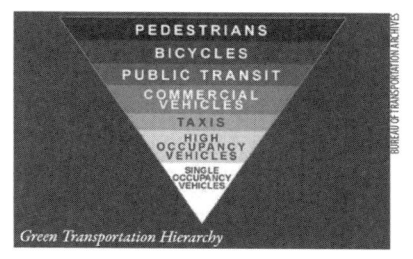

体的に交通手段ごとの明確な順位付けをしている都市は、それほど多くはない。交通政策上、このような交通主体の序列を付けて、グリーンな観点から交通手段の順位を図に表現しているのである。これによると、歩行者が第1であり、次に自転車、そして、公共交通が来ている。しかし、公共交通には、自転車を持ち込んでつるすフックが設けられており、また、ホーム周辺至近距離には駐輪空間が用意されている。公共交通側から積極的に、自転車を誘致して、共存共栄を図る意図が明確である。また、デンマークの国の自転車戦略では、序文で交通大臣自ら国民が近距離の移動でも自動車に依存することが自然な姿になっており、自転車の利用をかつてなかったくらい重点的に進めると宣言し、これを受けて、本文でも、バスや列車と比べて自転車が有利であるとして、公共交通よりも優位である点を明示している。我が国では、自転車と公共交通の関係については、その順位を明示はしていない（本来は交通政策基本計画などで行うべきであった）。しかし、まず公共交通を優先して、公共交通に支障がない範囲で、その次に自転車を位置付けるというスタンスは我が国で一般的である。交通の専門家でも、公共交通が悪影響を受けるなら自転車は推進すべきでないという考えを持つ人も多い。しかし、前ページで取り上げた静岡県袋井市の電動アシスト自転車の利用についてのアンケート調査では、電動アシスト自転車の利用により減らしたい交通手段は、自動車42.1%、普通自転車25.3%であるのに対して、バス・電車は7.1%であり、これに対する影響は軽

微であることが示されている。あくまで、公共交通に影響のない範囲でしか、自転車利用を促進できないとすれば、自転車政策はこのポートランドと異なり、極めて中途半端なものになり、利用促進するほどの価値や効果はないということになる。しかし、このポートランドでは、また、他のアメリカの都市やEUなどでも自転車を優先する考え方があるとともに、少なくとも公共交通を自転車の上に置くのではなく、同列に置いて、その相互の連携を重視するところが多い。自転車が優位である理由は簡単である。自転車のほうが、一定の移動距離の範囲では、他の交通手段と比べて健康や環境の面で現実的なメリットが大きいからである。これは、議論するまでもなく、利用者個人にとってはもちろん、市町村や国、地球といった主体または地域でも、総合的には比較して大きなメリットを有する。移動手段として考えた場合、環境、経済、財政等の面では、自転車で移動可能な距離の範囲では、公共交通よりも直接的なメリットが大きいからである。

(2)　公共交通との連携がより重要

ただし、公共交通の衰退は地域の足を奪うことになり、また、高齢化社会等を迎えて必要性が高いことは言うまでもない。現実的には、このようなメリットや地域に果たす役割等をしっかりと受け止めて、自転車と公共交通を対決するような考え方や構図を持たずに、積極的にそれぞれの持つ特性を合わせて、自動車に対抗できるシステムの構築を工夫したり増進したりすることに精力を費やしたほうがより現実的である。これはいわゆる公共交通との連携の方策というような単純な言葉で言えるようなものではなく、もっとお互いがもつメリットの相乗効果を狙うこと、公共交通側から自転車を駅までのアクセスとして積極的に活用するようなアプローチを行い、これによりクルマからの転換を推進する方策について様々な工夫をすることが必要である。特に地方部においては、現状のままでは、共倒れになりかねない。また、都市部においても、自転車をもっと活用するという発想を持たないと、今後目に見えている通勤通学人口の大幅な減少による利用客の衰退に対する方策とはならない。この連携の具体的な方策で重要な点は、公共交通側がもっと駅前・バス停前、または駅ナカでの利便性の高い自転車駐輪を積極的に推進すること、さらに欧米では常識になっている折りたたみなし、梱包なしでの車内持ち込みに積極的になることである。他の客とのトラブル等の関係が心配なら、欧米のように車いす、ベ

ビーカーを含めた用途のための特定の車両に限定した持ち込みや車両の特定の
スペースに限定した駐輪を認めることなどである。

　これには、二つの方式がある。一つは、車輪を車
内のフックに吊り下げるもの、もう一つは、専用車
輌を中心として座席が折りたたみ式になっており、
乗客が座っていない場所は跳ね上がっており、そこ
に自転車を立てかけて乗せるものである。アメリカ
ポートランドの LRT では前者であり、ヨーロッパ
の一般的な列車は後者である。後者の方が、乗せや

出典　神奈川中央交通 HP

すいし、力もいらない。また、後者の方が利便性が高いようであり、これが今
後は主流になるであろう。また、列車までのアプローチは、エレベータ又はエ
スカレータに乗せる場合や駅のホームが地表面と同一のレベルでそのまま押し
て乗せることができる場合も多くあった。我が国では、まず、乗客の少ない地
方鉄道を中心に展開し、この経験を生かして、徐々に大都市近郊区間、さらに
ニューヨークその他の大都市での地下鉄のようにラッシュアワーを除いた時間
での限定車両（ニューヨークでは一番先頭と最後尾の車両）に拡大する方針を
鉄道側が持つべきである。また、バスでは神奈川中央交通が茅ケ崎市で行って
いる前のラックに乗せるなどが世界共通の方法である。

第 4 章　自転車活用推進計画その他の自転車計画 ～各論の項目内容のポイント　ノウハウ・データとアイデア

　「自転車活用推進計画策定の手引き（案）」が策定されている。策定の方法などもここに書かれているので本書では割愛する。これとは別に、ここでは、今までに述べてきた内外の自転車政策・自転車計画等を基にして、自転車活用推進計画やその他の自転車計画で定める各論の項目と内容について、特に注目すべきものを指摘する。これにより、各論の実施すべき施策及び講ずべき措置等について、その内容やノウハウを説明する。横並びを重視する我が国の行政の傾向と当たり障りのない内容が多い傾向の中で、どこまで参考になるか不明であるが、可能な限り、我が国での適用を意識して紹介するものとする。

1．各論の項目・テーマ

⑴　各論の項目の例

　各論の項目として適当な項目例としては、次の表の通りである（コペンハーゲン自転車戦略2025の例、再掲）。

1	自転車利用による都市生活の方向	①自転車による移動が都市生活に貢献　②牽引付き自転車の駐輪場　③自転車による買物　④2025年の都市生活
2	快適性の確保策	①自転車専用車線　②バイクシェア　③自転車駐輪空間　④2025年の快適性
3	迅速性の確保策	①走行空間の連続性確保　②一方通行道路の反対方向の通行可　③効果的かつ印象的なショートカット　④2025年の迅速性
4	安全性の確保策	①多様性への対応　②多車線の自転車専用車線　③自転車利用者に対する配慮　④2025年の安全性
5	各項目の具体的な手段の目標値と施策内容	①全体目標値と個別目標値の設定　②迅速性の確保施策　③安全性の確保施策　④快適性の確保施策　⑤都市生活のスタイル・イメージ　⑤経験　⑥その他

　ここでは、各論として、5つの施策を並べているが、これに対する総論の項目は先述の通り、3つある。3つの総論と5つの各論により、コペンハーゲンの自転車戦略は構成されている。このような構成をまず頭において、全体の流

れをつかむことが必要である。総論を抜きにして、いきなり各論が来るわけではない。各論は、総論の①基本的な目標（より質の高い自転車都市の構築による質の高い都市の実現）、②自転車の優遇の位置づけや安全性快適性迅速性の確保と負担、③自転車のメリットを受けて、これを実現するために必要な施策を内容としている（前出、第2部第2章）。

　各論の1において、総論での都市生活の目標をストレートに受けて、自転車利用による都市生活の方向を、どのような施策で、どのような内容の都市生活が実現するのかを明らかにする。ここでポイントとなるものを具体的に上げて、各論全体の重点的な施策を提示する。都市生活の実現手段であり、今後カーゴバイクといわれる牽引付き自転車の活用とこのための駐輪場、目的を絞り自転車による買い物、これらの結果としての2025年に実現されている内容を示す。各論の2から4は、総論で快適性迅速性安全性の確保を進めるので、そのための快適性、迅速性、安全性に分けて、これらの確保を目的とする施策を各別に述べる（内容の説明は省略）。そして、最後の5で、これらの施策のアウトプットの目標値等を各項目ごとに設定し、これらの実現を図るものとする構成の内容である。シンプルで、かつ、何よりも総論から各論まで体系的かつ論理的に繋がっている。ここで重要な点は、施策の種類（走行空間、駐輪空間などのハード施策、安全教育などのソフト施策のような形態的な施策）を並べるのではなく、快適性などの確保のために必要な施策を整理して、その中にはハードやソフトの施策を入れて、迅速性の確保などの目的別に設定している点である。ここに、各論の項目として、理想的なこのコペンハーゲンの例を取り上げたものである。他の先進国や先進都市も、同様に、しっかりとした総論があり、これとリンクした目的性をもった各論が体系的に整理されているケースが多い。

2．自転車の安全性を客観的に示す〜事故データで自転車事故回避の方法を明示する

(1)　事故類型、箇所類型ごとの事故データから安全対策などをハードソフト面から考える
　繰り返しになるが、今までの我が国の自転車計画の多くは、長々とした総論で、自転車の利用実態、放置実態、自転車事故の実態を相当のページ数を割い

て、述べていることが多い。データがこのようなものしかないので、分量をかせぐためにも、総論として記載している。欧米の先進都市の自転車計画ではこのようなデータのベタ並べによる頭でっかちの計画はほとんど見られない。これが目標値の設定に直結するようなものであればよいが、目標値の設定すらされていないことも多く、何のためのデータの提示かわかりにくいものもある。事故が多いので、これに対する自転車安全対策が大変重要であるなどの内容につなげる程度の意味しかない。

　仮に総論でデータとリンクした目標値を設定する場合、事故類型や箇所の類型、また、人的要因（ミス）の類型などを詳細に分析した内容をもとにした事故対策などを述べることが適当である。

　以下では、自転車事故の様々な角度から分析したデータに基づき、自転車の安全性を確保するための各論施策のあり方を提示する。

①　自転車乗用中の事故の死傷者数は歩行者や自動車乗用中の事故に比べて減少

　死傷者の指数（自転車安全利用五則制定の前々年の2005年 = 100）が、歩行者は63.4、自動車52.5であるのに対し、自転車は48.1となっており、三者では自転車が最も改善されてきている。

図　状態別の死傷者数の推移（2005－2017年）

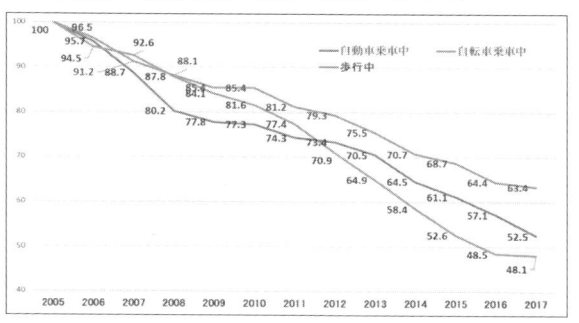

出典　警察庁資料に基づき、古倉作成。

②　全体の交通事故件数に占める割合も徐々に減少

　2009年以降は、全体に占める自転車事故件数割合も減少している。

表　自転車事故件数の推移

	2004	2005	2006	2007	2008	2009	2010	2011	2012	2013	2014	2015	2016	2017
自転車	188,338	183,993	174,469	171,169	162,662	156,485	151,681	144,058	132,048	121,040	109,269	98,700	90,837	90,407
交通事故	952,709	934,339	887,257	832,691	766,382	737,628	725,903	692,056	665,138	629,021	573,842	536,899	499,201	472,165
割合	19.8%	19.7%	19.7%	20.6%	21.2%	21.2%	20.9%	20.8%	19.9%	19.2%	19.0%	18.4%	18.2%	19.2%

出典　警察庁資料及びイタルダ資料に基づき、古倉計算。データの数値は、原則として発表時である。

　また、交通事故に占める自転車事故の割合は、自転車安全利用五則を定めた2007年の翌年2008年のピークから、その後2016年までは、わずかずつではあるが減少の一途である。各種自転車施策の効果が徐々に効果を上げていると考えられる。ただし、2017年は近年の全体の減少傾向にもかかわらず、少し上昇した。これらの流れは、自転車安全利用五則を軸とした安全施策の効果が表れているとみられるが、2017年は最近の自動車の衝突防止装置等の普及で、自動車の事故などが減少し、相対的に自転車の割合が増加したものとも考えられる。以下全体の傾向を見るために自転車の事故件数により、動向をみる。

③　自転車事故の道路形状別内訳～交差点が圧倒的に多い

　自転車事故は交差点が２／３であり、ここ10年程度はほぼ同じである。次いで、歩道、最後に車道（その他を除く）となっている。これをみると、自転車事故は、車道で起こっているのではなく、交差点、特に相手方が見えにくい裏道交差点が一番多く、次に脇道、幹線道路交差点、そして、歩道、最後に車道となっている。最も重点的に安全対策を講ずべきは、交差点、特に裏道交差点ということになる。

表　道路形状別自転車事故

	交差点内（交差点付近は除く）				交差点内以外（単路＋その他）					合計
	①裏道交差点	②脇道交差点	③幹線道路交差点	小計	歩道と車道の区分あり			その他	小計	
					④歩道	⑤車道	その他			
2016	21,313	20,990	18,456	60,759	9,290	8,583	1,192	11,013	30,078	90,837
	23.5%	23.1%	20.3%	66.9%	10.2%	9.4%	1.3%	12.1%	33.1%	100.0%

出典　イタルダへの依頼による集計データをもとに古倉計算。2011年は愛知県警データ訂正なし、以下で同じ。便宜上、歩道なしの交差点を「裏道交差点」、歩道あり信号機なしの交差点を「脇道交差点」、歩道・信号機ありの交差点を「幹線道路交差点」として整理。通行割合は各種自転車利用者のアンケート調査で主に総走行距離に対する通行割合の平均値（千葉市はH25インターネット主にどこを通行するか）。

注）イタルダ（公益財団法人交通事故総合分析センターの略称）

　なお、事故の交差点割合は、自転車事故以外では33％に対して、自転車事故は67％程度で推移しているので、自転車事故の交差点割合が他の事故より２倍高い割合であり、この点からも他移動手段に比べ交差点の安全対策が圧倒的に最重要である。

表　事故の交差点割合（自転車とその他）

交差点割合%	2002	2003	2004	2005	2006	2007	2008	2009	2010	2011	2012	2013	2014	2015	2016
自転車事故	70.8	70.5	70.2	70.3	70.2	66.5	67.1	67.3	67.4	68.0	67.1	67.1	67.0	67.0	66.9
上記以外	43.2	42.3	42.2	41.6	41.5	37.5	37.3	36.8	36.1	34.9	32.8	33.2	33.0	33.1	33.0

出典　警察庁資料及びイタルダ資料に基づき古倉計算。データの数値は原則として発表時のものに基
づいている。

④　自転車事故の相手方は圧倒的にクルマ～クルマ対策を最重要の１つに～

表　自転車事故の相手方

自転車事故2016年	自動車	歩行者	自転車	その他	合計
件数	76,962	2,281	2,588	9,006	90,837
割合	84.7%	2.5%	2.8%	9.9%	100.0%

出典　警察庁資料。

　自転車事故の相手方は、大半がクルマであり、交通安全対策は、クルマとの
事故の防止に必要な両当事者に対する広報啓発、教育が必要である。自転車の
みに対する教育広報啓発は、片面的であり、むしろクルマ側も含めた、お互い
の情報の共有と理解と尊重が必要である。もちろん、歩行者との事故は少ない
とはいえ、届出がなされていない事故件数も相当あると推定され、交通弱者で
ある歩行者に対する事故防止対策も同様に重要である。

⑤　自転車とクルマの事故の道路形状別件数と出会頭事故～交差点がより高い

表　対クルマの自転車事故の道路形状別件数

自転車事故 2016年	交差点				交差点以外						合計
	裏道交差点	脇道交差点	幹線交差点	小計	単路（歩道と車道の区分あり）			その他	小計	
					歩道	車道	その他			
対自動車	18,504	18,845	16,607	53,956	7,022	6,947	940	8,097	23,006	76,962
	24.0%	24.5%	21.6%	70.1%	9.1%	9.0%	1.2%	10.5%	29.9%	100.0%
うち出会頭事故	15,193	14,100	3,285	32,578	4,218	2,084	298	2,535	9,135	41,713
	82.1%	74.8%	19.8%	60.4%	60.1%	30.0%	31.7%	31.3%	39.7%	54.2%

出典　イタルダ資料に基づき、古倉計算。

　自動車との事故では、交差点がより高い割合であるが、歩道がある脇道交差
点の方が裏道交差点よりもわずかに高くなっている（24.0%と24.5%）。その
事故形態は、出会頭事故が全体で半分を超え、特に裏道や脇道の交差点で高い

が、歩道も交差点なみである。これは、歩道に隣接する駐車場等への出入りのために歩道を横切るクルマが自転車、特に、車道寄りを走っていない又は徐行していない自転車と出会頭に接触するものが多いと考えられる。歩道通行は、クルマから隔絶されていて安心だと思って、徐行や車道寄りの通行ルールを守らない自転車が多いことが大きな原因と考えられる。ここにも歩道通行の大きな問題点がある。

⑥　歩行者との事故は割合が一貫して増加している

表　対歩行者の自転車事故件数の推移

年	2004	2005	2006	2007	2008	2009	2010	2011	2012	2013	2014	2015	2016
歩行者	2,543	2,617	2,783	2,869	2,959	2,946	2,770	2,806	2,625	2,605	2,551	2,506	2,281
全体	188,338	183,993	174,469	171,169	162,662	156,485	151,681	144,058	132,048	121,040	109,269	98,700	90,836
割合	1.4%	1.4%	1.6%	1.7%	1.8%	1.9%	1.8%	1.9%	2.0%	2.2%	2.3%	2.5%	2.5%

出典　警察庁資料及びイタルダ資料に基づき、古倉計算。データの数値は原則として発表時のものである。

　歩行者との事故は、件数の上下があるが、全体に占める割合が一貫して増加してきている。しかも、事故として届け出がないものが相当するあると推定され、一般財団法人自転車産業振興協会のアンケート調査（一般財団法人自転車産業振興協会「自転車の交通ルールに関する意識調査報告書」H28.3）を基に考えると、実際は3倍程度あるとみられる。自転車と歩行者との事故対策も全体が減少する中で重要性を増しており、中には、損害賠償額が9,500万円以上になるものもあり、ルール遵守や保険の加入も含めて対策が大きな課題である。

⑦　自転車側の法令違反の割合

　自転車事故のうち、自転車側の法令違反のあった割合は、交差点が一番高く、特に、裏道交差点と脇道交差点である（幹線交差点は信号を一応は守る）。歩道と車道では、歩道の方が高い割合であり、車道通行が自転車の車輌意識の向上とこれに伴うルール遵守の誘導に一役買っていると考えられる。

表　自転車事故の道路形状別法令違反の状況

2015年自転車側の違反	交差点				単路（歩道車道区分あり）			その他	小計	合計
	裏道交差点	脇道交差点	幹線交差点	小計	歩道	車道	その他			
全体件数	23,575	22,427	20,145	66,147	9,959	9,387	1,311	11,896	32,553	98,700

違反あり	18,506	15,586	10,254	44,346	6,254	5,343	766	7,578	19,941	64,287
違反率	78.5%	69.5%	50.9%	67.0%	62.8%	56.9%	58.4%	63.7%	61.3%	65.1%

出典　イタルダ資料に基づき、古倉計算。

　事故が起こっているのであるから、ルール違反は多かれ少なかれ存在するので、ルール違反ありの割合はあまり低い割合ではないが、車道は歩道に比べて相対的には低い割合である。これは、車道では自転車は自らがクルマ等に比べて最弱者としてルールを守らざるを得ず、これを守らないと身が持たない緊張感の中にあるからであると考えられる。

(2)　イタルダデータを駆使して自転車事故の発生状況と対策の方法を示す

①　自転車事故の人的要因（ミス）の大半は認知ミス

　自転車とクルマの事故の人的要因（原因となったミス）を、2015年のイタルダデータのデータでみると、事故件数83,562件のうち、自転車側にミスがあったもの53,308件、自動車側にミスのあったもの83,187件となっている。自動車側は、ほぼ99％以上にミスがあるとされる。この人的要因の種類は、3種類あり、「操作・行動ミス」（ハンドル操作、ブレーキ操作などのミス）、「判断・予測ミス」（大丈夫だと判断してしまう）、「認知ミス」（見落とした、見えなかった等）である。一番多いミスは、両当

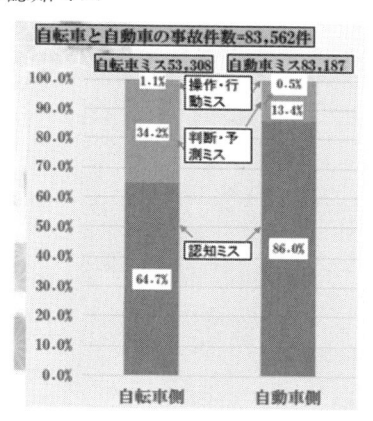

出典　各インテグレートの依頼 ITARDA データに基づく古倉作成

事者とも認知ミスであり、次いで判断ミスである。ほとんどないのが操作・行動ミスであり、自転車側1.1％、自動車側に至っては、0.5％である。この中にはハンドル操作ミスも内数として含まれる。例えば、クルマが見えている自転車を追い越そうとしてハンドル操作を誤る、自転車がハンドル操作がうまくいかずふらついたなど「操作・行動ミス」での事故はほとんどないのである。つまり、車道などで自転車が認識されていて、自転車が予想外の行動をとって自動車側の判断を誤らせない限り、ハンドル操作を誤って事故が起こることはきわめてまれであるということになる。

　自転車とクルマとの事故の最大のパターンである出会頭事故は、お互い又は

●中学生の1万人あたりの事故件数
（上位10県のみ抜粋）2016年

ランキング	都道府県	通学時の1万人当たりの事故件数
1 (1)	群馬	27.60
2 (2)	香川	22.43
3 (3)	佐賀	15.84
4 (6)	宮崎	14.63
5 (11)	滋賀	12.36
6 (4)	岡山	11.94
7 (10)	静岡	11.04
8 (8)	山梨	10.77
9 (12)	茨城	9.90
10 (13)	高知	9.71

単位／件　（　）内は前年順位

●高校生の1万人あたりの事故件数
（上位10県のみ抜粋）2016年

ランキング	都道府県	通学時の1万人当たりの事故件数
1 (1)	群馬	91.96
2 (2)	静岡	71.45
3 (6)	宮崎	45.59
4 (4)	香川	41.96
5 (3)	山形	41.92
6 (7)	埼玉	37.78
7 (5)	佐賀	37.76
8 (10)	山梨	36.94
9 (14)	長野	36.25
10 (9)	兵庫	35.04

単位／件　（　）内は前年順位

一方が相手方を見落とすなど出会頭で衝突をする場合は、認知ミスである場合が多いと想定されるが、まさに、この認知ミスが大半を占めることで容易に理解できる。

② 自転車事故のデータをしっかりとみる

このような自転車事故の要因については、警察庁から発表される事故データでは限りがある。事故の件数の道路形状別、主体別、事故類型別などの公表データはもちろん、このような事故の要因などを含めたよりきめ細かいデータが入手できる。これらは都道府県別や市区町村別にも分析が可能である。

それぞれの市区町村の自転車活用推進計画その他の自転車計画を策定する場合にも、一定の費用は掛かるが、その分析に基づいたデータを活用して、事故データに基づいた具体的な注意すべき道路形状、相手方、事故類型等にもとづく広報啓発や安全対策はもとより、走行空間の整備の仕方などについても、貴重なデータを得ることができる。上の二つの表は、筆者も参加して分析を担当している「自転車の安全利用促進委員会」が平成30年3月に公表した中学生及び高校生の1万人当たりの通学時の事故件数である（2016年分）。いずれも、

群馬県が第一位である。このような原因としては、自転車事故の相手方として最も多い自動車一人当たりの保有率が全国1位であり、100m 未満の目的地も自動車で行く人が4分の1もいるという自家用車の依存が多い土地柄であることや道路の実延長が長く（単位面積当たり）、インフラ整備が進んでいること、可住地当たりの中学、高等学校が少なく、通学距離が長いことなどが重層的に重なっているものと考えれる。このような分析を可能な限り行ったうえで、これに対する的確な対応をすることが施策上も求められるのである。計画策定の方法は、このように可能な限り利用できるデータを活用して、客観的なデータに基づき、的確に策定することが求められる。

⑶ **安全に係る客観データは自転車利用の安心感につながり、自転車通勤などでの利用促進が図れる**

　様々な属性により自転車事故の態様や原因が異なるが、これに応じた的確かつ適切な安全対策を講ずれば、安全性は大きく高まる。現時点では、事故態様等に応じたメリハリのある教育や広報がなされていない。

　利用促進のキーポイントは、今や「安心」（恐怖心解消やストレスフリー）の醸成にかかっている。個人が自転車通勤を躊躇するのは、安心がないからである。また、自転車通勤を認めない企業が多いのも、なんとなく危険であるという主観的な判断が大きい。このような場合に、客観的なデータで、危険と安全を見極めることができれば、従業員の健康増進や地球環境に寄与できる自転車の通勤に対する理解も高まり、その活用可能性が高まる。我が国ではすでに企業の健康経営が進められており、全国的にも数百社が「健康経営優良法人」に認定され、これを推進している。このような意識の高まりを自転車通勤に向けるようにするべきである。これには客観的に安全に係るデータの提供が欠かせない。ルールをしっかり守るようにすれば、安全性は十分に確保できる。通勤に係る事故はクルマよりも多く生じていない（豊橋市役所の職員の通勤データ）というような確信が持てる企業向けアピールがあってもよい。また、市民向けにも以上のような自転車利用の安全のデータをもっと広報啓発し利用促進に寄与するべきである。

　なお、自転車通勤については、単なる呼びかけではなくより具体的には、企業ごとに通勤の実態と通勤経路などをヒアリングして自転車通勤計画の策定などを支援することも考えられる。

　また、データの提供は、主観的には恐怖心を払しょくすることであり、これを解消するための客観的なデータの工夫（クルマは相当の離隔距離をとって追い抜いているなど）は欠かせない。自転車の活用のポテンシャルの拡大は、個人のこの安心の醸成にかかっているといっても過言ではない。なお、安心感の醸成の方法は先述したのでここでは省略する。

３．自転車の広報啓発の方法（「自転車のルール遵守意識と教育啓発内容の有効性」[※]）

※　詳細は拙論文「自転車のルール遵守意識と教育啓発内容の有効性」（土木学会論文集　３（土木計画等）、vol.73、No.5（土木計画等論文集第34巻）、 I.693- I.703、2017）を参照されたい。

(1)　ルール遵守のための広報啓発の状況

　自転車のルール遵守の必要性が自転車利用推進のためのソフト施策として重要視される中で、多くの広報誌やパンフレット、ホームページ等により、自転車利用者に対するルール遵守の広報啓発が行われている。しかし、これらの広報誌やパンフレット等、計22種類の調査によれば、その多くに下表のような課題があることが明らかになった。例えば、「最近自転車の交通事故の割合が高いです」、「正面衝突の危険性が高いです」など具体的な数値の提示がない説明やこれに基づく遵守の呼びかけ、または、全交通事故に対する自転車事故の割合のみの概括的な内容が中心であるなど、具体的な事故防止に役立つきめ細かな内容ではない、すなわち、自転車安全利用五則その他のルールを一般的な形で学習することや事故の恐怖に関する情報を提供するのみで、自転車事故の発生の道路形状別の事故の形態、事故の人的要因等のデータに基づいた具体的な内容や事故の発生の可能性の順序に基づいた重点的内容でないことが多い。このような単なるルールの提示や簡単な解説のみの広報紙やパンフレット、ルールブック、ホームページ等では、ルールの周知の効果はあるものの、自転車のルールの理解に基づく遵守行動につながる大きな効果は期待できないものと考えられる。

表　自転車のルールに関する広報啓発の現状と課題

①	単なるルールの列挙のみで、その根拠や必要性に関する説明がない。あってもごく一部に簡単に、危ないことの一般的説明があるのみや事故例の提示のみである。
②	数値データの記述として、自転車事故の全事故に占める割合の表示はまれにあるが、発生場所、発生要因、法令違反の状況等、利用者が必要とするデータの具体的な提示はない。

③　自転車事故を減らそうとすれば、事故の多い道路形状（裏道交差点、脇道交差点など）の順に重点化すべきであるが、そのような事故の多い箇所の順などの提示はない。

④　ルールの根拠必要性の説明がある場合や箇所ごとの重点がある場合も、その事故データの提示がない。

(2)　ルールは知っていても遵守しない人が多い

　警察庁の「自転車に係る法令遵守意識等に関するアンケート調査の実施結果」では、次の表のように、自転車のルール（法令）のうち基本的なものを知っている人の割合は、一つのルール（歩道通行ができる場合の細かいルール）を除き、6割以上である。しかし、知っていても守らない、または守らないことがある人の割合（表の「守らない割合a／b」）は、1）から6）までのルールについては約4割以上であり、ルールの認知度と遵守度に大きな乖離がみられる。

表−2　自転車のルールの認知と遵守の状況

主要ルール（守らない割合が高い順）		自転車に乗る人のうち各ルールを知っている							全体c
		守っている	守らない			守らない割合 a／b	ルールを知っている合計b	全体に対する割合 b／c	
			守らないこともある	あまり守らない	守らない小計 a				
1）	車道通行が原則，歩道は例外	279	442	156	598	68.2%	877	67.8%	1,293
2）	歩道通行できるのは歩道通行可の標識の存在、一定年齢の人、やむを得ない場合等のみ	250	242	71	313	55.6%	563	43.5%	1,295
3）	歩道は歩行者優先で，車道寄りを徐行義務	451	303	72	375	45.4%	826	63.7%	1,296
4）	車道は左側通行義務	541	294	65	359	39.9%	900	69.5%	1,295
5）	一時停止の標識では一時停止義務	520	265	79	344	39.8%	864	66.8%	1,294
6）	携帯電話や傘さし運転禁止	549	268	90	358	39.5%	907	70.0%	1,296
7）	二人乗り禁止	682	97	27	124	15.4%	806	62.2%	1,295
8）	飲酒運転禁止	803	107	29	136	14.5%	939	72.5%	1,296
9）	夜間のライト点灯義務	831	93	27	120	12.6%	951	73.4%	1,296

※警察庁に基づき，著者が計算

(3)　パンフレットの作成～4つのパターン

　そこで、「自転車の正しい乗り方にあなたの人柄が現れる説明」（他人から見られていることを理解）、「基本的なルールの根拠の説明」（ルール設定の理由を理解）、「ルール無視は大きな損をする説明」（自分が死傷、罰則、高額の損害賠償、検挙による理解）、「データにより事故の多い箇所や場合等の説明」（事故実態のデータにより理解）の4つのパターンの説明をしたうえでその効果についての回答をアンケート調査（川崎市及び立川市の駐輪場利用者2,000名対象、回答430）により分析した。これによると、ルール遵守度を向上させるための4つの説明の有効性については、いずれの説明も74.4%～88.0%とその効果につて積極的に評価する割合が高かった。このように、ルールの遵守の必要性やデータに基づく説明などの方がルール一辺倒の教育よりも、効果があると考えられる。4つの効果があるとする割合とその順番は「自ら損をする説明」88.0%、「ルールの根拠の説明」85.2%、「人柄が現れ他人から見られる説明」75.6%、「事故実態のデータによる説明」74.4%の順で積極的な評価がなされている。なお、これらの4つの説明内容はそれぞれ次の図の通りである。

(4)　年齢別により啓発内容の効果が異なる

　若年層（30歳未満）については、「ルールの根拠の説明」（82.9%に効果の積極的評価、以下同）、「損をするとの説明」（81.3%）及び「事故データによる説明」（79.7%）の積極的評価が高く、「人柄が現れる説明」（64.1%）の積極的評価は低い．一方，高齢層（60歳以上）においては，「損をするとの説明」（87.5%）に対する積極的評価が高く、「事故データによる説明」（64.1%）で

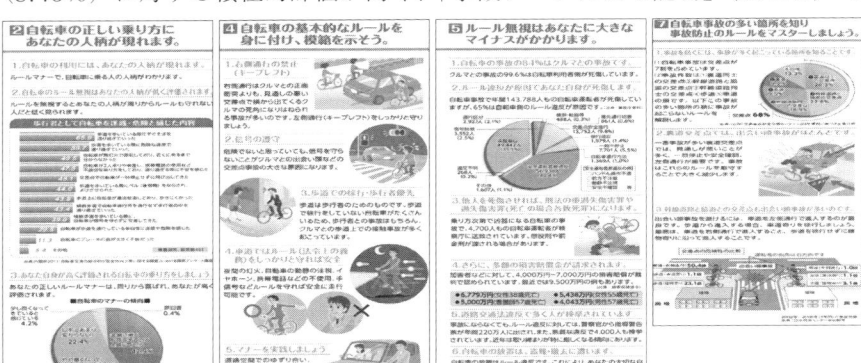

積極的評価が低い。若年層は、論理的な思考に訴える方法がよく、高齢層は年金世代等であり、論理的に訴える方法より、経済的な又は制裁的の視点から訴える方法がより効果が高い。

　以上のように、今までの広報啓発からより効果のある方法に転換することが適当であり、啓発対象によりその訴求内容の軽重をつけるべきである。これ以外にも、男女別、ルールの遵守度別などにより、効果の軽重があり、これらを参考した的確な広報啓発が期待される。

４．観光による全国ネットワークの形成を推進する方法

　観光を大義名分にしてネットワーク形成を推進することは幅広い関係者の賛同を得られ、予算の確保もしやすい方法である。さらに、これと接続する地域ネットワークを整備すれば、観光利用が地元市民の日常利用にも浸透・普及促進する可能性がある（英国の広域にわたる全国ネットワークの使われ方は半分以上が日常の通勤通学買物目的である）。これは、観光振興をだれも否定できないため、これを活用して整備をすすめ、一方ではその質の高いおもてなしの空間を、休みの日ではないときは、地元民が活用して、通勤通学、買物等の日常用途に不足するハードを補って有効に活用する方法である。

　また、観光による地域振興で隠れた地域資源の活用を図ることが必要である。これを実現するには、手軽にまた広幅員の道路がなくても、また、狭い駐輪空間でも対応できる自転車（特に電動アシスト自転車）の活用が有効である。このためには、①一般観光客があらかじめ日程の中に観光移動手段として自転車の利用を組み込んでおくようにする、②観光案内や観光コースに入れ込んでおく、③レンタサイクルでのコースの使い方で、１時間型、２時間型などの時間別コースを用意する、④回遊ポイントで、レンタサイクル利用者に地域の特産物の食べ物やノベルティの提供を行うなどの方法がある。レンタサイクルは、おみやげをたっぷり買って、その荷物が詰めるように、容量のあるかごと電アシを用意することが望ましい。地元の隠れた名産品とタイアップすることも、考えられる。このようにして一般観光客を対象とした自転車観光は様々な展開の可能性を有している。

5．災害対策での自転車の活用可能性

　出水型、強風型以外での災害時の自転車の利用可能性は高い。津波等の避難のためのネットワーク形成が適当である。これは、日常用にも活用できるが、災害対策をにらんだ活用、災害で雨を伴わないものについての避難経路、車はだめでも自転車では迅速な避難が可能であるなどの特色を持たせたものとすべきである。欧米では災害の頻度が少なく、自転車を活用するという発想は少ないので、我が国独自の発想になるものと思われる。災害時の健常者の避難計画に自転車による避難経路とこのための訓練を組み込むことも要検討である。災害は必ずしも降雨時ばかりではない。自転車は分速250メートルで移動可能で、徒歩では80m程度であり、移動速度は十分ある。2.5kmを10分で避難可能であり、また、高齢者も自転車の利用可能距離の平均は5kmある。さらに、電動アシスト自転車を普段使いで利用していれば、勾配、向い風等があっても、また、多少の荷物も運べるのである。また、災害の事後移動も容易である。

6．公共交通との連携

(1)　質の高い駐輪空間による公共交通との積極的な連携の推進を行う

　EUの報告書「まちや都市での自転車利用推進方策」1999では、公共交通の駅から徒歩10分（800m）までは徒歩により、それを超えて4倍の10分の距離3,200m（自転車で20km/hという少し速い速度で計算）の範囲までは自転車で駅までやってくると仮定すると、人口密度を同じとして、カバー面積からすると、16倍の顧客を確保できる。むしろ、この顧客を駅まで誘致することが、公共交通との連携の主眼である。これにより、駅から遠いので、公共交通を利用せず、クルマで直行している人を、自転車と公共交通を併用することに誘引するものである。このためには、駅という結節点で、円滑に自転車から鉄道に乗り換えることができなければならない。駅に近く簡単に鉄道に乗り換えることができる駐輪施設が不可欠である。または折りたたむことなく、簡単に列車に持ち込んで目的の駅まで行ける車両、設備やシステムが用意される必要がある。真に必要な駐輪需要に対応した至便な駐輪施設を用意すること（通勤時間帯用）及び駅舎のホームまで自転車を円滑に持ち込み、さらに列車の一番先頭かまたは最後列の比較的空いている車両（ヨーロッパでは専用車輌）又は車輌

の一部に自転車を持ち込めるようにする（通勤時間帯以外用）ことを検討すべきである。これにより、全体としての駅前駐輪需要も減らし、駅に近い場所に絞り必要数の駐輪場を用意することが可能となる。公共交通の適切な連携のためには、さまざまな条件をクリアすることが必要であるが、逆にこれにより、得られる効果は大きい。

(2) 日本的な公共交通との連携の方法

　国土交通省の調査（「駅周辺における放置自転車等の実態調査の集計結果」H30.3）によれば、我が国では、すでに429万台分の駅前駐輪空間が整備されている。また、その利用台数は272万台で、利用率は63.5％となっており、相当に余裕がある駐輪空間もあると考えられる。デンマークの公共交通との連携の方法は、先述のように、通勤時間帯に列車に分解せずに持ち込むことが相当のコストがかかり、また、他の利用者を排除することにつながるとしている。そこで、これだけのストックがある駅前駐輪場の中で、ある程度の余裕のあるものを活用して、デンマークのシステムのように、通勤経路の両端、すなわち、自宅から駅までと駅から職場までを自転車を活用して通勤通学するということが適切ではないかと思われる。ここで、自宅から駅までは、マイ自転車又はシェアサイクル、職場の最寄り駅から職場までは企業が用意する自転車又はシェアサイクルを利用する。途中は自転車を列車内に持ち込まない。この場合、シェアサイクルを活用できればもっと効率的な駐輪場の空間利用が可能となる（アクセス・イグレスの台数を均衡させれば、駅前駐輪空間は最小で済む）。企業も、従業員が自転車で一定の距離を毎日運動してくれれば、その健康確保が可能となり健康経営に寄与できるし、自宅から企業までのクルマでの長距離通勤よりは負担や時間の消費も少なく、より多くの人の参加を期待できる。自転車の利用があまり長距離でないので安全性の懸念も少なくなる。職場に通勤マイカー用の駐車場を作る必要も少なくなる（車1台分で8台の自転車駐輪空間になる）。企業の健康費用としては、自転車の料金を負担すれば、健康保険の費用を負担するよりもはるかに安価である。このような両端での自転車活用を進める場合、既存の余裕のある駐輪場をもっとフルに活用して、空いているところを企業用に一括貸与し、企業が従業員に貸しつける自転車（できれば従業員に興味を持ってもらえそうなブランド又は高級自転車）を安全に駐輪する。しかも、健康経営という大義名分があり、かつ、企業のクルマの駐車

スペースに余裕があればこれを転用すれば問題は何もないのである。今後の我が国に適した方式として提案したい。また、ぜひ社会実験を行うべきである。

第5章　自転車活用推進計画の策定効果と継続性確保～利用者ニーズの高度化に即応して、進化し続ける自転車政策が必要

1．自転車活用推進計画の進化の方策

　計画や施策は、策定時点で完璧なものであっても、それで終わりではない。多くの自転車計画には、策定後のPDCAサイクルなど計画評価、見直し等のシステムが述べられており、一定のチェック機能が設けられている。しかし、これは計画の実施状況をサイクル的にチェック・評価し、必要な修正は行うが、自転車政策を根本的にバージョンアップや進化させるものではない。

　自転車活用推進計画も同様で、**第一に**、これを実行する段階で、その実行がどの程度なされるかが、計画の存在意義にかかわる重要な視点である。計画は単なる文章であっては意味がなく、これに基づいて、施策が実行され、効果のある内容が実現されることがその存在意義である。**第二に**、新規の自転車施策が講じられ、これが自転車利用者に歓迎されるかどうか、その満足度の動向をチェックし続けるとともに、自動車からの転換を促す効果があるかなど、効果の可能性を絶えずチェックする必要がある。**第三に**、これによる施策のバージョンアップの必要性やその方向、重点の置き方などを考えて、計画そのものの質の向上を図る必要がある。欧米の自転車政策から得られるものは、一定の有効と思われる施策を講じたからあとは国民又は市民がどのように行動してくれるかにまかせるというようなものではない。自転車政策を立てる側は、絶えず、国民や市民の目線で、その満足度などを真剣にチェックして、その要望に合わせた自転車政策の改変提供を行う。あたかも商品を提供した場合に、その商品がその時点でいかに受け入れられても、生活質の向上に伴い、商品に対する要求は高度化する。これに対応しないと、より利便性の高い他の商品に国民や市民の需要が向かって変化してしまう。自転車利用もまさにこれと同様であり、社会環境や自転車だけではなく他の移動手段の動向（特に自家用車の質の向上、レベルアップなど）に目を見張り、自転車に誘引するための魅力の付け方を工夫する必要があるのである。これを怠ると、一担自転車利用者になった人も再び自転車から遠ざかり、分担率の低下が避けられない。**第四に**、国また

は地方の施策課題も絶えず変化する。これに対して、自転車が果たす役割も変わってくる。むしろ、自転車活用推進法8条の14項目にこだわる必要がなく、自転車が果たすことができる政策課題は過去の経験からすると拡大する可能性が高い。これを絶えず研究して、これに対応した自転車活用のあり方を柔軟に変化させることが重要である。**第五に**、現在果たしている政策課題での活用度についても、これを拡大していく必要がある。単なる付き合いで自転車を他の部局での施策として採用してもらい、活用してもらうというお願いのスタンスではなく、自転車を活用すれば、他の施策課題が円滑にかつ安上がりに解決する又はその一助になる。このため、その施策に深く根を下ろして、活用されることこそが重要である。この「浸透度」についても、その可能性の軽重を図りながら、より高度化と深化を図ることである。特に、超高齢社会対応の施策として、社会保障費の削減を考える際に、国民全体が自分のプライベートツールとしての自転車の活用を若い時から推進することで例えば早い時期から生活習慣病の予防や医療費の削減等が図られる。このような視点のための自転車活用の体系を作り上げることが重要である。

このためには、もっと当事者意識や自転車活用によりメリットを受ける又はこれにより各担当施策がうまく行くという意識が必要であり、単なる傍観者として、又は、参加者としての意識しかない場合は、円滑な実施ができない。自転車を活用して利益を受けられるような仕組みやデータを色々な場面で用意することが必要である。

2．継続性の確保の方策（自転車利用の時間的な拡大）

自転車活用推進計画に係る重要政策は、どれをとっても短期間に解決するものではない。この計画により、政策効果を発揮するための長期視点に立った仕組みづくりが、まさにこの自転車活用推進計画である。

地球温暖化に対する二酸化炭素の排出削減、超高齢社会での健康寿命の延伸、移動手段の確保、健康増進等のための施策による前向きの社会保障費の削減、国際・国内観光の振興による地域社会の活性化、コンパクトシティの形成とそのために必要な域内移動手段の確保、大規模災害時の避難・移動手段の確保等々、いずれも長期的な課題での自転車活用の必要性及び余地は大きい。しかし、現下では、その活用の有用性があまり認識されないものも多い。東日本

大震災後の自転車活用の有用性が大きく認識されたが、あくまで一過性での活用の傾向がみられる。このため、自転車の有用性を様々な角度から研究して、これを啓発して、継続して自転車を活用するような社会の仕組みづくりが必要である。

3．地域的な拡大の方策（自転車活用の空間的な拡大）

「自動車がないと生活できない」とする地方都市の地域の人々のクルマでの移動の実態をみると、自転車でも可能な範囲の移動が多い。自転車での移動が経済的にも、健康的にも、環境的にも、また、時間的にも優れた移動手段である。これを使い分けること及び勾配の多い地域での実態に即した電動アシスト自転車の活用が大切であり、これによる自転車のポテンシャルが大きく拡大することが期待される。同時に医療費の削減や足の確保のための財政負担を軽減できるなどに対する理解は、ルールを守った利用（交差点の一旦停止・安全確認と車道の左側通行など）さえすれば自転車は極めて安全性が高いことなど安全性に対する信頼とともに地域住民に浸透する視点が必要である。また、地方の住民の自転車利用に対する考え方でよく言われるのが、日焼けをする、家族との対話ができない、複数の用事ができない、汗臭くなるなど様々な細かいバリアーである。これらについて、曇りの日、一人で出かける時、複数の用事がない時、夏以外の利用など、使い分けや対応がある程度可能である旨を丁寧に説明するとともに、生活習慣病のリスクなどの健康、医療費、燃料費等の経済性、渋滞等の時間ロス、環境などのメリットという総合的な視点でのプラスマイナス思考をしてもらうようにする説明等の検討も必要である。このようなことを地道に実行することを通じて、自転車利用の可能性を全国に拡大することが、自転車活用推進計画の策定に当たっての必要事項である。

4．人的な拡大の方策

自転車は利用する人がたくさんいて初めて全体としてのメリットが発揮される。日常的に自転車利用が可能な限り多数の人々に利用されることで、量的な利用が促進され、分担率が向上し、結果的に、地球環境の保全、交通混雑の緩和などが果たせる。これと同時に、全国民的な生活習慣病や認知症等リスクの軽減、健康の増進、余暇レクリエーションの増大、地域やインバウンドの観

光・地域活性化、災害時の活用等を図ることが可能となる。サイクリストがサイクルツーリズムとして、全国を闊歩するだけでは意味がない。それは主としてサイクリストのみの楽しみや充実感の達成である。サイクルツーリズムは、しっかりとした目標のもとに、全国民的に自転車利用が浸透することが必要である。自転車利用は、一部の愛好家や自転車好きの住民のみが行うものではないのである。自転車利用者の量的な拡大を図ることが自転車の活用の意味を大きく前進させるものである。

　自転車利用者の量的拡大を図る最も良い方法は、サイクルツーリズムであることは、既述している。自転車のイベントや広域サイクルルートの自転車移動を地域が経済効果や活性化の視点からのみ見ているようでは、人の広がりは期待できない。まず、一般の観光客の地域内の移動手段として、上級のサイクリストや中級のサイクリストが、一般の人にその楽しみや可能性を伝授すること、これにより、大衆に余暇の自転車が広がるきっかけを提供することが可能となる。また、もてなす側も、自転車を本気で地域の観光に活用することによる観光の面的な広がりや隠れた地域資源の発掘を行う等を通じて地域の活性化を図り、多く幅広い自転車観光客を誘致し、確保する本気度が大切である。

　次に、これを契機にして、訪れた人にお勧めしている以上は自分たちもこの素晴らしい自転車を自ら地元の買物通勤通院等に利活用するという態度が必要である。自転車を人に勧めておいて、地域住民ひとりひとりが自ら利用しないのは、無責任であり、また、自転車の良さを自ら体験しないで、お金を落としてもらうためだけに観光客に利用しているようにも受け取れる。そして最後には、自転車観光客が観光地での電動アシスト自転車などを利用した自転車の快適迅速な利用の体験を自宅に持ち帰り、自ら利用したくなるように仕向けることは、観光地として自転車を活用した地域活性化のメリットを得た人たちの責務でもある。また、それが実現することは、自転車観光客を受け入れた側としても心からのおもてなしを通じて素晴らしい自転車利用の経験をしてもらったという何よりの証拠となる。これらにより、観光地でも自宅でも自転車利用の人の輪が全国的に広がることになる。これが再び好循環を呼ぶのである。これらを期待したいし、そのような戦略を持ったサイクルツーリズムであるべきである。単なるお金を落としてもらうためのサイクルツーリズムでは、その意図は見え透いており、社会的な信頼性はもとより、サイクルツーリズムの拡大性

や継続性を確保することは困難となる。

第５部　自転車の活用ポテンシャルを広げる〜都市・住宅・健康・医療・環境・災害・高齢者・地域活性化・観光・子育て等あらゆる政策に自転車の活用ポテンシャルを広げる〜

1. 拡大できる自転車活用のポテンシャル

　自転車は、都市の交通として利用されてきた。これは、あくまで自転車の本来の利用目的であり、現在も、通勤、通学、買物、通院、日常用務、そしてレクレーション、スポーツ等に利用されている。これらにより得られる交通手段としてメリットは表のとおりである。

表　交通手段としての自転車のメリット

1	健康	交通の中で最も健康効果がある移動手段
2	環境	交通の中で最も環境負荷少ない移動手段
3	経済	交通の中で最も経済的な移動手段
4	時間	交通の中で最も混雑なく短時間の移動手段
5	災害	交通の中で最も災害に即応した移動手段

　特に、5の災害時の移動手段としては、・ガソリンや電気がなくても移動可能、・誰でも移動可能（免許等不要）、・道路の多少の破損でも移動可能、・渋滞を起こさない・渋滞中でも移動可能、・被災地に大量に輸送が可能など多様なメリットがあることが経験的に分かってきた。

　これはあくまで移動手段として自転車の持つ特性であり、これだけであれば、自転車政策や交通政策の内部の問題である。

　しかし、近年自転車は今までの交通手段としての利用から、様々な分野の施策において自転車を活用できることがわかってきた。また、さらに自転車しかできない活用の方法（サイクルツーリズムなど）も生じた。これらを整理すると表のような分野のものとなる。

　これら以外にも活用可能性のある政策は存在するが、代表的かつ最近の重要課題に絞ってもこのような項目になる。自転車政策又は都市交通政策以外の分

表　他の重要政策における自転車の活用ポテンシャル

1	健康・医療	市民の健康増進・生活習慣病・医療費削減手段
2	高齢化	外出・身体活動・介護予防・健康寿命延伸手段
3	環境	地球環境、排ガス、騒音等環境対策の手段
4	災害	大規模震災等の避難、帰宅、移動の手段
5	エネルギー	石油依存から脱却、省エネ、輸入量減少の手段
6	地方創生	観光、地域活性化、生活環境整備等の手段
7	都市・住宅	コンパクトプラスネットワークまちづくりの手段
8	交通	日常移動手段確保、公共交通顧客増大の手段
9	財政	医療費、介護費等の社会保障費の削減の手段

野でも、このように多くの重要政策に同時に寄与できる交通手段はないと理解される。

　自転車を活用するには、自転車の持つポテンシャルを正確に理解して、安全性、快適性及び迅速性が確保される重要な施策手段としての活用を推進することが、社会的にも要請される。自転車の持つ健康性、環境性、経済性、時間性（迅速に移動可能）、災害機動性などを活かした活用のポテンシャルを拡大することが、今後の自転車政策を考える上で、極めて重要である。他の重要政策の手段として、拡張性のある自転車の活用を拡大することは、自転車政策側に立つものとして、自転車活用推進法の施行を契機として、一層これを推進する責務があると考えられる。

　既に見てきたドイツやポートランドの自転車計画においては、以上のような活用可能性をしっかりと意識した計画内容が記述されている。

２．活用のポテンシャルの拡大の内容

　これらのうち、活用の拡大の可能性のある政策について、特に主要なものについて、次に述べる。

(1)　健康政策

　継続的に所定の運動量をこなさないと生活習慣病のリスクが高まり、逆にこれがなされるとそのリスクが少なくなることが知られている。自転車の利用は日常的かつ継続的に行うことができ、これの効果は国の「健康づくりのための身体活動基準」として、97種類ある身体活動基準の表の中でも最も幅広い国民に利用できる身体活動の一つである。

① 「健康医療福祉のまちづくりの推進ガイドライン（H26.8）」（国土交通省都市局まちづくり推進課等 p90）によれば、新潟県見附市における身体活動による医療費削減効果について、次のように記載されている。

> ○見附市における医療抑制効果（つくば大学久野研究室）
> ・一週間当たり　16.5のエクササイズの身体活動（ウォーキング6.7、筋力トレーニング5.8、バイクトレーニング4.0の合計）を行った場合、104,200円／人の医療費削減効果（平均）があるとされる。
> ・この運動量の合計を速歩に換算すると、1日4700歩の速歩（4.0エクササイズの運動量）となる。この運動量は1日分が2.35エクササイズの運動量に相当するとされているので、速歩の時間は、0.5875時間（35.25分）の運動量に相当する。

（※１エクササイズ＝１メッツの運動を１時間続けた場合の運動量をいう）

② 国土交通省の①のガイドラインを自転車による運動に換算しての試算

　これを自転車で実施すると、次のような換算になる。（厚労省「健康づくりのための身体活動基準」による）

・自転車こぎの運動での換算（古倉）

ａ．普通自転車（約16km/h）の運動量は、4.0メッツであり、上の2.35エクササイズの運動量は普通自転車で、0.5875時間（2.35メッツ／4メッツ）の運動量となる。これは往復35.25分　片道17.6分、すなわち片道4.7kmの自転車通勤等に匹敵する距離となる。

ｂ．電動アシスト自転車の運動量は3.0メッツであり、同様に2.35エクササイズの運動量は、2.35メッツ／3.0メッツ＝0.7833時間（往復47.0分　片道23.5分）の運動に相当する。

ｃ．人口１万人が、普通自転車で35.25分（片道17.6分）又は電動アシスト自転車で47.0分（片道23.5分）の運動を続けると、速歩4,700歩の１年間の運動量に相当し、これを速歩での10億円の医療費削減効果と同等であるものと仮定する。

ｄ．普通自転車１人当たりの１km当たりの医療費削減

　上記見附市の一年間の削減医療費104,200円／365日／35.25分＝8.1円　時速16kmで１分間走ると8.1円、１km走ると17.8円の医療費削減効果に相当する。電動アシストでは、自転車１人当たり　104,200円／365日／47.0分＝6.1円１分間走ると6.1円に相当する。

③ コペンハーゲン自転車戦略2025（p９）における年間健康利益

　コペンハーゲンにおける自転車による年間の健康利益は、全体で17億クローネ（２億2,800万ユーロ、306億円）にのぼる。

※ラッシュアワー時のオスタアレーからノリポートまで、自転車に乗ることによる社会の純利益は3.65クローネ（0.49ユーロ、66円）であるのに対して、自動車に乗ることによる社会の純損失は6.59クローネ（0.89ユーロ、119円）になる。（出典　自転車優先利用の社会経済的分析～方法と事例COWL2009年）

※１デンマーククローネ18円

④ ドイツ国家自転車戦略2020（p73）での健康効果

　WHOのデータを引用し、自転車利用１km当たり、0.125ユーロ（１ユーロ

＝133円として16.6円）の健康効果があるとしている。

⑤　ユトレヒト市役所　ヒアリング（2017.4.3）における医療費削減効果

　医療費削減効果1,570万ユーロ（1ユーロ＝133円として20億9千万円）ある
としている。（人口34万人、自転車利用者125,000人、自転車利用者一人当たり
16,720円）

　以上のように、自転車利用は、健康効果として具体的な受けるメリットの金
額が明示されることが先進国での一つの流れになってきており、また、我が国
でも上記のように、見附市における試算に基づき、自転車の健康効果はかなり
仮定計算ではあるが具体的な金額が算出できる。これらを具体的に示すことに
より、地域住民や行政内部の理解が進むことが期待される。

(2)　環境政策〜二酸化炭素削減効果は健康と同時達成

　地球温暖化は、全世界が取り組むべき重要課題である。そのために、国際的にも義務として二酸化炭素の排出の削減が課されて、国際公約となっている。我が国では、1つの家庭から排出される二酸化炭素量は、年間4,520kgとされている（温室効果ガスインベントリーオフィス推計、2016年度）。このうち、自動車からは22.1％となっており、997kgである。一方、各種エコ活動により排出を抑制できる年間の量は、図のように部屋の温度を1度調節すると32kgなどとなっているが、自動車を10分だけ使用しない（約3kmの移動に相当）と、588kg削減できるとされている。自家用車の利用の一部につき、自転車で十分に代替できる距離を自転車に転換するだけで大幅な削減を図ることができる。3kmはゆっ

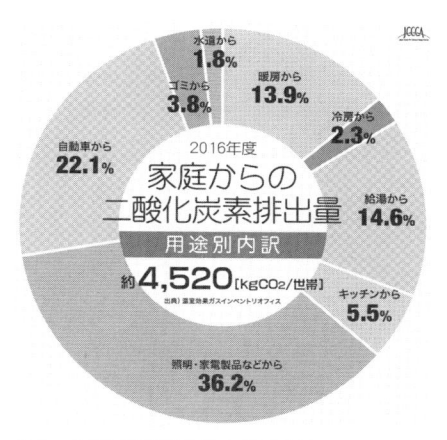

出典　全国地球温暖化防止活動推進センターウェブサイト（http://www.jccca.org/）より

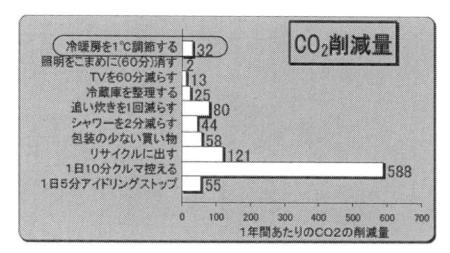

出典　太田、藤井「環境配慮行動における客観的CO$_2$排出削減量事実情報提供の効果に関する実験研究」土木学会論文集G, Vol.63, No.2, pp.159-167, 2007

くりとした速度の自転車で12分（片道6分）ぐらいのものであり、しかも、生活に必要な移動であれば、特段三日坊主にならずに継続できる距離である。また、これは都会のみならず地方でも、各家庭で毎日の外出のうち一定のものをあらかじめ考えておいて、これに自転車を活用することにより、達成可能である。例えば買物等で利用する場合などにおいて同時に健康の増進、生活習慣病の予防等に寄与できるだけの運動量の半分程度はこれにより確保できそうである（厚生労働省の「健康づくりのための身体活動基準」を基に概算）。地球環境への貢献と生活習慣病予防をセットで啓発すればより効果が高い。

(3) 超高齢社会対策〜高齢者の移動への大きな寄与

次に、超高齢社会において自立した高齢者の移動に、自転車が大きく寄与できるものであることを示す※。

※古倉ら「自転車活用による高齢者の外出の足及び健康の同時確保の可能性に関する研究」
　土木学会論文集 D3（土木計画学）、Vol. 74、No.5（土木計画学研究・論文集第35巻）、Ⅰ _897-
　Ⅰ _908、2018. による。

① 静岡県袋井市での筆者らの実施したアンケート調査（電動アシスト自転車の高齢利用者95人回答）

静岡県袋井市において筆者らが実施した電動アシスト自転車利用者に対するアンケート調査によれば、高齢者の日常における電動アシスト自転車の果たす効果が明白に出ている。まず、電動アシスト自転車による外出回数及び外出距離の増加は、クルマを含めた他の交通手段に比較して平均して、それぞれ1.35倍及び1.41倍になって大幅な外出促進効果がみられる。

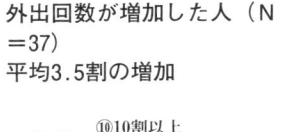

外出回数が増加した人（N＝37）
平均3.5割の増加

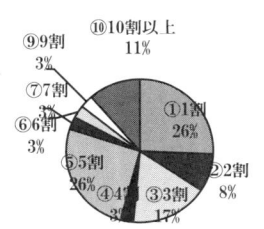

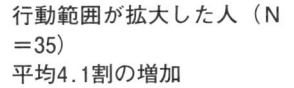

行動範囲が拡大した人（N＝35）
平均4.1割の増加

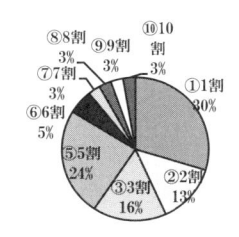

出典　古倉ら袋井市における電動アシスト自転車利用者アンケート調査（電動アシスト自転車貸付事業参加者回答95のうち、外出回数が増加又は行動範囲が拡大した人各37及び35を対象）

図 電動アシスト利用開始後に改善又は増加した外出目的（MA）（n＝95）

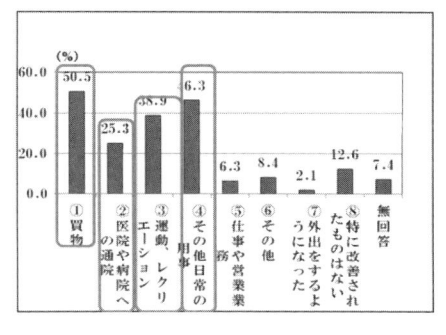

図 電動アシスト自転車の利用開始で減らしたい他の交通手段（MA）（n＝95）

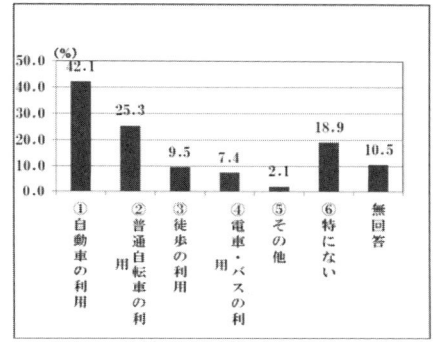

表 自動車に代えて徒歩・普通自転車・電動アシスト自転車で行ってもよい片道の距離（電動アシスト自転車利用高齢者等 n＝92）

手段	徒歩	普通自転車	電動アシスト
中央値	485m	1.8km	4.6km（普通自転車の2.6倍）

② 電動アシスト自転車の利用開始後改善又は増加した利用目的

電動アシスト自転車を利用後に改善又は増加した外出目的は、買物が約51％、その他の日常用務が46％、運動レクリエーションが39％、通院が25％となっており、多様な目的に顕著な改善がみられる。また、これの利用により減らしたい他の交通手段は、自動車が42％で最も多く、次いで普通自転車が25％となっており、電車・バスは7％と公共交通への影響は少ない。電動アシストの利用促進によりクルマからの転換が大幅に進むことが予想される。

③ 電動アシスト自転車での移動可能距離

また、自動車に代えて行ってもよい距離では、普通自転車が中央値で1.8kmに対して、電動アシスト自転車が同4.6km と2.6倍も長い。自転車、特に電動アシスト自転車が高齢者の移動の大きな部分を支える可能性が高い。なお、徒歩では同485m とこれらに比べると相当に短い。

以上のように、電動アシスト自転車による高齢者の外出の足となる可能性は高く、その健康効果（先述の運動効果に換算すると平均往復47分）と買物等の外出の足となるとともにクルマからの受け皿となる可能性が高い。

④　安全性の確保

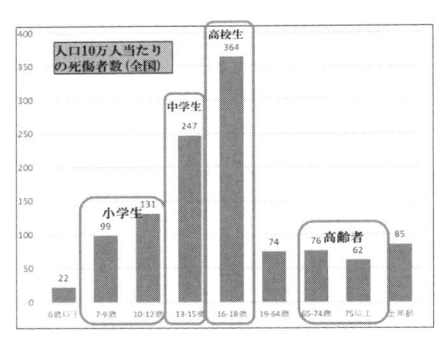

出典　交通事故総合分析センター「平成26年交通事故統計データ」に基づき、古倉計算作成

　自転車は高齢者にとって、その運転の安全性が特に問題視されるが、次のように年齢層別には、10万人当たりの自転車乗用中の死傷者は19歳から64歳までと高齢者のそれとほとんど変わらず、高齢者が特段他の年齢層に比較して特段に危険ではない。なお、年代別の自転車の使用頻度は30代から50代が10.2−11.0日／月であるのに対して、60代以上は11.9日／月と特段頻度の高い層が少ないわけではない（自転車産業振興協会「平成24年度自転車保有実態調査」　N＝29701に基づく）。また、交通手段別の100万人当たりの死者数も、徒歩33.3人、自動車18.8人に対して、自転車10.8人であり、相対的に自転車は低い。年齢層別及び移動手段別のデータからは自転車の安全性は相対的に決して低くはない。また、電動アシスト自転車では、高齢者の9.3％が利用している（前出「自転車保有実態調査」）が、電動アシスト自転車の事故率は高齢者の自転車乗用中の全事故の3.2％となっており（イタルダへの依頼データ）、利用率に対して事故率は低い。

　転倒しにくい三輪自転車（特に電動アシスト）とヘルメットの利用を推進するとともに、ルールを律儀に守る傾向が顕著な高齢者（元田ら「高齢者自転車運転車の利用実態と特性」における盛岡市中心部への新聞折り込み配布アンケート調査　N＝348）に対して、しっかりと講習会での安全講習を実施することにより、安全性は一層高まる。

○人口100万人当たりの死者数（2014）

（単位：人）

	歩行中	自転車乗用中	原付乗車中	自動二輪乗車中	自動車乗車中
15歳以下	2.4	1.1	0.0	0.1	1.2
16−24歳	2.8	2.0	3.4	8.8	13.6
25−29歳	3.9	1.3	1.2	4.9	9.6
30−39歳	3.2	1.0	0.8	4.0	6.7

40 – 49歳	4.1	1.5	1.3	6.0	8.1
50 – 59歳	6.7	3.1	1.9	4.4	10.5
60 – 64歳	10.6	5.5	1.2	2.0	11.7
65歳以上	33.3	10.8	4.1	1.5	18.8

出典　内閣府「平成27年交通安全白書」

(4)　災害対策での自転車の活用方策

　自転車活用推進法でも「災害時における自転車の有効活用に資する体制の整備」が自転車活用の推進に関する基本方針に入っている。

　自転車を災害対策に活用する場合、三つの側面がある。一つ目は、災害時の避難の手段であり、二つ目は、災害発生後の移動手段であり、三つ目は、行政や医療スタッフ、ボランティア等の災害活動における移動手段である。共通して必要なことは、自転車を日ごろから利活用していること、また、そのための環境整備が行われていること、これにより、自転車の利用が非常時でもすぐに頭に浮かぶこと、一部でも電気が供給される場合は、電動アシスト自転車の利活用が大きな効果を発揮することである。

① 　災害時の避難の手段

　風雨を伴う災害では、強風や強雨により、自転車は利用できないことが多いが、これを伴わない災害、地震や津波などの場合は、自転車での避難は有効である。東日本大震災での津波に対する避難では、自転車で避難した人は全体の1.1％に過ぎなかったが、自動車での避難が信号が点灯せず、また、渋滞が発生して、身動きが取れなかったのに対して、自転車は渋滞に巻き込まれず、相当の速度により、避難が可能であった（拙著「実践する自転車まちづくり」pp161 – 165に詳しい）。ただし、日ごろからの日常利用が必要であり、いざという時に、利用できるような状態や環境になっていることや自転車を緊急避難に活用しようということがとっさに頭に浮かぶなどが必要である。避難勧告や避難指示で指定された避難場所に行くにも、自転車であれば、迅速かつ確実に、駐車場所の有無を気にすることなく、移動できる。さらに、津波や洪水等の場合高台に避難する必要があることを考えると、電動アシスト自転車の活用がより適切である。普通自転車でも高台の麓までたどり着けば、そこに乗り捨ててもあまり大きな迷惑にはならず、あとは、落ち着いて高台に徒歩で登り、

避難することができると考えられる。

② 災害発生後の移動手段

災害発生後においては、電気などのライフラインやガソリン、電話連絡網等が供給されないことから、自転車が大きな威力を発揮することは、多くの災害で実証済みである。また、帰宅困難者の移動にも大きく寄与できている。道路などの亀裂や段差が生じると、クルマは多くの場合途端に利用できないが、自転車であれば、担いで乗り越えることもできる場合もある。また、災害後は、道路はその必要性から最初にかつ迅速に障害物の除去、清掃がなされるので、パンクの可能性も少なく自転車での移動は容易にできることが多い。具体的には、被害の連絡、救助の要請、相互の救助、救援物資の受け取り、情報の交換、避難後の買物、用足し、通院、通勤等にもガソリン等の供給なしで、活用できる。

これらの場合も、日常利用の用途に日ごろから自転車を活用していることが必要であり、また、災害時に自転車を被災地に緊急輸送して、被災者の移動等に寄与できるような体制（協定）が存在することが必要である。

③ 行政、ボランティア、医療等での活用

行政にとっては、まず被災状況を把握しなければならないが、道路や連絡網の寸断、渋滞などで、迅速に対応できない場合に、自転車であれば、対応できる場合も多い。また、被災地の現場への駆け付け、救援物資の個別配布、各種伝達、被災者の要望の把握と対応なども可能である。また、医療機関も、被災者の傷害等の応急治療、被災者への往診、医薬品等の配布、医師看護師の移動等に場広く活用できる。また、ボランティアにとっても、現地への移動、現地でのボランティア活動に通うのための移動、ボランティア活動での直接の活用が期待できる。

これらの場合も、行政の日ごろからの活動において近くに行く場合などは、ガソリン代を使わないで自転車を活用する習慣が求められる。また、荷物の配布などでも電動アシスト自転車が移動にとって極めて大きな威力を発揮する。

(5) コンパクトプラスネットワークでの活用方策

都市再生特別措置法の改正等により、コンパクトプラスネットワークの推進のための立地適正化計画の制度などが本格的に開始されたのは、2014年である。これにより、居住誘導区域や都市機能誘導区域を指定して、これ以上の都

市の拡散を防止するとともに都市機能を一定の区域に集約する措置が設けられた。これとともに、健康医療福祉のまちづくりの推進ガイドライン（国土交通省都市局）が定められ、健康医療福祉のための施設や活動を適切に供給できるまちづくりを推進することになっている。

　このような居住機能や都市機能が一定の範囲に集約されるまちづくりにおいては、その範囲での移動では自転車が活用できる場合が多くなっていく。特に、歩いて暮らせるまちづくりでの徒歩では、自立する高齢者等の移動範囲が平均的には500m 程度の距離に限定されるが、この範囲に必要な生鮮食料品、医療福祉等の施設を配置することは都会でもなかなか困難である。自転車では、普通自転車で平均片道1.8km の移動が可能である。また、電動アシスト自転車では、4.6km の移動が可能である（いずれも中央値で、前出の袋井市におけるアンケート調査による）。この範囲であれば、既存の一般的な既成市街地は十分カバーできる範囲であり、コンパクトシティにおいて「自転車で暮らせるまちづくり」が可能となる。

(6)　観光政策における自転車活用方策（サイクルツーリズム）

　今、最も自転車施策で注目を集めているのが、サイクルツーリズムである。筆者らの調査でも、公共団体のこれから最も重要視する自転車施策の分野が自転車を活用した観光、すなわち、サイクルツーリズムである（基本的事項は拙著「実践する自転車まちづくり」pp139 – 178に詳しい。また、前出の筆者らの2018年調査による。）。

①　サイクルツーリズムの基本戦略のあり方

ア．ネットワークの連続性の確保

　例えば、ビワイチやアワイチなどは、支線等があるものの、全体としてコースが原則閉じた走行空間であり、この空間をサイクリストが周回することとなっている。しかし、これを他の有名コースと連続性を持たせることが大切である。これにより、各コースの相互が連続することにより、コースの利用方法が多様化する。これには、出発点と目的地の選択が多様化でき、かつ、一つのコースから他のコースの任意の地点までの自由に選択が可能となること、各コースへのアクセス性がよくなり、各コースの利便性が格段に向上すること、その間のルートが開拓され、これが地域住民の日常用途にも利用され、コースの一部の利用と相まって、多様な目的に利用されること（英国の例）などのメ

リットがある。先進諸国は必ず相互の接続性を確保して、単なる観光的利用のみならず、日常利用をもターゲットに入れ、かつ、自転車後進地域をルートに取り込んで、地域の自転車利用の底上げと活性化が図られている（既述のドイツ国家自転車計画の自転車観光の章）。これにより全国のネットワークの形成が進行していく。

イ．ローユーザーへの拡大

　サイクリスト以外の人々や一般観光客の取り込みをはかることである。サイクリストは、保有自転車の状況から見て、ハイユーザーが多く利用するロードバイクは2.8％、ミドルユーザー的なクラスの人がよく利用するクロスバイクが3.3％（前出一般財団法人自転車産業振興協会「平成24年度自転車保有実態に関する報告書」H25.3　回答数29,761）となっている。このような割合から考えると、サイクリストのみを対象としたサイクルツーリズムは、いかにインバウンド観光客を当てにしても、その数は一部を除いて限定的である。これらの人々のみではなく、人数的にもっとたくさん存在する一般ユーザーを幅広く対象とした内容にすることである。ハイユーザーは、もっぱら走行することにより、達成感を得ることが主たる目的であることが多く、ひたすら目的地を目指して走りまくる。このため、途中での買物や食事は最小限にするとともに、宿泊も簡単に済ますことが多い。要するにあまりお金を落とすことがない。

ウ．一般観光客を自転車観光に取り込めば層の厚い観光客に変身

　これに対して、一般観光客は、日常で自転車に乗ることがあるとしても、自転車に乗ること自体を目的にすることは少ない。しかし、観光に際しては、土産物や食事さらに宿泊を重要視し、経済効果も高いのである。この一般観光客を対象に広げることが重要である。一般の観光客のうち、観光バスなどの観光客は、特定の有名施設や史跡名勝などを訪問してすぐに他に移動することが多い。また、公共交通で

利用レベル	施策展開の視点	支援サービス
自転車愛好家層 (ハイユーザー)	県外からの誘客	● サイクルイベントの充実 ● 自転車や荷物の搬送サービス ● 荷物預かりサービス ● 宿泊施設の受け入れ体制充実（自転車の保管、荷物・自転車の搬送サービス、施設の一時利用等）　　等
周遊観光における自転車利用者層 (ミドルユーザー)	滞在時間の長時間化	● 広域的なレンタサイクルシステムの構築 ● 様々なテーマに沿ったサイクリングマップの提供 ● 自転車利用者へのおもてなしサービスの提供 ● コンビニとの連携によるトイレ休憩等の充実 ● サイクルショップとの連携による修理サービス等の充実　　等
一般観光客層 (ローユーザー)	自転車利用者層への引き上げ	● レンタサイクルポートの充実 ● パーク＆サイクルライドの充実 ● 自転車によるガイドツアーの実施 ● グルメ・ショッピング等のセットツアーの誘致等

出典「奈良県自転車利用促進計画」H22.12概要版　ハイユーザー、ミドルユーザー、ローユーザーの定義等はこの表参照

やってくる観光客は、移動範囲が限定されていて、公共交通の存在する方向に直線的な移動（往復）をすることや、待ち時間を有効に活用できないなどの特徴がある。これらの観光客を、自転車の利用に取り込むことができれば、面的な広がりを持った観光や回遊の観光を可能にすることにより、地域の奥深く入ってもらい、隠れた地域資源の訪問などが期待できる。また、滞在時間の大幅な増加、運動によりおなかがすくので、食べ歩きが盛んになる、疲れが少ないので、移動範囲が拡大する、また、マイペースの観光ができる、などが期待できる。自転車での移動は、五感に触れ、寺の鐘の音、咲く花の香りなどを満喫できる。もちろん、健康やエコにも最適である。地域としては、このような観光が最も期待する内容のものであると思われる。

エ．ハイユーザー・ミドルユーザーの取込み

　しかし、ハイユーザー、ミドルユーザーにも、重要な役割があり、この人々を誘致することは重要である。すなわち、彼らのサイクルツーリズムにおける先導的役割と情報発信を重視することである。景観・観光スポットなどの立ち寄り地点の発掘やコースの開拓など、その持てる専門性を発揮して情報発信をしてもらうことが期待される。これにより、自転車を利用した場合の魅力的なコース、勾配、特筆すべき景観、立ち寄りスポットなどの情報を広めて、地域のサイクルツーリズムの推進役となってもらう。このためには、彼らの来訪を推進することも重要であり、彼らのためのサイクルスポット休憩所・修理用具、輪行の場合の組み立て場所の提供、自転車の分解・宅配手配の場所などや土産物等の場合の買物の宅配優遇などやサイクリストが利用可能なキャンプ場などもあればよい。これらの情報を満載した地図の作成・提供も重要である。

オ．インバウンドの取り込み

　外国人の中にはサイクルツーリズムを目当てに旅行するケースも多い。ヨーロッパ大陸は平原が多く存在するため、景観が単一であり、我が国のような山あり谷あり海ありの地形や歴史文化を満喫してもらうには最適な観光のツールである。また、食べ物も種類が豊富で美味のものが多いので、彼らを取り込んで、サイクルツーリズムを推進することは重要であり、貴重な楽しいサイクルツーリズムの情報が発信される可能性があり、余計に多くの人が訪れる。国内での移動の方法は、もっと輪行などに適した列車構成や荷物の収納空間が望ましい。サイクルツーリズムの視点からは、河川、特徴的な田園風景、博物館、

城郭、寺院仏閣などがルートに存在すること、家族向けには平坦な地形、すぐれた眺望、船舶・フェリーとの接続などがあるとよいとされる。また、統一と一貫性のある両方向の標識、サインの設置、他の交通との最小限の軋轢などが必要とされる。サイクリストにやさしい登録された施設が存在することも重要である（以上2018年ベロシティサイクルツーリズムの資料）。

カ．地域内ユーザーの取り込み

　観光地の住民が自ら、自転車を利用して、これらサイクルツーリズムのスポットを巡ることも重要である。もてなす側も、その良さを現実に体感し、訪れる人々との何気ない交流も大切であり、これらもサイクルツーリズムの評価につながるのである。また、日頃の近場のサイクリングを繰り返し楽しむ価値のあるコースやスポットも発見し、情報提供することが必要でもある。

3．重要政策における自転車の活用の方向・手順

　交通政策以外の多くの政策では、自転車の活用ということについて、まったく認識がない又は果たす役割を過小評価されており、今後の活用を進める方策が必要である。

⑴　自転車の活用のメリットを明確に示す

　自転車は車体の価格は安く、また、動かすのに必要な燃料や税金も不要、管理費も少ないなど経済性に富むとともに、環境、健康の点でも申し分がないツールである。これを具体的にその政策に合った形で自転車サイドからそれぞれの部局に具体に提案する必要がある。

　高齢者の移動のために福祉タクシーや公共交通を用意する又は維持する費用に比較すると、自助による移動は極めて経済性に富むし、何よりも健康の増進に効果が高いことはすでに述べた。このような特性を明示して、その政策に採用できるよう、様々な観点からの工夫が必要である。

⑵　有効性を社会実験等で実証する

　政策に採用を検討する場合に、何よりも説得力を持つのは、社会実験等による実証作業である。これにより、健康の増進効果、医療費削減効果等が明確に提示されれば、その政策における採用が大きく前進する。自転車政策側からは、社会実験を積極的に持ち掛けるべきである。

(3)　採用後の重要政策における評価も必要

　実際に自転車を活用した政策で、例えば、観光政策では自転車を活用した集客効果がどの程度あったかなどを費用対効果により分析することが必要である。特に、インフラ整備は良く行われるが、民間部門も巻き込んだ観光事業などは評価も自転車利用以外も含まれ包括的にならざるを得ない。この点を考慮して、自転車の活用の部分について切り離して総合的な評価を行うことが求められる。(経済効果、自転車利用促進効果、健康効果、環境負荷削減効果など)

(4)　可能性のある重要政策への拡大を画策する

　特に都市における生活質の向上は、今後の政策の一つの大きな課題である。また、子育て政策における子供の送迎などに際しても、環境教育、健康教育、安全教育等において、親とともに学習することの観点からも自転車の活用が推進されるべきものと考えられる。このような大きな政策から小さな政策まで、自転車の有用性は高い。今後の自転車を活用した政策の範囲の拡大が大いに期待される。

（追記）

　本書の作成に当たっては、一般財団法人住総研の出版助成をいただいており、この助成なしには、円滑な出版はなし得なかった。大変感謝申し上げたい。また、本文中の資料等については、宇都宮大学の大森宣暁先生、特定非営利活動法人自転車政策・計画推進機構の副理事長佐藤利明氏、理事吉川泰生氏、㈱藤田住環境の自転車空間研究所藤田有佑氏等の多方面からのご指導やご協力をいただいている。この場を借りて、感謝の意を表したい。さらに、自転車の研究については、長年お世話になった㈱三井住友トラスト基礎研究所及び現在在職する公益財団法人自転車駐車場整備センターの皆様に対して、ご支援やご協力をいただいたことを心から感謝申し上げる。また、長年自転車の研究につき、ご指導いただいた諸先生方、コンサルタントの皆様等に対しても、有益なアドバイスや研究の機会等を与えて頂いたことに対して、お礼を申し上げたい。最後に、厳しい出版事情の中で、本書の出版をお引き受け頂いた㈱大成出版社の箕浦文雄社長、企画編集部　御子柴直人部長には、原稿、校正、出版等の段階で、お忙しい中ご支援ご協力とアドバイスをいただき、心からのお礼を申し上げるとともに、ご無理を申し上げたことや種々ご迷惑をおかけしたことにお詫びを申し上げたい。

事 項 索 引

著者紹介
古倉　宗治

建設省、東京工業大学助教授、（財）民間都市開発推進機構都市研究センター、（財）土地総合研究所等を経て、2008年から（株）住信基礎研究所研究理事。京都大学大学院客員教授（公共政策大学院及び同法科大学院）並びに麗澤大学経済学部、中央大学法科大学院、首都大学東京等の講師。国土交通省「都市交通としての自転車利活用推進研究会」、奈良県「奈良県自転車利用促進方策検討委員会」、宇都宮市「自転車のまち推進計画策定懇談会」等の委員。自転車の総合的体系的な利用促進策、放置問題の新たな発想による解決策や自転車の交通政策などを手がけるほか、街づくりに関する法制的な規制、都市環境における環境共生のあり方、景観、土壌汚染など都市計画・都市環境分野で国、地方公共団体、民間等からの調査研究を行ってきた。2004年に、自転車のソフト面の利用促進策に関する研究で学位（博士（工学））を取得。著書に「欧米先進国にみる自転車政策の高度な取組み」（サイカパーキング・単著）、「自転車先進国における新たな自転車政策の展開」（サイカパーキング・単著）、「自転車利用促進のためのソフト施策」（ぎょうせい・単著）、「自転車市民権宣言」（リサイクル文化社・共著）、「自転車交通の計画とデザイン」（地域科学研究会・共著）などがある。専門は、内外の自転車政策・自転車計画、まちづくり法制、都市計画法制度など。

進化する自転車まちづくり
～自転車活用推進計画を成功させるコツ～

2019年4月26日第1版第1刷発行

著　者	古　倉　宗　治	
発行者	箕　浦　文　夫	
発行所	株式会社大成出版社	

〒156—0042
東京都世田谷区羽根木1—7—11　TEL 03（3321）4131㈹
https://www.taisei-shuppan.co.jp/